속도의 경제를 위한 클라우드 전략

속도의 경제를 위한 클라우드 전략

클라우드 마이그레이션으로 시작하는 기업 혁신

그레고르 호페 지음

김상현 · 김상필 · 양희정 · 이우진 · 이일구 · 김지혁 옮김

i!i
에이콘

에이콘출판의 기틀을 마련하신 故 정완재 선생님 (1935-2004)

지은이 소개

그레고르 호페^{Gregor Hohpe}

AWS의 엔터프라이즈 전략가로, CTO와 기술 리더에게 조직 및 기술 플랫폼을 모두 혁신할 것을 조언하고 있으며 기업의 전략과 기술의 구현을 연결하는 역할을 하고 있다.

또한 싱가포르 정부의 Smart Nation Fellow, Google Cloud의 기술 담당 이사, Allianz SE의 수석 설계자로 첫 번째 프라이빗 클라우드 소프트웨어 배포 플랫폼을 구현했고 창업에서부터 프로페셔널 서비스 및 기업 IT, 엔지니어링에 이르기까지 기술 비즈니스의 거의 모든 측면을 경험했다.

또 다른 저서로는 『The Software Architect Elevator』(O'Reilly, 2020)와 『기업 통합 패턴 Enterprise Integration Patterns』(에이콘, 2014)가 있다.

기여자 소개

미셸 다니엘리|Michele Danieli

Allianz Technology Global Lines의 아키텍트 책임자로, 전 세계에 분산된 아키텍처 팀을 이끌고 플랫폼을 구축하고 있다.

타히르 하시미|Tahir Hashmi

Flipkart, Zynga, Yahoo, 그리고 가장 최근에는 Tokopedia와 같은 1억 명 이상의 사용자들에게 서비스를 제공하는 대규모 분산 애플리케이션을 개발했다.

장 프랑수아 랑드로|Jean-François Landreau

Allianz Direct의 인프라 팀을 이끌고 있다. 사이트 신뢰성 엔지니어와 데브옵스 엔지니어가 클라우드 운영에 관심을 두면서부터 해당 영역에 관심을 두기 시작했다.

옮긴이 소개

김상현(sanghyun@amazon.com)

현재 Amazon Web Services에서 솔루션즈 아키텍트로 재직 중이다. 다양한 산업군에서 사용 중인 시스템을 AWS의 서비스를 활용한 아키텍처를 설계하며 클라우드로 원활하게 전환할 수 있도록 지원하고 있다.

김상필(sangpill@amazon.com)

AWS Korea에서 솔루션즈 아키텍트로 재직 중이다. 지난 7년 동안 퍼블릭 클라우드를 도입하는 엔터프라이즈 기업들의 도입 여정을 지켜보면서 기술적인 조언을 드리는 역할을 해오고 있으며, 현재는 솔루션즈 아키텍처 팀의 매니저로 일하고 있다.

양희정(yheejeon@amazon.com)

미 플로리다주립대University of Florida에서 산업시스템공학과 석사, 연세대학교에서 컴퓨터산업시스템공학과 박사 학위를 받았으며, 현재 AWS Korea에서 어카운트 매니저로, 엔터프라이즈 고객의 클라우드 전환을 현장에서 함께 하고 있다.

이우진(wjlee@amazon.com)

현재 AWS Korea에서 솔루션즈 아키텍트로 일하고 있으며, 엔터프라이즈 고객사의 클라우드 마이그레이션이나 클라우드 환경에서 시스템 설계를 돕고 있다.

이일구(ilkulee@amazon.com)

현재 Amazon Web Services에서 솔루션즈 아키텍트로 재직 중이다. 이커머스 분야의 오랜 경험을 바탕으로 다양한 엔터프라이즈 고객의 클라우드 여정을 돕고 있다.

김지혁(kimjee@amazon.com)

현재 AWS Korea에서 솔루션즈 아키텍트로서 리테일 고객사의 클라우드 여정을 돕고 있다.

옮긴이의 말

김상현: 클라우드 컴퓨팅 기술은 현재 빠르게 진행되고 있는 디지털 트랜스
포메이션의 핵심 요소가 됐습니다. 하지만 클라우드 도입은 단순히 하드
웨어나 소프트웨어를 교체하는 작업이 아니라 기업의 전략, 조직의 변화,
애플리케이션 설계 등 기업 내부에서 많은 것을 복합적으로 검토해야 하
는 쉽지 않은 일입니다. 저자인 그레고르 호페는 다양한 기업에서 클라우
드 도입을 진두지휘했던 경험을 바탕으로 IT 관련 실무진, 아키텍트, 경영
진이 클라우드 도입 시 검토해야 하는 많은 요소를 이 책에 담았습니다.
이처럼 폭넓은 독자를 대상으로 하기 때문에 기술적인 영역만을 다루지
않고 기업 문화와 전략 그리고 다양한 사례들을 쉽게 설명하고 있습니다.
기업의 디지털 혁신을 빠르고 성공적으로 이루고자 하는 분들께 이 책이
좋은 방향을 제시하는 나침반이 되길 바랍니다.

김상필: 독자 여러분 안녕하세요? 저는 2014년부터 AWS Korea에서 솔루션
즈 아키텍트로 일하고 있는 김상필이라고 합니다. 지난 7년 동안 퍼블릭
클라우드를 도입하는 엔터프라이즈 기업들의 도입 여정을 지켜보면서 도
움을 드려왔습니다. 이때 배운 내용을 기반으로 많은 한국 기업에게도 클
라우드 도입의 장점을 알리고, 클라우드 도입의 단계에 따라 어떤 점에 중
점을 두고 도입을 해야 하는지 말씀드리고 다니는 중에 현재 직장 동료인
그레고르 호페의 『Cloud Strategy』 책을 만나게 됐습니다. 그리고 책을 읽
기 시작하면서 번역을 해서 더 많은 한국 독자들이 읽으셨으면 좋겠다는

생각이 들었고, 여섯 명의 동료분들과 의기투합해서 책을 번역하게 됐습니다. 뜨거운 여름 동안 함께 번역해주신 희정 님, 일구 님, 지혁 님, 상현 님, 우진 님 모두 감사드립니다. 보여주셨던 Bias for Action과 Dive Deep에 존경하고 감사드립니다. 그리고 책이 출판되도록 도움을 주신 에이콘출판사 관계자 여러분께도 많은 감사를 드립니다. 한국의 독자분들, 저희 번역자들은 모두 AWS Korea에서 일하고 있으니 책을 읽어보시고 더 많은 논의가 필요할 것 같으면 언제든 불러주세요.

양희정: 기업 IT 환경에 있어 클라우드 전환은 이미 선택이 아닌 필수가 됐습니다. 하지만 아직도 IT 부서의 업무 자체는 이전의 모습과 달라지지 않은 부분이 많고, 그러다 보니 클라우드로의 전환은 기술적인 내용과 함께 어떻게 일하는 것이 클라우드 환경에서 더 맞는 것일까를 고민하게 합니다. 전기를 각 회사마다 만들던 환경에서 하나의 전력회사로 나타났던 변화 이상으로, 클라우드 컴퓨팅은 우리에게 여러 면에서 변화를 만들어내고 있습니다. 이 책을 번역하는 동안 상필 님, 상현 님, 우진 님, 일구 님, 지혁 님과 함께했던 시간이 너무나 소중하고, 클라우드 변화를 가까이에서 경험하면서도 또한 변하지 않는 AWS Korea 동료애를 느낄 수 있었던 시간이었습니다. 이 책을 통해 독자 여러분께도 클라우드 여정이 흥미진진하고 가슴 뛰는 경험이 되시기를 바랍니다.

이우진: IT 환경은 정말 너무 빠르게 변화하고 있지만, 저를 포함한 우리는 여전히 고정관념과 기존 방식의 틀에 갇힌 채 클라우드로의 여정을 시작하고 있을 수 있습니다. 클라우드 여정은 단순히 IT 환경의 변경이 아닌 조직의 변화, 업무 방식의 변화도 필요하며, 그 과정은 우리의 예상대로 진행되지 않을 수 있습니다. 그레고르 호페의 『Cloud Strategy』는 아키텍트를 포함한 독자들의 입장에서 현실적으로 마주하게 되는 다양한 고민들

에 대한 해결책을 제시하고 있습니다. 이 책을 읽는 동안 기존의 생각에서 벗어나 현재 IT 환경을 다시 한번 진단해보고 이에 맞는 전략을 선택하는 지침을 얻으실 수 있을 거라 생각합니다.

이일구: 다양한 고객분들을 만나다 보면 "저희가 클라우드를 잘 몰라서..."로 시작하는 이야기를 많이 듣습니다. 클라우드가 대세이고 또 가야 할 방향임은 알지만 자신의 업무와 어떻게 연결할지 잘 모르시거나 너무 광범위한 내용에 시작하기 전부터 지레 겁을 먹으시는 경우도 많습니다. 클라우드로의 전환은 업무 패러다임의 변화를 의미합니다. 과거처럼 여러 제조사가 만든 다양한 제품을 고객이 직접 조합해서 사용하는 것이 아니라, 이미 잘 통합된 서비스들을 좀 더 쉽고 빠르게 사용하실 수 있습니다. 그레고르 호페의 『Cloud Strategy』는 클라우드가 만들어내는 변화를 고객의 입장에서 다양한 예시와 함께 이해하기 쉽도록 풀어내고 있습니다. 한 권의 책으로 클라우드의 모든 것을 설명할 수는 없겠지만, 클라우드가 무엇이며 또 나의 업무와 어떻게 연결할지, 또 어떤 변화가 이뤄지고 있는지에 대한 전반적 통찰력을 얻으실 수 있으리라 생각합니다.

김지혁: 퍼블릭 클라우드의 발전은 콘텐츠를 만드는 개발자들에게 점점 더 다양한 권한과 책임을 요구하고 있습니다. 이 책은 아키텍트를 꿈꾸는 개발자들에게 클라우드 친화적인 애플리케이션의 개발부터 올바른 조직 구성, 운영 및 비용 관점의 고려사항까지 넓은 영역을 이야기하고 있습니다. 책의 지면상 모든 내용을 아주 자세하게 풀어서 설명하진 않지만 문장 하나하나는 저자의 오랜 경험에서 나오는 아주 중요한 통찰력을 담고 있습니다. 이 책의 내용이 독자분들께 공감을 드릴 수 있기를, 새로 마주하게 되는 문제의 솔루션이기를 바랍니다.

차례

지은이 소개 5

기여자 소개 6

옮긴이 소개 7

옮긴이의 말 9

들어가며 15

1부 클라우드 이해하기   25

1장 클라우드는 IT 구매가 아니라 라이프 스타일의 변화다 29

2장 클라우드는 1차 결과물을 생각한다 41

3장 희망사항은 전략이 아니다 51

4장 원칙 중심의 의사결정 훈련법...62

5장 만약 어떻게 실행할지 모르겠다면... 74

2부 클라우드 조직하기   82

6장 클라우드는 아웃소싱이다 86

7장 클라우드는 당신 조직의 방향을 바꾼다...96

8장 유지/재교육/대체/은퇴 106

9장 디지털 히트맨을 고용하지 않아야 한다...116

10장 클라우드에서의 엔터프라이즈 아키텍처 124

3부   클라우드로 이동하기   136

11장 정확히 왜 다시 클라우드로 가려고 하는가? 140
12장 아무도 서버를 원하지 않는다 150
13장 구축하지 않은 소프트웨어를 실행하지 마라....................158
14장 엔터프라이즈 비클라우드를 구축하지 마라!....................168
15장 클라우드 마이그레이션: 길을 잃지 않는 방법....................178
16장 피타고라스에 따른 클라우드 마이그레이션....................190
17장 가치가 유일한 진짜 발전이다 204

4부   클라우드 설계하기   214

18장 멀티 클라우드: 당신에게는 선택권이 있다 219
19장 하이브리드 클라우드: 코끼리를 자르는 것 235
20장 클라우드: 이제 여러분의 온프레미스로 253
21장 종속을 피하는 일에 갇혀 있지 마라 273
22장 멀티테넌트의 마지막?....................293
23장 새로운 '–성': 일회성 303

5부 클라우드 구축하기 311

24장 애플리케이션 중심의 클라우드 315

25장 컨테이너는 무엇을 담아야 하는가 327

26장 서버리스 = 걱정 없다? 339

27장 FROSST와 같은 클라우드 애플리케이션....................................350

28장 IaaC — 실제 코드로서의 인프라스트럭처....................................360

29장 조용하게 유지하고 운영하기......................................375

6부 클라우드 예산 책정하기 388

30장 클라우드 비용을 절감하자.......................................390

31장 이제 '실행' 예산을 늘려야할 때 404

32장 자동화는 효율성과 관련이 없다 417

33장 슈퍼마켓 효과를 조심하라!......................................425

찾아보기.......................................434

들어가며

전략이란 이상과 현실 사이의 간격이다.

클라우드 컴퓨팅은 순간적인 확장, 자동 최적화 및 자동 복구 작업, 초당 과금, 사전 훈련된 머신러닝 모델 그리고 글로벌로 분산된 트랜잭션 데이터 저장소를 제공하는 완전 관리형 플랫폼이다. 또한 클라우드는 속도의 경제에서 조직이 경쟁할 수 있는 기반을 제공하는 중요한 요소다. 따라서 대부분의 기업이 이러한 기능을 활용하고자 하는 것은 놀라운 일이 아니다.

그러나 기업의 시스템 전체를 클라우드로 마이그레이션하는 것은 단순히 버튼을 누르는 것만큼 쉬운 일은 아니다. 레거시 애플리케이션을 단순히 들어올리고 이동하는 것만으로는 기대하는 장점을 얻을 수 없으며, 클라우드에서 최적으로 동작하도록 애플리케이션을 재설계하는 데도 엄청난 비용이 들수 있다. 또한 클라우드 기술로부터 완전한 보상을 얻으려는 조직은 비즈니스 모델과 조직의 변화도 고려해야 한다. 따라서 기업은 단순히 '클라우드 우선!'을 선언하는 것보다 더 세부적인 전략이 필요하다.

올바른 클라우드 전략은 단순히 레시피 북이나 다른 조직에서 복사할 수 있는 것이 아니다. 다양한 출발점, 목표 및 제약은 여러 선택과 절충이 있음을 의미한다. 대신 특정 상황을 분석하고 옵션을 평가하며 장단점을 이해한 후 사용자에게 선택사항을 명확하게 설명하는 데 필요한 검증된 의사결정 모델이 필요하다.

불행히도 클라우드 컴퓨팅과 관련된 대부분의 책은 이해하기 어렵거나 특정 업체 및 제품에 중점을 둔다. 이 책은 기존의 가정에 의문을 제기하고, 기술 중립적인 의사결정 모델을 수립해 클라우드 여정에 대해 생각하는 새로운 방법을 제시함으로써 그 격차를 줄여줄 것이다.

인생은 최고의 교훈을 준다

나의 또 다른 저서인 『37 Things One Architect Knows About IT Transformation』[1]에서는 아키텍트가 대규모 조직의 변화를 주도할 수 있도록 펜트하우스에서 엔진 룸까지 '아키텍트 엘리베이터'를 타고 그 방법을 설명한다. 이 책 『속도의 경제를 위한 클라우드 전략』은 이러한 모델을 클라우드 아키텍처 및 클라우드 마이그레이션에 적용해서 설명한다. 『37 Things』 와 마찬가지로, 이 책에는 실제 경험을 바탕으로 한 많은 일화와 핵심 내용이 포함되어 있다.

나는 다음과 같은 세 가지 클라우드 전환 업무를 담당했었다.

- 메이저 금융 서비스 업체의 수석 아키텍트로서, 애플리케이션 배포 속도를 높이기 위해 프라이빗 클라우드 플랫폼을 고안하고 구축
- 메이저 클라우드 서비스 업체의 기술 이사로서 일부 대형 리테일 업체 및 통신회사를 포함한 아시아 및 유럽의 전략적 고객에게, 클라우드 전략과 조직 혁신을 함께 달성하는 방법에 대해 컨설팅을 진행
- 싱가포르의 Smart Nation Fellow 프로그램 멤버로, 국가 차원에서 가장 중요한 클라우드 전략을 제시

각 업무들은 도전적인 과제도 있었지만 공통적으로 주목할 만한 것도 있었

---

1 https://leanpub.com/37things

다. 이 책에서 이러한 내용을 구체적으로 정리했으며, 많은 사람이 내 경험과 실수로부터 도움을 받았으면 한다.

마이그레이션 부분에는 특정 업체와 제품이 언급된다. 이 책에서는 이러한 개별 제품을 최대한 멀리하고, 도움이 되는 경우에만 간헐적으로 이용하고자 했다. 제품을 소개하는 문서는 흔하고, 제품은 출시됐다가 없어지지만, 아키텍처 관점의 고려사항은 변치 않는 경향이 있다. 『37 Things』와 마찬가지로 여러분이 문제에 접근하는 참신한 방법을 알려주기 위해 잘 알려진 주제와 유행어를 새롭게 살펴보는 방법으로 접근하고자 한다.

클라우드 스토리

기업의 IT는 굉장히 어려운 주제일 수 있다. 그렇다고 해서 IT를 지루하다고 생각할 필요는 없다. 이를 위해 매일같이 진행한 클라우드 마이그레이션 업무를 통해 수집된 내용으로 아키텍처를 개선했던 중요한 일화들을 공유한다.

『37 Things』의 독자분들께서 좋아해주신 작문 스타일과 몇 가지 속성을 이 책에서도 반복하고자 한다.

- **실제 경험**: 무엇을 할 수 있는지에 대한 장밋빛 그림을 그리는 대신, 실제 경험을 바탕으로 무엇이 효과가 있었는지(또는 없었는지)와 그 이유를 설명하려 한다.
- **과장하지 않은 의견**: 나는 사물을 있는 그대로 부르는 것을 선호한다. 또한 단점이나 한계를 강조하는 것을 부끄러워하지 않는다. 이미 다수의 마케팅 자료가 있기에 더 추가하지 않겠다.
- **매력적인 이야기들**: 이야기가 계속 이어지기 때문에 복잡하고 어려운 주제를 이해하기 쉽도록 익숙한 이야기와 매력적인 일화로 포장하려고 노력한다.

- **전문 용어를 줄이고 생각을 더 많이**: IT 직원은 최신 유행어를 자주 사용하는 것으로 잘 알려져 있다. 그러나 어떤 제품을 언제 사용해야 하고, 어떠한 가정을 포함하고 있는지 알려줄 수 있는 사람은 거의 없다. 내가 추구하는 방향은 그 반대다.
- **가치 있는 시사점**: 스토리도 좋지만 클라우드 마이그레이션을 성공적으로 수행하려면 아키텍트에게도 구체적인 조언이 필요하다. 내가 아는 것을 공유하고자 한다.
- **유용한 참고 자료**: 클라우드 컴퓨팅, 아키텍처, IT 전략에 대해 많은 내용을 수록했다. 이미 작성한 내용을 다시 사용하기 위해 이 책을 쓰는 게 아니라 새로운 통찰력을 제시하는 것이 나의 목표이며, 관련 자료를 공유할 수 있게 되어 기쁘다.

따라서 『37 Things』와 마찬가지로 이 책이 견고한 아키텍처를 위한 통찰력을 만들어나가는 데 도움이 될 수 있는 슬로건을 만들어줬으면 한다.

모델을 통한 더 나은 결정

클라우드 컴퓨팅은 첨단 기술에 기반을 두고 있지만 이 책은 깊이 있는 기술을 다루지는 않는다. 예를 들어, 완전 자동화된 멀티 클러스터 컨테이너 오케스트레이션 관리 방법이나 CI 파이프라인이 YAML 헬름^{Helm} 차트를 자동 생성하게 하는 방법에 대한 가이드와 같은 내용을 포함하지는 않는다. 그러나 그러한 구축 방법이 조직에 적합한지 여부를 결정하는 방법에 대한 가이드는 있다.

이 책은 고민이 필요하고 때로는 어려운 절충안을 수반하는 의미 있는 결정에 초점을 맞춘다. 개별 제품의 기능은 아키텍처의 공정한 비교를 위해 제외했다. 강점과 약점을 모두 고려하면 제조사 중립적 의사결정 모델에 이를 수 있으며, 제조사나 스스로에게 물어봐야 하는 질문을 찾을 수 있다.

IT 엔진 룸을 비즈니스 펜트하우스에 더 잘 연결하기 위해 '아키텍처 엘리베이터' 개념을 사용하면 토론의 수준이 높아진다. 모두를 바보로 만드는 것이 아니라 오히려 불필요한 디테일을 생략해서 여정을 더욱 잘 안내하는 좋은 지도와 같다. 따라서 이 책은 자주 간과되지만 중요한 부분을 강조한다. 나무만이 아니라 숲을 보게 해서 생각을 정리하고 적절한 수준의 의사결정을 하도록 도울 것이다.

무엇을 배우게 될 것인가?

이 책은 복잡한 조직이 대략적으로 클라우드 여정을 따라가도록 6개의 부로 구성되어 있다.

1부: 클라우드 이해하기

클라우드는 기존의 IT 제품을 도입하는 것과 매우 다르다. 따라서 기존의 선택 및 도입 프로세스를 따르는 대신 IT 업무 방식을 전반적으로 재고해야 한다.

2부: 클라우드 조직하기

클라우드 컴퓨팅은 기술 이상의 영향을 미친다. 클라우드를 최대한 활용하려면 구조와 프로세스 모두에 영향을 미치는 조직 변경이 필요하다.

3부: 클라우드로 이동하기

클라우드에는 여러 가지 방법이 있다. 여러분이 할 수 있는 최악의 상황은 기존 프로세스를 클라우드로 옮기는 것이다. 그러면 새로운 데이터 센터를 얻을 수 있지만 클라우드를 얻을 수는 없다. 따라서 인프라 및 운영 모델에 대한 기존 가정에 의문을 제기해야 한다.

4부: 클라우드 설계하기

클라우드 아키텍처에는 적합한 업체 또는 제품을 선택하는 것보다 훨씬 더 많은 것이 있다. 모든 유행어를 피하고, 아키텍처 결정 모델을 사용하는 것이 가장 좋다. 여기에는 멀티 및 하이브리드 클라우드가 포함되지만 마케팅 브로슈어에 나와 있는 방식은 아닐 수 있다.

5부: 클라우드 구축하기

클라우드는 강력한 플랫폼이다. 그러나 이 플랫폼 위에서 실행되는 애플리케이션도 제 역할을 해야 한다. 5부에서는 애플리케이션을 클라우드에 이용 가능한 형태로 만드는 요소가 무엇이며, 서버리스가 무엇인지, 컨테이너에서 가장 중요한 것이 무엇인지 살펴본다.

6부: 클라우드 예산 책정하기

통제력이 크면 책임도 커진다. 클라우드의 탄력적인 가격과 높은 수준의 자동화로 비용을 크게 줄일 수 있다. 단, 과거의 몇 가지 가정만 남겨두면 된다.

모든 장을 순서대로 읽는 것이 가장 좋지만, 이 책은 순서에 상관없이 필요에 따라 읽을 수 있게 했다. 따라서 현재 직면한 문제와 가장 관련성이 높은 주제로 먼저 쉽게 시작한 후 다수의 관련 장들을 참고하면 된다. 클라우드 여정은 일차원적이지 않다.

나의 궁금증을 해결해줄 수 있을까요?

나는 가끔 워크숍 참가자들에게 과정 종료 후에는 시작하기 전보다 더 많은 궁금증을 가지고 떠나야 한다고 이야기한다. 마찬가지로 이 책은 단순한 지침서가 아닌 새로운 사고방식을 제시한다. 따라서 새로운 질문을 제기할 수도 있다. 나는 이것이 두 가지 측면에서 긍정적이라고 생각한다. 첫째, 의미 있는 결정을 내리는 데 도움이 되는 더 나은 질문이 머릿속에 떠오를 것이다. 둘째, 일반적인 순서대로 따라하기 프레임워크에 의존하는 것과 달리 특정 컨텍스트 내에서 이러한 질문에 답할 수 있는 더 나은 도구를 갖게 될 것이다.

변화를 위한 복사 & 붙여넣기 같은 방법은 없다. 따라서 이 책은 무엇을 해야 하는지 정확히 알려주지 않을 것이다. 그러나 여러분이 스스로 더 나은 결정을 내릴 수 있게 해줄 것이다. 낚시하는 법을 배운다고 생각하자(표지 참조).

해야 할 것과 하지 말아야 할 것

이 책의 대부분은 클라우드 기술 유행어의 이면을 살펴보는 것을 중점적으로 하며, 기업향 클라우드 마이그레이션에 실제로 필요한 것이 무엇인지에 대해 더 깊고 미묘한 시각을 제공하는 것을 목표로 한다. 그러나 아키텍트 또는 IT 리더로서 실행 계획을 수립하고 조직을 사전에 잘 만들어놓은 경로로 이끌어야 한다. 이를 위해서는 구체적이고 실행 가능한 조언이 필요하다.

따라서 다수의 장 끝에는 권장사항을 요약하고 주의사항을 제공하는 '해야 할 것과 하지 말아야 할 것' 절이 나오므로, 앞서 다른 사람들이 빠졌던 동일한 함정에 다시 빠지지 않도록 체크리스트로 사용할 수 있다. 자신을 인디아나 존스라고 생각하자. 해골로 가득 찬 모든 함정을 피하는 사람은 바로 여러분이다. 도전적이며 때로는 위기일발의 상황을 마주하겠지만 점점 영웅의 면모가 나올 것이다.

표지의 물고기는 무엇인가요?

표지에는 커다란 물고기를 닮은 물고기 떼가 보인다. 나는 일본 도쿄에서 남쪽 방향으로 가까운 거리에 있는 가마쿠라 근처의 에노시마 수족관에서 이 사진을 찍었다. 『37 Things』에서 물고기가 나오는 개인 사진을 사용한다는 주제로 이 군집을 선택했다. 이 군집은 부분의 합이 어떻게 고유한 모양과 역동성을 갖는지를 보여주기 때문이다. 군집은 단순히 다수의 물고기 모음이 아니다. 복잡한 아키텍처 및 특히 클라우드의 경우에도 마찬가지다.

참여하기

책이 출판됐다고 해서 새로운 아이디어를 만드는 것을 멈추지는 않는다. 따라서 다음 블로그를 통해 새로운 내용을 살펴보기 바란다.

https://architectelevator.com/blog

또한 트위터나 링크드인에서 나를 팔로우해서 내가 무엇을 하고 있는지 확인하거나 게시물에 댓글을 달 수 있다.

http://twitter.com/ghohpe

http://www.linkedin.com/in/ghohpe

물론, 여러분이 이 책을 친구들에게 널리 알리고 싶어 한다면 기쁠 것이다. 가장 좋은 방법은 다음 URL을 공유하는 것이다.

http://CloudStrategyBook.com

피드백을 제공하고 이 책을 더 나은 책으로 만들 수 있도록 비공개 토론 그룹에 참여하자.
- https://groups.google.com/d/forum/cloud-strategy-book

정오표

정오표는 에이콘출판사의 도서정보 페이지(http://www.acornpub.co.kr/book/cloud-strategy)에서 찾아볼 수 있다.

감사의 글

책은 한 작가가 한 시즌 동안 호텔 방에 갇혀서 쓴 것이 아니다(영화 〈샤이닝 The Shining〉을 본다면 그 결말이 무엇인지 알 것이다). 많은 사람이 복도에서의 대화, 회의 토론, 원고 검토, 트위터 대화나 일상적인 채팅을 통해 이 책에 의식적 혹은 무의식적으로 기여했다. 우정과 영감을 주신 모든 분께 진심으로 감사드린다.

셰프는 내내 나와 함께 있었고 맛있는 피자, 파스타, 수제 치즈 케이크를 만들어주었다.

1부

클라우드 이해하기

클라우드를 설명하기 위해 굳이 이 책의 여러 장을 할애하지 않아도 될 것이다. 이미 클라우드 컴퓨팅은 IT만큼이나 보편적으로 사용되는 용어가 됐고, 온라인을 포함한 책장에는 관련 서적과 기사, 블로그 포스팅, 제품 개요와 같은 내용으로 가득하다. 하지만 대부분은 제품 중심적이거나, 실제 클라우드 컴퓨팅을 어떻게 달성할지에 대한 상세한 내용 없이 장점만을 부각한다. 이러한 방식은 기존의 엔터프라이즈적 접근 위에 새로운 기술 요소만을 올려놓는 것과 같다.

클라우드의 배경 이해

클라우드 여정을 시작하기 전에 클라우드가 시작할 때 생각했던 것보다 훨씬 큰 범위의 업무임을 인식하는 것이 좋다. 이런 방법으로 기업 내 조직과 구성원이 클라우드 전환을 다른 IT 프로젝트와 같이 여기지 않고, 기업 전반의 환경 변화를 준비할 수 있게 해준다.

클라우드 컴퓨팅이 만들어내는 영향력의 가치를 이해하려면 먼저 기업 내에서 IT 역할이 어떻게 변화하는지 알아야 한다. 그리고 실제 상황에 대입했을 때 비즈니스가 어떻게 발전하는지 살펴봐야 한다. 마지막으로, 왜 비즈니스가 변화해야 하는지 이해하기 위해 경쟁 분야가 어떻게 발전했는지 살펴보는 것도 도움이 된다.

클라우드와 함께 성장해온 현대적 조직은 이제 막 클라우드 마이그레이션을 시작하고 있는 전통적 기업과 다르게 생각하고 일한다. 따라서 조직의 상황에 따라 클라우드가 왜 그들에게 적합하고 어떻게 조직과 행동을 변화시키는지를 이해해야 한다. 각각의 시작점이 다르고 그에 따라서 여정도 다르게 진행된다.

당신의 클라우드 여정

클라우드 도입을 남들이 모두 하기 때문에 하는 것은, 물론 아무것도 안 하는 것보다는 낫지만 좋은 전략이라고 할 수는 없을 것이다. 대신 왜 클라우드로 가야 하는지, 클라우드 여정이 조직에 어떤 성공을 가져다줄지에 대한 명확한 관점이 필요하다. 이후에 현재 위치에서 성공으로 가는 데 필요한 경로를 만들 수 있다. 클라우드 여정을 진행하다 보면 단순한 목표 또는 안정적인 목표의 이미지조차 없다는 사실을 알게 될 것이다. 클라우드 플랫폼이 진화하는 만큼 경쟁 분야도 발전하며 여정은 끊임없이 계속된다. 따라서 올바르게 시작하고 의식적인 결정과 절충해야 할 부분은 무엇인지 이해하기 위해 생각해볼 필요가 있다.

클라우드 컴퓨팅에 대해 다시 생각해보기

1부는 비즈니스 전환 관점에서 새로운 시각을 가질 수 있도록 해줄 것이다. 휘황찬란한 제품소개서에서 알려주지 않는 여러 사항들도 깨달을 수 있을 것이다.

- 클라우드는 IT 구매가 아니라 라이프 스타일의 변화다(1장).
- 클라우드가 준비된 조직은 1차 결과물을 생각한다(2장).
- 희망사항은 전략이 아니다(3장).
- 원칙은 전략과 의사결정을 연결한다(4장).
- 운전법을 잘 모르면서 빠른 차만을 고집하는 것은 안 좋은 생각이다 (5장).

1장

클라우드는 IT 구매가 아니라 라이프 스타일의 변화다

클라우드는 구매하는 것이 아니라 수용하는 것이다

기업 IT는 기본적으로 시스템과 소프트웨어 등을 구매한 후 구축하는 방식으로 구성된다. 이는 보통의 일반 기업에서는 사내 회계, 인사, 급여 재고 시스템을 전부 자체 개발할 필요가 없기 때문에 나쁘지 않은 방법이다. IT 인프라도 마찬가지다. 기업은 서버, 네트워크 스위치, 스토리지 장비, 애플리케이션 서버 등을 구매 후 별도 구축하는 방식을 이용한다.

따라서 기업이 클라우드 플랫폼과 클라우드 제조사를 같은 관점으로 바라보는 건 자연스러운 일이다. 하지만 이러한 접근 방식은 클라우드로 첫 번째 애플리케이션을 이관하기도 전에 문제를 일으킬 수 있다.

클라우드를 구매한다고?

대부분의 전통적 IT 프로세스는 개별 구성요소를 구매해서 내부적으로 또는 시스템 통합SI, system integrator을 통해 개발하는 방식으로 진행된다. 그렇기 때문에 대부분의 기업은 주요 IT 기업이 제공하는 제품을 반복적으로 구매하는 방식을 통해 'SAP 헤비 유저', 또는 '오라클 샵', '마이크로소프트 하우스' 등으로 스스로를 정의하기도 한다. 따라서 클라우드로 전환할 때 기업들은 기존과 동일한, 이미 입증된 방식으로 새로운 구성요소를 구매하려고 한다. 하지만 같은 프로세스를 따르는 건 같은 수준의 결과가 나온다는 불필요한 경험을 통해 교훈을 얻게 된다.

클라우드는 기존 IT 포트폴리오에 몇 가지 요소만을 더한 것이 아니다. 클라우드는 IT의 근간으로 봐야 한다. 데이터가 저장되고, 소프트웨어가 실행되고, 보안 메커니즘으로 자산과 엄청난 양의 분석 정보를 보호하는 곳이다. 클라우드를 수용하는 것은 전통적 IT 구매라기보다는 완전한 IT 아웃소싱 (6장)에 가깝다.

> ℹ️ 클라우드 플랫폼은 기존 IT 포트폴리오에 몇 가지 요소만을 더한 것이 아니다. 클라우드는 IT 구매라기보다는 완전한 IT 아웃소싱에 가깝다.

클라우드 도입과 가장 비슷한 예는 지난 수십 년간 IT 담당자들이 힘들어했던 ERP^Enterprise Resource Planning 시스템의 도입이다. 일반적으로 ERP 소프트웨어의 설치는 어렵지 않은 반면, 통합과 최적화에는 매우 큰 노력과 비용이 발생했다. 때때로 수백만 달러가 소요되기도 했다.

우리는 단순히 도입이 쉽기 때문이 아니라, ERP 도입과 같이 확실한 이점이 있기 때문에 클라우드로 이동하고 있다. 두 케이스 모두 단순 소프트웨어 설치만으로는 장점을 알 수 없다. 또한 플랫폼에 내재된 새로운 업무 방식으로 조직이 적응해야 한다. 이런 변화는 ERP 구축에서 가장 어려운 부분이었지만, 가장 큰 이점을 가져다주기도 했다. 다행히 클라우드는 좀 더 유연한 플랫폼에서 구축되기 때문에 일부 ERP 시스템의 일방적 구축 방식이 아니라 창의적 여지가 있다.

클라우드는 어떻게 다른가?

전통적 구매 프로세스를 그대로 클라우드 컴퓨팅에 적용할 경우 실망스러운 결과를 가져올 수 있다. 기존 프로세스가 과거에는 옳았겠지만 클라우드 환경에는 적용되지 않기 때문이다. 과거의 모델로 새로운 기술을 구축하는 것은 마치 이메일을 출력해서 종이 출력본을 쌓아두는 것과 같다. 과연 누가 그런 일을 할까 싶지만, 나는 여전히 "환경을 지킵시다. 메일을 출력하지 마시오."라고 하단에 적인 이메일을 가끔 받는다. 새로운 기술을 도입하는 것은 어렵지 않다. 다만, 생각하고 일하는 방법을 새로운 기술에 맞추는 시간이 오래 걸릴 뿐이다.

클라우드 모델과 섞이면 안 되는 두 가지 기존 프로세스는 구매와 운영이다. 각각의 영역을 좀 더 살펴보고 클라우드가 우리가 생각하는 방식을 어떻게 바꾸는지 알아보자.

구매

구매는 소프트웨어 및 하드웨어 구성요소를 평가하고 매입하는 프로세스다. IT 예산의 상당 부분이 구매를 통해 소비되기 때문에 현명하고 공정하고 간소하게 비용이 집행됐는지 확인하기 위해 일반적으로 엄격한 프로세스를 따른다.

예측성 대 유연성

많은 IT 프로세스는 예산 통제가 필요하다. 새로운 프로젝트를 시작할 때마다 예산 승인이 필요하다. 소프트웨어나 하드웨어의 구매가 필요할 때도 마찬가지다. 비용 부서[1]라는 전통적 IT 관점에서 이런 과정들은 합리적이며, 비용에 관한 것이라면 지출을 최소화할 필요가 있다.

---

1 https://www.linkedin.com/pulse/reverse-engineering-organization-gregor-hohpe/

전통적 IT 예산은 일반적으로 주요 고려사항을 예측해서 최소 몇 년 전에 수립된다. 회계년도 시작 후 9개월이 지난 다음에 IT 예산이 20% 초과할 것이라는 사실을 알고 싶어 하는 CFO나 주주는 없다. 따라서 IT 구매를 할 때는 보통 다년도 라이선스로 소프트웨어를 구매한다. 이 경우 바로 전체 기능을 쓸 수 없음에도, 향후 증가가 예상되는 사용량을 수용하기 위해 좀 더 큰 패키지 계약을 맺음으로써 '할인을 고정'하게 된다. 마치 사용량을 약정해야 주어지는 무료 통화 시간과 비슷하며, 고정되는 건 할인이 아니라 고객 자신이 된다.

클라우드가 IT를 통째로 흔든 혁신의 이유는 유연한 가격 모델이다. 클라우드는 리소스에 대한 비용을 미리 지불하는 것이 아닌 실제 사용한 만큼 지불하는 구조다. 이런 가격 모델은 아직 사용하지 않는 용량에 대해 지출하지 않기 때문에 매우 큰 잠재적 비용 절감(29장)을 가능하게 한다. 하지만 유연성은 그동안 IT가 중요시했던 예측성을 점차 없애고 있다. 클라우드의 빠른 배포의 이점을 막는 새로운 가상 서버 주문을 못 하게 하는 CIO를 본 적이 있는데, 새로운 업무와 기존 방식이 충돌하면서 생길 수 있는 사례다.

기능 체크리스트 대 비전

현명하게 소비하기 위해 IT 구매는 일상적으로 여러 제조사의 조건을 비교한다. 공공부문을 비롯한 일부 조직들은 계획적이고 투명한 소비를 위해 멀티 제조사에 대한 강제 규정이 있는 경우도 있다. 제조사 선정을 위해 구매는 요구 기능 및 비기능적 요구사항에 대한 리스트를 만들고, 각 제품을 영역별로 점수화한다.

이런 접근은 조직이 제품의 범위와 필요성을 완전히 이해하고 원하는 제품 기능으로 전환할 수 있을 때 합리적으로 동작한다. 관계형 데이터베이스와 같이 이미 잘 알려진 구성요소에 대해서는 적합하지만, 최고의 제품을 선택하기는 어렵다(82.3점을 받은 제품이 81.7점을 받은 제품보다 더 나을까?).

안타깝게도 클라우드 플랫폼에는 이런 방식이 맞지 않는다. 클라우드 플랫폼은 범위가 매우 크고 클라우드가 무엇을 하는지에 대한 정의는 클라우드 업체가 현재 그리고 앞으로 제공할 내용에 따라 많은 부분 달라진다. 『37 Things』[2]에 적은 농담대로, 당신이 차를 전혀 본 적이 없는 상태로 슈투트가르트 지역의 유명한 자동차 공장을 방문한다면 기능 리스트의 첫 번째 항목인 자동차 후드만 보고 별점을 줄 것이다(『37 Things』의 'IT 세상은 평등하다The IT World is Flat' 참조).

전통적 점수 매기기는 클라우드에 맞지 않으며, 회사의 비전을 클라우드 업체의 제품 전략이나 철학과 비교하는 것이 더 나은 방법이다. 그러기 위해서는 클라우드로 이동하는 이유(11장)와 빠른 차를 산다고 좋은 운전자가 되지 않는다(5장)는 사실을 알아야 한다.

스냅샷 대 지속적 진화

대량의 체크리스트는 특정 시간의 스냅샷을 기반으로 판단해 결정을 내리는 것이다. 하지만 클라우드는 빠르게 진화한다. 오늘 만든 체크리스트는 클라우드 업체들이 리인벤트re:Invent/이그나이트Ignite/넥스트Next[3] 같은 연간 행사를 여는 순간 의미가 퇴색된다.

IT 부서는 서비스 제공자의 제품 전략과 예상되는 진화를 알고 있어야 한다. 많은 서비스 제공자가 직접적으로 이야기하지는 않지만, 제품 로드맵을 통해 유추해볼 수 있다. 클라우드 플랫폼의 끊임없는 진화는 그 위에 배포를 원하는 주요 동기 중의 하나다. 수학적으로 말하자면 현재 위치보다 벡터에 더 관심이 있는 것이다.

---

2 이 책의 저자 중 한 명인 그레고르 호페(Gregor Hohpe)가 저술한 IT 혁신 아키텍처를 다룬 책이다. – 옮긴이
3 아마존 웹 서비스, 마이크로소프트, 구글 클라우드의 연간 클라우드 행사 – 옮긴이

제품 대 플랫폼

IT가 구매하는 대부분은 제품이다. 특정 목적을 위해 또는 다른 구성요소와 조합해서 사용되며, 그렇기 때문에 격리된 관점에서 볼 수 있다.

클라우드는 소프트웨어 배포와 운영을 기반으로 만들어진 거대한 플랫폼이다. 일부 커다란 소프트웨어 시스템들은 많은 부분 사용자가 원하는 대로 변경할 수 있고 플랫폼의 역할을 하기도 한다. 하지만 클라우드는 훨씬 더 넓고 유연하게 활용된다는 측면에서 다르다. 전통적 IT가 예술품의 구매라면, 클라우드는 빈 캔버스와 마법 펜을 사는 것과 같다. 클라우드 여정을 시작할 때는 고려할 요소가 훨씬 많다.

로컬 최적화 대 글로벌 최적화

IT 부서는 제품을 선택할 때 일반적으로 개별적으로 제품을 나누고, 각 분야별 적합한 솔루션을 찾는 최상품을 찾는 접근 방식을 이용한다.

클라우드 플랫폼은 수백 개의 개별 제품을 갖고 있기 때문에 사전 학습된 머신러닝 모델을 찾는 것처럼 특정 활용 사례로 한정 짓지 않는다면 개별 제품의 비교는 크게 의미가 없다. 클라우드를 플랫폼으로 바라본다면 작은 조각들이 아닌 전체를 볼 필요가 있다(우리 책의 표지를 떠올려보자). 각 구성요소에 대해 로컬이 아닌 플랫폼 전반에 걸쳐 최적화해야 하며, 이는 더 복잡할 뿐 아니라 조직 내의 다양한 분야의 조화를 필요로 한다.

비즈니스를 소프트웨어에 맞춤

제품을 구매하는 건 전통적으로 조직에서 필요한 기능에 제품을 맞추는 것이었다. 이는 조직의 업무 방식에 가장 가까운 제품을 선택하는 것이 비즈니스에 가장 큰 가치를 준다는 가정을 의미한다. 가족이 5명이라면 좌석이 2개뿐인 스포츠카가 아닌 미니밴을 원하는 것과 비슷하다.

클라우드는 특정 조직의 필요에 맞추기 위해 기존 구성요소를 대체하는 것이 아니다. 오히려 근본적으로 조직이 다른 방식으로 일할 수 있게 하는 것이다(보통 '혁신'이라고 부른다). 결과적으로 보면 조직의 운영 모델을 구매한 플랫폼에 맞추는 것이다. 따라서 어떤 클라우드 플랫폼의 어떤 모델이 가장 조직에 적합한지를 보고 거기에서 거꾸로 접근해야 한다. 비록 바깥에서 보면 플랫폼들이 비슷해 보일 수 있지만, 가까이에서 살펴보면 서비스를 제공하는 회사의 문화를 반영해서 각기 다른 가정들 위에 만들어졌음을 알 수 있을 것이다.

운영

클라우드는 기존 구매 프로세스뿐만 아니라 운영 프로세스도 바꾼다. 운영 프로세스는 '항상 켜져 있기 위해' 존재한다. 애플리케이션이 항상 실행돼야 하고 하드웨어도 가용해야 하며 데이터 센터에 어떤 일이 있는지도 알아야 한다. 클라우드가 인프라 운영을 완전히 바꿔놓는 것은 놀랍지 않다.

애플리케이션에서 인프라 분리

대부분의 IT 부서는 애플리케이션의 배포와 인프라 운영을 분리한다. 이는 애플리케이션을 '변경하는' 부서와 이를 넘겨받아 '운영하는' 부서가 나뉘어 있는 조직 구조를 반영하기 때문이다. 보안이나 하드웨어 설치, 비용 제어와 같이 중요한 메커니즘은 운영 팀의 책임이고, 기능 추가 및 사용성 같은 부분은 애플리케이션 팀의 영역이다.

클라우드 컴퓨팅의 중심 테마는 개발 팀이 인프라 설정에 직접 접근해 조직 간의 경계를 줄일 수 있는 인프라 자동화다. 특히 보안이나 비용 제어, 확장성, 탄력성 같은 부분은 애플리케이션과 인프라 모두를 포괄한다(7장).

제어권 대 투명성

전통적 IT는 보통 시스템 목록의 투명성이 높지 않기 때문에 많은 프로세스가 제어권을 기반으로 만들어져 있다. 개발자가 인프라 요소 설정에 접근하지 못하게 한다든가, 배포를 제한하거나, 수동으로 검증 및 승인을 요구하는 것들과 같은 것들 말이다. 이런 메커니즘은 데브옵스^{DevOps}나 지속적 배포 Continuous Delivery 같은 현대적 소프트웨어 배포와는 맞지 않는다.

클라우드는 프로세스를 미리 통제하기보다는 사용량과 정책 위반을 모니터링하게 함으로써 투명성을 크게 올린다. 투명성을 가지고 모니터링을 하면 프로세스 부담을 줄이면서 규정 준수 비율을 많이 높일 수 있다. 프로세스 제어는 일반적으로 현실을 제대로 반영하지 못하기 때문에, 투명성 기반으로 IT 라이프 스타일을 변경하고 플랫폼의 기술 역량을 더 깊이 파고들어야 한다. 예를 들어, 자동화 수준이 높다면 배포 스크립트의 정책 위반을 미리 찾아낼 수 있다.

이중화를 통한 탄력성 대 자동화

IT는 전통적으로 이중화를 통해 시스템 가동 시간을 늘렸다. 중요한 애플리케이션을 실행 중인 서버가 다운되면 미리 동일하게 설정된 이중화 서버가 전달받아 서비스 중단을 최소화하는 방식이다. 쉽게 볼 수 있는 구성이지만 이런 방식은 경제적으로 효율적이지는 않다. 프로덕션 서버의 절반이 평상시에 아무것도 안 하기 때문이다. 모놀리식^{monolithic} 애플리케이션과 수동 배포로 인해 새로운 인스턴스를 새로 배포하는 것이 오래 걸리기 때문에 생기는 어쩔 수 없는 선택이다.

클라우드는 스케일 아웃 아키텍처와 자동화를 손쉽게 활용할 수 있기 때문에 새로운 인스턴스를 빠르고 쉽게 추가할 수 있다. 이를 통해 이중화를 위한 유휴 서버를 없앨 수 있다. 대신 서버 다운이 발생하면 새로운 애플리케이션과 서비스 인스턴스를 배포할 수 있다. 클라우드를 통해 큰 비용을 절감할 수 있는 하나의 예이지만, 일하는 방식을 적절하게 조절하는 경우에만 가능하다(29장).

순차적 비교

다음 목록은 클라우드가 일반 IT 구매가 아닌 이유를 설명하고 있다. 예를 들어, 클라우드는 기존 재무 프로세스에 맞지 않는다(30장). 예제를 통해 전통적 구매와 운영 프로세스를 클라우드에 그대로 적용하는 것은 시작부터 잘못된 일임을 알 수 있을 것이다.

다음 표는 클라우드가 잘 알려진 기존 IT 프로세스와 어떻게 다른지 요약되어 있다. 클라우드로의 혁신을 준비하자!

역량	전통 방식	클라우드
예산	예측성	탄력성
적합성	기능 체크리스트	비전
기능성	스냅샷	진화
범위	구성요소	플랫폼
최적화	로컬	글로벌
정렬	제품에서 비즈니스	비즈니스에서 제품
운영 모델	앱 대 인프라	앱과 인프라
컴플라이언스	제어권	투명성
회복/탄력성	이중화	자동화

같지만 또 많이 다르다

전통적 IT와의 확실한 차이에도 불구하고 주요 클라우드 업체의 제품 포트폴리오는 서로 매우 유사해 보일 수 있다. 하지만 두 군데의 주요 클라우드 업체에서 일해보고 더 많은 클라우드 고객을 경험해본 입장에서, 조심스럽게 클라우드 플랫폼의 기반이 되는 문화나 운영 모델이 많이 다르다고 이야기할 수 있다. 만약 여러 제조사의 경영진 브리핑을 들어볼 기회가 있다면 기술적 콘텐츠뿐만 아니라 해당 조직의 문화나 기반에 깔려 있는 가정에 대해 들어볼 수 있을 것이다.

> ⓘ 클라우드는 긴 여정이기 때문에 단순히 제품을 비교하기보다는 조직의 역사와 문화적 DNA를 함께 보는 것이 중요하다.

설득력 있는 지표는 각 제조사가 클라우드 서비스를 제공하기 전에 진행한 핵심 비즈니스다. 이런 역사는 제조사의 조직 원칙과 가치, 제품 전략을 만들었다. 여러분이 직접 찾아보기를 원하기 때문에 여기서 차이점을 언급하지는 않겠지만, 일반 영업적 만남 외에 별도로 각 제조사들과 함께하는 시간을 가져본다면 앞서 이야기한 내용을 좀 더 명확히 알 수 있으리라 확신한다.

클라우드는 최종 목적지라기보다는 계속 진행해야 하는 여정이기 때문에 장기적 관점의 파트너 관계가 필요하다. 따라서 단순히 개별 제품 자체를 보지 말고 그 뒤에 있는 제조사의 조직과 문화가 맞는지를 보는 것이 중요하다.

기업에서의 클라우드

기업들과 일하는 클라우드 업체는 재미있는 딜레마를 직면하고 있다. 기업이 기존 IT 모델을 벗어날 수 있게 하는 한편, 기업이 기존 방식으로 운영하는 것도 도와야 한다. 따라서 디지털 기반 위에서 클라우드를 기업용으로 만들기 위해 산업 인증과 같은 것들을 획득한다. 하지만 이런 활동들이 정말 고객을 사로잡는 데 도움이 될지는 의문이다.

 고객 경험 센터를 방문하면 멋진 카지노에 있는 느낌이 든다. 그리고 이곳을 유지하는 비용이 어디서 나오는지 깨닫기 전까지는 멋지다고 생각한다.

사용량 약정 기반 가격 모델은 클라우드의 탄력성에 맞지 않지만 일반 기업들이 선호하는 방식이다. 다년 계약을 통한 할인은 최소 사용량 보장이 필요하다. 과거에는 이런 비용 모델을 통해 기업 판매에서 높은 비용으로 보상받았다. 과거에는 60분간의 고객 회의를 위해 전 세계를 누비며 보상으로 각지의 뮤지컬을 즐기는 사람들도 많았는데, 클라우드가 그런 관습을 없애는 데 기여했다. 부정적인 사람들은 기업용 소프트웨어가 비대하고 구식이며 유연성이 떨어질 뿐만 아니라 비용이 많이 든다고 정의한다. 클라우드와 기존 모델이 중간 지점에서 만났으면 좋겠다.

조직을 혁신하는 일은 양방향 모두 어렵다. 전통 기업은 디지털 기업을 보고 무료 바리스타를 설치하고, 인터넷 기업은 전통 기업을 보고 낮은 수준의 고객 센터를 설치한다. 양쪽 모두 의도한 것만큼 효과가 있을 것 같지는 않다.

혁신에는 SKU가 없다

클라우드로 전환하려면 IT는 물론 비즈니스에도 중대한 변화가 필요하다. 기존 조직과 프로세스를 그대로 가져가면서 클라우드를 수용하기는 어렵다. 특히 돈이 많은 조직일수록 더욱 그렇다. 왜냐하면 이런 조직에서는 충분한 예산만 확보하면 원하는 것을 모두 얻을 수 있다고 생각하는데, 마치 원하는 장난감을 얻는 데 익숙한 버릇없는 어린아이와 비슷하다. 이런 아이들은 보통 방이 장난감으로 가득 차서 아무것도 찾을 수 없는데, IT 환경에서도 비슷한 상황이 많이 보인다. IoT, AI, RPA, AR 이니셔티브들이 가득 쌓인 방에서 블록체인을 찾는 CIO의 모습과 비슷하다.

『37 Things』에서 논의한 이런 조직에 대한 중요 교훈 중 하나는 IT 혁신이 돈으로 살 수 있는 것이 아니고 SKU[4]도 없다는 것이다. 오히려 혁신은 과거에 성공할 수 있도록 도움을 준 것들에 대해 의문을 갖게 한다. 아이러니하게도 과거에 조직이 성공적이었을수록 더 어려워진다.

라이프 스타일의 변화

클라우드로의 이동을 다른 나라로 이사 가는 것으로 생각하면 도움이 된다. 나는 미국에서 일본으로 이사를 가면서 현지 생활방식을 택함으로써 큰 경험을 했다. 차를 가져오지 않고, 훨씬 더 작은(하지만 똑같이 편안한) 아파트로 이사를 하고, 기본적인 일본어를 배우고, 집에 쓰레기를 가져가는 데 익숙해졌다(공공 쓰레기통이 거의 없다는 건 일본 방문객들이 가장 좋아하는 주제다). 만약 내가 차 2대를 댈 수 있는 3,000평방피트 집을 목표로 하고, 어디를 가든지 운전하는 걸 고집하고, 영어로 사람들에게 가장 가까운 쓰레기통이 어디 있는지 계속 물었다면 다소 실망스러운 경험이었을 것이다. 왜 일본으로 이사를 가려고 했는지 스스로에게 계속해서 물었을 것이다. 로마에서는 로마인이 하는 대로 해야 한다.

---

4   SKU(Stock–Keep Unit): 바로 구매 가능한 아이템 단위

2장

클라우드는
1차 결과물을 생각한다

속도의 경제학에서 클라우드는 당연한 결과다

▲ 디지털 메세지 전달의 변화

주요 클라우드 마이그레이션은 소위 디지털 혁신이라고 하는 비즈니스의 디지털화를 돕는 이니셔티브를 통해 일반적으로 진행한다. '디지털'의 의미가 완전히 명확하지는 않지만, 기존 비즈니스 모델을 위협하는 소위 '디지털 파괴자'와 더 잘 경쟁할 수 있음을 의미하는 것 같다. 대부분의 파괴적 요소들은 클라우드에서 동작하기 때문에 클라우드만으로 디지털화를 할 수 있는 것은 아니지만, '디지털'과 클라우드 사이의 연결고리는 부인할 수 없다. 재미있게도 답은 수학에 있다.

사물의 디지털화

수학에 대해 이야기하기 전에 잠깐 시간을 내서 '디지털'에 대한 내 의견을 말해보겠다. 회사가 혁신에 대해 이야기할 때는 흔히 **FAANG**(페이스북 Facebook, 애플Apple, 아마존Amazon, 넷플릭스Netflix, 구글Google) 같은 인터넷 거대 기업들보다 더욱 '디지털'화되는 것을 목표로 한다.

내가 생각하는 '디지털'이라는 용어의 문제는 30~40년 전에 대부분의 것들이 이미 디지털화되어 있다는 점이다. 70년대에는 계산자를 계산기로, 80년대에는 카세트 테이프를 CD로, 90년대에는 편지를 이메일로 교체했을 뿐만 아니라 아날로그 시계를 디지털로 교체했다. 버튼을 눌러 시간을 보여주던 디지털 시계는 다시 아날로그 화면을 디지털로 표현하는 또 다른 디지털 시계로 교체됐다. 사물을 디지털화하는 일은 전혀 새롭거나 특별한 것이 아니다.

> ℹ️ 디지털화는 수십 년 전에 이미 진행됐다. 이제 디지털 기술을 사용해 비즈니스 모델을 근본적으로 변화시킬 때다.

더 이상 사물을 디지털화하는 게 아니라면, 회사가 '디지털'화되기를 원한다고 할 때는 무엇을 뜻하는 것일까? 우리는 현대적, 다시 말해 '디지털' 기술을 이용해서 비즈니스가 동작하는 방식을 근본적으로 바꾸고 싶은 것이다. 차이점을 설명하기 위해 간단히 예를 들어보면, 마이크로소프트의 엔카르타Encarta는 1993년에 출시된 디지털 백과사전이다. 처음에는 CD-ROM 형태로 판매되어 전통적인 종이 백과사전에 비해 대부분의 면에서 우수했다. 더 많은 콘텐츠, 최신 정보, 멀티미디어 콘텐츠 포함, 쉬운 검색을 지원했을 뿐만 아니라 가지고 다니기도 편리했다. 하지만 사람들은 더 이상 엔카르타를 사용하지 않았고 2009년에 서비스가 중단됐다. 이유는 분명하다. 엔카르타는 기존 백과사전의 디지털 복사본이었지 모델을 근본적으로 바꾸지는 못했다. 이 분야에서 잘 알려진 제품은 위키피디아[Wikipedia]인데, 워드 커닝엄[Ward Cunningham][1]의 위키[Wiki][2]를 기반으로 위키피디아는 어떻게 백과사전이 만들어지고 배포되고 수익화되는지에 대한 기본 가정에 계속해서 의문을 제기했다. 소수의 전문가들이 만든 상대적으로 정적이고 권위 있는 작업 대신 글로벌 컴퓨터 네트워크와 범용 브라우저의 접근을 통한 새로운 협업 모델을 만들었다. 새 모델은 빠르게 '디지털 복사본'을 능가해 더 이상 쓸모없게 만들었다.

> 모델의 변화가 모두 위키피디아, 우버(Uber), 에어비앤비(Airbnb) 같이 극적일 필요는 없다. 내가 이 책을 집필한 플랫폼인 린펍(Leanpub)은 출판 모델을 작지만 중요하게 바꿨다. 이북의 배포 비용이 0에 가깝다는 사실을 깨달은 린펍은 작가들에게 책을 완성하기 전에 배포하도록 권장해 킥스타터(Kickstarter)[3]와 출판사 사이의 교차점을 만들었다. 이런 모델은 높은 품질의 책을 출판하기 위해 오랜 편집 및 품질 보증 프로세스가 필요한 기존 인쇄 출판과 커다란 대조를 이룬다.

디지털 IT

사물을 디지털화하는 것과 모델 변경을 위해 디지털 기술을 사용하는 것은

---

1   위키의 최초 개발자 – 옮긴이

2   https://wiki.c2.com/

3   미국의 크라우드 펀딩 사이트로, 자금이 없는 창작자가 작품을 소개하고 불특정 다수에게 후원을 받을 수 있도록 하는 사이트(https://www.kickstarter.com/) – 옮긴이

기존 프로세스의 디지털 복사본을 만들어 성장한 기업 IT에 직접 적용된다. 보험 비즈니스에서 IT는 신규 고객 가입, 갱신, 청구 처리 및 위험 계산을 자동화한다. 제조 분야에서는 주문, 배송, 재고 관리 및 조립 라인을 자동화한다. 프로세스를 좀 더 빠르게 하고 비용을 줄임으로써 IT는 비즈니스의 중심으로 빠르게 발전했지만 비즈니스 모델을 바꾸는 것은 아니었다. 하지만 우버, 에어비앤비, 위키피디아는 비즈니스 모델 자체를 IT를 이용해 바꿨다. 이러한 변화는 디지털 복사본을 매우 잘 만들고, 수십억 달러의 예산을 처리하면서 그만큼의 비즈니스 가치를 만드는 기업 IT에 특히 위험하다. 엔카르타의 경우처럼 말이다.

'디지털' 혁신기업들이 '정상적' 금융 서비스 또는 제조 비즈니스가 아닌 기술 회사라고 기존 IT 분야에서 주장하기도 하지만, 나는 동의하지 않는다. 몇 년간 구글의 핵심 시스템에서 일한 경험으로 나는 구글에서 첫 번째로 그리고 가장 중요한 부분이 광고 비즈니스라고 확신할 수 있다. 광고는 수익 및 이익의 대부분을 만들어낸다. 테슬라Tesla는 자동차를 만들고, 아마존은 풀필먼트fulfillment4에 탁월하며, 에어비앤비는 여행자가 숙박 시설을 찾는 데 도움을 준다. 이것이 '정상적' 사업이다. 차이점은 이런 회사들이 비즈니스가 수행되는 방식을 기술을 이용해 재정의한다는 것이다. 그리고 이것이 바로 '디지털화'다.

변화는 비정상이다

전통적 IT는 기존의 것을 디지털화하는 데 너무 익숙하기 때문에 잘 정의된 프로세스를 갖고 있다. 현재 상태의 무언가를 있는 그대로 잘 정의된 미래의

---

4 이커머스 셀러들을 위해 고객의 전 주문 처리 과정을 대행해주는 서비스로, 기존 물류를 뛰어넘는 종합 서비스 – 옮긴이

예정 상태로 가져오는 것을 '프로젝트'라고 한다.

프로젝트는 비싸고 위험하다. 따라서 비즈니스 케이스를 가능할 수 있는 (항상 긍정적으로 보일 만한) 미래 상태를 정의하는 데 많은 노력을 기울인다. 다음으로 이행 팀이 작업을 분해해서 프로젝트 실행을 세부적으로 계획한다. 프로젝트가 예상처럼 불분명하게 진행되면서 미래의 변경을 피한다는 것과 동의어인 '평소와 같은 업무'로 돌아가면서 안도의 한숨을 쉬게 된다. 따라서 도달된 미래 상태는 한동안 유지된다. 선행 비즈니스 사례에서 예상되는 ROI[Return On Investment](투자 수익률)를 얻는 데 필요한 것으로, 이런 사고방식은 다음 그림의 왼쪽에 표시돼 있다.

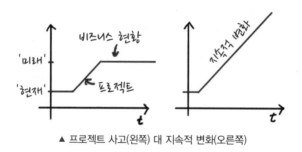

▲ 프로젝트 사고(왼쪽) 대 지속적 변화(오른쪽)

잘 알려진 업무 방식의 이면에는 두 가지 가정이 있다. 첫째, 좋은 '목표 상태'를 정의하기 위해 목표 정의를 위한 꽤 좋은 아이디어가 있어야 한다. 둘째, '변화'는 비정상적인 활동으로 간주된다. 이것이 모든 관련 제어 메커니즘과 함께 프로젝트가 긴밀하게 묶여 있는 이유다. 변화는 해피 엔딩으로 끝나고, 주요 사용자가 완성된 시스템을 써보기도 전에 성공을 축하하는 파티가 열린다.

디지털 세계는 목표 이미지가 없다

디지털 세계에서는 앞서 살펴본 두 가지 가정은 모두 거짓이다. 흔히 말하는 디지털 기업들은 기존 프로세스를 최적화하려는 것이 아니라 새로운 모델을 모색해 새로운 영역을 개척한다. 이제 새로운 모델을 찾는 것이 쉽지 않기 때문에 발견과 실험을 통해 지속적으로 판단을 한다. 디지털 회사에는 잘 정의된 목표 이미지가 없으며 대신 끊임없는 변화의 세계에 살고 있다(위 그림의 오른쪽).

> ℹ️ 디지털 회사는 화려하고 잘 정의된 목표 이미지가 없다. 대신 끊임없는 변화의 세계에 살고 있다.

변화를 예외로 취급하는 것이 아닌 주어진 것으로 받아들이는 전환은 IT 운영 방식을 근본적으로 바꾼다. 45페이지의 왼쪽 그림에서 핵심 역량은 추측을 잘하는 것이다. 미래의 목표 상태를 정의하고 계획을 실행하기 위해서는 좋은 예측(또는 추측)이 필요하다. 조직은 프로젝트 투자 회수를 위한 규모의 혜택을 받는다. 규모가 클수록 더 나은 수익을 얻을 수 있고 **규모의 경제** Economies of Scale를 기반으로 운영된다.

45페이지의 오른쪽 그림은 다르게 동작한다. 기업은 추측을 잘하는 것보다 빠른 학습자가 필요하며, 무엇이 효과가 있고 아닌지를 빠르게 파악할 수 있다. 빠른 학습은 과정의 빈번한 수정을 가능하게 하고 오류 비용을 줄여준다. 그렇기 때문에 규모 대신 **속도의 경제** Economies of Speed 규칙이 적용된다. 가장 큰 것이 아닌 가장 민첩한 것이다.

두 모델은 거의 정반대로, 왼쪽은 계획과 최적화를 선호하지만 오른쪽은 실험과 파괴를 선호한다. 왼쪽은 계획에서 벗어난 것이 나쁜 것이지만 오른쪽에서는 가장 많이 배우는 순간이다. 좀 더 심오하게 보면 양측은 다른 언어를 쓴다.

변화하는 세상의 절댓값

전통적 IT는 변화가 일시적이고 정상 상태는 안정성으로 정의된다는 가정에 기반하기 때문에 사람들은 절대 가치로 생각하고 말한다. 직원 수, 시간, 예산을 관리하면서 '6개월간의 프로젝트 수행에 10명의 엔지니어가 필요하고 비용은 150만 달러다', '서버 하드웨어 비용은 5만 달러이고 라이선스 비용 2만 달러가 추가된다'와 같이 절대 가치는 예측 가능성과 지원 계획을 나타낸다.

끊임없이 변화하는 세상에서 절대성은 확립된 직후의 변화에 영향을 받기 쉬운 예측을 대변한다. 이것이 속도의 경제에서 운영되는 조직들이 상대적인 가치로 말하는 이유다. 예산과 인원은 소비로 전환되며, 경비 지출 속도(월별 지출)로 측정된다. 프로젝트 마감일에 집착하는 대신 속도(1회 진행당 가치 전달)를 극대화하는 것을 목표로 한다. 완벽한 비즈니스 사례를 파악하기보다는 실험 비용을 최소화하려고 한다.

이러한 메트릭은 시간에 따른 속도, 즉 시간 경과에 따른 값을 나타내며, 시간 축에 따른 함수의 1차 파생 결과물first derivative로 나타낸다.

> ℹ️ 끊임없이 변화하는 조직에서 절대적인 것은 의미가 거의 없기 때문에 상대적인 가치로 생각하고 말한다.

다음 그림은 정적 세계에서 절대 위치를 보는 방법을 보여준다(왼쪽 다이어그램). 책을 애니메이션화할 수 없기 때문에 벡터로 그린 오른쪽 다이어그램처럼 움직임이 있을 때, 우리의 관심은 움직임의 방향과 속도로 이동한다. 첫 번째 결과가 중심이 된다.

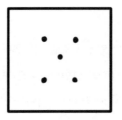 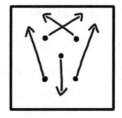

▲ 정적인 관점(왼쪽) 대 변화(오른쪽)

클라우드는 상대성을 말한다

상대적인 용어나 최초의 파생 결과물을 생각하는 조직에서는 클라우드가 사고 모델에 자연스럽다. 클라우드가 5만 달러의 투자 비용이 아닌 시간당 3달러의 소비 모델로 동작하기 때문이다. 절대적 투자를 시간당 또는 초당 비율로 대체해 동일한 언어를 사용하는 클라우드 모델은 사실상 1차 파생 결과물을 중요시하는 조직에 적합하며, 이것이 모든 조직이 클라우드에서 운영되는 이유 중 하나다.

ℹ️ 클라우드는 하드웨어 가격을 시간 단위당 비율로 책정하는 최초의 파생 모델을 제시하기 때문에 속도 경제에 적합하다.

클라우드 업체가 데이터 센터를 발명한 것은 아니다. 더 나은 데이터 센터를 만드는 데 집중했다면 클라우드 업체가 아닌 기존 IT 아웃소싱 제공업체가 됐을 것이다. 클라우드가 근본적으로 변화시킨 것은 끊임없는 변화의 세계와 이에 맞는 소비 모델을 기반으로 IT 인프라를 구매할 수 있다는 것이다.

ℹ️ 클라우드 컴퓨팅은 데이터 센터를 발명한 것이 아니라, 오히려 IT 인프라 구매 소비 기반 모델을 개척했다.

클라우드 플랫폼은 리소스를 거의 즉시 프로비전^{provision5}이 가능하며, 이는 속도의 경제에서 성공을 거두는 데도 중요하다.

상대성은 스트레스와 느슨함을 줄인다

친척들^{relatives}과 일하는 데는 또 다른 중요한 장점이 있다. 친척을 고용하라는 뜻이 아니라[6] 상대적 가치를 지속적으로 나타내는 1차 결과물을 수용하라는 뜻이다. 예측은 불확실하고 특히 미래에 대한 것은 더욱 그렇다.

그렇다면 프로젝트 일정 예측이 팀에 어떤 영향을 미칠까? 우리가 과소평가하면 팀은 현실을 부정하고 빡빡한 스케줄로 다시 직원들을 몰아넣을 것이다. 적어도 이 반대는 괜찮겠지. 그럼 예산을 다 사용하지 못하면 어떻게 될까? 아마도 돈을 빨리 쓰고 바쁜 일을 만드는 방법을 찾지 않으며 다음 프로젝트에서 예산이 삭감될 수도 있다.

속도 또는 경비 지출 속도에서 측정된 1차 결과물에서는 이러한 프로젝트 추이를 완화시킨다. 좀 더 빠른 진행과 낮은 경비 지출 속도가 더 좋기 때문에 우리는 결함 있는 확실한 예측을 충족시키기 위해 지나치게 불타오르거나 느슨해지지 않고 계속해서 최적화할 수 있다. 상대 수치로 일하면 실제로 스트레스가 줄어든다.

새로움이 과거와 만났을 때

클라우드의 소비 모델을 채택하는 전통적 조직은 예상치 못한 어려움에 직면할 수 있다. 기존 IT 프로세스가 수십 년 동안 사전 계획 모델을 기반으로

---

5   설정을 포함한 서비스를 제공할 수 있도록 준비하는 과정 – 옮긴이
6   'relatives'의 다른 의미를 이용한 농담 – 옮긴이

구축돼 왔으며, IT 부서는 향후 몇 년에 대한 인프라 규모와 비용을 추정해야 한다. 이러한 프로세스는 필요에 따라 인프라를 확장 및 축소할 수 있는 클라우드의 핵심 기능인 **탄력성**elasticity을 놓치게 된다. 그런 능력을 고정 예산에 집어 넣는 것은 누군가가 자동차 앞에서 깃발을 흔들며 달리도록 요구하는[7] 것만큼 의미가 없다. 구식 프로세스가 현대 기술을 방해한다는 분명한 신호다. 기존 조직들은 종종 정적인static 세계관을 가지고 있다. 그들에게 첫 번째 파생상품은 0이다! 따라서 그들은 변화하거나 예측하지 못한 사건에 신속하게 반응하는 능력을 표현하고 이해하는 데 어려움을 겪는다. 즉, 속도 경제에서 가장 중요한 전략이다.

기존 조직에서 자주 제기되는 클라우드에 대한 일반적인 우려는 지출 통제다. 인프라가 마음대로 확장 및 축소되는 경우 비용을 어떻게 예측하고 제한할 수 있을까? 1차 결과물로 일하는 조직은 다르게 생각한다. 줄 돈이 있어서라기보다는 x달러의 특정 하드웨어 비용으로 n명의 사용자에게 서비스를 제공하고 y달러의 비즈니스 가치를 창출할 수 있음을 알고 있기 때문이다. 따라서 두 배의 사용자와 두 배의 비즈니스 이점에 대해 두 배를 지불하는 데 문제가 없다! IT 지출이 늘어난다는 것은 비즈니스가 성공적임을 나타낸다고 받아들여진다(실제 비용은 두 배까지 되지 않는 경우가 많다). 정적 예산의 예측 가능성에서 동적 가치 창출로의 전환은 IT 라이프 스타일 변화의 좋은 예가 된다.

---

7 https://en.wikipedia.org/wiki/Locomotive_Acts

3장

희망사항은 전략이 아니다

희망은 자유이지만 거의 이뤄지지 않는다

▲ 소원을 들어주는 요정은 클라우드 공급사에서 일하지 않는다.

조직이 클라우드로의 여정에 대해 이야기할 때 급격한 비용 절감이나 속도 향상, 혹은 완전한 비즈니스 혁신과 같은 환상적 이야기를 많이 듣게 될 것이다. 매우 흥미로운 이야기이지만 대부분의 경우 단순한 열망에 그치는 경우가 많다. 일반적으로 소원은 이뤄지기 어렵다는 사실 알고 있듯이 클라우드로의 여정이 성공하려면 실제 전략이 있어야 한다.

실제 인생에서 배우기

우리는 모두 인생에서 열망하는 것이 있다. 많은 사람의 목록에는 건강과 행복한 가족, 재미있는 직업으로 시작해서 거대한 저택, 멋진 자동차, 그리고 운이 좋다면 멋진 보트와 같은 항목들이 들어갈 것이다. 하지만 모든 열망이 현실이 되지는 않는다. 내가 오랜 시간 원했지만 계속해서 열망으로만 남아 있었던 43피트의 동력 보트처럼 말이다. 하지만 실제 구매를 하지 못해서 '절약'된 많은 돈으로 이제 멋진 스포츠카를 원할 수 있다! 유용한 교훈이다.

ℹ️ 원하는 것을 바라는 것은 자유다. 하지만 실현은 그렇지 않다. 명확한 전략과 구체적인 목표가 있어야 실현의 확률을 높일 수 있다.

야망을 갖는 것은 좋은 일이고 실제로 권장되지만 야망이 희망으로만 남지 않도록 조심해야 한다. 소원을 현실로 바꾸는 데 도움이 되는 두 가지가 있다.

전략

전략은 소원을 이룰 수 있는 확률을 크게 높인다. 전략은 다양한 형태로 열려 있다. 어떤 사람들은 운 좋게도 많은 돈을 상속받거나 부유한 가문과 결혼을 한다. 또 다른 사람들은 복권을 산다(이 전략은 쉽게 실행할 수 있지만 성공할 확률은 낮다). 어떤 사람들은 높은 급여를 받기 위해 열심히 일하지만, 다른 사람들은 은행 강도를 꾸미기도 한다. 많은 전략이 가능하지만 모두가 권장되는 것은 아니며, 나쁜 전략은 당신을 수많은 방이 있는 감옥이라는 큰 집으로 데려갈 수도 있다.

목표

전략을 실행할 때 내 현황을 알기는 쉽지 않다(복권에 당첨되지 않았다고 진전이 전혀 없다고 볼 수는 없다. 한편 멋진 자동차 잡지를 읽으면 소원이 구체화될 수는 있지만 실현 측면에서는 성과가 거의 없다).

올바른 방향으로 가고 있고 그에 맞는 진전이 있는지 확인하려면 구체적인 중간 목표가 필요하다. 이런 목표는 선택 전략에 따라 달라진다. 정직한 직업을 통해 돈을 버는 것이 전략이라면 초기 목표는 평판 좋은 교육 기관에서 학위를 획득하는 것일 수 있다. 매월 저축을 하는 것도 합리적 목표다. 만약 은행 금고를 찾고 있다면 보안이 취약한 은행을 식별하는 것이 의미 있는 목표일 수 있다. 다양한 전략은 다양한 목표로 이뤄진다.

 '보트를 사기 위해 열심히 일하겠다'는 전략에서 파생된 구체적 목표 중의 하나는 모터 보트 면허를 취득하는 것이었다. 나는 시간이 있고 라이선스는 유효하기 때문에 보트가 현실이 된다면 주도권을 잡을 준비가 되어 있다.

목표는 진행 상황을 추적하는 데 유용하지만 반드시 최종 결과를 의미하는 것은 아니다. 나는 아직 보트가 없지만, 그럼에도 이런 목표는 가시적이고 측정할 수 있는 진전을 이룰 수 있게 한다.

전략은 소원이 현실이 되게 한다

전략은 확실히 유용하지만 어떻게 개발해야 할까? 『The Innovator's Dilemma』[1]의 저자인 클레이튼 크리스텐슨Clayton Christensen이 쓴 또 다른 책 『How Will You Measure Your Life?』[2]에서 전략에 대한 소중한 조언을 주

---

1 Clayton Christensen, *The Innovator's Dilemma*, 2011, Harper Business
2 Clayton Christensen, *How Will You Measure Your Life?*, 2012, Harper Business

고 있다. 그의 지침은 자동차와 동력 보트뿐만 아니라 기업과 개인 생활 모두에 적용된다. 크리스텐슨은 전략을 세 가지 핵심 요소로 분류한다.

우선순위 설정이 필요하다.

다음 의사결정 지점에서 어떤 방향으로 가야 하는지 알려준다.

계획과 함께 오는 기회의 균형을 맞춰야 한다.

과정을 변경하는 건 한 가지만 꾸준히 유지하는 것보다 합리적일 수 있다. 반면 매주 바뀌는 전략은 그렇지 않을 가능성이 크다.

전략에 따라 리소스를 할당해야 한다.

전략은 실행만큼 좋다. 시간은 가장 귀중한 리소스이기 때문에 전략에 따라 현명하게 할당해야 한다.

큰 회사라면 광범위한 전략을 수행할 만큼의 많은 리소스가 있을 수 있지만 크리스텐슨의 세 가지 요소는 유효하다.

- 가장 성공한 회사도 리소스의 제한이 있다. 자금이 무제한일 수 있겠지만, 얼마나 많은 훌륭한 사람을 고용하고 빨리 정착시킬 수 있는지에 따라 제한을 받을 것이다. 따라서 여전히 우선순위가 필요하다.

- 기회를 무시함으로써 많은 성공한 기업들이 몰락했다. 대부분 정확성을 위해 실행 가능한 또는 특정 컨텍스트 내에서 실행 가능한 전략을 갖고 있었지만 새로운 기회에 대응하지 못했다. 비디오 대여 사업을 하던 블록버스터Blockbuster의 경우 넷플릭스 인수를 통해 우편 주문 옵션을 기존 매장 서비스에 추가할 수 있던 기회를 놓침으로써 한때 성공적이었던 비즈니스의 종말을 고하게 됐다.

- 큰 조직일수록 크리스텐슨의 마지막 규칙을 위반하는 함정에 빠질 위험이 크다. 파워포인트 슬라이드의 내용은 현실과 거의 또는 전혀 다

를 수 있다. 인텔의 전 CEO인 앤디 그로브$^{Andy Grove}$가 "회사의 전략을 이해하려면 말하는 것보다 실제 하는 일을 봐야 한다."라고 말한 이유일 것이다.

전략 = 의미 있는 결정

우선순위를 정한다는 것은 어떤 것을 다른 것보다 목록에서 낮게 놓는 것을 의미한다. 모든 것이 우선순위가 높다면 어떤 것도 할 수 없을 것이다. 우선순위는 선택이 필요하며 모든 것을 가질 수는 없다.

 운 좋게도 70m짜리 호화 요트에 초대받았을 때 나는 배 주인에게 이 배를 제작하면서 하려고 했지만 못 했던 것이 있는지 물었다. 그는 즉시 벽난로와 생맥주라고 대답했다. 배를 맞춤 제작하기 위해 엄청나게 많은 돈을 지불했음에도 그 안에서 우선순위가 필요함을 알고 있었던 것이다.

따라서 절충안을 만들기 힘든 전략은 실제 전략이 아닐 수 있다. 크리스텐슨이나 우리 시대의 다른 사상가들과 같은 수준에 있을 수는 없겠지만 나만의 전략에 대해 좋아하는 정의를 갖고 있다.

 훌륭한 전략은 의미 있는 의사결정의 연속이다.

의미 있는 의사결정이란 왼쪽으로 가기로 선택했지만 오른쪽으로 가는 것이 더 나을 수도 있다고 결정하는 것이다. 대학 진학을 선택하는 것은 의미 있는 결정이다. 장기적으로 더 많은 돈을 벌기 위해 단기적인 이득을 포기하는 것이기 때문이다. 많은 실행 가능한 대안은 다른 길을 가게 할 수도 있다. 자격증을 취득하거나 견습생이 되거나 자신의 사업을 시작할 수도 있다. 빌 게이츠$^{Bill Gates}$는 사업을 시작하기 위해 대학을 중퇴했고 이는 꽤 잘한 결정이었다.

IT도 마찬가지다. 인프라를 클라우드로 옮기는 것은 다소 높은 수준에서의 의미 있는 결정이다. 어떤 종류의 애플리케이션을 먼저 이동할지와 이를 다시 설계할지 결정하는 것도 명확한 절충안이 있는 의미 있는 결정이다. 일부 조직은 '올인'으로 전체 IT 자산을 한 번에 클라우드로 이동하는 반면, 다른 조직은 몇 가지 애플리케이션만 옮긴 후 클라우드를 잘 활용하는 방법을 배울 수 있는지 확인한다. 전자는 더 빨리 가치를 실현할 수 있지만, 후자는 결국 더 많은 가치를 얻을 수 있다. 물론 이 둘을 결합하는 방법도 생각할 수 있지만 이는 더 오랜 시간이 소요될 수 있다.

의식적인 절충의 중요성을 강조하기 위해 하버드 비즈니스 스쿨Harvard Business School의 마케팅 전문가인 마이클 포터Michael Porter는 다음과 같은 이야기를 한다.

전략은 당신이 하고 있지 않은 것으로 정의할 수 있다.

전략 = 다이얼 설정

전략을 의미 있는 의사결정에 연결하는 것은 직관적이지만 다소 추상적이다. 따라서 나는 때때로 다음과 같이 IT 전략을 수립하는 방법에 대해 설명하곤 한다.

당신은 내부에 복잡한 기계가 있는 커다란 밀폐 상자를 보고 있다. 그 기계가 당신의 IT이며 놀라운 일을 할 수 있지만 움직이는 부품이 많다. 당신의 임무는 이 상자의 레버와 다이얼을 구분하고 안정적인 운영, 저렴한 비용, 견고한 보안과 같은 원하는 결과를 얻을 수 있도록 설정하는 것이다. 레버는 당신이 선택할 수 있는 것이 무엇인지 알려주지만, 그것들이 상자의 행동에 어떻게 영향을 미치는지를 이해할 필요가 있다. 좀 더 어렵게 만들기 위해 모든 레버는 비독립적으로 되어 있고 모든 다이얼을 단순히 '10'으로 맞출 수는 없다. 따라서 각 레버의 상호 연관 관계를 이해해야 하며, 각 레버의 설정을 결정하는 것은 선택한 전략적 방향을 반영한다.

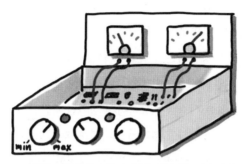

▲ 전략은 복잡한 회로에 다이얼을 설정하는 것과 같다.

예를 들어, 다이얼 하나로 다양한 클라우드에 워크로드를 분산하는 방법을 정의할 수 있을 것이다. 많은 조직이 제품에 대한 의존성이 생기거나 복잡성이 늘어나는 부분은 무시하고 클라우드 제공사로부터의 독립성을 위해 이 다이얼을 '10'으로 설정하고 싶어 할 것이다. 이것이 바로 전략을 수립하는 것이 흥미롭지만 어려운 이유다.

현실적인 전략은 시간이 지나면서 일부 다이얼 설정을 변경해야 한다. 하나의 클라우드로 시작해서 전문지식을 얻고 기술 지원도 더 쉽게 받을 수 있다. 해당 다이얼을 '1'로 두면 된다. 하나의 클라우드로 전문지식을 구축하면 애플리케이션 코드에서 독점 클라우드 서비스에 대한 종속성을 분리하도록 구성한다. 이 단계가 다이얼을 '3'으로 돌리는 것과 같다. 시간이 지나면서 클라우드 간의 워크로드 균형을 조정하는 것도 고려할 수 있으며 다이얼을 천천히 약 '5'로 높일 수 있다. 항상 다른 클라우드로 애플리케이션을 이동할 필요가 없기 때문에 다이얼을 그대로 둔다.

이 책의 주된 부분은 이름과 참조 모델 뒤에 있는 다이얼과 숫자를 어떻게 결정할지 가이드를 제공하는 데 있다. 예를 들어, 멀티 클라우드를 다루는 장(18장)에서는 이 다이얼에 대한 다섯 가지 설정을 제시하고 선택 방법을 안내한다.

이런 접근 방식이 복잡한 시스템을 생각나게 한다면 바로 본 것이다. 원하는 결과를 위해 시스템에 영향을 미치게 하는 연습을 하는 것이다. 하지만 단순히 분해해서 어떻게 동작하는지 확인하기에는 상호 의존성이 너무 많다. 이것이 커네빈 프레임워크Cynefin Framwork[3]에서 데이브 스노든Dave Snowden이 정의한 일반적인 복잡한 시스템과 능숙하게 정의된 복잡한 시스템의 결정적인 차이점이다. 제어를 설정하고 결과의 효과를 지속적으로 관찰하려면 경험적 방법을 사용해야 한다. 다시 말해, 탐색하고 감지한 후에 프레임워크에 정의된 대로 응답해야 한다.

이 통찰력의 결과는 상자 안에 있는 것을 완전히 리버스 엔지니어링reverse engineering[4]할 수는 없지만 사물이 연결되는 방식을 이해해야 한다는 것으로, 당신이 이해할 수 없는 것을 관리할 수는 없다는 뜻이다.

전략 = 생산성 + 규율

의미 있는 전략을 세우는 것은 창의성과 의사결정 규율 모두에 의존한다. 이두 가지 특성은 종종 서로 상충된다. 하나는 크게 생각하고 브레인스토밍을 해야 하는 반면, 다른 하나는 의식적으로 절충하고 구체적인 계획을 세워야 한다. 따라서 옵션을 철저히 탐색한 다음 추구할 옵션을 신중하게 선택하고 선택사항과 결과를 광범위하게 전달해야 한다.

---

3   https://hbr.org/2007/11/a-leaders-framework-for-decision-making

4   특정 프로그램을 만들고 싶지만 내부 구조를 알 수 없을 때 뜯어서 분석한 결과를 가지고 어떻게든 동일한 기능을 하도록 새로 만들어내는 것 – 옮긴이

전략을 정의할 때 확장 및 축소를 원한다면 여러 옵션을 찾아보고 추구할 선택지를 신중하게 선택해야 한다.

나는 이 프로세스를 **확장 및 축소**expand and contract라고 한다. 사각지대를 피하기 위해 시야를 넓힌 후 특정 계획으로 좁혀간다. 이 책 뒷부분에 나오는 많은 의사결정 모델(4부 참조)은 이 연습을 돕기 위해 고안된 것으로, 정보에 입각한 결정을 내리는 데 도움이 되는 명확한 언어를 선택하는 것이 중요하다.

💬 영화 제작이나 패션 디자인, 산업 디자인과 같은 대부분의 창의적인 영역을 살펴보면 창의성과 규율이 함께 사용된다는 사실을 알게 될 것이다. 따라서 그 힌트를 IT 전략에도 적용할 수 있다.

소원 콘테스트

얼마나 많은 성패가 달려 있는지를 감안하면 IT가 잘 짜인 전략과 훌륭한 슬라이드로 구성된 세부적이고 달성 가능한 목표를 통해 세심하게 정의된다고 생각할 수 있다. 이후, 경영진들과 전략 컨설턴트들은 무엇을 하고 있을까?

슬프게도 현실이 항상 열망과 일치하진 않는다. 대기업은 종종 리소스가 충분하기 때문에 레이저 포인터처럼 예리한 초점이 필요하지 않다고 생각한다. 또한 비즈니스가 지금까지 잘 진행됐기 때문에 전략은 '동일한 작업을 더 많이 그리고 좀 더 잘 수행'하는 것으로 귀결된다. 마지막으로, 대기업은 피드백이 느리고 투명성이 부족하기 때문에 진행 상황을 추적하고 기회에 대응하는 데 어려움을 겪는다.

지난 5년간 고용주와 고객을 위해 클라우드 전략을 논의하고 개발하면서 나는 희망적인 생각이 명확한 전략을 개발하는 것보다 얼마나 우선할 수 있는지 반복해서 관찰했다. 조직(또는 공급업체)은 30%의 비용 절감, 가장 오래된 애플리케이션에 대해서도 99.99%의 가용 시간 보장, 조직 전체에 대한 완전한 디지털 혁신을 약속한다. 모든 소원과 마찬가지로 이러한 목표는 정말 좋은 것 같다. 이는 소원의 공통된 속성으로, 누군가가 형편없거나 흥미롭지 않은 것을 바라는 경우는 드물기 때문이다.

그렇기 때문에 소망은 조직에게 매우 위험한 길이다. '결과 기반 관리'는 균형 잡힌 전략보다 입증되지 않은 주장을 선택하기 쉽다. 소원 콘테스트는 가장 터무니없는 주장을 하는 사람이 프로젝트의 비용을 받아가는 거짓말 콘테스트로 바뀔 수 있다. 현실이 닥치면 다른 소원을 가지고 다음 프로젝트(또는 회사)로 넘어가거나, 실행이 부족해서 소원이 이뤄지지 않았다고 비난한다.

 매력적인 결과를 약속하는 것에 속지 않도록 해야 한다. 결과, 중간 목표 및 의식적인 절충안으로 가는 실행 가능한 경로를 봐야 한다.

사실 소원을 갖는 것이 문제는 아니다. 예를 들어, 적어도 처음에는 왜 클라우드로 가야 하는지(11장) 알 수 있을 것이기 때문이다. 이런 목표는 달성 방법에 대한 실행 가능한 계획을 가지고 보완해야 하며 계획된 실망을 피하기 위해 다소 현실적이어야 한다. 희망사항을 조정하고 실행 가능한 경로와 연결하는 것이 전략 정의의 핵심이다. 왜냐하면 단순히 소원을 비는 것과 실현하는 것은 다른 전략이 필요하기 때문이다.

대용품에 대한 이해

개인 생활에서는 소원을 이루기 위한 방법을 찾다 보면 대용품의 유혹에 빠지기 쉽다. 운동 선수가 되기 위한 과정에서 당신 우상의 시그니처가 있는 멋진 운동화에 매료될 것이다. 멋진 라이프 스타일로 가는 길은 유명 스포츠카의 로고로 장식된 유명 브랜드의 양복, 드레스, 핸드백으로 가득 차 있다. 슬프게도 마이클 조던 브랜드의 운동화를 산다고 프로 운동 선수가 될 수는 없고, 페라리 모자를 산다고 F1 드라이버가 되는 것은 아니다. 괜찮은 신발일 수는 있지만 다음 경기에 이기거나 매일 아침 운동하러 가는 것과 같은 실제 목표를 위한 대용품일 뿐이다.

IT는 그러한 대용품으로 가득 차 있다. 수천 달러의 가장 멋진 운동화보다 훨씬 더 높은 수준의 라벨과 가격표를 달고 있다. IT에서 이렇게 멋진 '운동화'를 구매하는 것은 단순히 바보처럼 보이게 만들 뿐만 아니라 아주 위험하다(5장).

4장
원칙 중심의 의사결정 훈련법

목적지보다는 여정 중에 선택하는 방향이 중요하다

소원을 실행 가능한 전략으로 바꾸는 것은 성공적인 클라우드 여정의 필수 조건이자 이 책의 핵심이다. 물론 힘든 일이다. 전략은 미래 지향적이고 실행 가능해야 한다. 구체적이어야 하지만, 예측할 수 없는 상황도 허용해야 한다. 깊은 사고가 필요하지만 이해하기 쉬워야 한다. 일련의 원칙들을 충분히 고려해서 긴장을 해소하는 데 활용할 수 있다.

당신에게 필요한 전략

클라우드 전략을 개발하는 것은 (소원의 또 다른 완곡한 표현인) 열망(3장)을 이야기하는 것보다 훨씬 어렵다. 예를 들면, 다음과 같은 질문에 답을 해야 한다. "어떤 애플리케이션 클래스를 클라우드로 우선 전환할 것인가?", "클라우드의 장점을 활용하기 위해 마이그레이션 시 '리프트 앤 시프트'lift-and-shift[1]

---

1   워크로드를 변경 없이 그대로 클라우드로 옮기는 전략 – 옮긴이

또는 재설계re-architecting2 중 어떤 방식을 이용할 것인가?", "글로벌 서비스가 필요한 경우 지역별 리전을 사용할 것인가, 아니면 사업부별로 나눌 것인가?", "클라우드 인프라가 부족한 지역은 어떻게 할까? 클라우드 업체가 해당 지역에 리전을 구축할 때까지 기다릴 것인가, 또는 구축을 기다리는 동안 자체 데이터 센터에 먼저 배포할 것인가?", "어떤 애플리케이션을 SaaSSoftware as a Service3로 대체할 것인가?"와 같이 결정해야 할 사항이 너무 많기 때문에 이 책에서는 3부 '클라우드로 이동하기'에서 자세히 다룰 것이다. 그리고 절충 지점에 대해서는 16장 '피타고라스에 따른 클라우드 마이그레이션'에서 확인할 수 있다.

의사결정이 여정을 정의한다

클라우드로의 여정을 시작할 때 좀 더 중요한 건 목적지가 아니라 도중에 선택하는 방향이다. 경치 좋은 길로 갈지, 고속도로를 이용할지, 위험한 지름길을 택할지는 모두 가능한 선택지다. 하지만 의사결정을 할 때는 일관성이 있어야 한다. 보통 갈 길이 멀기 때문에 고속도로를 선택할 것이고, 고속도로에서 멀지 않은 곳에 주요 관광지가 있다면 잠깐 우회하는 길을 택할 것이다.

『The Software Architect Elevator』4에서는 전체 장을 아키텍처와 의사결정을 연결하는 데 할애했다.

> ℹ️ 상자와 선으로 그린 그림은 아키텍처의 묘사일 수도 있지만 추상 예술일 수도 있다. 아키텍트로서 관심을 가져야 할 것은 이미 내린 결정, 특히 명확하지 않거나 사소하지 않은 결정이다.

---

2 클라우드에 맞도록 애플리케이션을 변경하면서 옮기는 전략 – 옮긴이
3 클라우드 환경에서 동작하는 소프트웨어 기능을 서비스 형태로 제공하는 것 – 옮긴이
4 이 책의 저자 중 한 명인 그레고르 호페(Gregor Hohpe)가 저술한 아키텍처 책이다. – 옮긴이

결정이 얼마나 중요한지를 보여주기 위해 간단한 그림을 보여주겠다. 왼쪽 그림은 아키텍처라고 하기 힘든 기본 구조를 보여준다. 오른쪽 그림은 거의 비슷하지만 지붕의 각도 및 형태와 관련된 두 가지 중요한 의사결정을 포함하고 있다.

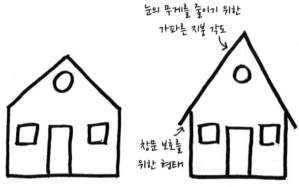

▲ 의사결정이 아키텍처를 정한다.

그림이 부족하긴 한데, 이런 결정이 아키텍처를 정의한다. 많은 눈을 견디기 위해 뾰족한 지붕을 만든 것이 중요한 결정이 아니라고 생각한다면 일본 기후현의 시라카와고와 같이 놀라울 정도로 폭설이 많은 곳을 보기 바란다. 이 마을의 뾰족한 지붕은 독특한 디자인 덕분에 세계문화유산으로 지정됐다. 이 주택을 보면 아키텍처가 컨텍스트 안에서 의미가 있다는 사실을 알 수 있다. 해변에서는 이러한 주택을 찾아볼 수 없다.

의사결정을 이해할 것

의사결정 기반 접근 방식의 첫 번째 중요 단계는 언제 의사결정이 필요한지를 아는 것이다. 사소하게 들릴 수 있지만 치열한 기업의 IT를 보면 생각보다 많은 결정이 암묵적 가정으로 생긴다. 내 블로그 포스트에서 강조한 것처

럼 '당신의 가장 중요한 아키텍처 결정을 당신이 한 줄 몰랐을 수도 있다.'[5]

 각 기능별로 가장 적합한 도구로 의사결정을 했다고 주장하는 아키텍처 팀
은 가장 중요한 의사결정을 명확한 인식 없이 내렸을 수도 있다.

대부분의 의사결정은 예전에 한 선택에 따라 결정된다. 따라서 '영화 되감기'
처럼 예전의 선택이 현재 결정과 어떻게 이어지는지를 확인하는 것이 좋다.
전형적인 케이스는 예전에 한 결정 때문에 생긴 제약으로 후회하는 것이다.

 대중교통을 더 많이 이용하고 싶어 하는 사람들이 역에서 떨어져 살고, 자전
거로 출퇴근하고 싶어 하는 사람들이 자전거 도로가 없는 곳에 살고, 도보로
쇼핑하고 싶어 하는 사람들이 근처에 매장이 부족한 곳에 사는 경우가 있다.
어디서 살지를 정할 때 이런 부분에 우선순위를 두지 않았다면 '제약'이 생길
수밖에 없다.

내 과거의 결정 때문에 희생양이 되지 말자.

전략이 의사결정을 내리게 한다

복잡한 기업 환경에서 아키텍트의 역할에는 규칙적인 의사결정이 포함된다.
다음 다이어그램을 통해 공통 원칙을 기반으로 할 때 조직이 좀 더 일관된
결정을 내릴 수 있음을 알 수 있다.

---

5 https://architectelevator.com/architecture/important-decisions/

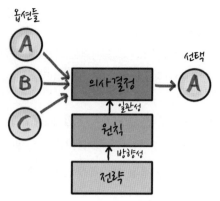

▲ 전략과 원칙은 의사결정에 일관성을 준다.

순차적 원칙은 포괄적인 전략에서 파생된다. 전략은 전반적인 방향성과 그 것을 달성하기 위한 방법을 제시한다. 어떤 의미에서 프레임을 설정하고 중 요한 경계를 정의한다.

> ℹ️ 일련의 지침 원칙을 정의하는 것은 모든 전략에서 중요한 첫 번째 단계다.

원칙은 전략을 의사결정에 필요한 도움으로 바꿔준다. 이 의사결정들은 순 차적으로 아키텍처를 정의한다. 따라서 전략을 수립하는 첫 번째 단계는 일 련의 지침 원칙을 정의하는 것이다. 의미 있는 원칙은 어느 정도의 논쟁이나 반대가 있을 수밖에 없고, 이런 과정을 통해 일치하지 않는 기대치나 상충되 는 목표를 빨리 감지할 수 있다. 이런 논쟁이 쉽지는 않지만 이 과정을 거치 지 않는다면 어려움이 나중으로 미뤄질 뿐이다.

원칙을 정의하는 원칙

의미 있는 원칙을 정의하는 것은 쉽지 않다. 원칙은 의식적 절충안을 생각하 는 것보다 이상적인 상태로 쉽게 돌아가서 희망을 원칙이라고 착각하기(3장)

쉽다. 좋은 원칙에 대한 기준을 명확히 정할 수는 없지만, 체크 리스트를 만들 수 있을 정도로 많은 나쁜 사례들을 경험해왔다.

- 원칙의 반대편이 터무니없다면 좋지 않은 것일 가능성이 높다. 모두가 행복한 고객과 높은 품질의 제품을 원하기 때문에 이를 원칙으로 삼는다고 의사결정이 내려지지는 않는다.
- 제품 이름이나 특정 아키텍처(일반적으로 유행어의 형태)를 포함하는 원칙은 위험성이 있다. 환영받지 못하는 형태의 리버스 엔지니어링이다.
- 원칙은 시간의 테스트를 통과해야 한다. 투시력이 있는 사람은 없겠지만 몇 년 후에도 여전히 의미가 있을지 상상해보면 도움이 된다. 좋은 원칙을 가진 사람은 3년을 되돌아보고 나쁜 예를 찾을 수 있다.
- 원칙 목록은 병렬 처리를 원할 때 도움이 된다. 즉, 동일한 문법 구조를 적용한다는 뜻이다. 예를 들어, 모든 원칙이 완전한 문장이나 명사로 구성된 경우 유용하다. 둘을 섞으면 어색해 보일 것이다.
- 원칙은 기억할 수 있어야 한다. 원칙 목록을 구석에 박아두기만 한다면 의사결정에 영향을 미치지 못할 가능성이 높다. 사무실 벽에 붙인 포스터에 원칙을 써놓을 경우 농담거리만 될 가능성이 크다.
- 원칙의 수에 대한 정답은 없지만 너무 적을 경우 특정 부분에만 집중하게 되고, 너무 많을 경우 기억하기 어려울 수 있다.

원칙에 대한 학문적 기초가 필요하다면 '기업 기술에 대한 원칙의 영향Impact of Principles on Enterprise Engineering'[6]이라는 짧은 논문이 있다. 가장 유용하다고 생각하는 부분은 근본 원인과 결과 사이의 연결요소로 원칙을 배치하는 방법이다. 또한 후보 원칙의 카탈로그를 포함하는 『Architecture Principles』[7]라

---

6 https://www.researchgate.net/publication/43205891_Impact_of_Principles_on_Enterprise_
  Engineering
7 Greefhorst, Proper, *Architecture Principles*, 2011, Springer

는 책도 있지만 TOGAF^{The Open Group Architecture Framework8} 기반 엔터프라이즈 아키텍처에 다소 많이 의존한다.

영감을 찾기

아마존은 원칙을 따르는 것으로 유명한 회사 중 하나이며, 14가지 리더십 원칙[9, 10]을 매우 중요하게 여기고 있어 초기 면접부터 성과 평가에 중요 지표로 활용된다. 아마존의 첫 번째이자 가장 유명한 리더십 원칙인 **고객 집착** Customer Obsession이 앞서 언급한 첫 번째 지침을 위반하는지 궁금할 것이다. 나는 그렇게 생각하지 않는다. 원칙은 단순히 '만족한 고객'을 갖는 것 이상이며, "리더는 경쟁자에게 관심을 기울이지만 고객에게는 집착한다."라고 규정하고 있다. 여기에는 분명히 절충점이 있다. 경쟁업체를 좌우로 흘끗 쳐다보지만 고객에게 확고한 초점을 맞추는 것이다. 그 반대도 의미가 있으며 널리 시행되고 있다.

건전한 원칙을 개발하는 방법을 찾기 위해 소프트웨어 개발에서 가장 간단하지만 가장 많은 오해를 받는 접근 방식인 애자일 방법론을 참조할 수 있다. 애자일 선언문^{Agile Manifesto11}은 네 가지 핵심 가치와 이를 뒷받침하는 12가지 원칙이 있다. 각 원칙은 다음과 같이 한두 문장의 짧은 단락으로 설명할 수 있다.

> "개발이 늦어져도 요구사항 변경은 환영한다. 애자일 프로세스는 고객의 경쟁 우위를 위해 변화를 활용한다."

---

8 기업 IT에 대한 디자인, 계획 수립, 구축 및 통제에 대한 접근 방식을 제공하는 오늘날 가장 일반적인 프레임 워크 – 옮긴이

9 https://www.amazon.jobs/en/principles

10 2021년 두 가지 원칙이 추가되어 현재는 16가지로 확대됐다. – 옮긴이

11 https://agilemanifesto.org/

"몇 주부터 몇 달까지의 짧은 간격으로 동작하는 소프트웨어를 자주 배포하며, 더 짧은 기간을 선호한다."

"동작하는 소프트웨어는 주요 진행률 지표다."

원칙이 구조적으로 완전히 평행하지는 않지만 중요한 강조점을 두고 테스트를 통과한다. 예를 들어, 많은 조직은 비용이 많이 들고 성가시기 때문에 늦게 변경하는 것을 싫어한다. 그렇기 때문에 아마 반대 원칙을 채택할 것이다.

관련된 구조는 켄트 벡^{Kent Beck}의 유명한 저서인 『Extreme Programming Explained』[12]에서 찾을 수 있다. 켄트 벡은 전략의 정의와 관련된 핵심 가치부터 14개의 원칙에 대해 짧은 장에서 단순한 단어로 설명하고 있다. 예를 들어, **흐름**^{flow}의 원칙은 XP^{Extreme Programming}(익스트림 프로그래밍)가 다른 개발 프레임워크와 다르게 '불연속적인 단계보다 활동의 연속적 흐름'을 선호한다는 것을 정한다. 그리고 이런 일련의 원칙에서 구체적인 실행 방안을 도출한다.

클라우드 원칙

아키텍처와 마찬가지로 원칙도 컨텍스트 속에 존재한다. 따라서 다른 조직의 원칙 목록을 그대로 가져오는 것은 의미가 없다. 구체적 영감을 위해 과거에 개발했던 몇 가지 원칙을 공유하고 '상위 수준'의 전략적 원칙과 좀 더 좁은 범위 중심의 원칙을 구분해보겠다.

상위 수준의 원칙

대부분의 클라우드 정책 문서를 장식하는 문구는 '멀티 클라우드'다. 하지만 너무 많은 문서가 아키텍트는 '멀티 클라우드를 선호'한다고 하고 있고 아마

---

12 Kent Beck, *Extreme Programming Explained*, 2nd edition, 2014, Addison-Wesley

대부분 특정 업체로의 종속을 피하기 위해서라고 명시되어 있을 것이다. 좋은 이야기이지만 구체적인 의사결정을 하는 데 도움이 되지는 않기 때문에 의미 있는 원칙이라고 하기는 어렵다. 모든 애플리케이션을 모든 클라우드에 배포한다는 것은 지나치다. 모든 클라우드가 동일한가? 기본 클라우드와 대체 클라우드가 있는가? 이런 것들이 좀 더 흥미롭다.

한 고객과 함께 다음 원칙에 따라 명확한 선호도를 정의해봤다.

멀티 클라우드는 획일적 의미가 아니다

우리는 중앙 IT 그룹으로 각 사업부에 어떤 클라우드를 사용할지 선택권을 준다. 하지만 클라우드 전체에 대해 획일적 경험을 제공하지는 않는다. 각 애플리케이션은 클라우드의 기능, 특히 관리 서비스를 사용해 소프트웨어를 더 빠르고 좋은 품질로 제공할 수 있어야 한다.

이 원칙에 대한 자세한 내용은 18장 '멀티 클라우드: 당신은 선택권을 갖고 있다'에 기술되어 있다. 도입 속도와 관련해서 과거에 썼던 또 다른 원칙도 있다.

클라우드는 계속 진화하기 때문에 기다리는 것도 하나의 전략이 될 수 있다

클라우드 플랫폼이 발전하는 속도는 무거운 자체 플랫폼을 개발하려는 노력을 쓸모없게 만들 수 있다. 단순히 몇 개월을 기다려 클라우드 플랫폼의 기능을 쓸지 자체 개발을 할지에 대해 신중히 평가할 필요가 있다.

물론 반대의 경우도 가능하다. 필요하지만 아직 가용하지 않은 것을 가능한 한 빨리 구축하는 것이다(안타깝게도 큰 조직에서 '가능한 한 빨리'는 18개월 정도를 의미하기도 한다). 그리고 클라우드 업체가 같은 기능을 좀 더 적은 비용으로 제공할 수도 있다. 전략에는 규율이 필요하다.

구체적인 원칙

다른 상황에서 더 작고 민첩한 조직과 일할 때는 더 구체적인 원칙을 개발했다. 이 원칙 중 일부는 생산성 저하를 유발하는 요소들을 없애기 위해 고안됐다. 경로 수정을 부드럽게 하려고 원칙을 필수적으로 사용했다. 원칙이 너무 전술적이 아니라면 괜찮다. 좋은 테스트는 디자인 토론 중 원칙을 얼마나 더 많이 말할 수 있는가였다.

재사용하기 전에 먼저 사용하자

언젠가 재사용할 수 있는 것을 만들지 마라. 지금 유용한 것을 만들고 실제로 다른 서비스에서 사용할 때 개선하라.

이 원칙은 현재의 필요성은 잊은 채 미래 설계만을 우선시하는 엔지니어의 좋은 의도를 상쇄하기 위함이었다. 이 원칙은 내가 말했던 "재사용은 광범위한 용도로 만들어졌지만 실제 활용되지 않기 때문에 위험한 단어다."라는 것과 연결되어 있다. 이 원칙은 다양한 플랫폼의 이니셔티브에 적용될 수 있다.

앞에서 뒤로의 설계

백엔드 시스템의 디자인을 베껴서 정교한 API를 구축하는 대신 프론트엔드가 원하는 방식으로 소비자 중심의 API를 만들어라.

전환하면서 어디에서 왔는지가 아니라 어디로 가고 있는지를 반영할 수 있는 인터페이스를 디자인하고 싶었다. 사용하기 쉬운 API는 널리 쓰일 가능성이 높기 때문에 '재사용 가능한' 디자인을 고집하지 않았다. 이 원칙은 없어질 기존 시스템의 정보를 가지고 API 개발 속도를 높이려는 유혹을 상쇄한다.

이러한 원칙을 좀 더 강하게 기억에 남기려고 다음과 같은 훌륭한 슬로건을 받았다.

- 재사용 전에 먼저 쓰자: "비싸고 불필요한 것은 피하자."
- 앞에서 뒤로의 설계: "고객 중심은 API에도 적용된다."

우리는 10개의 원칙에 대해 여러 명의 기억을 통해 재구성해서 검증했다. 기억된 원칙만이 영향을 줄 수 있다.

MECE[Mutually Exclusive, Collectively Exhaustive][13] 테스트를 일련의 원칙에 적용하는 것도 생각해볼 수 있다. 유용한 지적 연습일 수 있지만 원칙은 그렇게 많은 구조에 부합할 필요는 없다고 생각한다. 예를 들어, 나는 원칙과 강조를 함께 두는 것도 좋다고 본다(물론 모였을 때 완전히 전체를 이루지는 않지만). 하지만 원칙들에 큰 오점이 있는 경우 MECE를 통해 찾을 수도 있다.

위험한 단절: 모래시계

전략을 정의할 때 분명하고 확실히 존재하는 위험은 높은 수준의 원칙만을 멋지게 만든 후 의사결정을 내리거나 둘 사이의 명확한 연결점 없이 프로젝트 제안에 뛰어드는 것이다. 이런 문제는 일반적으로 특정 도구에 대한 구매라든가 대규모 프로젝트 승인을 받기 위해 현란한 유행어를 가득 채워 시작하는 프레젠테이션에서 나타난다. 둘 사이의 논리적 연결점은 매우 가늘며 나는 이런 프레젠테이션이나 논쟁을 '모래시계'라고 부른다.

다음과 같은 반복 패턴을 통해 모래시계를 찾을 수 있다. 우선 이야기는 이점과 유행어의 정교한 목록으로 시작한다. 하지만 디지털, 클라우드 네이티브, 클라우드 우선, 데이터 중심, 애자일 및 린[Lean]에 매료되자마자 혼란스러운

---

13 항목들이 상호 배타적이면서 모였을 때는 완전히 전체를 이루는 것을 의미 – 옮긴이

부분이 나타난다(종종 이해할 수 없는 다이어그램의 도움을 받는다). 마지막으로, 중간에 있는 가느다란 부분은 상당히 많은 인원과 비용 요청으로 이어진다. 이야기가 어떻게 A에서 B로 넘어갔는지는 독자를 위한 숙제로 남겨둔다.

▲ IT 프레젠테이션은 모래시계와 비슷하다.

좋은 전략은 비즈니스에 대해 원하는 결과와 세부적인 결정 사이에 강력한 연결을 만들어 가치를 제공한다. 모래시계는 오히려 그 반대이므로 이런 패턴을 조심해야 한다.

5장

만약 어떻게 실행할지 모르겠다면...

... 더 빠른 차를 사는 것도 의미 있는 일이다

윈도 쇼핑은 인기 있는 취미다. 비용도 많이 들지 않고 명품 패션이나 외제차 같은 흥미로운 것들을 많이 볼 수 있다. 때때로 윈도 쇼핑은 이런 반짝이는 물건을 사도록 현혹하지만, 이것들은 일반 소비자를 위해 만들어진 물건이 아니라는 걸 알 수 있을 것이다. 다르게 표현하면, 일반 운전자는 폭스바겐이나 BMW가 최신 람보르기니보다 더 맞을 수 있다. 기업 IT에서 클라우드를 구매할 때도 마찬가지다.[1]

반짝이는 물건은 당신을 장님으로 만들 수 있다

구매 후 구축 모델을 선호하는 IT 부서는 솔루션을 찾는 데 상당한 시간을 사용한다. 이 과정에서 기업은 제조사 솔루션을 비교하고 평가하며 많은 것을 배우기도 한다. 물론 새로운 IT 솔루션을 찾는 것은 자동차, 의류, 부동산

---

1 이 장의 비유는 전통적인 성 역할(gender role)을 표현한다. 순전히 은유를 위한 것으로, 내가 특정 방향을 지지한다는 뜻은 아니다.

을 사는 것과 비슷하다. 잠시 현실의 제약에서 벗어나 호화로운 삶을 맛볼 수 있다. (아이들을 위한 공간이 없는) 짜릿한 2인승 자동차, (세탁할 수 없고 너무 비치지만) 화려한 드레스, (다음 상점까지 차로 30분 걸리지만) 매우 아름다운 시골집처럼 말이다. 이 모든 것의 유혹에도 보통은 현실의 무게로 결국 포기하고 만다. 그리고 이런 결정은 이브닝 드레스를 입고 우유를 사려고 2인승 자동차를 꺼내지 않으려면 일반적으로 좋은 선택이다.

따라서 IT든 아니든 제품을 볼 때 '반짝이는 물건에 매혹되는' 모드와 '필요한 것을 실제로 구매하는' 모드를 구분하는 것이 좋다. 전자가 확실히 더 재미있지만 후자가 더 중요하다.

기능 ≠ 이익

제품 평가 시 중요하지만 종종 간과하는 부분이 도구의 추상적 기능을 조직을 위한 구체적 가치로 바꾸는 것이다. 초당 10,000개의 트랜잭션을 처리할 수 있는 시스템은 최고 300km로 주행할 수 있는 자동차만큼 인상적이다. 하지만 최고 속도를 100km로 제한하고 있는 나라에서는 그만큼의 이익만을 기업에게 가져다줄 수밖에 없다. 제한을 넘어선다면 속도 위반 과태료 고지서를 받거나(혹은 감옥에 가거나) 지나치게 복잡한 도구로 간단한 사용 사례를 구현하는 데 도움을 주도록 특화된 컨설턴트의 비싼 비용에 갇히게 될 것이다.

> ℹ️ 모든 도구의 기능이 조직의 구체적인 가치로 전환되는 것은 아니다. 필요하지 않은 멋진 기능은 가치 없는 것에 돈을 내고 있음을 의미한다.

제조사는 반짝이는 것들을 보여줘서 이익을 얻는다. 이렇게 2인승 자동차를 팔 기회를 준다. 일반적인 판매 기법은 다음과 같다. 판매원은 우리가 현실보다 더 세련되고 현대적이고 스타일이 있다고 믿게 한다. 다음 단계는 그렇게 부풀려진 지위에 있는 사람이나 회사에 맞는 제품을 구매하라고 제안한다. 이 기법은 밥 치알디니[Bob Cialdini]의 고전 『Influence』[2]에서 잘 묘사하고 있다(젊은 여성이 한 남성의 사회적 습관을 조사하기 위해 찾아오는데 그는 이를 상당히 과장한다. 그녀는 그가 자주 외출하는 사람들에게 할인을 제공하는 일종의 소셜 클럽 회원에 가입하게 한다). 비슷한 사례를 회사에서도 찾을 수 있을 것이다. "클라우드로 성공적으로 이전한 귀사와 같은 조직은 더 큰 약정 계약을 통해 상당한 비용 절감이 가능합니다."라는 이야기에 대해 우리 회사의 클라우드 마이그레이션이 예상보다 늦어지고 있다고 말하고 싶은가?

가장 좋은 도구는 당신 수준에 맞는 것이다

멋진 도구에는 멋진 기술이 필요하며 사용자의 능력에 맞는 제품이 가장 좋다. 다시 말해 운전 실력이 나쁜 사람이 더 빠른 차를 사는 것은 어리석은 일로, 더 많은 사고와 더 많은 비용이 들 뿐이다. 당신이 원하는 것이 유튜브의 인기 채널인 '슈퍼카의 실수[supercar fails]'에 박제되는 것이 아니라면 말이다. 몰래 카메라가 시청률을 높일 수는 있지만 경제를 움직일 정도는 아니다. 따라서 더 나은 운전자가 되고 나서 차량의 기능을 최대한 활용할 수 있게 되면 업그레이드를 생각해보는 것이 좋다.

 한번은 BMW 1 시리즈(인정컨대 파워가 부족한) 렌트카로 레이싱 도로를 달리면서 내 운전 실력을 테스트해본 적이 있다. 폭스바겐 골프와 (확실히 파워가 충분한) 미니밴이 나를 추월해 지나갔다. 더 빠른 차는 나를 곤경에 빠뜨리는 것 외에는 쓸모가 없었다.[3]

---

2   Cialdini, Robert B., *Influence, the new psychology of modern persuasion*, 1984, Quill
3   하지만 훨씬 더 비싼 산악 자전거를 타는 사람을 지나갈 때마다 보상을 받았다.

IT에서도 동일한 상황이다. 혁신은 조직의 추정과 운영 모델을 변경하면서 만들어간다. 혁신을 위한 SKU는 없다(3장). 돈으로 살 수 있는 것도 아니다. 더 나은 도구는 더 나은 방식으로 작업하는 데 도움이 되지만, 도구와 기능 이 점진적으로 향상되는 지속적 개선 주기가 있다.

> ℹ️ 기능의 일부만 쓰더라도 가치를 주는 제품을 찾아라. 도입을 위한 '진입로'를 열 어줄 것이다.

IT 도구를 구매할 때 기능 목록이 가장 긴 제품보다는 함께 성장할 수 있는 제품을 선택해야 한다. 예를 들어, 기능의 일부만을 사용하더라도 가치를 제 공하는 제품을 찾아야 한다. 이런 기능을 **지속적 가치를 전달한다**고 한다. 또 는 앨런 케이의 말을 인용하자면 "단순한 것은 단순해야 하고 복잡한 것은 가능해야 한다."

거대한 도약은 일어나지 않는다

우리의 역량 또한 늘 것이기 때문에, 지금보다 한두 단계 앞선 도구를 사는 것은 괜찮을까? 이건 마치 아이들 신발을 한 사이즈 크게 사는 것과 같다. 균형 잡는 방법을 배워야 하는데, 두 달 정도 지나면 맞을 레이싱 자전거를 갖고 싶어 하는 것은 위험할 수 있다.

IT 도구도 마찬가지다. 통합 버전 제어 시스템과 지속적 통합은 릴리스 주기 를 단축하고 테스트 범위를 개선하기 위한 노력을 계속해서 해야 함에도 여 전히 소프트웨어 전달을 가속화할 수 있는 큰 진전이다. 완전히 자동화된 쿠 버네티스 헬름 차트 생성기를 통해 빌드와 배포를 하는 것은 오히려 도움이 덜 될 것이다. 물론 훌륭하고 자랑스러울 수 있지만 기존 IT를 하나의 설정 으로 모두 포괄하기는 어렵기 때문이다.

도구에서 명확한 진행 상황을 목표로 잡고 한 번에 넘어갈 수 있는 범위에 대해 균형 잡힌 시각을 갖는 것이 중요하다. 조금 뒤처져 있다면 한 번에 따라잡고 싶어질 수 있지만, 현실은 작은 한 걸음을 내딛는 것도 쉽지 않기 때문에 목표가 지나치면 실패할 수밖에 없다.

> ℹ️ 뒤처진 조직은 한 번에 크게 도약하고 싶어질 수 있다. 하지만 이것은 가장 가능성이 낮은 성공의 길이다.

IT에서 도구 구매 시 지나치게 앞서려고 하는 경향은 무지의 결과라기보다는 승인 프로세스의 과도함 때문이다. 새로운 제품을 구매할 때 세밀한 평가, 비즈니스 사례 및 보안 검토 등이 필요하기 때문에 간단한 도구로 시작해서 업그레이드를 하려면 비효율적이 된다. 매번 모든 프로세스를 수행해야 하기 때문이다. 그렇기 때문에 도입할 때 2년은 어려울 수 있지만 향후 3년간 적합한 도구를 찾는다. 조직 내에서 이런 마찰은 IT 질병의 주범이다.

사람들이 아직 갖고 있지 않은 것만 판매할 수 있다

고객의 요구를 해결하려고 제품을 만들고 판매한다는 일반적인 가정이 있다. 하지만 그렇게 간단한 문제가 아니다. 많은 경우 수요는 나중에 해결될 수 있도록 먼저 생성한다. 일상생활의 또 다른 비유를 해보겠다.

3개 대륙에서 살고 일하면서 나는 패션과 뷰티 산업이 지역에 따라 전혀 다르고 때로는 정반대의 이상을 설정하는 것을 보았다. 아시아에서는 피부가 하얘지는 것을 좋아하지만(태닝을 많이 하면 농부처럼 보일 수 있기 때문에), 유럽에서는 태닝 스튜디오가 피트니스 센터만큼 많다(태닝을 한다는 건 이국적인 해변에서 휴가를 보낼 수 있거나 적어도 태닝 스튜디오를 감당할 수 있다는 의미). 아시아 여성은 자신의 몸매가 좀 더 좋아지기를 원하지만, 그 외의 사람들은 모두 체중을 줄이고 몸집이 작아지기 위해 노력하고 있다. 대조되는 목표 목록에는 높은 광대뼈(유럽 모델은 보통 있고 아시아 모델은 보통 없는), 넓거나 좁은 코, 둥글거나 아몬드 모양의 눈 등이 포함된다.

신체 이미지는 언제나 민감한 주제이지만, 개인적으로 두 가지 결론을 도출하게 됐다.

1. 광고판에 무엇이 있든 당신이 누구든 간에 관계없이 행복하자.

2. 당신에게 물건을 파는 사람은 불가능하진 않지만 매우 어렵고 희귀한 것을 홍보할 것이다. 위의 1번 결론을 참조하자.

IT로 돌아가 보면 꽤 많은 비유를 찾을 수 있다. 당신의 회사가 자랑스럽게 클라우드로 첫걸음을 내딛는 동안 다른 모든 사람은 이미 경계 없는 다중 하이브리드 클라우드 환경에서 네이티브 서버리스의 열반에 들어 있다고 믿게 된다. 주위와 관계없이 나만의 페이스를 지키는 것이 좋다. 또한 약간 과장되고 지나친 희망 회로에 대해 조금 회의적이어야 한다. 바깥을 둘러보면 동료들이 태닝 스튜디오에 있는 모습을 볼 수 있을 것이다.

> ⓘ 내가 가장 선두에 있지 않다고 초초할 필요는 없다. 하루에 1000번 배포되는 컨테이너에서 모든 애플리케이션을 마이크로서비스로 실행하진 않는 성공적인 기업도 있다.

마케팅은 현실이 아니다

기술은 빠르게 발전하지만 기술 채택은 분기 수익 보고서의 독자나 반기 출시 행사 참석자가 원하는 만큼 빠르지 않다. IT 인프라를 혁신하고 기본 운영 모델을 변경하는 데는 대부분의 기업이 2~3년 혹은 5년이 걸릴 수도 있다. 그러는 동안 제조사들은 비즈니스 유지를 위해 새로운 것들을 계속 발표한다.

따라서 우리는 자동 배포, 자동 복구, 자동 마이그레이션 및 거의 자동 구매
(아직 운이 좋지 않기 때문에)에 대한 데모를 보게 된다. 제품 진화를 미리 보는
것은 제조사나 제품 선택 시 유용하기 때문에 마케팅은 중요한 역할을 하는
것이다. 하지만 비전과 현실을 혼동해서는 안 된다. 마케팅은 가능한 목표
이미지를 공유하는 것이지만, 실제로 길을 걷는 사람은 나이고 일반적으로
한 걸음 한 걸음 내디딜 수밖에 없다.

좋은 칼이 더 나은 요리를 만드나요?

마지막 은유 하나를 더 해보겠다. 나는 요리를 좋아한다. 요리는 두뇌가 쉬
는 동안 손과 직관이 제 역할을 하게 하는 중요한 치유 기능을 한다. 전 세계
의 전문점에서 많은 시간을 보내봤지만, 유럽의 냄비와 베이킹 용품을 가장
좋아한다. 일본의 경우 칼, 도자기, 목제품, 생강 강판 세척제와 같은 고도로
전문화된 도구들이 좋다. 시간이 지나면서 칼과 같은 기본 주방 도구의 가격
이 크게 인상됐다. 인플레이션은 제쳐두고서라도 꽤 좋은 독일 칼이 30~40
유로 정도였다. 이제는 5배의 가격에 달하는 칼들이 일반적이고 때로는 400
유로를 넘는다. 확실히 약간의 준비가 되어 있었지만(『37 Things』의 '의사결정
Making Decisions' 참조) 매장에서 제시한 또 다른 이유는 요리 습관의 변화였다.

대부분의 서구 사회에서 20세기 중후반까지 일반적인 역할 모델은 여성이
음식을 하고 육아를 하는 반면 남성은 들판에서, 나중에는 공장과 사무실에
서 일하는 것이 기본이었다. 이러한 분업으로 칼은 고기나 야채를 자르는 데
사용하는 도구가 됐다. 그리고 30유로짜리 칼도 재료를 자르는 데 아무 문
제가 없었다. 요리에 점점 관심을 갖게 된 남성들은 칼을 더 이상 기본 도구
가 아닌 취미 또는 자기 과시용으로 바꾸었다. 이런 변화는 제품의 선택 기

준과 가격 모델의 변화를 만들었다. 요리사는 이제 200번 접힌 탄소강 칼날을 적이 아닌 토마토에 휘두르는, 현대의 사무라이가 됐다.

내 요리 경험을 IT로 다시 대입해서 현란한 도구를 소개하는 공급업체에게 묻고 싶다. 더 나은 칼이 나를 더 나은 요리사로 만들어줄까? 아니면 오히려 내 손가락을 위험에 빠뜨릴까? 나 역시 훌륭한 칼을 좋아하지만 내 경험상 좋은 요리는 연습과 재료 준비, 요리 방법에 대한 충분한 이해에서 나온다. 좋은 아키텍처에 대해서도 똑같이 말할 수 있다! 허영심이나 과시를 위해서가 아닌 제대로 된 IT 도구를 구입하고 자신의 기술에 투자하자!

2부

클라우드 조직하기

클라우드는 IT 라이프 스타일의 근본적인 변화를 의미한다. 그렇기 때문에 클라우드를 최대한 활용하려면 부서 구조, 프로세스, 직업 계획 및 인사 가이드라인을 포함해 많은 조직 변경을 필요로 한다. 따라서 클라우드로의 전환은 기술 주제만큼이나 조직에 대한 변화를 수반한다. 기술적 변화와 조직적 변화의 관계는 나의 이전 책 『The Software Architect Elevator』[1]의 핵심 주제 중 하나이며 클라우드 전환에도 적용될 수 있다.

기술적 이유만으로 클라우드 컴퓨팅을 도입한다고 해도 이 또한 조직 변화를 내포하고 있다. 결국 여러분은 IT 업무의 큰 부분을 제3자에게 아웃소싱하는 것인데, 그렇다고 해서 정반대로 모든 운영에 대한 우려가 없어진다는 것을 의미하지도 않는다. 클라우드를 조직한다는 것은 운영뿐만 아니라 재무 관리에까지 이르는 전반적인 비즈니스 팀에 광범위한 영향을 준다.

---

1 Hohpe, *The Software Architect Elevator*, 2020, O'Reilly

문화적 변화

스택 오버플로우^{Stack Overflow}에서 APAC 지역 총괄이었던 내 친구 마크 버치 Mark Birch는 이렇게 이야기한 바 있다.

> 문화를 단순히 잘라내기 & 붙여넣기 하는 한 혁신에 있어 스택 오버플로 우가 발생하지는 않는다.

조직은 종종 구조, 즉 전통적인 조직도로 묘사된다. 그래서 많은 조직에서는 클라우드로 전환할 때 어떤 새로운 조직적 변화를 받아들여야 하는지 궁금해한다.

안타깝게도 조직 구조의 변화만으로는 예상한 결과를 거의 얻지 못한다. 그 보다는 프로세스의 변화를 포함한 일하는 방식의 변화가 클라우드로 전환하는 효과를 얻는 데 필수적이다.

조직 아키텍처

이 책에서는 항상 영화 〈매트릭스〉 3부작을 언급하고 있다. 〈매트릭스 2: 리로디드〉에는 메로빈지언이 주인공 네오에게 공중에서 쏟아지는 총알을 멈추게 하면서 "오케이, 당신도 약간의 기술이 있군요."라고 말하는 유명한 장면이 나온다. 애플리케이션을 클라우드로 성공적으로 마이그레이션하거나 클라우드용 애플리케이션을 구축하려면 맨손으로 총알을 막을 수 있는 기술이 필요할 수도 있다.

우선 기술 팀은 제공되는 풍부한 제품 및 서비스, 계정 관리 및 권한 체계, 최신 애플리케이션 아키텍처, DevSecOps 등을 잘 알고 있어야 한다. 10년 전에는 이러한 개념이 거의 존재하지 않았다. 어찌 보면 모든 사람이 지금 새로 시작하는 훌륭한 선구자들이다. 하지만 새 기술과 새로운 작업 방식을 배우지 않으면 또 빨리 뒤처질 수 있는 위험도 있다.

그러므로 조직은 기존 직원들이 새로운 기술을 익힐 수 있는 방법과 범위를 결정해야 한다. 어떤 조직에서는 소수의 혁신 센터로 시작해서 다른 팀에 변화를 전파하게 할 수 있을 것이다. 또 다른 조직에서는 최고 임원을 포함한 모든 직원을 교육시키고 자격증을 획득하게 하고 나서 시작할 수도 있을 것이다. 조직별로 방법은 다를 수 있으므로, 여러분의 클라우드 기술 아키텍처뿐만 아니라 여러분의 조직 구조를 정의할 필요가 있다.

클라우드 조직하기

클라우드를 위한 조직 구성을 하면서 그동안 배운 내용은 다음과 같다.

- 클라우드는 아웃소싱이다. 하지만 특별한 방식이다(6장).
- 클라우드는 당신의 조직을 같은 편으로 만든다(7장).
- 새로운 기술이 필요하다고 해서 새로운 직원을 채용해야 하는 것은 아니다(8장).
- 디지털 히트맨을 고용하는 것은 대혼란으로 끝날 수밖에 없다(9장).
- 엔터프라이즈 아키텍처는 클라우드에서 새로운 의미를 얻게 된다(10장).

6장

클라우드는 아웃소싱이다

아웃소싱은 항상 큰 일이다

▲ 운영 팀의 달콤한 희망

기존 IT는 소프트웨어 개발, 시스템 통합 및 운영을 위해 제3자 공급자에 대한 아웃소싱에 크게 의존한다. 그렇게 하면 IT에 어느 정도 효율성이 제공되지만 동시에 갈등도 발생해 '속도의 경제'(2장)에서 정의한 방해 상황이 될 수도 있다. 그래서 많은 엔터프라이즈 기업이 IT를 인하우스in house로 다시 되돌리고 있다. 하지만 클라우드로 전환하는 것은 '매우 탁월한' 아웃소싱이다.

모든 인프라스트럭처는 다른 사람이 호스팅하고 운영한다. 그리고 우리는 클라우드 업체가 더 많이 운영하게 하면 할수록 더 낫다는 이야기를 듣고 있다. 이 두 가지의 이상이 어떻게 조화될 수 있을까?

생각을 아웃소싱하지는 말 것!

기존 IT는 비즈니스의 차별화 요소는 아니었으니 안전하게 아웃소싱할 수 있는 구매 후 구축하는 환경(1장)이었다. 아웃소싱은 데이터 센터 시설 및 운영, 패키지 소프트웨어의 시스템 통합 및 소프트웨어 개발 영역에서 가장 보편적인 방식이다. 이 각각의 영역에서 사내 직원 대비 아웃소싱 비율이 5:1, 때로는 10:1이 되는 모습을 본 적도 있다. 극단적인 경우 IT에 남은 것은 구매 및 프로그램 관리 영역뿐이었다. 그래서 의도적으로 논란의 여지가 있는 '생각을 아웃소싱하지는 말 것!'이라는 제목으로 글을 쓰게 됐다.

아웃소싱은 **규모의 경제**를 기반으로 한다. 아웃소싱 제공업체에는 해당 작업을 수행할 수 있는 자격을 갖춘 사람이 더 많고 일반적으로 규모가 훨씬 더 크기 때문에(때로는 수십만 명의 직원을 고용함) 제공업체가 해당 작업을 좀 더 효율적으로 수행할 수 있다고 가정하게 된다. 이러한 효율성에 대한 대가로 IT 부서는 계약의 일부로 일정량의 제어권을 포기한다. IT가 상품으로 인식되는 세계에서 제어권 부족은 큰 관심사가 아니게 된다.

효율성 대 민첩성

그동안 많은 것이 바뀌었다. 경쟁 환경은 더 이상 회사의 규모가 아닌 속도와 민첩성으로 정의되고 있다. 그래서 디지털 파괴자가 규모가 훨씬 작음에도 불구하고 기존 비즈니스에 도전할 수 있는 것이다. 이러한 도전자들은 더 빠른 속도로 움직이기 때문에, 새로운 영역을 계획할 때 핵심적인 역량인 구축-측정-학습 주기[Build-Measure-Learn cycle1]를 더 빨리 더 저렴하게 실현할 수 있다. 이 회사들은 또한 시장에 빨리 진입하지 못함에 따른 **지연 비용**[Cost of Delay2]도 이해하고 있다.

이러한 속도의 경제에서는 빠르게 움직여서 얻는 이점이 규모의 효율성보다 크다. 기존의 IT 아웃소싱은 이러한 현재의 방식과는 잘 맞지 않는다. 효율성 향상을 목표로 한 아웃소싱 계약은 종종 다년간(때로는 그 이상!)에 걸쳐 이뤄지며, 계약 당사자들의 의무를 매우 상세하게 지정하는 다소 엄격한 계약에 구속된다. 또 계약 변경은 한다고 해도 힘들고 비용이 많이 들 것이다('변경 요청'은 아웃소싱 계약을 한 당사자들에게는 가장 무서운 단어이기도 하다).

집으로 가져오기

따라서 많은 IT 부서가 아웃소싱 전략을 재고하는 것은 놀라운 일이 아니다. 내가 일했던 대부분의 회사들은 소프트웨어 배포 및 데브옵스 기술을 사내로 다시 가져오고 있는데, 보통 이 경우는 인재 채용 역량 때문이다. 인하우스 개발은 더 신속한 피드백 사이클이라는 이점을 갖는다. 또한 학습 내용이 제3자에게 유출되지 않고 조직 내에서 유지되게 한다. 조직은 또한 자신이 개발하는 소프트웨어에 대한 더 나은 제어권을 유지한다.

인소싱[insourcing]의 한 가지 문제는 소프트웨어를 구축하는 IT 그룹이 주로 제3자 소프트웨어를 운영하는(13장) IT 그룹과 상당히 다르게 보인다는 점이다. 감독 위원회와 구매 부서 대신, 프로그램 관리자가 아닌 것처럼 가장한 제품 소유자와, 제조사의 발표에 대응만 하기보다 프로젝트에 대한 높은 부담감하에서 어려운 절충안을 만들어낼 수 있는 아키텍트가 필요해질 것이

---

1 Ries, *The Lean Startup*, 2011, Currency
2 Reinertsen, *The Principles of Product Development Flow*, 2009, Celeritas Publishing

다. 따라서 아웃소싱과 마찬가지로 인소싱도 큰 문제이며 많은 고려가 있어야 한다.

계속되는 문제는 재능 있는 직원을 채용해야 한다(8장)는 명백한 '닭이냐 달걀이냐'의 문제다. 자격을 갖춘 사람들은 예산 책정 및 구매 프로세스가 지배하는 환경이 아닌 다른 뛰어난 동료들과 일하기를 원한다. 따라서 '얼음을 깨기' 위해 몇 명의 사람들이 필요할 텐데, 이들은 주요 혁신에 서명할 만큼 충분히 용감하거나 어리석을 것이다(또는 둘 다일 가능성이 더 높다). 나는 그 쇄빙선 중 하나였던 적이 있어서 안다(내 책 『The Software Architect Elevator』[3] 의 내용이기도 하다).

인재들을 밖에서만 찾지는 말아야 한다. 아직 숨은 잠재력이 있는 분들과 같이 일하고 있을 가능성이 있다. 엄격한 프로세스와 절차에 반대할 의욕이 넘치는 직원들 말이다. 사무실 주변을 같이 산책하거나 그들의 토이 프로젝트들을 공유해줄 수 있는 사람들을 초대해서 이야기해보면, 숨어 있는 보석을 찾아낼 수도 있다.

디지털 아웃소싱

그런데 재미있게도, 전통적인 회사들은 일을 바르게 되돌리고 있지만 디지털 관점에서 경쟁업체들은 정확히 정반대로 가는 것처럼 보인다(아웃소싱에 크게 의존한다). 모든 것이 클라우드에서 실행되기 때문에 사내에서는 서버를 찾을 수 없다. 상용 소프트웨어들은 SaaS 모델(13장)로 사용되고 라이선스가 부과된다. 음식도 제공되고 사무실 공간도 임대된다. 인사 및 급여 서비스는 제3자에게 아웃소싱된다. 이러한 회사들은 최소한의 자산만을 유지한 채 온전히 제품 개발에만 집중한다. '무소유'의 트렌드에 맞춰가는 회사들이다.

---

3 https://architectelevator.com/

클라우드로의 아웃소싱

클라우드는 단순한 아웃소싱이 아니다. 모든 아웃소싱의 근간을 뛰어넘을 수 있다. 설비 관련 일이나 하드웨어 구매에서 운영체제 패치 및 애플리케이션 모니터링에 이르는 모든 활동은 제3자를 통해 제공한다. 일반적으로 데이터 센터 설비나 서버 운영을 처리하는 기존 인프라 아웃소싱과는 달리 클라우드는 데이터 웨어하우스, 사전 학습된 머신러닝 모델 또는 엔드투엔드 end-to-end 소프트웨어 배포와 같은 완전 관리형 서비스를 제공한다. 대부분의 경우 보안상의 이유로 서비스 제공업체의 시설을 검사할 수조차 없다.

그렇다면 클라우드 아웃소싱이 기존 아웃소싱과 다른 점은 무엇일까? 클라우드는 원칙적으로 유사함에도 불구하고 기존 아웃소싱이 할 수 없었던 모든 중요한 기능들을 제공해 탁월하다고 할 수 있다.

완전 제어권

클라우드 환경에서는 API 또는 관리 콘솔을 통해 지정한 인프라스트럭처를 정확하게 얻을 수 있다. 따라서 서버의 유형과 크기, 서버가 속한 네트워크 구획, 실행되는 운영체제 등을 완전히 제어할 수 있다. 선택을 제한함으로써 효율성을 거두려고 하는 제한된 주문 시트에 얽매이지 않고, 클라우드는 유연성을 제공한다. 물론 유연성에 따른 약간의 책임도 따르는데, 이는 뒤에서 자세히 설명하겠다.

투명성

클라우드는 또한 서비스 수준, 시스템 상태, 청구 세부 정보에 대한 완전한 투명성을 제공한다. 아주 특수한 상황을 제외하고는 문제가 생겼을 때 서로 '손가락질'하는 일이 없다. 투명성이 양측을 모두 보호하기 때문이다.

단기 계약

탄력적 청구는 클라우드 컴퓨팅의 핵심 원칙이다. 클라우드 제공업체가 대규모 다년 약정을 장려(또는 인센티브)하기는 하지만 기본적으로는 사용량에 따라 비용을 지불하고 원하는 대로 축소할 수 있다. 다른 클라우드 제공업체로 워크로드를 이전하는 것 또한 법적 고려사항보다는 기술적인 고려사항이다.

진화

고정된 조건은 전통적인 아웃소싱의 가장 큰 단점이다. 2015년에 아웃소싱 계약을 했던 사람들은 서버를 배포하는 데 며칠 정도의 시간이 허용되고 512GB 이상의 RAM이 있는 서버는 절대 필요하지 않다고 느꼈을 수 있다. 그런데 5년 뒤에 우리는 새 서버가 동작하는 데 수 분 이상 걸리고, SAP HANA와 같이 메모리를 많이 사용하는 애플리케이션은 수십 테라바이트의 RAM을 사용한다고 불평하고 있다. 이러한 변화를 반영하도록 기존 아웃소싱 계약을 변경하려면 많은 시간과 비용이 든다. 그런데 클라우드 제공업체는 항상 새로운 서비스를 출시한다. 이 글을 쓰는 시점에 AWS^{Amazon Web Services}는 24TB RAM이 있는 8소켓 베어 메탈 서버를 배포할 수 있다.

경제성

클라우드 제공업체는 정기적으로 서비스 가격을 낮춘다. 주요 클라우드 제공업체 중 가장 오래 운영되고 있는 AWS는 2006년에서 2020년 사이에 가격을 70번 인하한 것으로 자랑하고 있다. 이 이야기를 아웃소싱 업체와도 한번 해보면 어떻게 될까?

클라우드가 실제로 아웃소싱이지만, 아웃소싱의 실제 의미를 재정의하게 된다. 이런 주요 변화들은 소프트웨어 정의 인프라와 같은 기술 발전과 전통적인 비즈니스 모델에서 벗어나려는 공급자의 의지가 결합함으로써 가능해졌다.

다시 한번, 이것은 선이다!

『37 Things』를 읽으신 분들은 내가 선이 포함되어 있지 않다고 알려진 아키텍처 다이어그램을 거부하게 된 것을 자랑스럽게 생각한다는 사실을 알고 있을 것이다. 선은 요소가 상호작용하는 방식과 시스템 전체가 동작하는 방식을 정의하기 때문에 내 생각에는 상자보다 더 중요하다. 그리고 결국, 아키텍처에 관한 것이다. 그래서 '선이 없으면 아키텍처가 아니게 된다.'

당신의 조직과 인프라 간의 관계도 마찬가지다. 당신과 당신의 (클라우드 또는 기존) 아웃소싱 제공업체에 대한 간단한 다이어그램을 그리려고 하면 '당신'과 '그들'이라는 레이블이 붙은 2개의 상자가 선으로 연결된 모습을 볼 수 있을 것이다. 클라우드 플랫폼을 사용한다는 것이 크게 달라 보이지 않을 것이다.

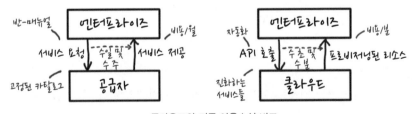

▲ 클라우드와 기존 아웃소싱 비교

하지만 이 선이 수반하는 것이 모든 차이를 만든다. 다이어그램의 왼쪽에는 요청된 서비스들이(또는 모호하게 유사한 것) 궁극적으로 나타나는 블랙홀로 들어가는 긴 계약 및 서비스 요청사항들이 있다. 반면에 클라우드는 상용 소프트웨어들과 상호작용하는 것처럼 느껴진다. 서비스 요청 양식을 제출하는 대신, ERP 패키지에서 하는 것과 마찬가지로 API를 호출한다. 또는 클라우드 콘솔을 통한 브라우저 인터페이스를 사용할 수 있다. 프로비저닝하는 것이 블랙홀처럼 되지 않고, 비용은 투명하게 보인다. 새로운 서비스들은 계속해서 출시된다. 클라우드 플랫폼을 인프라스트럭처를 위한 서비스 지향 아키텍처라고 부를 수도 있다.

이 단순한 비교는 세계를 정적인 관점으로 바라보는 조직은 모델 간의 극명한 차이점을 알아차리지 못할 수도 있음을 보여준다. 하지만 이후 결과(2장)를 생각하는 조직에서라면 클라우드가 라이프 스타일 체인저임을 알게 될 것이다.

핵심 대 비핵심

클라우드로 아웃소싱하는 것과 소프트웨어 배포를 아웃소싱하는 것의 근본적인 차이점은 IT에서 핵심과 비핵심의 개념에 달려 있다. 대부분의 기존 IT에서는 운영이 가장 중요하다. IT 품질은 운영 우수성에 의해 정의된다. 그러나 IT가 비용 중심 상품에서 비지니스 차별화 및 혁신을 위한 동인으로 전환됨에 따라 소프트웨어 배포가 각광을 받게 됐다. 그렇기 때문에 다른 핵심 자산과 마찬가지로 사내에 갖춰야 한다. 또한 클라우드를 단지 인프라스트럭처 주제로만 여겨서는 안 될 것이다(12장).

혼란을 아웃소싱하는 것은 더 큰 혼란을 일으킨다

아웃소싱에는 'IT가 엉망이라면 아웃소싱은 상황을 더욱 악화시킬 것이다.'라는 오래된 규칙이 있다. 복잡하고 대부분이 수동으로 되는 IT는 광범위한 **암시장**black market 덕분에 작동할 수 있기 때문이다(『37 Things』 참조). 암시장은 비효율적일 뿐만 아니라 아웃소싱할 수도 없다. 이전에는 운영 팀에 있으면서 소소한 일들을 해오던 '김씨'는 더 이상 책임자가 아니다.

클라우드가 아웃소싱이라는 사실을 알면, 클라우드를 최대한 활용하기 위해서는 먼저 집을 정리해야 한다는 점도 알고 있어야 한다. 예를 들어, 애플리케이션 인벤토리 및 종속성을 알고 있어야 한다는 뜻이다. 보통은 이 점들을 모르기 때문에, 대부분의 클라우드 공급자는 어떤 소프트웨어가 어떤 서버에서 실행되고 또 어떤 다른 애플리케이션과 통신하는지 파악하는 것을 목표로 하는 좋은 검색 및 모니터링 도구를 만들어두기도 했다. 그런데 이 도구들이 확실히 도움이 되긴 하지만 실제로 청소를 대체할 수는 없다. 이사하기 전에 누군가가 집에 와서 접시 35개와 짝이 안 맞는 포크가 53개 있다고 말하는 것과 같다. 이 정보에 감사해할 수도 있지만, 어떤 포크가 집안의 가보이고 어떤 포크가 해피밀과 함께 제공되는 포크인지 알지 못하면 실제 상황을 더 개선할 수는 없다.

클라우드는 규모의 경제를 활용한다

클라우드는 속도의 경제에서 조직을 성공시키는(2장) 핵심 요소이지만, 클라우드 자체는 규모의 경제에 크게 의존한다는 점은 주목할 만하다. 대규모 데이터 센터와 사설 글로벌 네트워크를 구축하려면 소수의 대규모 하이퍼스케일 제공업체에서만 감당할 수 있는 막대한 투자가 필요하다.

> ⓘ 클라우드는 규모에 최적화된 구현과 속도 기반 비즈니스 모델 간에 매우 정확한 선을 그었다.

클라우드 업체는 규모의 경제 기반 구현과 민주적 속도 기반 비즈니스 모델 사이에 매우 정확한 구분선을 그어놓은 것으로 보인다. 아마도 이것이 클라우드의 진정한 마술일 것이다.

아웃소싱은 보험이다

기존 IT에서 시간을 보낸 사람이라면 아웃소싱에 또 다른 이유가 있다는 사실을 알고 있을 것이다. 소프트웨어 프로젝트나 데이터 센터 통합 같은 문제가 발생하면 아웃소싱으로 인해 재해의 진원지에서 더 멀리 떨어져 생존 가능성이 높아진다. 내부 직원들이 계약자의 일일 비용이 두 명의 내부 직원에게 지불할 수 있는 비용이라고 이야기할 때마다, 나는 시스템 통합 사업 비용에는 IT 관리자의 생명 보험 비용도 포함되어 있음을 상기하게 된다. '총알받이'는 이 계약에서 사용되는 용어인데, 걱정할 필요는 없다. 타깃이 된 시스템 통합 업체는 큰 피해 없이 다른 업체로 넘어가게 될 것이다.

슬프게도, 또는 다행스럽게도 클라우드는 아웃소싱에 이러한 요소들까지 포함하지는 않는다. '당신이 만들고, 당신이 실행한다'는 '당신이 불을 지르고, 당신이 끈다'라고도 번역되는데, 나는 이것이 공정한 게임이라고 생각한다.

7장

클라우드는 당신 조직의
방향을 바꾼다

그리고 당신의 고객들은 그것을 좋아할 것이다

▲ 보십시오. 우리는 이미 조직을 변화시켰습니다.

기존 IT는 인프라 팀과 애플리케이션 팀을 상당히 엄격하게 분리한다(12장).
애플리케이션 팀은 기능 제공을 통해 고객을 기쁘게 하는 반면, 인프라 팀은 하드웨어를 구매하고 안정적인 운영을 보장하며 IT 자산을 보호한다. 각 팀 간의 빈번한 싸움은 이 상황에서 모든 것이 완벽하지 않을 수도 있음을 암시한다. 두 그룹의 목표가 다르기 때문에 충돌이 발생할 수 있음을 쉽게 알 수 있다. 애플리케이션 배포 팀은 더 많은 기능을 배포할 때 인센티브를 받지만, 인프라 및 운영 팀은 안정성을 보장하기 위해 변경을 최소화하기를 원한다. 클라우드로의 전환은 이 긴장된 관계에 종지부를 찍게 한다.

IT 계층 구조

전통적인 조직은 계층별로 기능한다. 시스템 아키텍처와 마찬가지로 계층을 나누어 일을 하면 관심사가 명확하게 분리되고 종속성이 한 방향으로 생기며 계층 간의 인터페이스가 잘 정의된다는 뚜렷한 이점이 있다. 그렇기 때문에 계층 구조를 잘 사용하면 한 계층을 다른 계층으로 손쉽게 교체할 수도 있다.

하지만 아키텍처가 항상 그렇듯이 단점도 있다. 예를 들어, 계층화는 계층을 넘어설 때 서로 커뮤니케이션의 오류와 추가 지연 시간을 유발할 수 있다. 또한 간단한 변경사항도 여러 계층에 영향을 미치므로 개발 속도가 느려지는 경우가 많다. 대부분의 개발자는 사용자 인터페이스에 필드를 추가하는 것과 같은 간단한 변경으로 UI 코드, 웹 애플리케이션 방화벽WAF, Web Application Firewall, 웹 서버, API 게이트웨이, 백엔드 API, 애플리케이션 서버, 코드, 객체 관계 매핑, 데이터베이스 계층 등을 변경할 수 있다는 사실을 알고 있다. 따라서 계층 구조에서는 변경사항을 최소화하고 엔드투엔드 종속성을 갖고 실행되는 경우가 많다.

이 상황은 기술 계층(예: 프론트엔드에서 애플리케이션, 데이터베이스까지)과 조직 계층(예: UI 디자인에서 개발, QA, 운영까지) 모두에게 적용된다. 예를 들어, 조직의 한 계층을 교체하는 것을 아웃소싱(6장)이라고 한다.

엔드투엔드 최적화

계층화는 또한 **로컬 최적화**local optimization로 인해 갈등을 더 만들 수도 있다. 계층 간의 문제를 명확하게 분리해내려면, 각 개별 계층별로 최적화를 하게 된다. 조직 내에서 다른 팀에 요청할 때면 끊임없이 양식을 작성해야 할 때 이러한 점을 알 수 있다. 이 양식을 통해 해당 팀은 내부적으로 최적화할 수 있지만, (어디에서도 측정되지는 않지만) 다른 팀에 부담을 주게 된다. 결과적으로는 조직 내에 극도로 갈등이 많아서, 아무것도 되고 있지 않은 것으로 보일 수 있는 고도로 최적화되어 있는 팀들만 남아 있게 된다.

 계층화는 엔드투엔드 최적화보다 로컬 최적화를 선호하며, 종종 인터페이스에서 갈등을 일으킨다.

기술적으로 같은 것은 SOAP/XML을 통해 모든 통신이 이뤄지는, 그리고 대부분의 CPU 사이클이 XML 및 가비지 수집 DOMDomain Object Model 조각 파싱에 사용되는 마이크로서비스 아키텍처다.

반대로, 엔드투엔드 최적화는 전체 시스템에 걸친 변경 또는 요청의 흐름에 중점을 둔다. 이 작업은 개별적인 프로세스 단계들 대신 엔드투엔드 흐름을 최적화함으로써 장점을 활용해왔던 제조 분야의 린Lean 운동에 의해 입증됐다.

조직에 대한 엔드투엔드 관점을 가진 고객이라면 팀 간의 인수 인계에 대해 크게 감사해하지는 않을 것이다.

당신의 고객이 갖고 있는 뷰의 예로 고객 지원 팀 또는 고객 서비스에 연락할 때를 들 수 있다. 당신의 내부 조직 구조에 대한 설명("다른 부서로 바꿔드리는 동안 잠시만 기다려주십시오.")은 단지 자신의 편의를 위해서일 뿐이며, 수준 이하의 고객 서비스에 대한 핑계에 불과하다.

갈등을 줄이기 위한 전환

클라우드 컴퓨팅은 서버의 배송이나 설치를 기다려야 하는 등의 갈등을 줄일 수 있다. 하지만 이러한 기술적 기능을 잘 활용하려면 기존 계층을 뛰어넘어 엔드투엔드로 생각하고 최적화해야 한다. 계층을 가로지르는 것은 갈등 지점이 될 수 있으며 서비스 요청, 공유 리소스 풀 또는 운영 위원회 결정을 기다려야 하는 것과 같은 지연이 발생할 수 있다. 이러한 갈등은 속도의 경제(2장)에서 가장 중요한 기능 중 하나인 피드백 사이클을 늦춘다.

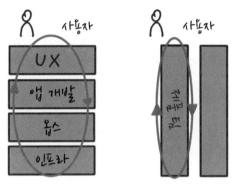

▲ 계층을 가로지르는 신속한 피드백 루프(왼쪽)는 갈등을 증가시킨다.

따라서 클라우드 운영 모델은 계층 구조를 전환시킬 때 가장 잘 작동한다. UI/애플리케이션/운영/인프라 팀별로 분할하는 대신 각 팀에 기능 영역에 대한 엔드투엔드의 책임과 권한을 부여한다. 각 기능을 개별적으로 최적화하려고 하는 대신 고객에게 엔드투엔드 가치 전달을 최적화하게 된다.

ℹ️ 이전에 계층별로 구성된 팀은 기능 영역 또는 서비스별로 나뉘게 된다.

이러한 팀들은 제품 팀 또는 기능 팀으로 불린다. 이름에 관계없이 팀 구조에 있어 갈등을 최소화하는 것이 이러한 팀 구성의 주요 목표다.

개발 또는 운영 단계마다 프로비저닝하는가?

인프라 자동화는 IT 계층 간의 경계를 완화하는 데 큰 도움이 된다. IaC Infrastructure as Code와 **깃옵스**GitOps 같은 기술을 사용하면 새 버전의 파일을 소스 코드 리포지터리에 체크인(깃Git의 '커밋')하는 것처럼 인프라 배포 및 구성이 간단해진다. 소스 코드 리포지터리가 애플리케이션 및 인프라에 대한 단일 정보 소스가 된다는 점은 엄청난 이점이 있다. 또한 소스 코드 리포지터리에 배포 환경에 대한 전체 설명이 있으면 이러한 구성을 자동으로 스캔해 (23장) 보안 지침을 준수하는지 확인할 수 있다는 큰 장점이 있다.

소스 코드를 통해 인프라를 관리할 수 있다는 것은 애플리케이션과 인프라 팀을 분리하는 것을 의미 없게 만든다. 이는 개발 접근 방식을 통해 수행되는 인프라 업무다. 이것이 또한 '데브옵스'의 핵심 측면 중 하나다.

클라우드 교육 팀

이 새로운 구조에서 팀이 어떤 모습일지 살펴보자. 예상한 대로, 어떤 변화들은 상당히 작은 부분이지만 어떤 변화들은 매우 큰 변화들이다.

클라우드 인프라 팀

배포 자동화가 된다고 해서 인프라 팀이 할 일이 없다는 뜻은 아니다(31장). 클라우드 인프라 팀에서는 여전히 클라우드 상호 연결, 모니터링 및 보안을 위한 공통 도구 배포, 자동화 환경 구성 등을 담당하게 된다. 혹시 내가 해야 할 일들이 안 남아 있지 않을까 걱정하는 IT 관계자에 대한 나의 대답은 "IT 부서에서 일하면서 바쁘지 않은 사람을 본 적이 없습니다."이다.

IT가 속도를 높이고 더 많은 가치를 제공해야 하는 상황에서는 해야 할 일이 많다! 최신 운영 팀은 애플리케이션 팀을 위한 하드웨어 프로비저닝과 같은 잦은 피드백 루프에 불려가게 된다. 대신에 이 팀은 변화를 돕는 일을 하게 된다. 기본적으로 이 팀은 이후 결과(2장)를 돕는 일을 하게 된 것이다.

엔지니어링 생산성 팀

아이러니하게도 클라우드를 도입하는 중에 간혹 애플리케이션 개발 팀 '아래'에 새로운 계층이나 팀이 만들어질 수도 있다. 보통 **엔지니어링 생산성 팀**Engineering Productivity Teams 또는 **개발자 생산성 엔지니어링**DPE, Developer Productivity Engineering이라고 하는 이 팀의 역할은 소프트웨어 배포 팀의 생산성을 극대화하는 것이다. 예를 들어, 팀들이 각자 따로 자체 소프트웨어 배포 파이프라인을 만들거나 로그 처리와 같은 일들을 해야 하는 부담을 덜어줄 수 있다. 표면적으로 이러한 팀은 다른 계층이 추가되는 것처럼 보일 수 있지만 몇 가지 결정적인 차이점이 있다.

- 새로운 팀의 역할은 통제가 아니라 도움을 주는 것이다. 뛰어난 생산성 팀은 초기 배포 시간을 단축하고 팀이 더 자주 배포할 수 있게 한다. 기존의 인프라 팀은 종종 그 반대였다.

- 차별화되지 않은 작업(고객이 설치한 서버 브랜드 때문에 더 많은 제품을 구매하지 않을 것이다)에 집중하는 대신, 생산성 팀은 새로운 기능을 구현하는 데 걸리는 시간처럼 고객도 인지할 수 있는 비즈니스 지표에 더 기여하게 된다.

- 생산성 팀이라고 해서 애플리케이션 팀의 운영 책임이 없어지는 것은 아니다. 중요한 신속한 피드백 루프, 예를 들어 SRESite Reliability Engineering(사이트 안정성 엔지니어링)의 핵심인 자체 **오류 예산**error budget을 관리하거나 하는 일들은 여전히 애플리케이션 팀 내에 남아 있게 된다.

- 팀 이름도 중요하다. 하는 역할에 따라 팀 이름을 지정하는 대신, 팀이 제공하는 가치를 표현하는 것이 좋다. 이 팀은 개발자의 생산성을 높이고 이름은 이를 반영한다.

소프트웨어 배포 자동화의 가치는 지속적 통합 파이프라인 같은 소프트웨어 배포 주기를 가속화하기 위한 다양한 도구들을 제공하는 클라우드 제공업체들에서 계속되고 있다. 이러한 서비스들은 엔지니어링 생산성 팀의 작업을 단순화해 완전 관리형의 클라우드 서비스를 구성하고 통합하는 데에만 집중할 수 있게 한다. 어떤 의미에서 클라우드 공급자는 단지 조력자가 되는 것을 넘어서 동반자가 되고 있는 셈이다.

혁신 센터

클라우드 혁신 센터[CCoE, Cloud Center of Excellence] 또는 클라우드 지식 센터[CCoC, Cloud Center of Competence]는 많은 대규모 클라우드 여정의 일부다. 이 팀들은 신기술에 정통하면서 다른 조직들을 지원할 수 있는 전문가들의 팀으로 만들어져 있다. 장점은 분명하다. 전체 조직을 재교육하는 대신, 다른 조직을 변화시킬 수 있는 역량을 가진 소규모 팀을 시작하게 한다.

우선, 소규모 중앙 팀에서 전체 조직을 변화시킨다는 아이디어는 선교사 모델[1]과 유사하다. 선교사들은 기존 문화를 새로운 사고방식으로 '개종'시키기 위해 보내진다. 내 블로그의 한 독자가 지적한 바 있듯이 선교사가 되기는 매우 어렵다. 일부 선교사는 결국 잡아먹히기도 했다. 물론 IT 선교사는 살아남을 가능성은 높지만, 기존 인센티브 시스템과 리더십 구조의 한계 내에서 실제 일하는 팀으로 변화를 가져오는 일은 여전히 어렵다.

만약 전체 조직을 선교사 모델로 전환하기가 어렵다면 도구와 프레임워크를 구축하는 것이 조직 전반에 걸쳐 팀의 영향력을 높이기 위한 일반적인 결론이 된다. 불행히도 이 방식은 종종 팀을 거버넌스의 함정(10장)으로 이끌며, 이는 조직을 활성화하기보다 그렇지 않게 할 가능성이 더 클 수도 있다. 이

---

[1] https://www.linkedin.com/pulse/transformation-missionaries-boot-camps-shanghaiing-gregor-hohpe/

방식에서는 사람들이 새로운 기술을 사용하기 어렵게 만들기 때문에 새로운 기술을 거의 받아들이지 않을 것이다.

가드레일이 없으면 통제할 수 없는 상황에 대해 많은 조직이 걱정하는 것은 당연하지만, 나는 항상 방향을 잡기 위해서는 우선 움직여야 한다[2]고 이야기하고 있다. 경험상 더 적은 제약과 더 많은 지원이 있는 상황에서 그동안 배운 내용을 기반으로 거버넌스를 정의하는 것이 가장 좋다.

마지막으로, 조직을 새로운 작업 방식으로 전환하는 데 성공한 많은 CCoE 팀은 인바운드 요청에 대한 병목 현상이 발생해 성공의 희생양이 된다. 이 효과는 '중앙 클라우드 팀이 실패하는 이유Why Central Cloud Teams Fail' 문서에 잘 설명되어 있다.[3] 저자는 클라우드 교육을 판매해 조직 전체에 교육을 제안할 수 있는 인센티브를 제공하지만 요점은 아마도 다른 곳에 있을 것이다.

요약하면 CCoE는 '엔진 시동'에는 유용할 수 있지만 2단 속도 아키텍처(19장)와 마찬가지로 마법의 레시피가 아니며 제한된 수명을 가질 것으로 예상해야 한다.

팀 토폴로지

매튜 스켈튼Matthew Skelton과 마누엘 파이스Manuel Pais의 『Team Topologies』[4]에서는 빠른 움직임에 최적화된 팀 구조에 적합한 용어와 비전을 제시한다.

---

2 https://www.linkedin.com/pulse/before-you-can-steer-first-have-move-gregor-hohpe/

3 https://acloudguru.com/blog/engineering/why-central-cloud-teams-fail-and-how-to-save-yours

4 Skelton, Pais, *Team Topologies: organizing business and technology for fast flow*, 2019, IT Revolution Press

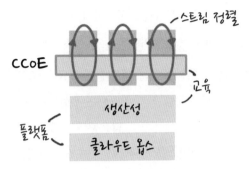

▲ 교육 및 플랫폼 팀은 신속한 피드백 주기를 지원한다.

이 책에 따르면, 클라우드 인프라 팀은 **플랫폼 팀**이 된다. 예를 들어, 클라우드 혁신 센터에서는 팀들을 뛰어넘어 자율적으로 일하게 한다. 이 옵션을 시도하고 도구, 사례 및 프레임워크에 대한 정보에 입각한 제안을 할 수 있게 한다. 내 경험에 따르면 가장 효과적인 엔지니어링 생산성 팀은 플랫폼과 교육 팀의 조합으로 활동하게 된다.

새로운 팀 구조는 그림에 표시된 것과 같다(스트림과 교육 팀은 이전 그림과 일관성을 유지하기 위해 '팀 토폴로지'에 비해 90도 회전되어 있다). 클라우드와 마찬가지로(6장) 큰 차이점은 구조가 아니라 각기 다른 팀들이 상호작용하는 방식에 있다. 새로운 모델에서는 단계별 절차를 밟아야 하고 단계별 지연이 발생하는 기존 모습과 달리 신속한 피드백 루프를 가능하게 한다.

조직 부채

조직 구조, 프로세스 및 인사 계획에 대한 변경은 복잡하며 시간이 많이 걸린다. 결과적으로 기술 변화 또한 단순하지 않지만, 조직에 대한 변화보다는 더 빨리 될 수도 있다.

조직의 변화를 간과하면서(또는 최소한 같은 속도로 발전하지 않고) 기술적인 변화만 추진할 경우에는 조직의 부채를 축적하게 될 것이다. 기술 부채와 마찬가지로 조직에서 '차입'하면 처음에는 속도가 빨라지지만 누적된 이자는 결국 연체된 신용카드 청구서처럼 다시 당신을 괴롭힐 것이다. 조직의 저항을 받게 되면 곧 기술 발전이 느려질 것이다. 그리고 기술적 진보가 창출하는 가치는 줄어들 것이다. 나는 이것을 가치 격차value gap[5]라고 부른다.

5 https://aws.amazon.com/ko/blogs/enterprise-strategy/is-your-cloud-journey-stuck-in-the-value-gap/

8장

유지/재교육/대체/은퇴

인력 마이그레이션의 네 가지 'R'

▲ WMAF = 인력 마이그레이션 가속화 프레임워크(Workforce Migration Acceleration Framework)

IT 리더나 아키텍트가 클라우드 마이그레이션을 이야기하면 보통은 애플리케이션을 클라우드로 마이그레이션하는 것을 말한다. 이러한 이동을 계획하기 위해서는 여러 개의 R(16장)을 가진 다양한 프레임워크가 존재한다. 그런데 아마도 더 큰 과제는 인력을 마이그레이션해 클라우드를 도입하게 하고 새로운 환경에서도 효율적으로 일하게 할 수 있는 방법일 것이다. 이때에도 또 다른 'R' 세트가 있다.

인력 마이그레이션

새로운 기술은 새로운 기술력을 필요로 한다. 헬름 차트 작성과 같은 새로운 기술에 대한 기술력뿐만 아니라 『37 Things』에서 '조직의 리버스 엔지니어링'으로 설명한 바와 같이 기존 신념을 뒤엎는 새로운 사고방식이 필요할 수도 있다. 예를 들어, 조직이 '신속함'을 '나쁜 품질'과 동일시한다면 더 빠른 소프트웨어 배포 속도에 대해 의식적이든 무의식적이든 저항할 것이다. 따라서 **변경 관리**^{change management}는 모든 클라우드 여정의 주요 부분이 된다. 조직은 사람으로 구성되므로, 사람은 클라우드 여정에 있어 좋은 출발점이다.

사람 혁신의 네 가지 'R'

애플리케이션과 마찬가지로 클라우드 여정을 위한 인력을 준비할 때는 다음과 같은 몇 가지 옵션이 있다.

유지(retain)

클라우드 컴퓨팅이 조직의 여러 분야에 영향을 주지만 모든 직업이 근본적으로 바뀌는 것은 아니다. 예를 들어, 기존 프로젝트 관리자가 순수 예산 관리자로 바뀌지 않았다고 가정하고 유지할 수 있다. 직원 유지에는 추가 훈련을 제공하는 것도 포함될 수 있다. 예를 들어, 애자일 방법이나 프로젝트에서 제품으로의 전환 같은 것들이 될 수 있다.

클라우드용으로 구축된 애플리케이션은 당연히 다르지만 개발자는 이미 새로운 기술을 도입하는 데는 익숙하기 때문에 '유지' 범주에 속하는 경우가 많다. 조직이 '올인'하기 전에 이미 클라우드 기술을 기반으로 개발을 시작하고 있었을 가능성도 있다. 개발자에게 가장 중요한 부분은 클라우드 컴퓨팅을 새로운 도구 세트로 보지 않고 모든 것을 일회용으로 만드는 것과 같은 근본적인 변화를 이해한다는 것이다.

재교육(re-skill)

다른 직업에서는 직급으로 유지될 수는 있겠지만 완전히 다른 기술 세트가 필요해질 수 있다. 예전에는 수동이었던 프로세스가 이제는 인프라나 운영이 자동화된 경우에 발생할 수 있다. 이것이 사람들이 일을 하지 않게 됐다는 의미는 아니지만(자동화는 꼭 효율성에 관한 것만은 아니다), 업무의 성격이 상당히 변하고 있다.

재교육은 조직 혁신의 첫 번째 옵션이 돼야 한다. 나는 "최고의 고용은 사람을 잃지 않는 것입니다."라고 이야기하고 싶다. 기존 직원은 조직과 비즈니스 영역에 이미 익숙한 사람들이고, 새로운 사람을 채용한다면 수개월에 걸쳐 새로 습득해야 하는 것들이 많을 수 있다. 그리고 IT 인재에 대해 더욱 목말라하고 있는 최근의 구인 시장을 생각해보면 직원 채용이 더욱 힘들어지고 있다는 사실을 알 수 있다. 즉, 좋은 사람을 찾기 위해 더 많은 후보자들 가운데 선별해야 하는 어려움이 있는 것이다.

대체(replace)

모든 사람이 재교육이 가능한 것은 아니다. 어떤 경우에는 격차가 너무 클 수도 있고, 어떤 사람은 처음부터 다시 시작해서 배우려고 하지 않을 수도 있다. 개인들에게 재교육돼야 한다고 이야기하는 것은 쉬울지 몰라도, 수십 년 동안 특정 업무만을 해왔던 사람에게 새로운 것을 배워야 한다고 하는 것은 트라우마가 될 수 있다.

대체하는 것이 장기적으로 항상 나쁜 것은 아니라는 점을 고려할 필요가 있다. 소위 '구식' 기술 세트는 공급 감소로 인해 수요가 높아지는 경우도 많다. 예를 들어, 많은 코볼^{COBOL} 프로그래머 분들은 매우 잘 살고 있다! 대체는 조직이 원하는 기술을 가진 새로운 사람을 찾아서 채용하게 하는 것을 의미하는데, 당연히 이것이 항상 쉬운 것은 아니다.

은퇴(retire)

어떤 역할들은 더 이상 필요하지 않아서 대체할 필요가 없어질 수 있다. 예를 들어 하드웨어 계획, 구매, 설치와 같은 데이터 센터 시설과 관련된 많은 업무는 클라우드 운영 모델에서 필요하지 않게 될 가능성이 높다. 설계 및 계획에 관련된 사람들은 대신 클라우드 제공업체의 서비스를 평가하고 구매할 수 있지만 이 업무는 조직이 클라우드로의 전환을 완료한 후 대부분 사라진다. 많은 IT 조직에서 이러한 작업은 처음부터 아웃소싱되어 내부 직원에 대한 의존도를 낮춰왔다.

실제로는 클라우드 마이그레이션의 기술적인 측면과 마찬가지로 여러 그룹의 사람들을 위한 '마이그레이션 경로'가 혼재되어 있다. 대부분의 직원을 유지하면서 기술 방향을 조정할 수 있으며 몇몇 사람들은 대체하거나 은퇴해야 할 수도 있다. 선택은 조직과 개인에 따라 크게 달라진다. 그러나 옵션들이 정의되어 있으면 의미 있는 선택에 도움이 될 수 있다.

이미 있는 사람들

사람을 분류한다는 것은 애플리케이션을 분류하는 것과는 완전히 다른 이야기다. 이것은 '레거시^{legacy}'를 없애는 것이 아니다! 새로운 인재를 찾을 때 하는 가장 큰 실수는 조직 외부에서만 찾는 것일 수 있다. 평범한 성과를 보였지만 단순히 지루해했던 것이라 조직이 운영 모델을 조정하면 뛰어난 일을 해낼 사람들이 있을 것이다.

현재 AWS의 클라우드 아키텍처 전략 부사장인 에이드리언 콕크로프트[Adrian Cockcroft]는 유명한 인터뷰[1]에서 자신의 조직이 넷플릭스와 같은 기술을 갖고 있지 않다고 한탄하는 CIO에게 "음, 우리가 당신 조직에서 그분들을 고용했습니다!"라고 대답했다. 그는 계속해서 "우리가 발견한 사실은 사람들이 대부분의 회사에서 자신이 만들어낼 수 있는 것의 극히 일부만을 만들어내고 있다는 것이었습니다."라고 설명했다. 따라서 사람들이 현재 시스템에 의해 억제되고 있는 것은 아닌지 자세히 살펴봐야 한다.

 내 강연과 워크숍에서는 보통 교통 체증에 막혀서 긴 줄에 서 있는 페라리 사진을 보여주고 청중에게 이 차가 얼마나 빨리 갈 수 있는지 묻는다. 대부분의 사람들은 최고 속도가 시속 300km라고 바르게 이야기를 한다. 그런데 지금 얼마나 빨리 가고 있는가? 아마도 시속 30km? 이 다음 질문은 자동차가 더 많은 마력을 갖게 하면 더 빨리 달릴 수 있느냐는 것이다. 대답은 당연히 '아니요'인데, 안타깝게도 많은 조직이 더 나은 사람이 필요하다고 주장함으로써 더 빨리 달리게 하려고 한다.

물론 반대의 경우도 있다. 기존 작업은 매우 잘 수행하지만 새로운 작업 방식을 수용하지 않으려는 사람들도 있다. 금융 상품에 대한 경고 라벨과 유사하다. 과거의 실적이 미래의 결과를 반드시 보장하지는 않는다.

교육은 가르치는 것 이상이다

과거 성과보다 더 나은 지표가 될 수 있는 한 가지 기술은 교육이다. 새로운 기술을 가르치는 것 외에도, 코드를 복사해 붙여넣는 것(안타깝지만 이런 교육

---

1 https://dzone.com/articles/tech-talk-simplifying-the-future-with-adrian-cockc

도 많다)과는 반대로 학생들에게 도전이 되는 잘 운영되는 교육은 누가 새로운 도구와 개념에 집중하고 누가 그렇지 않은지 쉽게 파악할 수 있게 한다. 따라서 교육 이벤트가 끝난 후 강사와 함께 보고해 직원 배치 결정에 대한 정보를 얻을 것을 권장한다.

교육은 전문가와 함께 일하는 형태가 될 수도 있다. 전문가는 외부 사람일 수도 있고 자격을 갖춘 내부 사람일 수도 있다. 전과 마찬가지로 이 피드백 채널을 사용해 최고의 후보자가 누구인지 알고 싶을 것이다.

어떤 조직에서는 직원을 재교육하는 것이 클라우드를 알고 데브옵스를 수용하며 비즈니스를 놓치지 않는 사람만 고용하는 것으로 보이는 '디지털' 경쟁 업체에 비해 불리한 위치에 놓일 수 있는 큰 투자라고 생각한다. 하지만 이 이야기는 '잔디가 더 녹색'이라고 하는 전통적인 오류에 해당한다. 큰 조직의 기술 리더는 주간 기술 미팅이나 점심 미팅, 부트캠프 온보딩부터 자기 주도 학습 모듈에 이르기까지 교육 및 지원에 막대한 금액을 투자한다. 이 리더들은 재교육이 투자 수익률이 높다는 사실을 알고 있기 때문에 항상 이러한 투자를 기쁘게 받아들인다.

일류 선수가 늪에서 경쟁하지는 않는다

많은 조직에서 전환을 처리하기 위해 슈퍼스타를 영입하려고 한다. 당연히 그들은 자신의 분야에서 최고의 선수를 찾고 있는 것이다. 문제는 내가 이전에 블로그 게시물[2]에서 설명했듯이 조직에 존재할 가능성이 높은 갈등은 모든 사람이 진흙탕에 무릎 깊숙이 들어가는 것과 동일하다는 점이다. 그런 환경에서 슈퍼스타 단거리 선수가 다른 사람들보다 훨씬 더 빨리 움직일 수는 없을 것이다. 오히려 그들은 좌절감을 느끼고 곧 떠날 것이다.

---

2 https://www.linkedin.com/pulse/drain-swamp-before-looking-top-talent-gregor-hohpe/

우리 팀에서는 각 업무에 대해 두 가지 목표가 있음을 자주 상기시켰었다. 우선 작업을 완수하고, 또 미래의 작업 수행 방식을 개선하는 것이다.

따라서 최고의 인재를 활용하기 전에 진흙을 말릴 방법부터 찾아야 한다. 그런데 다시 한번 닭이냐 달걀이냐 문제에 빠지게 된다. 늪을 배수하기 위한 재능도 필요할 수 있다. 갈등을 제거하는 데 기꺼이 도움을 줄 운동 선수를 찾을 만큼 운이 좋을 수도 있다. 그런 사람은 달리기하는 표면을 바꾸는 것이 달리기 자체보다 훨씬 더 흥미로운 도전이라고 생각할 수도 있다.

채용을 시작하기 전에 최악의 갈등 지점 중 일부는 수정해야 할 가능성이 크다. 충격을 최소한으로 완화하기 위해 신입 사원이 가장 먼저 만나게 될 가능성이 높은 직원들부터 시작하는 것이 좋다. 온보딩 프로세스 초기에 갈등이 생길 수 있는 지점으로는 소프트웨어 설치를 허용하지 않고 장치 관리('스파이웨어'라고도 함)로 인해 부팅하는 데 15분이 걸리는 노트북과 같은 부적절한 IT 장비를 받는 것을 포함할 수 있다. IT 지원 팀이 응답하지 않거나 지원이 늦어지는 것 또한 일반적인 불만사항일 수 있다.

 나는 예전에 모든 장비가 분리할 수 없는 단일 번들로 제공되기 때문에 노트북과 도킹 스테이션을 함께 가져가야 했던 적도 있었다. 나중에 장비를 반품할 때 처음에 필요 없는 부품을 숨겨놨다가 문제가 발생한 적도 있었다.

인사 팀의 채용 프로세스는 선수가 경기에 참여하기도 전에 퇴장시킬 수 있다는 위험도 있다. 애자일 소프트웨어 개발의 한 유명한 인물은 이력서를 제출하는 대신 그냥 '구글에 자신의 이름을 검색'하라고 했기 때문에 주요 인터넷 회사의 채용 과정에서 탈락했던 적도 있다. 나는 회사가 이 사람을 위해 준비되어 있지 않았다고 생각한다.

조직 부패 방지 계층

바다를 끓일 수는 없으니 진흙을 한 번에 다 말릴 필요도 없다. 예를 들어, 팀에서 비표준 하드웨어를 사용하도록 예외를 얻을 수 있다. 하지만 당신은 다른 늪에서 건조한 부분에 다시 홍수가 나지 않도록 막아야 한다.

나는 이 접근 방식을 레거시 시스템 작업을 위한 공통 디자인 패턴[3]에서 차용해서 **조직 부패 방지 계층**Organizational Anti-Corruption Layer 이라고 부른다. 조직에서 이 패턴은 예를 들어 인원 할당에 적용할 수 있을 것이다.

 이전에 큰 조직에서 일할 때, 내부 팀 간에 리소스를 이동시키는 것이 공식 조직도에는 영향을 미치지 않도록 그리고 오랜 승인 과정을 거치지 않아도 되도록, 모든 팀원이 나에게 공식적으로 보고하게 했었다.

예산 할당을 위해서도 비슷하게 조직을 구성할 수 있다.

자산 늘리기

우선, 바람직한 기술력을 끌어들이려는 조직의 지속적인 관심사 중 하나는 낮은 고용주 매력도다. 전통적인 보험 회사/은행/제조 기업이 어떻게 구글, 아마존, 페이스북과 인재를 놓고 경쟁할 수 있겠는가?

많은 사람이 듣고 싶어 하지 않지만 좋은 소식은 FAANG(페이스북, 애플, 아마존, 넷플릭스, 구글)가 고용하는 것과 같은 종류의 엔지니어가 필요하지 않을 가능성이 높다는 것이다. 그렇다고 해서 채용해야 할 엔지니어가 똑똑하지 않다는 뜻은 아니다. 단순히 10억 명의 사용자로 확장되는 웹사이트를 구축하거나 전 세계적으로 분산된 트랜잭션 데이터베이스를 개발할 필요는

---

3 https://www.domainlanguage.com/ddd/reference/

없을 것이다. 대신에 비즈니스 사용자를 즐겁게 하고 보험/은행/제조 산업을 변화시키는 애플리케이션을 개발해낼 수 있어야 한다.

클라우드 덕분에 수많은 도구들을 사용할 수 있으므로 비즈니스에 가치를 제공하는 데 집중할 수 있다.

> ℹ️ 이전에 나는 팀 내에서 모국어(독일어)를 사용할 것을 요청하지는 않았기 때문에 자격을 갖춘 후보자를 채용하는 데 꽤 성공적이었다. 그리고 '디지털 브랜드' 경쟁업체 중 상당수는 영업 및 컨설팅 사무소에서 실제 엔지니어링 직위가 거의 없었기 때문에 많은 출장이 필요했다.

둘째로, 크고 성공적인 조직은 일반적으로 후보자가 생각하는 것보다 훨씬 더 많은 것을 제공한다. 크고 전통적인 보험 회사에서 우리는 바람직한 기술 후보자에게 무엇을 제공할 수 있는지 확인하기 위해 연습을 했었고, 긴 목록에 놀랐다. 주당 근무와 유급 초과 근무 같은 단순한 항목부터(모든 소프트웨어 엔지니어가 책상 아래에서 잠자는 것을 선호하는 것은 아니다) 글로벌 규모의 도전적인 프로젝트, 최고 경영진과의 만남 및 코칭, 해외 과제, 시니어 기술자와 함께 콘퍼런스에서 공동 발표를 제공할 수 있었다. 당신 조직에서도 생각보다 더 많은 것을 제공할 수 있을 것이다. 그러므로 제공할 수 있는 것들의 목록을 만들어보면 좋을 것이다.

재지정?

많은 조직에서 '제5의 R'인 역할의 재지정re-lable을 관찰했다. 예를 들어, 모든 프로젝트 관리자는 스크럼SCRUM 교육을 받았고 신속하게 스크럼 마스터 또는 제품 소유자로 이름이 변경됐다. 혹은 기존 팀에 더 많은 자율성을 부여하지 않고 '집단'으로 명칭만 다시 지정했다. 기존의 구조와 인센티브가 그대로 남아 있는 상태에서 이러한 일을 하면 시간과 돈만 들어가고 성과는 거의 없다. 조직은 기존의 구조에 새로운 레이블을 붙인다고 변화하지 않는다.

9장

디지털 히트맨을
고용하지 않아야 한다

영화에서 좋지 않게 끝나는 역할은 IT 분야에서도 거의 성공하지 못한다

▲ 당신의 임무: 서버를 제거하십시오. 이 메시지는 자동으로 삭제됩니다. 3...2...

혁신을 모색할 때 기존 조직에서는 소위 디지털 회사(2장)에서 일한 핵심 인물을 영입하려고 한다. 아이디어는 간단하다. 이 개인은 목표가 무엇인지 알고 조직을 깨달음의 길로 이끌 것이다. 신규 입사자로서, 이 개인은 기존 경영진의 이미지를 손상시키지 않으면서도 충분한 영향을 줄 수 있다. 이 개인은 우리를 위해 손에 흙을 묻힐 수 있는 디지털 히트맨이다. 무엇이 잘못될 수 있을까?

영화 레시피

할리우드 영화가 몇 가지 검증된 레시피를 따른다는 사실은 잘 알려져 있다. 보통은 겉보기에는 평범하지만 야심 찬 삶을 사는 사람으로 시작한다. 야심 찬 목표를 달성하기 위해 이 사람은 지하세계의 누군가를 고용해 약간의 더러운 일을 하도록 지시한다. 적어도 처음에는 캐릭터의 도덕적 정당성을 부여하기 위해, 그 사람은 긴급한 필요 또는 더 큰 선을 추구한다는 모호한 원칙을 대며 자신의 행동을 정당화할 것이다. 지하세계의 상대는 종종 거창한 계획을 가로막는 사람을 겁주거나 납치하거나 처분하는 임무를 맡은 암살자의 형태로 나타난다. 그런데 안타깝게도 일이 계획대로만 전개되지는 않아서 이후의 이야기가 전개된다.

이 레시피를 상당히 잘 따르는 영화는 벤 애플렉Ben Affleck의 영화 〈어카운턴트〉다. 여기서 주요 로봇 회사의 CEO는 암살자를 고용해 여동생과 그의 회계 조작에 휘말렸을 수도 있는 CFO를 해고했다. 또 동시에, 회사는 회계사를 고용해 회계상의 부정 행위를 조사하게 했다. 결과적으로 회계사는 단순히 숫자를 관리하는 것보다 훨씬 더 많은 기술을 보여주게 됐다. 많은 행동과 일들 후의 상황은...(스포일러 주의!) 선동가에게 좋지 않은 결말을 가져왔다.

디지털 히트맨

IT 및 디지털 혁신의 세계로 돌아가 보면 다음과 같이 비유해볼 수 있다. 비즈니스 리더는 더 빠르고 '더 디지털화'되도록 조직을 변경해야 한다는 이사회의 압력을 받고 있다. 재교육, 조직 재편 또는 계층화와 같은 수작업이 어느 정도 수반된다. 그러나 이것들은 회사를 구한다는 더 큰 선의 이름 아래 수행된다. 자리를 정리하고 오면 순식간에 사라지는 일종의 디지털 히트맨을 채용하는 것이 가장 쉽지 않을까?

보통의 후보자는 벤 애플렉만큼 잘생기지 않고 총으로 가득 찬 트레일러를 가져오지도 않을 것이다. 정확히 말하면 그 영화의 어카운턴트는 암살자를 쫓는 사람이기도 하다. 이 부분에 대해서는 영화를 직접 보는 것이 좋다. 디지털 IT 히트맨은 유명 디지털 회사에서 주요 직책을 맡거나 기업 혁신 센터를 이끌거나 스타트업 인큐베이터를 운영하는 등의 자격을 갖췄다. 이 사람은 에너지와 약속들로 가득 차 있을 것이다.

미지의 세계를 넘어서

그런데 안타깝게도, IT 히트맨을 고용하는 것은 성공적인 혁신을 하기보다는 영화에서처럼 끝날 가능성이 더 크다. 외부에서 사람을 고용할 때의 문제는 지금 건너고 있는 세계에 대해 잘 알지 못한다는 점이다. 예를 들어, 좋은 후보자를 선택하는 방법을 모를 수가 있다. 왜냐하면 배경이 매우 다르고 완전히 다른 기술을 제공하는 사람이 필요하다는 것을 큰 전제로 하고 있기 때문이다.

 다른 세계에서 온 사람을 채용할 때의 문제는 당신이 채용 결정을 할 자격이 없다는 점이다.

IT 리더로서 다른 사람이 당신의 히트맨을 당신에게 불리하게 만드는 것에 대해 걱정할 필요는 없지만 다음과 같은 문제가 발생할 수 있다.

- 당신이 채용한 혁신 전문가는 반년 후에 그만두는 것이 완전히 합리적이라고 생각하고 있을 수도 있다.
- 혁신 전문가들은 모든 기업 내 규칙을 무시할 수도 있다. 결국 그들은 내부의 규칙에 도전하고 변화시키기 위해 여기에 있는 것이다. 하지만 1년 내내 예산을 반으로 낭비하고 좋은 생각이 있을 때마다 CEO 사무실로 쳐들어와서는 안 될 것이다.
- 또한 조직의 단점들을 포함해 현재 수행하는 작업에 대해 공개적으로 말하는 것이 괜찮다고 느낄 수도 있다.

그래서 그 결과, 디지털 히트맨과 관련된 이야기들이 영화보다 훨씬 잘 안될 가능성이 있다. 운 좋게 직원 수는 낮게 유지되더라도, 다른 형태의 대학살이 있을 수도 있다. 돈은 많이 쓰고, 많은 기대치는 만족하지 못하고, 결과를 내지 못하고, 자존감은 낮아지고, 직원들의 불만은 높아질 수 있다.

아동 신탁 기금을 받는 아이들에게 투자 조언 요청하기

디지털 히트맨은 이전에 디지털 환경에서 일했기 때문에 어떻게 생겼는지, 어떻게 작동하는지 잘 이해한다. 그러나 이들 대부분은 처음부터 그러한 환경을 구축하거나 기존 조직을 디지털 조직으로 전환할 필요가 없는 곳에서 일했었다. 따라서 이들은 출발점을 본 적이 없기 때문에 조직의 변화 경로를 제시하지 못할 수도 있다. 그래서 결국 그들과 당신 모두에게 실망스러운 경험이 될 수 있을 것이다.

 디지털 회사에서 오는 사람들은 목표 그림은 알지만 경로, 특히 출발점에서 오는 경로를 모른다.

구글 세상에서 자란 사람에게 어떻게 하면 그들처럼 될 수 있는지 묻는 것은 아동 신탁 기금을 받는 아이들에게 투자 조언을 구하는 것과 비슷할 수 있다. 이들은 당신을 위한 펜트하우스는 유지한 채, 자산의 일부를 시내 건물에 투자해 호화로운 콘도로 바꾸라고 조언할 수 있다. 이것은 사실 순수한 조언일 수 있지만 초기 투자금으로 5천만 달러가 없는 사람이 구현하기는 어려울 것이다.

신탁 기금 투자 조언에 해당하는 IT 조언으로는 여러 가지가 있을 수 있는데, 대부분은 다음과 같은 역효과를 낳는다.

- 새롭고 빛나 보이는(그리고 값비싼) 혁신 센터는 실제로 핵심 비즈니스에 아무것도 제공하지 않을 수 있다. 비즈니스가 준비가 되지 않았거나 혁신 센터가 비즈니스에서 완전히 분리됐기 때문일 수도 있다.
- 새로운 업무 모델은 직원들이 기피하거나 기존 근로 계약을 위반해 구현되지 않을 수도 있다.
- 직원은 제안된 새로운 '디지털' 플랫폼을 지원하는 기술이 부족할 수도 있다.

그래서 히트맨보다는 조직적인 '호스 위스퍼러horse whisperer'가 필요할 수 있다. 덜 흥미진진한 영화일 수 있지만, 조직적 혁신이라는 것 또한 느리고 소모적일 수 있다.

누구를 찾아야 할까?

외부의 도움 없이 복잡한 조직을 변화시키는 것은 분명히 어려울 것이다(목표로 하는 것이 무엇인지조차 모를 수 있다). 해외 생활을 준비하기 위해 여행 브로슈어를 읽는 것과도 같다. 그렇다면 당신을 도와줄 좋은 사람을 찾는 방법은 무엇이 있을까? 늘 그렇듯이 쉬운 방법은 없지만 내 경험에 따르면 몇 가지 특성을 찾아 확률을 높일 수 있다.

스태미너

우선, 당신의 좀비를 즉시 죽일 은색 총알을 가지고 다니는 디지털 히트맨을 기대해서는 안 된다. 처음부터 끝까지 혁신하는 모습을 지켜볼 수 있도록 스태미너를 보여줬던 사람을 찾아야 한다. 많은 경우, 혁신의 과정은 몇 년이 걸렸을 것이다.

엔터프라이즈 경험

한 회사의 문화를 다른 회사에 복사 & 붙여넣기 하는 방법은 없으므로, 신중한 경로를 계획해야 한다. 따라서 후보자는 기존 플랫폼과 프로세스에 좌절하고 빠르게 떠날 수도 있다. 엔터프라이즈 시스템 및 환경에 경험이 있는 사람을 찾아야 한다.

선생님

소위 '디지털' 회사에서 근무했다고 해서 자동으로 혁신의 대리인이 되는 것은 아니다. 물론 이 사람들은 당신이 영감을 받은(또는 경쟁하는) 조직에서 일한 경험이 있을 것이다. 하지만 이 경험이 있다고 해서 당신을 당신이 있는 곳에서 원하는 곳으로 데려가는 방법을 알고 있다는 뜻은 아니다. 이를테면 특정 언어의 원어민이라고 해서 모든 사람이 그 언어를 잘 가르치는 것은 아니다.

엔진 룸

디지털 회사가 어떻게 행동하는지 안다고 해서 내부에 필요한 기술 플랫폼의 종류를 모두 아는 것은 아니다. '클라우드로의 전환'이 잘못된 것은 전혀 아니지만 클라우드에 도달하는 방법, 순서, 기대치까지 모두 알려주는 것은 아니다. 따라서 최소한 몇 층 아래에서 아키텍트 엘리베이터를 탈 수 있는 사람을 찾아야 한다.

업체 중립성

실제 구현에 비해 현명한 조언은 비교적 쉽게 얻을 수 있다. 외부에서 바라보는 것과는 반대로 변화하는 조직 안에서 시간을 보낸 사람을 찾으면 좋다. 제품 투자만으로 혁신을 주도하려는 사람은 조심해야 한다. 그 사람이 제품 이름만 많이 이야기한다면 당신은 변장한 판매원을 보고 있는 것일 수 있다. 이런 사람을 채용하면, 이 사람은 혁신 오일을 판매하려는 제조사들을 계속 소개하려 들 것이다. 이런 사람들은 당신이 혁신을 이끌기를 희망하는 사람이 아니다.

그들은 무엇을 찾고 있는가?

당연히 혁신을 통해 조직을 이끌 수 있는 자격을 갖춘 사람에게는 많은 기회가 있을 것이다. 그리고 그에 상응하는 보상 패키지를 원할 가능성이 높지만 일반적으로 돈만으로는 살 수 없다(『37 Things』의 '돈으로 사랑을 살 수는 없다Money Can't Buy Love' 참조). 이 사람들은 도전을 추구하지만 자폭할 기회를 찾지는 않을 것이다(당신의 혁신은 영웅이 살아나지 못하는 '미션 임파서블'이 아니다). 따라서 그들은 조직이 기꺼이 어려운 변화를 일으키고 최고 경영진의 지원이 이뤄지고 있다는 확신을 원한다. 실제로 후보자들은 당신이 그들을 인터뷰하는 만큼 당신의 조직을 인터뷰하려고 할 것이다.

쉽지 않지만 가능한 것들

이러한 제안이 가능한 후보자 집합을 더욱 좁힐 것이라고 생각한다면 아마도 당신이 옳을 것이다. 혁신을 주도할 좋은 사람을 찾는 일은 어렵다(유니콘은 존재하지 않는다). 이것이 아마도 모든 혁신을 위한 가장 중요한 교훈일 것이다. 희망적인 생각은 접어두고 가혹한 현실에 대비해야 한다.

10장

클라우드에서의
엔터프라이즈 아키텍처

머리는 구름 속에 두고 발은 땅에 두기

▲ 클라우드를 목표로 삼아야 한다고 했는데...

나는 몇 년 동안 주요 금융 서비스 회사에서 **엔터프라이즈 아키텍처**Enterprise Architecture 팀을 운영했었다. 내가 조직에 처음에 합류했을 때는 엔터프라이즈 아키텍처가 실제로 무엇을 필요로 하는지 거의 몰랐다. 지금 생각해보면 조직이 실리콘 밸리 배경을 가진 누군가가 새로운 시도를 해주기를 원했을 수도 있었을 것 같다. 결과는 잘 알려져 있다. IT 엔진 룸과 비즈니스 펜트하우스를 연결하기 위한 요소로서 아키텍트의 역할을 재정의해야 할 때가 됐다는 결론을 내리게 됐고, 이 개념은 **소프트웨어 아키텍트 엘리베이터**The Software Architect Elevator[1]로 알려졌다.

||||||||||||||||||||||||||||||||||||||||||||| 미셸 다니엘리Michele Danieli 작성 |||||||||||||||||||||||||||||||||||||||||||||

기업은 클라우드로 전환해 민첩성, 보안, 운영 안정성에서 상당한 이점을 얻는다. 그런데 클라우드 여정을 시작하는 방식은 크게 다를 수 있다. 많은 조직에서 소위 그림자 IT는 클라우드에 배포해 기업의 제약사항들을 우회한다. 또 다른 조직에서는 클라우드에서만 가능한 극한의 확장성을 필요로 한다. 또 조직에서는 과거에 얽매이지 않고 IT 환경을 재창조할 수 있는 독특한 기회로 보기도 한다. 또는 새로운 IT 전략을 통해 리소스를 클라우드로 순서대로 마이그레이션할 수도 있다. 클라우드 여정을 시작하는 데 있어 각각의 다른 출발점들은 또한 엔터프라이즈 아키텍처 팀의 역할에 영향을 준다.

엔터프라이즈 아키텍처

대기업의 IT 부서는 일반적으로 중앙 IT 거버넌스 팀의 일부로 '엔터프라이즈 아키텍처EA, Enterprise Architecture'라는 팀이 있다. 해석은 다양하지만 엔터프라이즈 아키텍트 팀은 비즈니스와 IT 아키텍처 사이의 연결을 제공함으로써 가치를 제공한다(『The Software Architect Elevator』의 '엔터프라이즈 아키텍트인가 엔터프라이즈 내 아키텍트인가?Enterprise Architect or Architect in the Enterprise?' 참조).

---

1 Hohpe, *The Software Architect Elevator*, 2020, O'Reilly

이러한 연결 요소로서 시장 요구사항을 기술 구성요소 및 기능으로 변환한다.

엔터프라이즈 아키텍처 마이그레이션

많은 IT 팀과 마찬가지로 엔터프라이즈 아키텍처 팀도 조직이 클라우드로 이전하는 데 영향을 준다. 또한 재미있게도, 클라우드 이니셔티브의 시작점은 후원자와 프로젝트 팀이 엔터프라이즈 아키텍처 팀의 새로운 역할을 보는 방식에 영향을 미친다.

- 클라우드를 중앙 IT 부서 내부의 갈등을 극복하는 방법으로 보고 있는 사업부에서는 업무 간 연결 가이드 또는 보안 제약에 대한 지침을 줄 때를 빼고는 엔터프라이즈 아키텍처 팀을 멀리할 것이다.

- 소프트웨어 및 제품 엔지니어링 팀은 엔터프라이즈 아키텍처 팀의 도움 없이도 모든 것을 해결할 수 있다고 생각할 것이다.

- 인프라 및 운영 팀은 애플리케이션을 새로 설계된 인프라에 매핑하기 위해 엔터프라이즈 아키텍처 팀의 지원을 요청할 것이다.

- 클라우드 마이그레이션이 엔터프라이즈 전략인 경우, 엔터프라이즈 아키텍처 팀은 전략 계획에 대한 입력으로 사용할 현재 인프라, 애플리케이션 및 프로세스 인벤토리에 대한 포괄적인 뷰를 보는 기능을 개발하도록 요청받을 것이다.

어떤 시나리오에서든 클라우드 지원 기업의 엔터프라이즈 아키텍처 부서는 이니셔티브의 '대상'과 '이유'에 대해 가이드를 주는 데 집중하고 세부 구현 '방법'은 다른 팀에 맡겨야 한다. 이는 종종 거버넌스 기관의 형태로 존재하는 규범적인 역할에서 벗어나, 이사회실에서 클라우드 옹호자가 되고 엔진 룸에서 논쟁 상대가 될 수도 있어야 한다는 것을 의미한다.

ⓘ 클라우드에서 엔터프라이즈 아키텍트는 이사회실에서 클라우드 옹호자가 되고 엔진 룸에서 논쟁 상대가 될 수도 있어야 한다.

이 일을 하는 것은 클라우드 여정의 성공에 필수적인 세 가지 구체적인 작업으로 해석이 된다.

비즈니스 리더십에 정보 제공

비즈니스 리더들은 보통 수많은 검증되지 않은 유행어들의 폭격을 받는다. 엔터프라이즈 아키텍처 팀은 과장된 광고와 현실을 구분하는 데 도움을 줄 수 있다.

비즈니스, 조직, IT의 연결

클라우드에는 여러 경로가 있을 수 있다. 엔터프라이즈 아키텍처 팀은 비즈니스와 조직을 포함하는 전체적인 아키텍처에 대한 통찰력을 가지고 클라우드 의사결정을 탐색하는 데 도움을 줄 수 있다.

가이드라인 수립 및 적용

엔터프라이즈 아키텍처 팀은 개별 경험을 공통 기술 지침으로 변환해 지식 공유를 촉진할 수 있다. 또한 엔터프라이즈 아키텍처는 가이드라인을 쉽게 따르도록 하는 실행 지침을 개발할 수 있다.

각 작업들을 자세히 살펴보자.

비즈니스 리더십에 정보 제공

클라우드 컴퓨팅은 놀라운 일을 할 수 있게 하지만 많은 과장을 불러일으키기도 한다. 따라서 비즈니스 및 IT 관리는 클라우드가 기업에 미치는 영향에 대한 확실한 이해가 필요하다. 클라우드 제공업체와 외부 컨설턴트가 지원을 제공하지만 엔터프라이즈 아키텍트는 의존관계(21장)나 클라우드 운영 모델의 경제성(30장)과 같은 전략적 측면의 균형을 유지하면서 클라우드로 전환하는 동인(11장)을 분명히 한다. 이 전략적 대화는 장기적으로 방향, 가치, 비용에 대한 기대치를 조정하게 한다. 이것이 없다면 비즈니스 리더십은 클라우드로의 전환에 실망할 수밖에 없게 된다.

비즈니스, 조직, IT의 연결

클라우드화된 엔터프라이즈를 만든다는 것은 클라우드 기술을 사용하는 것 이상이다. 클라우드 컴퓨팅이 조직에 어떤 영향을 미칠 것인지뿐만 아니라 기존 애플리케이션 및 IT 서비스 환경을 어떻게 변화시킬 것인지 이해해야 한다. 클라우드 업체는 AWS 클라우드 도입 프레임워크Cloud Adoption Framework[2] 나 피보탈 랩스Pivotal Labs[3] 같은 서비스를 통해 혁신을 지원한다. 각기 다른 관점에서 시작됐지만 두 프로그램 모두 비즈니스, 사람 및 IT 전반에 걸친 전체 관점의 중요성을 인식하고 있다. 엔터프라이즈 아키텍트는 내부의 지식으로 제조사의 전문성을 보완하게 된다.

엔터프라이즈 아키텍처 팀은 조직이 클라우드로 이동하고 실행 가능한 도입 경로(16장)를 계획하는 다양한 측면을 식별하는 데 도움이 된다. 하이브리드(19장) 및 멀티 클라우드(18장) 선택을 위한 의사결정 프레임워크에 기여해 개발자의 애플리케이션 및 기술 관점을 더 넓은 관점에서 보완한다.

클라우드 혁신에는 변화가 필요하고 변화에는 비용과 위험이 따른다. 그러한 변화가 특정 비즈니스 혜택과 연결되어 있다면 비즈니스 지원을 받는 것이 더 쉽다. 예를 들어, 자동화 및 컨테이너화는 새로운 지역에서 더 낮은 비용과 더 빠른 배포 시간으로 성장을 가능하게 할 수 있다. 증가된 탄력성은 원활한 고객 경험을 유지하면서 워크로드 변동(예: 계절적 패턴)에 대응할 수 있다. 이 연결을 명확히 하는 것이 엔터프라이즈 아키텍트의 역할이다.

---

2 https://aws.amazon.com/ko/professional-services/CAF/
3 https://tanzu.vmware.com/labs

지침 수립 및 도입 안내

엔터프라이즈 아키텍트는 클라우드 전략을 수행하는 데 도움을 주어야 한다. 일반적인 엔터프라이즈 애플리케이션들은 클라우드로 이전이 똑같이 될 수는 없기 때문에 엔터프라이즈 아키텍트 FROSST(27장)와 같은 프레임워크를 사용해 애플리케이션의 클라우드 준비 상태를 평가하는 데 사용할 수 있는 기준과 가이드라인을 설정하는 데 도움을 주어야 한다.

 현재 나의 엔터프라이즈 아키텍처 팀은 애플리케이션 구조, 구축/실행 프로세스, 기술, 제공 모델 전반에 걸쳐 애플리케이션의 클라우드 준비 상태를 정의하고 있다.

엄격한 표준으로 기술 결정을 제한하는 대신 클라우드 엔터프라이즈 아키텍트는 요구사항을 메커니즘 및 실행 서비스로 변환해야 한다. 엔지니어는 추상적인 원칙이 아니라 서비스를 사용하게 된다.

 현재 직장에서 클라우드 보안 커뮤니티는 보안 원칙을 빌딩 블록으로 변환해 엔터프라이즈 코드 리포지터리에 릴리스했다.

마지막으로, 아키텍트는 느슨한 결합과 같은 추상적인 원칙을 인용하기보다는 서비스 설계 시 의존 관계의 실제 영향을 모델링해야 한다.

엔터프라이즈 IT 캐릭터 캐스팅

엔터프라이즈 아키텍트가 IT 조직 내에서 이렇듯 중요하지만 어려운 작업을 어떻게 수행할 수 있을까? 조직을 이해하면 엔터프라이즈 아키텍트가 적절한 포지셔닝 및 참여 모델을 찾는 데 도움이 된다.

엔터프라이즈 IT는 여러 계층에 걸쳐 비즈니스, 기술, 운영, 재무, 규정 준수 측면을 동시에 관리하는 복잡성을 해결해야 한다. 기업은 이 복잡성을 특정 역할과 프로세스로 분할하며 각각 다소 다른 관점을 보이게 된다.

- 제품 소유자: 비즈니스와 IT 간의 인터페이스 역할을 해서 제품 비전을 만든다. 그들은 팀 생산성과 제품 품질을 중요하게 생각한다.
- 소프트웨어 개발자: 제품 비전을 동작하는 소프트웨어로 변환한다. 생산성을 극대화하고 제품 요구사항을 충족하는 도구가 필요하다.
- 인프라 엔지니어: 인프라를 설정, 유지하고 실행 및 보안을 관리한다. 빠른 배포와 기능 이외의 품질에 관심을 갖는다.
- 서비스 관리자: 애플리케이션 또는 기술 서비스를 담당한다. 내부 고객에게 서비스 수준과 보안을 보장한다.
- 인프라 매니저: 광범위한 영역에서 인프라 결정을 담당해서 운영 안정성, 비용, 보안을 담당한다.
- 엔터프라이즈 아키텍트: 운영 모델에 대한 장기 전략 및 규정 준수를 살펴보고, 각기 다른 아키텍처 영역 간 작업들을 조정한다.
- 기술 공급자: 사내 또는 호스트 환경에서 실행 중인 기술과 소프트웨어를 제공한다. 이들은 비즈니스 성장에 관심이 있다.

이 역할들만 있는 것은 아니다. 도메인 설계자, 사용자 경험UX, User Experience 디자이너, 품질 엔지니어, 프로젝트 관리자와 같은 여러 역할들이 솔루션 배포에 기여한다. 제품 비전을 만드는 것부터 서비스 실행에 이르는 흐름에서 매우 중요한 역할을 하고 애플리케이션과 인프라 도메인을 연결한다.

이러한 역할과 요구사항은 이전에도 존재했지만 클라우드 운영 모델로 전환하면 이러한 플레이어들이 서로 상호작용하는 방식이 바뀌게 된다. 기존의 IT에서는 공급업체 제품에 대한 장기 투자, 긴 구매 시간, 성숙하지만 제한된 기술 옵션(인프라와 소프트웨어 모두에서)이 변화와 혁신의 속도를 제한했었다. 따라서 소프트웨어를 신중하게 선택하고 기술 수명 주기를 관리하는 데 많은 시간이 소요됐다.

선순환 사이클

클라우드는 기업이 선택할 수 있는 더 많은 옵션을 제공하며 더 빠른 속도로 더 적은 투자로 도입할 수 있게 한다. 동시에 클라우드는 조직을 변환시켜서 (7장) 개발자, 운영 엔지니어, 제품 소유자의 역할을 더 높게 만든다. 전통적인 조직도는 이러한 역동성을 잘 반영하지는 못한다.

이 새로운 조직 모델을 제품 소유자, 개발자, 인프라 엔지니어라는 세 가지 점을 연결하는 원으로 시각화해 보여주곤 한다. 이 가치 루프는 다음 다이어그램에 설명되어 있다.

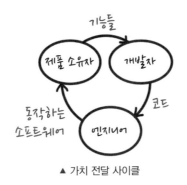

▲ 가치 전달 사이클

이 순환이 더 빨리 진행될수록 비즈니스에 더 많은 가치를 제공하고 팀은 더 많은 자신감을 얻게 된다. 제품 소유자와 개발자는 더 짧은 스프린트에서 작업한다. 개발자는 더 자주 배포하게 된다. 그리고 엔지니어는 좀 더 안정적인 환경을 더 빠르게 설정한다. 순환이 더 빨라지려면 효율적인 IT 서비스가 필요하다. 이를 방해하는 것은 결과가 더 늦게 나오는 것으로 간주되므로 환영받지 못한다.

이 순환고리 내부에 있는 당사자에게 기술 선택을 제한하는 전사 IT 표준은 갈등으로 간주된다. 이 표준은 종종 현대화된 팀의 작업 방식에는 적합하지 않은 기존 운영 모델에서 파생된 것이다. 예를 들어, 자동화 엔지니어가 원하는 수준을 방해하고 팀 속도를 줄이는 수동 승인 단계에 대해 새로운 방식을 제시할 수 있다.

순환고리는 비즈니스 리더십, IT 이해관계자(인프라 관리자, 서비스 관리자), 외부 당사자(클라우드 서비스 제공업체)에 의해 형성된 컨텍스트 내에서 동작한다. 이 외부 네트워크는 인프라 서비스를 정의하고 관리하고, 내부 순환고리에서는 팀이 사용할 수 있는 역량을 만들게 된다.

외부 컨텍스트는 머신러닝 같은 새로운 기술에 대한 투자나 협업 공간 마련 같은 비즈니스 전략을 지원한다. 또한 시장 성장, 새로운 지역으로의 확장 및 IT 비용 절감을 지원하는 메커니즘을 정의한다. 따라서 보안 및 규정 준수를 보장하면서 공급자 선택을 포함한 비즈니스 요구에 따라 IT 전략을 만들게 된다.

IT 전략은 내부 순환고리만큼 빠르게 움직이지 않지만, 현대 기업에서는 이 속도 또한 빨라진다. 좀 더 유연한 기술 채택 덕분에 비즈니스에서 개발로 이어지는 아이디어들이 더 빠르게 전달된다. 팀은 이제 다년 계획을 정의하는 대신 기술과 솔루션을 조사하고 탐색해 클라우드 업체가 제공하는 IT 서비스를 사용하게 된다. 기술을 엔터프라이즈 환경에 통합하면 장벽이 낮아지고 결과를 빠르게 측정할 수 있는 상향식 경로를 따르는 경우가 많다.

현대의 엔터프라이즈 아키텍트는 의례적인 역할이 되지 않도록 이러한 컨텍스트를 더 잘 이해해야 한다. 이는 그들이 제품 소유자, 개발자, 엔지니어, 클라우드 공급자의 자체 설계자에게 자리를 양보하고 있다는 의미는 아니다.

클라우드 엔터프라이즈에 가치 부여

엔터프라이즈 아키텍트는 전략적 컨텍스트와 내부 배포 루프 사이의 인터페이스로 자신을 자리매김해야 한다. 이는 양방향 길이다. 즉, 배포 팀이 배운 내용을 IT 전략에 대한 체계적인 시각으로 변환하는 동시에 보안과 비용에 특히 주의를 기울이는 배포 팀에 전략을 전달한다.

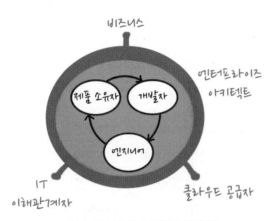

▲ 연결자로서의 엔터프라이즈 아키텍트

이 역할에서 클라우드 엔터프라이즈 아키텍트는 여러 수준의 추상화를 연결하고 경영진에서 엔진 룸까지 엘리베이터를 여러 번 타게 된다. 이들은 팀이 클라우드를 채택하는 방식으로 규모의 경제를 발견 및 육성하고, 보안이나 민첩성 같은 측면에서 프로젝트에 조언하고, 팀이 노하우를 기반으로 기술 및 조직 모범 사례를 도입하도록 돕는다.

 중앙 IT 그룹이 머신러닝 같은 특정 애플리케이션을 클라우드로 마이그레이션했지만 온프레미스에 기존 인프라를 사용해 핵심 비즈니스 시스템을 유지했을 때, 일부 프로젝트는 자체적으로 클라우드를 탐색하기 시작해서 파편화된 의사결정과 경험 공유 부족으로 이어졌었다. 내가 있었던 엔터프라이즈 아키텍트 팀은 강력한 비전(내부 브랜드 이름 및 로고 생성까지 포함)

을 만들고 인프라 관리자를 통해 널리 사용 가능한 클라우드 플랫폼으로 구현을 추진함으로써 이러한 초기 경험을 공유 기능으로 변환하기 시작했다.

배포과 전략을 연결하면 엔터프라이즈 아키텍트가 개념화에서 실행으로 이동하게 된다. 어떤 경우에는 팀이 기술 제품 소유자 역할을 해서 엔지니어링 팀이 다르게 작업하고 생각하도록 자극할 수도 있다. 이러한 모델이 성공하려면 엔터프라이즈 아키텍트 팀이 규범적이기보다는 실용적이고 기술적이어야 한다.

이러한 현대적인 엔터프라이즈 아키텍트 팀을 위한 구체적인 활동은 다음과 같다.

- 긴 아키텍처 계획 기간의 필요성에 대한 비즈니스 리더의 확신
- 클라우드 도입을 가능하게 하는 환경을 구축하기 위한, 예를 들어 공유 서비스를 통한 여러 팀 간 작업
- 가장 많은 사용자에게 도움이 되는 서비스를 구축하는 엔지니어 지원

클라우드 혁신을 위한 플라이휠의 역할을 성공적으로 수행하기 위해 엔터프라이즈 아키텍트는 클라우드 아키텍처와 기술을 개발할 뿐만 아니라 관리자가 아닌 조력자로서 스스로를 재포지셔닝해야 한다.

결론적으로, 클라우드 기업에서 엔터프라이즈 아키텍트의 역할은 클라우드 인프라를 설계하거나(클라우드 설계자와 엔지니어가 하게 됨), 특정 프로젝트에 대한 클라우드 기술을 선택하거나(개발자와 엔지니어가 하게 됨), 사용 가능한 클라우드에 대한 애플리케이션을 모델링하는 것이 아니다(솔루션 아키텍트와 개발자가 그렇게 할 것이다). 엔터프라이즈 아키텍트 팀은 비즈니스, 애플리케이션 및 기술에 대한 광범위한 관점에서 클라우드를 통해 비즈니스가 혜택을 얻을 수 있는 위치와 이유를 자세히 설명해야 한다.

엔터프라이즈 아키텍트는 클라우드 인프라를 설계하거나 클라우드 기술을 선택하지는 않는다. 비즈니스에서 클라우드 컴퓨팅의 이점을 자세히 설명하게 될 것이다.

역할은 근본적으로 과거와 다르지 않지만 휠은 점점 더 빠르게 회전하므로 전략에 대한 좀 더 실용적이고 독단적이지 않은 접근이 필요하다. 또한 엔진룸에서 개발자, 엔지니어, 인프라 관리자와 긴밀하게 협력해야 한다.

3부

클라우드로 이동하기

클라우드가 기존 IT 구매와는 전혀 다른 문제임을 이해하는 것은 클라우드 전략을 수립하기 위한 좋은 전제 조건이다. 이번에는 온프레미스 리소스의 클라우드 운영 모델로의 전환에 대해 살펴볼 차례다.

새로운...

이 전략의 핵심은 기존 온프레미스 애플리케이션의 클라우드로의 마이그레이션이다. 그러나 IT 자산을 건물에서 클라우드로 이동하는 것만으로는 클라우드 변환이라기보다 그저 또 다른 데이터 센터를 아낄 수 있는 가능성이 높아질 뿐이다. 따라서 '남겨두는 부분이 클라우드 마이그레이션의 중요한 요소'라는 기존의 가정은 폐기돼야 한다. 남겨둬야 할 것들 중 일부는 운영 서버 및 패키지 애플리케이션과 같이 그동안 IT를 크고 강력하게 만든 바로 그 가정들이다.

너무 많은 유행어는 당신을 바보로 만든다

널리 퍼져 있는 '조언'이나 유행어는 클라우드를 이해하는 데 오히려 혼란을 줄 수 있다. 내가 가장 많이 듣는 것은 '클라우드 네이티브' 조직이 되고 싶다는 생각이다. 전 세계를 꽤 많이 돌아다녀 본 사람으로서, 나는 '네이티브가 되는 것'이 '마이그레이션하는 것'의 반대라는 점을 지적하지 않을 수가 없다. 따라서 성공적인 마이그레이션을 위해 슬로건과 통찰력을 교환하고자 한다.

진행률 측정

목표는 특정 레이블을 얻는 것이 아니라(저자가 적당한 비용으로 원하는 레이블을 제공할 수 있다.) 비즈니스 및 고객과 관련된 구체적인 핵심 메트릭(예, 가동 시간 또는 출시 빈도)을 개선하는 것이다. 이동된 워크로드의 비율과 같은 IT 메트릭을 측정하는 것이 더 만족스러울 수 있지만, 실제 진행 상황에 대한 대체품이 될 수밖에 없다.

경로 그리기

클라우드 서비스 제공자와 여타 업체의 솔루션들은 클라우드 마이그레이션 방식을 지원하는 많은 리소스를 제공한다. 예를 들어 AWS[1], 마이크로소프트 애저 Microsoft Azure[2], 구글 클라우드 Google Cloud[3]는 각각 정교한 클라우드 도입 프레임워크를 공개하고 있다.

---

1   https://aws.amazon.com/ko/professional-services/CAF/

2   https://azure.microsoft.com/en-us/cloud-adoption-framework/

3   https://cloud.google.com/adoption-framework

이러한 프레임워크는 애플리케이션을 재설계^{re-architecting}하거나 그대로 들어서 이동시키는 것^{lifting-and-shifting}까지 다양한 선택사항을 제공한다. 그러나 이러한 프로세스의 대부분은 마이그레이션이 1단계의 프로세스라고 가정한다. 하지만 이렇게 쉽게 진행되는 것을 본 적은 없다. 애플리케이션은 상호 의존적이며 마이그레이션은 종종 작업 준비, 이동, 최적화, 재설계의 여러 경로를 거치는 경우가 많다. 따라서 마이그레이션 전략은 애플리케이션을 버킷으로 분할하는 것 이상이다.

이 장에서는 이미 잘 구성된 형식으로 제시되어 있는 조언을 다시 반복하기보다는 오히려 일반적인 함정을 경고하고 중요한 뉘앙스를 강조함으로써 격차를 해소하는 것을 목적으로 하고 있다.

- 처음에 클라우드를 선택하는 이유를 명확히 해야 한다(11장).
- 아무도 서버를 원하지 않는다는 사실을 기억하자(12장).
- 자신이 구축하지 않은 소프트웨어를 실행해서는 안 된다는 사실을 인식하자(13장).
- 내부 프로세스로 인해 클라우드가 비클라우드^{non-cloud}로 바뀌지 않도록 해야 한다(14장).
- 클라우드로의 이전을 위한 적절한 팀과 계획이 있는지 확인하자(15장).
- 고등학교 때 배운 피타고라스의 정리를 클라우드 마이그레이션에 적용해보자(16장).
- 진전을 이루는 것은 좋은 일이지만, 중요한 것은 가치 전달이다(17장).

11장

정확히 왜 다시 클라우드로 가려고 하는가?

가고 싶은 곳을 알아두는 것이 좋다

▲ 다음에는 그 막판 거래에 좀 더 신중을 기해야겠다.

클라우드 도입은 IT의 현대화와 동의어가 되면서 왜 클라우드를 사용하는지 묻는 것이 어떨 때는 무식하다는 소리를 듣거나, 때로는 물어서는 안 되는 질문으로 여겨질 수 있다. 불행히도, 클라우드로 가는 길은 여러 가지이지만 보편적으로 다른 방법보다 나은 길은 없다. 따라서 목표는 조직에 가장 적합한 것을 선택해야 한다. 클라우드로 전환하려는 방법을 알기 위해서는 먼저 왜 클라우드로 가려고 하는지를 명확히 해야 한다.

클라우드로 가는 데는 많은 이유가 있다

IT를 클라우드로 전환하는 일반적인 동기를 열거해보면 다행히 아래에서 볼 수 있듯이 무한히 많지는 않다. 예기치 않은 항목이 일부 발견되는 경우가 있을 것이다. 너무나 흔한 동기 중 하나인 **포모증후군**FOMO, fear of missing out(소외될 것 같은 두려움)은 의도적으로 생략했다.

비용

비용 지출 부서로 간주되는 IT 조직에서 자금을 조달하려면 비즈니스 이유를 들어야 한다. 그 비즈니스 이유는 보통은 비용 절감을 통한 투자 수익을 보여주게 된다. 따라서 일반적으로 비용은 클라우드를 포함한 IT의 모든 부분에서 다소 과도하게 사용되는 요소라는 점은 그리 놀라운 일이 아니다. 이게 모두 잘못된 것은 아니다. 우리 모두는 돈을 절약하고 싶어 한다. 하지만 흔히 그렇듯이 실제는 그렇게 간단하지 않다.

클라우드 업체는 유리한 규모의 경제를 갖고 있지만, 그럼에도 글로벌 네트워크 인프라, 보안, 데이터 센터 시설, 머신러닝 등의 최신 기술에 막대한 투자를 하고 있다. 따라서 기존 워크로드를 클라우드로 옮기는 것만으로 급격한 비용 절감을 기대하는 것은 주의해야 한다. 예를 들어, 비용 절감은 매니지드 서비스^{managed service}와 활용되지 않는 컴퓨팅 리소스를 일시 중단할 수 있는 클라우드의 탄력적인 '성장에 따른 지불^{pay as you grow}' 가격 모델을 사용함으로써 얻을 수 있다. 그러나 이러한 절감을 실현하려면 리소스 활용의 투명성과 높은 수준의 배포 자동화가 필요하다. 즉, 클라우드 절감을 실현해야 한다(29장).

> ℹ️ 클라우드의 주요한 비용 절감이 가능한 이유는 탄력적인 가격 정책 모델이 있기 때문이다. 그러나 그것을 달성하려면 투명성과 자동화가 필요하다.

비용 절감을 고려하고 있는 조직은 사용량 패턴이 일정하지 않아서 클라우드의 탄력성을 활용할 수 있는 워크로드를 마이그레이션해야 한다. 이제까지의 개인적인 경험으로 분석 솔루션은 가장 큰 절감 효과를 볼 수 있었다. 클라우드 업체가 관리하는 데이터 웨어하우스에서 대화형 쿼리를 실행하는 것은 산발적으로 사용하는 전체 데이터 웨어하우스를 직접 구성하는 것보다 2~3배 저렴할 수 있다. 아이러니하게도 동일한 웨어하우스를 클라우드로 마이그레이션하는 것은 별로 도움이 되지 않는다. 왜냐하면 여전히 활용도가 낮은 하드웨어에 대한 비용을 지불하고 있기 때문이다. 차이를 만드는 것은 완전 관리형 서비스와 관련된 가격 설정 모델이다.

또 다른 일반적인 마이그레이션 방향은 데이터 백업 및 아카이브다. 온프레미스 백업 및 아카이브 시스템은 액세스 빈도가 매우 낮기 때문에 많은 운영 비용을 소모하는 경향이 있다. 이러한 데이터는 상용 클라우드에 더 저렴한 사내의 백업 및 아카이브 시스템은 액세스 빈도가 매우 낮기 때문에 많은 운영 비용을 소모하는 경향이 있다. 이러한 데이터는 상용 클라우드에 더 저렴한 비용으로 저장할 수 있다. 이 경우 대부분의 공급자(예: AWS Glacier)는 데이터 복구에 요금을 부과하고 있지만, 이는 비교적 드물게 일어나는 이벤트다.

실행 시간

작동하지 않는 IT에 돈을 지불하는 것을 좋아하는 사람은 아무도 없기 때문에 실행 시간은 CIO의 또 다른 주요 지표다. 클라우드는 여기서도 도움이 된다. 글로벌 풋프린트를 통해 애플리케이션이 글로벌 데이터 센터 네트워크에서 실행될 수 있으며, 각 데이터 센터에서는 여러 가용 영역AZ, availability zone이 있다. 또한 클라우드 제공자는 인터넷 백본에 대한 대규모 네트워크 연결을 유지하고 관리해 디도스DDoS, denial-of-service(분산 서비스 거부) 공격에 대한 복원력을 향상한다. 올바르게 설정하면 클라우드 애플리케이션은 99.9% 이상의 가용성을 달성할 수 있으며, 이렇게 하는 것은 온프레미스에서는 거의 실현하기 어렵거나 비용이 많이 드는 일이다. 또한 애플리케이션을 여러 가용 영역에 배포해 가용성을 더욱 향상할 수 있다.

실행 시간을 늘리기 위해 클라우드로 전환하는 조직은 일상적으로 99.9%의 SLAService-Level Agreement(서비스 수준 계약)와 함께 제공되는 완전 관리형 솔루션을 살펴봐야 한다. 여러 인스턴스에 걸쳐 기존 솔루션을 로드 밸런싱하면 워크로드가 그렇게 하도록 설계되어 있는 만큼 더 나은 실행 시간을 얻을 수 있다. 컨테이너 오케스트레이션과 서버리스 플랫폼 등 복원력이 포함된 런타임 플랫폼은 최신 애플리케이션에 적합하다.

안타깝게도 클라우드 컴퓨팅은 중지 시간 없이 24시간 연중 무휴로 갑자기 취약한 애플리케이션을 이용할 수 있게 하는 마법의 버튼이 아니다. 서버가 계속해서 실행되더라도 애플리케이션에 오류가 발생하고 있을 가능성이 있다. 따라서 높은 수준의 가용성을 제공하려면 애플리케이션 아키텍처 및 배포 모델에 대한 조정(29장)이 필요할 수 있다.

확장성

과부하 상태에서 실행 시간을 보장하기 위해서는 확장성이 필요하다. 클라우드 플랫폼은 컴퓨팅 및 스토리지 리소스의 즉각적인 가용성을 강조하기 때문에 부하가 증가하더라도 애플리케이션의 성능을 유지하기 위해 확장할 수 있어야 한다. 많은 클라우드 업체는 인프라가 대부분의 기업에 충분한 수준인 초당 수십만 건의 요청에 쉽게 견딜 수 있음을 증명하고 있다.

클라우드에서는 용량 관리가 클라우드 제공자의 책임이기 때문에 IT 부서에서 사용되지 않는 하드웨어 인벤토리를 유지할 필요가 없다. 단지 필요할 때 새로운 서버를 프로비저닝하기만 하면 된다.

확장성 측면에서 클라우드의 이점을 얻으려는 조직은 플랫폼 내에서 인스턴스 확장을 투명하게 처리하는 서버리스 컴퓨팅(26장)을 고려하는 것이 좋다. 그런데 예를 들어, 대규모 배치 작업의 경우 일반 가상 머신 인스턴스를 사용해 대규모 확장성을 달성할 수도 있다.

성능

많은 엔드 유저들은 일반적으로 브라우저 또는 모바일 애플리케이션에서 인터넷을 통해 애플리케이션에 액세스한다. 클라우드 업체를 통해 애플리케이션을 호스팅하면 온프레미스에서 호스팅되는 애플리케이션에 비해 더 짧은 경로를 제공할 수 있으므로 더 나은 사용자 경험을 제공할 수 있다. 구글의 지메일 같은 글로벌 SaaS 애플리케이션은 클라우드의 성능에 대한 증거라고 할 수 있다. 한편으로 고객이 직접 느끼기 어려운 운영 비용 절감과는 달리, 성능은 고객 관련 지표다.

> ⓘ 어떤 기업이 모바일 앱을 다운로드하고 설치하는 고객을 대상으로 프로모션을 실시했다. 일반 IT 지침에 따라 애플리케이션 이미지를 사내에서 호스팅했다. 즉, 모든 다운로드는 기업 네트워크를 통해 이뤄졌다. 캠페인 자체는 크게 성공했지만, 안타깝게도 기업 네트워크는 바로 과부하가 걸렸다. 이 경우, 이 기업은 파일을 클라우드에서 호스팅하는 편이 훨씬 좋았을 것이다.

애플리케이션의 성능을 향상하려는 조직은 확장성이 높고 대기 시간이 짧은 데이터 저장소 또는 인메모리in-memory 데이터 저장소의 이점을 누릴 수 있다. 확장 가능한 애플리케이션의 경우 여러 노드에서 프로비저닝 및 로드 밸런싱도 실행 가능한 전략이다. 많은 애플리케이션은 웹사이트의 로딩 시간을 단축하기 위해 이미 클라우드 CDN^{Content Delivery Network}(콘텐츠 전송 네트워크)을 사용하고 있다.

속도

속도는 애플리케이션이 실행 중일 때뿐만 아니라 그 소프트웨어의 배포와도 관련이 있다. 최신 클라우드 도구는 소프트웨어 배포를 가속화하는 데 크게 도움이 될 수 있다. 완전 관리형 빌드 도구 체인 및 자동화된 배포 도구를 사용하면 팀은 기능 개발에 집중하고 클라우드는 소프트웨어 컴파일, 테스트 및 배포를 처리할 수 있다. 스스로 작성하지 않은 소프트웨어를 실행해서는 안 된다(13장)는 것을 알게 되면, 소프트웨어 개발과 그것을 수행하는 속도에 집중하게 된다.

 이 책을 쓰는 데는 자동 빌드 기능을 활용했다. 깃허브(GitHub) 워크플로우를 통해 한 장을 마무리하거나 바뀐 내용을 메인 브랜치에 합칠 때마다 새로운 PDF를 생성할 수 있게 했다.

대부분의 클라우드 업체(및 깃허브와 깃랩^{GitLab} 등의 호스팅 소스 제어 공급자)는 소스 코드가 변경될 때마다 소프트웨어를 다시 빌드하고 테스트하는 완전 관리형 지속적 통합 및 전달^{CI/CD, Continuous Integration/Continuous Delivery} 파이프라인을 제공한다. 서버리스 컴퓨팅(26장)은 소프트웨어 배포도 대폭 간소화한다.

보안

이전에는 기업이 클라우드로 전환하지 않는 이유는 보안이었다. 그러나 새로운 공격 방향은 마이크로프로세서의 설계(Spectre[1] 및 Meltdown[2]) 또는 침해된 공급망을 기반으로 하는 하드웨어 수준의 취약점을 악용하도록 변화하고 있다. 이러한 공격은 기존 데이터 센터의 '경계' 방어를 비효율적인 것으로 만들고, 대규모 클라우드 업체가 적절한 보호를 제공하는 데 필요한 리소스를 갖춘 소수의 민간 조직으로 자리매김할 수 있게 한다. 일부 클라우드 업체는 AWS의 Nitro System[3] 또는 구글의 Titan Chip[4] 등의 맞춤형 개발 하드웨어로 보안을 더욱 강화한다. 두 가지 모두 하드웨어 또는 펌웨어의 동작을 감지하는 내부 하드웨어 신뢰 기반의 개념으로 시작하고 있다.

클라우드 제공자의 강력한 보안 체제는 빈번하고 자동화된 업데이트를 제공하는 정교한 운영 모델에서도 혜택을 받고 있다. 최근에는 소프트웨어 정의 네트워크SDN, Software-Defined Network, ID 인식 게이트웨이, 방화벽, 웹 애플리케이션 방화벽WAF, Web Application Firewall 등 클라우드에 배포된 애플리케이션을 보호하는 데 사용할 수 있는 다수의 보안 구성요소를 제공한다.

클라우드로 마이그레이션할 때 자동으로 보안을 강화하는 제품은 아마도 없을 것이다. 그러나 적절히 사용하면 클라우드에서의 운영이 온프레미스에서 운영하는 것보다 더 안전할 수 있다고 해도 과언이 아니다.

통찰력

클라우드는 컴퓨팅 리소스에 관한 것이 전부는 아니다. 클라우드 업체는 기업 데이터 센터의 규모에서 구현하기가 비현실적이거나 불가능한 서비스를

---

1   https://en.wikipedia.org/wiki/Spectre_(security_vulnerability)

2   https://en.wikipedia.org/wiki/Meltdown_(security_vulnerability)

3   https://aws.amazon.com/ko/ec2/nitro/

4   https://cloud.google.com/blog/products/identity-security/titan-in-depth-security-in-plaintext

제공한다. 예를 들어, 대규모 머신러닝 시스템과 사전 학습된 모델은 본질적으로 클라우드에 있어야 한다. 따라서 예를 들어 고객의 행동이나 생산 효율과 관련해 더 뛰어난 분석 기능이나 좀 더 나은 통찰력을 얻는 것은 클라우드로 마이그레이션하기 위한 적절한 동기가 될 수 있다.

향상된 통찰력을 원하는 고객은 TensorFlow 등의 오픈소스 머신러닝 프레임워크, 아마존 Rekognition[5]이나 구글 Vision AI[6] 등의 사전 훈련된 모델, 또는 구글 BigQuery와 AWS Redshift 같은 데이터 웨어하우스 도구의 이점을 누릴 수 있다.

투명성

기존의 IT 운영 환경에서는 투명성이 제한된 경우가 많다. 프로비저닝된 서버의 수, 서버에서 실행되는 애플리케이션과 그 패치 상태 같은 간단한 질문에 대답하기가 어렵고 시간이 많이 걸리는 경우가 종종 있다. 클라우드로의 마이그레이션은 균일한 자동화 및 모니터링으로 투명성을 획기적으로 향상할 수 있다.

투명성의 향상을 목표로 하는 조직은 인프라의 배포 및 구성에 자동화를 사용해야 한다. 또한 청구 및 계정 계층 구조를 주의 깊게 설정하는 것도 고려해야 한다.

이것이 클라우드로 전환해야 하는 충분한 이유가 된다는 사실은 쉽게 알 수 있다. 동기가 다르면 채택 경로도 다르기 때문이다. 여러 가지 이유로 선택하는 것은 전적으로 수용 가능하며, 실제로 특히 대규모 IT 조직에서 고려할 만하다.

---

5   https://aws.amazon.com/ko/rekognition/
6   https://cloud.google.com/vision

우선순위와 절충

클라우드 플랫폼이 제공하는 모든 뛰어난 기능에도 불구하고 모든 문제를 한 번에 해결할 수는 없다. 클라우드에 있어서도, 전략이 너무 좋아서 의심스럽다면 그건 좀 따져봐야 한다. 앞서 이야기한 바와 같이 절충이 없는 전략은 없을 것이다(3장).

잠재적인 목표 목록을 작성한다면, 어떤 문제를 먼저 해결하고 어떤 문제를 나중으로 미룰지에 대해 균형 잡힌 논의를 할 수 있다. 아마도 처음에는 실행 시간과 투명성에 집중하고, 이후에 비용 절감(29장)을 이뤄야 한다는 점을 잘 이해하면서 비용에 접근하고 싶을 것이다.

명확한 기대 설정

목표를 명확하게 커뮤니케이션하는 것은 목표를 설정하는 것만큼이나 중요하다. 경영진이 비용 절감을 약속하는 반면, 실행 시간 향상을 목표로 하는 IT 팀은 문제에 직면하게 된다. 여기서는 기본 목록을 작성하고 무엇이 입력돼서 무엇이 나올 것인지(또는 나중에 오는지)를 나타내는 것이 큰 도움이 된다.

따라서 클라우드 전략 문서는 목표, 진행 상황을 나타내는 지표 및 우선순위가 시간이 지남에 따라 어떻게 바뀔 것으로 예상하는지부터 시작해야 한다. 그렇게 하면 초기 성공을 최종 목표로 착각하지 않게 된다. 그것이 바로 클라우드 '여정'이라고 불리는 이유다. 여러분은 여정의 가운데에 있는 셈이다.

보조 바퀴 있는 클라우드

흥미롭게도, 앞서 나열한 많은 장점은 확장성을 제외하고는 실제 애플리케이션을 퍼블릭 클라우드로 전환하는 것에 달려 있지 않다. 널리 사용되는 오픈소스 도구와 함께 클라우드 운영 모델을 채택하면 자체 데이터 센터에서 온프레미스로 제공되는 이점의 대부분을 얻을 수 있다. 단점은 그 많은 부분을 직접 구축하거나 최소한 만들어야 한다는 것이다. 그러나 조직이 새로운 운영 모델에 적용할 수 있는지 여부를 테스트할 수 있는 유용한 장이 될 수 있다. 이를 '보조 바퀴 있는 클라우드'라고 생각해보자.

12장

아무도 서버를 원하지 않는다

클라우드 컴퓨팅은 인프라에 관한 이야기가 아니다

▲ 이 서버는 돌맹이처럼 단단해요. 이 무성한 구름 같은 것하고는 달라요.

기존의 기업이 클라우드 여정을 시작할 때는 일반적으로 IT에서 업무를 수행하는 방식 때문에 프로젝트를 만든다. 그들이 프로젝트의 담당자를 찾을 때는 인프라 팀이 당연한 선택으로 보이기도 한다. 결국 클라우드는 서버와 네트워크에 관한 것이기 때문이다. 하지만 반드시 그렇지는 않다. 인프라 측면에서 클라우드를 운영하는 것은 첫 번째 큰 실수일 수 있다. 그 이유를 설명해보겠다.

여러분은 구축하고 다른 사람들은 실행한다

대부분의 IT 조직은 인프라 운영 팀과 애플리케이션 배포 팀으로 나뉜다. 많은 경우 이러한 각각의 하위 조직은 애플리케이션 제공을 '변경'으로, 인프라를 포함한 운용을 '실행'이라고 지정한다. 따라서 소프트웨어를 빌드(변경)한 다음 그것을 다른 팀에 전달해 실행하게 된다.

이러한 설정은 각 팀에 상충되는 목표를 설정한다는 사실을 쉽게 이해할 수 있다. 운영 팀은 변경을 최소화해야 하는 반면, '변경' 팀은 새로운 기능을 제공해야 한다. 종종 애플리케이션의 결과는 운영 팀에 '전달'(더 정확하게는 던짐)되어 모든 운영 문제를 해결하게 함으로써 '변경' 팀이 본질적으로 본인들의 업무로부터 벗어나게 한다. 당연히 운영 팀은 자신에게 오는 일을 매우 신중하게 받아들이는 법을 빨리 배우며, 이는 결과적으로 신속한 기능 배포를 방해한다. 그렇게 시작된 악순환이 계속되는 것이다.

서버 + 스토리지 = 인프라

기존 IT 조직이 먼저 클라우드를 고려할 때는 대부분의 경우 서버(가상 머신VM, virtual machine 형식), 스토리지, 네트워크 등을 검토한다. AWS의 S3Simple Storage Service와 EC2Elastic Compute Cloud는 2006년에 처음으로 제공됐던 현대적인 클라우드 서비스라는 점을 생각하면 이러한 요소에 초점을 맞추는 것은 자연스러워 보인다.

엔터프라이즈 용어에서 서버와 스토리지는 '인프라'로 해석된다. 따라서 클라우드 마이그레이션의 '집(책임 부서)'을 찾는다면 인프라 및 운영 팀에 지정하는 것이 자연스러워 보인다. 즉, 집의 '실행' 측면이다. 결국, 그들은 클라우드가 제공하는 서비스의 종류를 잘 알고 있어야 한다. 또한 대부분의 조직에서는 '최고'가 '정확함'을 의미하진 않지만, 현재 데이터 센터의 크기와 애플리케이션 인벤토리에 대한 개요를 가장 잘 파악하고 있는 경우가 많다.

> ⓘ 인프라 그룹에서 클라우드 마이그레이션을 추진하는 것은 맨 처음에 저지를 수 있는 가장 큰 실수일 수 있다.

불행히도, 이 결정이 별거 아닌 것처럼 보여도 때때로 클라우드 여정에서의 첫 번째 주요 실수일 수 있다.

서버 서비스

집의 인프라 측면에서 클라우드 마이그레이션을 수행할 때 주의해야 하는 이유를 이해하기 위해 서버가 실제로 무엇을 하는지 살펴보자. 다소 거칠게 보일 수 있는 내 생각을 말하자면, 나는 서버를 많은 에너지를 소비하고 3년 만에 감가상각이 끝나는 값비싼 하드웨어라고 정의한다.

> ⓘ 서버는 값비싼 하드웨어이며 많은 에너지를 소비하고 3년 만에 감가상각이 끝난다.

그 정의를 기반으로 대부분의 비즈니스와 IT 사용자는 사내이든 클라우드이든 서버를 구입하는 데는 큰 관심이 없다는 사실을 알 수 있다. 서버를 구입하는 대신, 사람들은 애플리케이션을 실행해 사용하고 싶다고 생각한다. 하지만 기존의 IT 서비스 체계에서는 우리에게 이렇게 하기 전에 먼저 서버를 주문하라고 이야기해왔던 것이다.

시간은 돈이다

계획에 따라서 컴퓨팅 리소스를 제공할 수 있다면 확실히 유용하다. 그러나 하드웨어의 프로비저닝 시간과 비용에만 초점을 맞춘다면 클라우드 컴퓨팅 도입 이후에 대한 진정한 추진력을 놓치게 된다. 솔직히, 클라우드 컴퓨팅은 데이터 센터를 정확하게 대체하는 발명품은 아니다. 그것은 탄력적인 가격 설정 및 즉각적인 프로비저닝을 지원하는 하드웨어 구매 방식에 혁명을 가져왔다. 이러한 파괴적인 변화를 이용하지 않는 것은 고급 레스토랑에 가서 감자 튀김을 주문하는 것과 같다. 당신은 무언가를 먹고 있긴 하지만, 핵심을 완전히 놓친 셈이다.

몇 초 만에 서버를 프로비저닝할 수 있다는 건 물론 좋은 일이지만, 그것이 비즈니스 가치로 변환되지 않는 사업에서는 별로 효과가 없다. 서버 프로비저닝 시간은 일반적으로 코드 변경이 운영 환경(또는 테스트 환경)에 들어가는 시간의 극히 일부를 차지하는 경우가 대부분이다. 새로운 기능이 출시될 때 고객이 기다려야 하는 전체적인 시간, 즉 **가치 창출 시간**을 단축하는 것은 속도의 경제(2장)에서 사업하는 기업에게 중요한 지표다. 속도는 디지털 세계에서 돈이고, 그것은 단순한 서버 이상을 필요로 한다.

> ℹ️ 소프트웨어를 배포할 수 있는 속도가 높아지면 비즈니스 가치 실현 시간과 하드웨어 비용이 절감된다. 그것은 윈윈이다.

빠른 배포는 탄력적인 확장의 중요한 요소이기도 하다. 더 많은 서버로 확장하려면 실행 중인 소프트웨어를 이러한 추가 서버에 배포해야 한다. 여기에 시간이 오래 걸리면 갑자기 튀어 오르는 부하를 처리할 수 없다. 이것은 구성된 서버를 대기 상태로 유지해야 함을 의미하고 비용이 상승한다. 소프트웨어 배포에서도 시간은 돈이다.

애플리케이션 중심의 클라우드

따라서 인프라의 관점에서 클라우드를 보고, 서버, 스토리지, 네트워크를 보는 조직은 클라우드 플랫폼의 주요 장점을 놓칠 수 있다. 대신 조직은 클라우드 전략에 대해 애플리케이션 중심의 견해를 가져야 한다. IT가 수행하는 것의 대부분은 실제로는 사내에서 개발되어 있지 않기 때문에, 이것이 다소 좁은 시야라고 생각될지 모른다. 이 생각에 대해서는 13장에서 좀 더 자세히 살펴보기로 하자.

클라우드 컴퓨팅에 대한 애플리케이션 중심의 접근 방식(24장)은 인프라 중심의 접근 방식과는 상당히 다르게 보일 수 있다. 이는 주로 갈등을 줄임으로써 소프트웨어 배포의 고속화에 초점을 맞추고 있다. 갈등의 감소와 배포 속도의 향상은 완전 자동화된 도구 체인, 코드로서의 인프라^{IaC, Infrastructure as Code}, 수평적으로 확장 가능한 클라우드 기반 애플리케이션 등의 자동화로 인해 가능해졌다. 지속적인 통합^{CI}, 지속적 전달^{CD}, 린 개발 등의 최신 기술과 결합해 이러한 도구는 기업이 소프트웨어 제공에 대해 생각하는 방법을 바꿀 수 있다. 자동화가 매우 중요한 자세한 이유는 31장 '자동화는 효율성과 관련이 없다'를 참조하자.

곁눈질하기

당연히 클라우드 업체는 이러한 변화를 인식하고, 서버 및 스토리지만을 제공하던 시기부터 먼저 먼 길을 걸어왔다. EC2와 S3에서만 애플리케이션을 구축하는 것은 기술적으로 완벽하게 실행할 수 있으나, HTML 4.0에서 웹 애플리케이션을 구축하는 것과 약간 비슷하게 기능을 하기는 하지만 구식이라고 할 수 있다. 최근 175개 이상의 아마존 클라우드 서비스 중 일부만이 순수하게 인프라와 관련이 있다. 모든 형태의 데이터베이스, 콘텐츠 전송,

분석, 머신러닝, 컨테이너 플랫폼, 서버리스 프레임워크 등이 있다.

클라우드 업체 간에 VM 수준의 클라우드 서비스는 아직 약간의 차이가 있지만, 인프라의 급속한 상품화로 클라우드 업체는 서비스로서의 인프라^{IaaS,} ^{Infrastructure as a Service}에서 미들웨어 및 높은 수준의 런타임 스택으로 빠르게 이동했다. '스택을 이동하는' 것은 IT가 오랫동안 해오던 일이다. 예를 들면, 2000년대 초반에 물리적 시스템에서 가상 시스템으로 마이그레이션하는 경우가 있다. 그러나 이 과정이 IaaS 및 PaaS^{Platform as a Service}에서 FaaS^{Functions} ^{as a Service}, 일명 '서버리스'에 도달하면 더 이상 이동할 여지가 별로 없다.

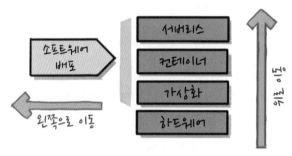

▲ 위로 올라간 한 후에, 곁눈질해봐!

대신에, 그림에 표시된 것처럼 IT 업체와 클라우드 업체는 소프트웨어 개발 라이프 사이클 및 도구 체인을 '곁눈질'로 보고 시작한다. 새로운 기능을 신속하게 운영 환경에 도입하는 것은 신속한 구축—측정—학습 주기를 기반으로 디지털 세계에서 경쟁하기 위한 핵심 역량이다. 도구 체인은 애플리케이션의 **1차 산출물**[1]이며, 애플리케이션의 변화 정도를 결정한다.

최신 도구 체인은 매우 정교한 체계다. 일반적인 전략은 품질과 보안 등의 측면을 '왼쪽으로 이동^{shift left}'하는 것이다. 소프트웨어 프로젝트 라이프 사이클이 끝날 때 문제가 발생하는 경향이 있고, 개선을 하기에는 너무 늦은 경

---

1 Hohpe, *The Software Architect Elevator*, 2020, O'Reilly

우가 대부분이다. 이러한 문제들은 CD 도구 체인의 일부가 된다. 이렇게 하면 모든 코드 변경 또는 배포에 대해 테스트가 실행되기 때문에 프로세스 초기에 모든 변화가 자동으로 감지될 수 있다. 따라서 이 원칙에 따라 최신의 도구 체인에는 다음과 같은 단계가 포함된다.

- 코드 레벨의 단위 테스트
- 취약점의 정적 코드 분석(정적 애플리케이션 보안 테스트SAST, Static Application Security Testing라고도 함)
- 종속성 분석(예: 오래된 라이브러리 및 침해된 라이브러리의 사용 감지)
- 타사 라이브러리에서 라이선스의 '오염'을 검출하기 위한 라이선스 검사
- 코드 품질 지표 추적
- 침입 테스트

딜리버리 도구 체인이 주먹구구식으로 되어 있던 시대는 끝났다. 컨테이너에서 실행되는 최신의 도구 체인은 쉽게 배포될 수 있으며, 확장 가능하고, 다시 부팅할 수 있으며, 투명성을 보장한다.

곁눈질로 보는 전환에는 실행 시간과 배포를 결합한 AWS Lambda와 구글 Cloud Functions 같은 최신의 서버리스 제품도 포함되어 있다. 이러한 플랫폼은 인프라 관리를 추상화할 뿐만 아니라 소프트웨어 배포도 개선한다. 기본적으로 소스 코드 또는 아티팩트를 커맨드라인에서 직접 배포하고, 필요한 런타임 구성을 전달한다.

또 다른 데이터 센터를 구축하지 말 것

인프라의 관점으로 클라우드 마이그레이션을 추진할 경우 또 하나의 심각한 단점이 있다. 그것은 인프라를 관리하는 현재의 방법을 그대로 가지고서 클라우드로 옮겨갈 가능성이 높다는 것이다. 이는 인프라 및 운영 팀이 이러한 프

로세스를 중심으로 구축됐기 때문에 발생한다. 그들은 이러한 프로세스가 작동한다는 것을 알고 있으므로 위험을 최소화하기 위해 유지하지 않겠는가?

당연히 이러한 팀은 자기 보호를 위해, 엔드투엔드 자동화보다 제어 및 수동 체크포인트를 강조하는 기존 프로세스를 유지하려고 한다.

 기존의 프로세스를 클라우드에 적용하면 클라우드가 아닌 또 다른 데이터 센터를 얻게 될 것이다.

이전의 작업 방식으로 클라우드로 전환하는 것은 클라우드 마이그레이션에서 가장 피해야 한다. 아마도 찾고 있던 것이 아닌, 또 다른 데이터 센터를 얻게 될 것이다. 최근에 확인한 바로는 데이터 센터를 필요로 하는 CIO는 없었다. 최악의 경우, 클라우드가 아닌 엔터프라이즈 비클라우드(14장)를 얻게 될 가능성에 직면할 것이다.

'클라우드에서 실행'은 표시되지 않음

진정한 가치가 애플리케이션을 신속하게 배포하고 확장하는 데 있다는 사실은 또한 '애플리케이션 XYZ는 클라우드에서 실행'과 같은 문구가 큰 의미가 없음을 의미한다. 최신의 운영체제에서 실행되는 대부분의 애플리케이션은 어떻게든 클라우드의 서버에서 실행할 수 있다.

따라서 클라우드 전략의 목적은 기존의 애플리케이션을 어떤 방법으로 클라우드에서 실행할 수 있을 것인가에만 한정돼서는 안 된다. 오히려 애플리케이션은 클라우드에서 실행함으로써 상당한 이점을 얻을 수 있다. 예를 들어, 수평으로 확장하고 세계적으로 분산된 배포 덕분에 탄력성을 높일 수 있다. 따라서 그러한 주장에 대한 냉소적인 반박은 내 차가 절벽에서 비행할 수 있다고 말하는 것이다. 애플리케이션을 절벽에서 떨어뜨리지 마라!

13장

구축하지 않은 소프트웨어를
실행하지 마라

다른 사람의 소프트웨어를 실행하는 것은 정말 나쁜 거래다

▲ IT가 약간 과부하가 있다고 느끼는가?

클라우드 컴퓨팅에 관한 일반적인 우려에 대한 답은 문제를 다른 각도에서 봤을 때 찾을 수 있다. 예를 들어, 일부 최신 클라우드 플랫폼은 배포 자동화 및 오케스트레이션에 컨테이너(25장)를 이용하고 있다. 컨테이너 기술에 대해 고객과 대화할 때 자주 하는 이야기는 다음과 같다. "나의 엔터프라이즈 애플리케이션의 많은, 특히 상용 소프트웨어는 컨테이너에서 실행되지 않거나 적어도 제조사의 지원이 없으면 실행되지 않는다." 좋은 지적이다! 이 수수께끼에 대한 답은 흥미롭게도, 훨씬 더 근본적인 질문을 하는 데서 찾을 수 있다.

엔터프라이즈 IT = 다른 사람의 소프트웨어 실행하기

엔터프라이즈 IT는 다른 사람의 소프트웨어를 실행하면서 성장해왔다. 이는 엔터프라이즈 IT가 소프트웨어의 구축보다 구입(6장)을 좋아하기 때문이며, 이는 대부분의 경우 당연한 일이다. 자신의 급여 또는 회계 소프트웨어를 작성함으로써 얻을 수 있는 것은 거의 없다. 또한 광범위한 시장에 대응하기 위해(그리고 조직의 코드에 대한 우려에 대응하기 위해 - 『37 Things』 참조) 엔터프라이즈 패키지는 다양한 설정이 가능하므로 맞춤형 개발의 필요성이 줄어든다.

따라서 시간이 지남에 따라 다른 사람의 소프트웨어를 실행할 수 있다는 것이 IT의 기본적인 전제가 됐다. IT의 주요 책임은 소프트웨어와 하드웨어의 구매, 하드웨어에 소프트웨어를 설치, 구성/통합, 그리고 운영으로 구성되어, 후자는 종종 외부에서(6장) 조달되고 있다. IT가 '단순히 통합'하는 동안 이 가정을 통해 다른 사람들이 어려운 업무를 수행할 수 있다고 생각할 수도 있지만, 이러한 가정은 문서에서 보는 것만큼 크지 않다.

첫째, IT가 수많은 애플리케이션으로 인해 상당히 과부하된 상태로 이어지며 때로는 이 장의 시작 부분에 있는 이미지와 비슷하다. IT 카트가 처리할 수 있는 부하의 양은 매우 많지만 그럼에도 불구하고 지금은 부하를 안정화시켜야 할 때다.

불행한 IT 샌드위치

설상가상으로 전통적인 IT는 운영을 아웃소싱하는 경우도 많기 때문에 상용 소프트웨어 제조사와 외주 운영 업체 사이에 '낀' 다소 어색한 위치에 놓이게 된다. 그리고 그것을 어느 때보다 더 우스꽝스럽게도(업무의 도중이 아니라 보는 사람에게) 비즈니스는 IT 부서에 왜 그들이 원하는 기능을 가질 수 없었는지, 그리고 왜 시스템은 다시 다운됐는지에 대해, 다음 그림과 같이(IT 부서에서 흘리는 피, 땀, 눈물은 그림에 표시되지 않음) 양쪽에서 샌드위치를 쥐어짜듯 대한다.

▲ 쥐어짜이고 있는 IT 샌드위치

중간에 갇힌 IT 부서는 라이선스 및 하드웨어 자산에 돈을 쏟아붓지만 소프트웨어 기능이나 자체 인프라를 제어할 수 없다. 때로는 사이에서 쥐어짜이고 있는 샌드위치 같은 이미지로 보일지도 모른다. 클라우드가 와서 이 구성이 스마트한 구성이 아니라는 사실을 보여주게 돼서 기쁘지 않은가?

타인의 소프트웨어를 실행하는 것은 나쁜 거래다!

이렇게 보면 다른 사람이 만든 소프트웨어를 실행하는 것은 실제로는 아주 나쁜 거래임을 알 수 있다.

하드웨어 비용 지불

IT가 소유하는 유일한 것은 빠르게 감가상각되는 값비싼 자산이다. 설상가상으로 소프트웨어 업체의 사이징 요구사항은 나중에 겪는 성능 문제를 설명하는 것보다, 미리 하드웨어를 더 많이 구매하기를 희망하기 때문에 추가되기 마련이다.

설치는 번거롭다

많은 사람이 패키지화된 소프트웨어의 장점을 간단하고 안전한 설치와 구성이라고 우리가 믿게 만들고 싶어 하지만 현실은 종종 다르게 보일 수 있다. 일단 설치 문제에 직면했을 때 공급업체의 반응은 그것이 우리의 환경 때문이라는 것이다. 아니, 공급업체의 소프트웨어가 우리 환경에서 실행되게 하는 것이 설치의 목적 아닌가?

무언가가 깨진 경우 무죄가 입증될 때까지 당신은 유죄다

그렇다. 도자기 상점처럼 부서지면 돈을 내야 한다. 이 경우 당신은 지원 비용을 지불한다. 그리고 문제가 발생하면 환경 때문이 아니라고 외부의 지원을 납득시킬 필요가 있다. 그동안 내내 비즈니스 부서는 당신을 두들겨 패면서 약속대로 상황이 진행되고 있지 않은지 묻고 있을 것이다.

필요할 때 변경할 수가 없다

이 모든 노력에도 불구하고 최악인 것은 어느 쪽도 제어할 수 없다는 점이다. 실행 중인 소프트웨어에 새로운 기능이 필요하다면 다음 릴리스까지 기다려야 한다. 이것은 그나마 해당 기능이 기능 목록에 포함되어 있는 경우다. 그렇지 않은 경우에는 매우 오랜 시간을 기다려야 할 수 있다. 마찬가지로, 운용 계약은 일반적으로 몇 년에 걸쳐 범위가 고정되어 있다. 여기에 당신을 위한 쿠버네티스^{Kubernetes}는 없다.

직접 작성하지 않은 소프트웨어를 실행하는 것은 실제로는 그다지 좋지 않다. 엔터프라이즈 IT가 이 모델에 매우 익숙하고 정상적으로 받아들여져서 의심조차 하지 않는 것은 놀라운 일이다.

> ℹ️ 엔터프라이즈 IT는 다른 사람의 소프트웨어를 실행하는 데 매우 익숙해져 있기 때문에 그것이 얼마나 나쁜 거래인지를 인식하지 못하고 있다.

다행히도 대안을 찾을 때 클라우드가 포함되어 있으니 기본적인 전제에 의문을 제기해야 한다(1장).

서비스로서의 소프트웨어

클라우드의 세계에서는 운영 모델을 재고하기 위한 새로운 옵션을 제공해왔다. SaaS^{Software as a Service} 모델은 대부분의 책임을 소프트웨어 공급업체가 갖게 된다. 공급업체는 애플리케이션을 실행해 패치를 적용하고 업그레이드하고 확장하고 결함이 있는 하드웨어를 교체한다(클라우드에서 실행되는 경우는 제외). 그래서 지금은 훨씬 좋아졌다고 볼 수 있다!

세일즈포스^{Salesforce} CRM은 최신 클라우드 업체가 IaaS^{Infrastructure as a Service} 모델에서 서버를 제공하기 전에도 2005년경에 우리를 그 긍정적인 길로 이끈 최초의 기업이었다. 물론, 이 모델을 채택하고 있는 회사가 유일한 것은 아니다. 구글 G Suite[1](2006년에 'Google Apps for Your Domain'으로 시작)를 활용해 클라우드 통신 및 문서의 요구를 처리할 수 있다. 그리고 SAP SuccessFactors[2]를 사용한 HR 성과 관리, SAP Cloud ERP[3]를 이용한 ERP 서비스, ServiceNow[4]를 사용한 서비스 관리, 뮬소프트Mulesoft CloudHub[5]를 이용한 전체 통합 등이 있다(참고: 단지 예를 든 것으로, 이 회사들과 어떠한 관련도 없으며 SaaS 공급자 목록은 무궁무진하다).

서비스로서의 모든 것

서비스 지향 모델은 소프트웨어 배포에 국한되지 않는다. 최근에는 수 kWh로 발전기를 임대하거나 주행 거리 기반으로 기차 엔진을 임대할 수 있다. SaaS와 마찬가지로 이러한 모델은 공급자가 많은 책임을 진다. 기존 제품 모델은 운영상의 문제가 고객의 문제인 데 반해, 서비스 모델은 이 부분이 공급자의 책임 범위 안에 있다.

예를 들어, 기차 엔진이 작동하지 않는 경우 기존 모델에서는 고객, 즉 열차 노선이 손실을 입어 많은 경우 서비스 및 수리에 추가 요금을 지불해야 한다. 서비스 모델은 엔진 제조업체에 운영상의 문제가 발생했을 경우 고객에게 청구하지 않는다. 대신 고객이 가지 못한 주행 거리만큼의 요금을 지불해야 하기 때문에 제조업체가 타격을 받는다. 이렇게 되면 공급자가 문제를 신속하게 해결해야 하는 동기가 생기게 된다.

---

1 https://workspace.google.com/
2 https://www.sap.com/products/human-resources-hcm.html
3 https://www.sap.com/sea/products/enterprise-management-erp.html
4 https://www.servicenow.com/
5 https://www.mulesoft.com/platform/saas/cloudhub-ipaas-cloud-based-integration

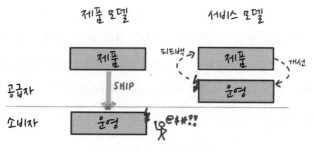

▲ SaaS: 피드백이 더 나은 품질을 이끈다.

같은 일이 SaaS에서도 적용된다(또는 적어도 그들이 해야 한다). 트랜잭션당 비용을 지불하는 모델에서는 트랜잭션을 처리할 수 없는 소프트웨어에 대해서는 비용을 지불하지 않게 된다.

> ℹ️ SaaS는 패키지 소프트웨어에 데브옵스(DevOps)를 적용하는 것과 같다. 즉, 문제를 가장 잘 해결할 수 있는 사람들에게 엔드투엔드의 책임을 지게 한다.

당연히 소프트웨어(또는 달리는 전차)를 실행하는 편이 더 행복할 것이다. 그러나 가치 기반 가격 책정을 통해 피드백을 받게 되면 결국 더 높은 품질의 제품과 좀 더 안정적인 운용으로 이어지며 공급자와 소비자 전체에서 제대로 실행되는 시스템의 인센티브를 조정한다. 같은 원칙이 소프트웨어 개발의 데브옵스 모델에도 적용된다. 즉, 엔지니어는 운영계에 문제가 발생해서 전화로 호출을 받게 되면, 고품질의 소프트웨어를 구축하는 데 더 많은 투자를 할 것이다.

그러나 어떻게 해야 할까...

SaaS를 고려하는 경우 엔터프라이즈 IT는 운영 모델의 대폭적인 변화로 인한 '그러나'라는 말을 반복하는 레퍼토리에서 벗어날 수 있다.

보안

앞에서 설명한 바와 같이 사내에서 애플리케이션을 실행하는 것은 애플리케이션이 더 안전하다는 것을 의미했다. 침해된 하드웨어와 국가적 수준의 공격에 의한 대규모 서비스 거부 공격의 공격 방향에 의해 대규모 클라우드 업체의 규모 및 운영 자동화 없이 IT 자산을 보호하는 것은 거의 불가능하다. 또한 온프레미스도 실제로 여러분의 사내가 아닌 경우가 많다. 이 경우, 이는 아웃소싱 업체가 운영하는 또 다른 데이터 센터다.

지연

지연은 거리의 문제뿐만 아니라 거치는 경로 수와 대역폭 크기의 문제이기도 하다(포화되면 지연 시간이 증가하거나 서비스가 완전히 중단된다). 대부분의 고객과 파트너는 인터넷에서 서비스에 액세스하기 때문에 종종 클라우드, 즉 SaaS 서비스를 ISP 및 데이터 센터보다 가깝게 느낀다.

제어권

제어권은 현실이 원하는 것과 일치할 때 가능하다. 많은 기업에서 수동 프로세스에 인해 제어권이 크게 제한되어 있다. 누군가가 요청을 제출하고 승인된 후 수동으로 작업을 수행한다. 작업이 승인된 것과 일치하는 것을 누가 보장할 수 있을까? 점프 서버와 세션의 기록을 통해서? 대부분의 경우 자동화 및 API를 통해 더 엄격한 제어가 가능하다.

비용

클라우드 플랫폼은 마법의 비용 절감 버튼(29장)은 없지만, 비용의 투명성을 향상하고 비용을 관리하기 위한 방법이 늘어난다. 특히 SaaS 솔루션은 숨겨진 간접 비용을 극적으로 감소시킨다.

통합

통합에 대해서는 책 한 권으로 쓸 수 있다. 조금 기다려주시길![6] 물론, 소프트웨어 설치의 중요한 부분은 소프트웨어를 실행하는 것뿐만 아니라 다른 시스템에 연결하는 것도 있다. SaaS 모델에서는 이 작업이 완전히 없어지는 것은 아니지만 API 및 사전 구축된 인터페이스(예: 세일즈포스와 G Suite[7])를 이용할 수 있기 때문에 좀 더 쉽게 가능하다. 그 관점에서 세일즈포스가 주요 서비스로서의 통합Integration as a Service 업체 중 하나인 뮬소프트Mulesoft를 인수한 것도 당연한 일이다.

구축 소프트웨어는 어떤가?

당연히 구축하고자 하는 소프트웨어가 있을 것이다. 예를 들어, 경쟁 우위를 제공하는 소프트웨어 같은 것 말이다. 해당 소프트웨어의 경우 전송 속도, 가용성, 확장성이 중요한 기준이다. 따라서 이것이 애플리케이션 중심의 클라우드(24장)를 찾아야 하는 이유다!

전략 = 방향의 설정

모든 온프레미스 소프트웨어가 내일 당장 사라지는 것은 아니다. 또한 다른 모든 소프트웨어가 컨테이너 또는 서버리스 플랫폼에서 실행되는 것도 아니다. 그래서 전략은 방향이지, 현재의 현실만은 아닌 것이다. 중요한 것은 자신이 구축하지 않은 소프트웨어를 실행하는 것을 볼 때마다 왜 다른 사람의 무게를 짊어지고 있는지를 자문해야 한다는 것이다.

---

6 https://www.enterpriseintegrationpatterns.com/
7 https://www.salesforce.com/campaign/google/

14장

엔터프라이즈 비클라우드를
구축하지 마라!

엔터프라이즈의 목욕물을 버리면서 클라우드 아이도 버리지 않도록
주의하라

▲ 이 화려한 스포츠카는 당신의 기대에 부응할 것 같지 않다.

클라우드로 전환한 많은 기업은 모든 기대가 충족되는 것은 아니라는 점, 또
는 적어도 그들이 기대했던 만큼 신속하지 않다는 사실을 알게 됐다. 불명확
한 전략(3장)과 지나친 기대(11장)가 원인일 수 있지만, 대부분의 경우 문제는
가까운 곳에 있다. 마이그레이션 과정에서 클라우드가 가져다줄 수 있는 장
점들을 엔터프라이즈 환경에서 빼앗았기 때문이다.

엔터프라이즈 향 클라우드

기업이 상용 클라우드 업체로 마이그레이션하는 것은 신용카드를 등록하고 가입해 배포하는 것이 전부는 아니다. 그들은 기존의 정책과 규정을 준수해야 하고 예산을 확보할 필요가 있으며, 많은 경우 특별한 데이터 암호화 및 저장 위치에 대한 요구사항이 있다. 따라서 거의 모든 IT 부서에서 기존 작업 방식을 클라우드 운영 모델과 결합하려는 클라우드 혁신 프로그램을 진행하고 있다. 그런데 클라우드의 놀라운 점은 IT의 방식을 다시 생각해보게 한다는 것이고(1장), 이 전환 프로세스는 그리 간단하지 않을 것이라고 상상할 수 있다.

> ℹ️ 기업이 신용카드를 등록할 클라우드 업체에 가입해 배포하는 것이 전부는 아니다.

클라우드 전략에 따라 대규모 조직과 협력했을 때를 기억해보면, 다음과 같은 내용이 떠오른다.

- 온보딩 프로세스
- 하이브리드 클라우드
- 가상 사설 클라우드VPC, Virtual Private Cloud
- 레거시 애플리케이션
- 원가 회수

각각의 의미는 다음과 같다.

온보딩

대기업에는 스타트업이나 사용자와는 다른 클라우드 계정에 대한 특별한 요구사항이 있다.

- 신용카드를 임의로 사용하는 것이 아니라, 중앙 결제 계정을 이용해 비용의 투명성을 높이고 있다.
- 클라우드 비용을 특정 개별 비용 센터에 할당해야 한다.
- 그들은 전반적인 구매력 또는 '약정'에 따라 할인을 협상하고 일정량의 클라우드 리소스를 사용하겠다고 협상한다.
- 조직에서 공유되는 클라우드 계정의 수를 제한하고 관리할 수 있다.
- 지출 권한이 충분히 높은 임원들로부터 승인이 필요한 경우가 있다.

이러한 절차의 대부분은 클라우드 모델을 기존의 구매 및 청구 프로세스에 연결하기 위해 필요하며, 기업이 하루아침에 포기할 수 없는 것이다. 그러나 일반적으로 프로젝트 팀은 '클라우드에 액세스'하기 위한 매뉴얼한 등록 프로세스로 권한을 얻게 된다. 아마 누군가가 요청을 승인하고 프로젝트 예산에 연결해 지출 한도를 정의해야 할 것이다. 또한 일부 기업은 워크로드의 종류에 따라(18장) 사용할 수 있는 클라우드 업체에 제한이 있다.

클라우드 개발자는 기업 네트워크 내에서 클라우드 서비스에 액세스할 수 있도록 방화벽을 구성하는 등 추가 단계를 수행해야 하는 경우가 있다. 많은 기업에서는 개발자의 디바이스를 장치 관리에 등록하고 엔드포인트 보안 검사(일명 '기업 스파이웨어')의 대상으로 해야 한다.

하이브리드 네트워크

모든 애플리케이션을 하룻밤 사이에 전환할 수 있는 것은 아니기 때문에 기업에게 하이브리드 클라우드는 현실이다. 이는 클라우드에서 실행되는 애플리케이션이 일반적으로 기존 온프레미스 애플리케이션과 통신해 클라우드를 온프레미스 네트워크의 확장처럼 보이게 한다는 뜻이다.

가상 사설 클라우드

기업은 모든 애플리케이션을 인터넷에 연결하는 것을 원하지 않으며, 또한 많은 기업은 IP 주소 범위를 선택하고 서버를 온프레미스 서비스에 연결할 수 있기를 원한다. 또한 클라우드 서버를 이웃과 공유하는 것도 그다지 좋아하지 않는다. 어떤 경우에는 기존의 라이선스 계약에 의해 물리적 서버로 제한된다. 대부분의 클라우드 업체는 예를 들어 전용 인스턴스[1] 또는 전용 호스트(AWS[2] 또는 애저[3])를 사용해 이러한 요청을 수용할 수 있다.

레거시 또는 단일 애플리케이션

엔터프라이즈 포트폴리오에 있는 대부분의 애플리케이션은 타사 상용 소프트웨어가 될 것이다. 사내에서 개발된 애플리케이션은 종종 단일 인스턴스(이른바 '모놀리식')로 설계된다. 이러한 애플리케이션은 여러 서버 인스턴스 간에 쉽게 확장할 수 없다. 이러한 애플리케이션의 재설계와 재구축에는 많은 비용이 들거나, 상용 애플리케이션의 경우는 아예 불가능하다.

원가 회수

마지막으로, 기업이 상용 클라우드를 준비하거나 또는 기업을 위한 상용 클라우드 준비는 무료가 아니다. 이 비용은 보통 중앙 IT 그룹이 부담하기 때문에 기업 전체에서 나누어 부담할 수 있다. 대부분의 중앙 IT 부서는 비용을 회수해야 하는 비용 센터다. 즉, 모든 지출은 IT 부서의 내부 고객인 사업부에 청구하게 된다. 이러한 비용을 서비스별로 또는 각 인스턴스별로 할당하기 어려운 경우가 많기 때문에 IT 부서는 기존의 클라우드 요금에 '오버헤드' 비용을 추가하는 경우가 많으며, 이것은 타당해 보인다.

---

1 https://aws.amazon.com/ko/ec2/pricing/dedicated-instances/
2 https://aws.amazon.com/ko/ec2/dedicated-hosts/
3 https://azure.microsoft.com/en-us/services/virtual-machines/dedicated-host/

공통 인프라, 앞서 언급한 VPC, 점프 호스트, 방화벽 등 사업부별로 또는 프로젝트 팀마다 추가 고정 비용을 부과할 수 있다. 그 결과, 내부 고객은 측정된 클라우드 사용료 이외에 별도 요금을 지불하게 된다.

NIST 정의를 기억하기

미국 상무부 국립 표준 기술 연구소NIST, National Institute of Standards and Technology는 2011년에 클라우드 컴퓨팅의 매우 유용한 정의를 공개했다(PDF 다운로드[4]). 이전에는 꽤 많이 인용됐으나, 최근에는 별로 언급되어 있지 않다. 아마 지금은 모두가 클라우드가 무엇인지 알고 이를 너무 당연한 질문으로 여기기 때문일 것이다. 이 NIST 문서에서는 클라우드 컴퓨팅의 다섯 가지 주요 기능을 정의하고 있다(간단하게만 소개한다).

온디맨드 셀프서비스

소비자는 사람의 개입을 필요로 하지 않고, 필요에 따라 서버 시간이나 네트워크 스토리지 등 컴퓨팅 기능을 일방적으로 규정할 수 있다.

다양한 네트워크 액세스

기능은 네트워크를 통해 사용할 수 있으며, 표준 메커니즘을 통해 액세스할 수 있다.

리소스 풀링

제공자의 컴퓨팅 리소스는 다양한 물리적 및 가상 리소스를 동적으로 사용해, 멀티테넌트 모델을 통해 여러 소비자에게 서비스를 제공하기 위해 리소스 풀링을 제공한다.

---

4 https://nvlpubs.nist.gov/nistpubs/Legacy/SP/nistspecialpublication800-145.pdf

급속한 탄력

처리 용량은 탄력적으로 프로비저닝 및 릴리스되어 수요에 따라 외부 및 내부에 신속하게 확장할 수 있다.

측정된 서비스

클라우드 시스템은 미터링 기능(일반적으로 종량제)을 활용함으로써 리소스 사용을 자동으로 제어 및 최적화한다.

이제 클라우드란 무엇인가라는 기본적인 정의를 다시 살펴본 후에는 무언가 100% 일치하지 않는다고 느끼게 될지도 모른다. 그리고 당신은 그 자리에 있다!

엔터프라이즈 비클라우드

앞서 언급한 기업의 '기능'을 NIST의 정의 옆에 놓으면 그들이 크게 모순되는 것임을 알 수 있다.

- 긴 가입 절차는 정기적으로 매뉴얼한 승인 및 소프트웨어 설치를 필요로 하기 때문에 온디맨드 셀프서비스와 일치하지 않는다. 이런 면에서 기업의 IT 프로세스는 옛날 방식 그대로다.
- 기업 네트워크는 인터넷보다 광범위하지 않고, 방화벽을 비롯한 많은 제한으로 인해 네트워크 액세스는 보편적이지 않다.
- 전용 인스턴스는 광범위하게 풀링되지 않고, 규모의 경제가 떨어진다. 네트워크 상호 연결도 전용선이다.
- 기존의 애플리케이션은 확장하지 않고 배포가 자동화되지 않은 경우가 많기 때문에, 신속한 탄력성의 이점을 누리지 못한다.

- 기업의 IT에서 청구되는 추가 비용은 클라우드를 훨씬 덜 '측정'하게 만들고 종종 엄청난 고정 비용으로 소규모 프로젝트에 부담을 준다.

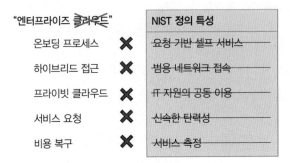

▲ 엔터프라이즈 비클라우드

이는 좋은 소식은 아니다. 좋은 의도에도 불구하고 기업들은 클라우드 환경을 잘 활용할 수 없게 된다. 또 다른 뛰어난 기존 엔터프라이즈 데이터 센터를 얻었지만, 찾고 있었던 것은 확실히 아니다.

 많은 '엔터프라이즈 클라우드'는 더 이상 클라우드의 기본적인 기능을 충족하지 않는다.

지금 무엇을 할 것인가?

그렇다면 여러분 회사의 엔터프라이즈 클라우드의 가치는 어떻게 알 수 있을까? 3단계 비법은 없지만 몇 가지 고려사항이 도움이 될 수 있다.

기대를 조정

실현은 개선의 첫걸음이다. 따라서 이러한 함정을 인식하는 것은 함정에 빠지는 것을 방지하는 데 도움이 된다. 또한 비용 절감(29장)과 디지털 트랜스포메이션의 장밋빛 비전을 현실화할 수 있다. 오래된 물건을 모두 새집으로 옮긴다는 것은 더 멋진 환경에서 같은 쓰레기와 함께 살게 된다는 것을 의미한다. 마찬가지로, 기업의 수하물을 클라우드로 옮기는 것으로는 아무것도 변화시키지 못한다.

클라우드를 당신에게 제공하지만, 그 반대는 아니다

클라우드는 기존의 IT 조달이 아니라(1장) IT 운영 모델의 근본적인 변화를 의미한다. 따라서 기존의 운영 모델을 클라우드에 적용하지 않도록 주의해야 한다. 이전에 언급한 결과로 이어지기 때문이다. 대신 클라우드 운영 모델의 일부 요소를 환경에 도입할 필요가 있다. 예를 들어, 번거로운 매뉴얼한 프로세스를 자동화 및 셀프서비스로 대체해 온프레미스 시스템과 클라우드에서 실행되는 시스템 모두에 이점을 제공할 수 있다.

측정 가능한 목표

측정 가능한 명확한 목표가 없는 클라우드 마이그레이션은 궤도에서 이탈하거나, 화려한 신기술 장난감에 정신이 팔려 길을 잃을 위험이 있다. 대신 비용 절감, 실행 시간 향상, 신제품 출시 시간 단축, 데이터 보호, 좀 더 손쉬운 확장, 좀 더 현대적인 아키텍처의 실현 등 클라우드를 선택하는 이유를 명확히 해야 한다. 우선순위를 지정하고 진행 상황을 점검하면 순조롭게 일정을 진행할 수 있다.

세분화

엔터프라이즈 IT는 조화롭게 진행되기를 바라지만, 하나의 클라우드 크기가 모든 애플리케이션에 적합하지는 않다. 일부 애플리케이션은 방화벽-구획-피어링 구성-검토 및 승인의 모든 단계를 거칠 필요는 없다. 아마 일부 애플리케이션(예: 고객 데이터를 보유하지 않은 간단한 애플리케이션)은 요청한 이의 신용카드에서 빌리되지 않는다면 클라우드에 직접 액세스할 수 있다.

당신이 클라우드에 있을 때 클라우드를 사용하라

클라우드 마이그레이션은 일종의 위험한 바다로의 여정이다. 많은 기업은 어떤 비용을 치르더라도 종속을 피하기 위해(21장) 클라우드 업체의 서비스를 사용하지 않음으로써 그것을 달성하기 위해 노력하고 있는데, 이는 대부분이 전용 서비스이기 때문이다. 이렇게 대응한다는 것은 DynamoDB, Athena, SQS, BigQuery, Spanner 등을 사용하지 않는다는 뜻이다. 2011년의 NIST 정의에는 없었던 것이지만, 이러한 서비스들은 훨씬 진보된 것이고 클라우드를 사용한다면 이런 형태의 완전 관리형 서비스도 도입해야 한다.

클라우드의 여행을 시작하는 기업은 종종 얻을 수 있는 훌륭한 새로운 것에 초점을 맞추고 있다. 하지만 마찬가지로 중요한 것은 기업의 수하물 일부를 뒤에 남겨두는 것이다.

15장

클라우드 마이그레이션:
길을 잃지 않는 방법

적절한 승무원을 확보하고 목적지를 모니터링하자

▲ 앞에 서버 3대만 지나서 급좌회전해.

도구와 프레임워크가 꾸준히 공급되고 있음에도 불구하고, 클라우드 마이그
레이션은 결코 재미있는 일이 아니다. 자주 할 필요가 없다는 점에서 위안을

삼기는 쉽지만, 바로 그 사실 때문에 마이그레이션이 특히 위험하다. 타히르는 여러 마이그레이션 과정에서 접근 방식을 개선할 기회가 있었으므로 그의 전투 경험을 배워보자.

||||||||||||||||||||||||||||||||||||||||||| 타히르 하시미^{Tahir Hashmi} 작성 |||||||||||||||||||||||||||||||||||||||||||

클라우드 마이그레이션은 일단 완료되면 훌륭하지만, 다시 할 필요가 없기를 바라는 종류의 일이다. 그러나 오늘의 일정한 변화율은 그것을 가능성이 없는 제안으로 만든다. 지난 세 곳의 직장에서 다섯 번의 마이그레이션을 거치면서 평균적으로 2년에 한 번꼴로 마이그레이션을 경험했다. 클라우드 업체의 도구와 프레임워크는 이러한 노력에 큰 도움이 되지만, 결국은 기존의 환경을 탐색하고 상황과 야망에 맞는 경로를 찾는 일은 여러분에게 달려 있다.

> ℹ️ 마이그레이션은 '일반 사업' 활동이 없다. 팀은 일반 스프린트와 같은 습관과 리듬은 없다.

온프레미스 인프라에서 클라우드로 마이그레이션하는 경우에도 작업을 계획, 실행, 검증의 세 가지 주요 단계로 체계적으로 분할해 고유의 스트레스와 불확실성을 줄일 수 있다.

1단계: 계획 및 인원 배치

마이그레이션에서 비즈니스의 첫 번째 순서는 마이그레이션이 어떻게 보이고 어떻게 진행될 것인지를 파악하는 것이다. 마이그레이션하기 전에 계획해야 하는 사항에 대한 간단한 체크리스트는 다음과 같다.

1. **마이그레이션의 크기를 변경한다.** 크기(애플리케이션이나 컴퓨팅 리소스의 수)와 복잡성(마이그레이션하는 동안 애플리케이션이 어느 정도 변경되는지 등) 모든 면에서 마이그레이션 범위를 정의한다.

2. **동기와 목표를 명확하게 한다.** 명확한 목표의 설정(11장)은 클라우드에서 성공하기 위해 중요하며, 같은 마이그레이션에서 똑같이 적용된다.
3. **성공 지표를 정의한다.** 클라우드 마이그레이션 과정에서 성공 지표(17장)는 진행 상황을 추적하고 과정을 수정할 수 있는 GPS 장치다.
4. **이해관계자의 승인을 얻어야 한다.** 모든 이해관계자가 저항하는 것이 아니라 지원할 수 있도록 마이그레이션이 어떻게 이익이 되는지에 대한 명확한 생각을 갖고 있어야 한다.

마이그레이션 삼두정치

검증된 프로세스와 방법론에도 불구하고, 복잡한 사업을 성공시키는 열쇠는 일을 수행하는 사람들이다. 적절한 인력이 없으면 마이그레이션이 수백만 달러의 비용 초과로 쉽게 탈선하거나 더 심하게는 전체 노력이 지연될 수 있다.

'적절한' 사람들을 확보하는 것은 기술뿐만 아니라 각각의 명확한 기능 및 책임과도 관련이 있다. 마이그레이션 규모에 관계없이 다음의 역할이 매우 중요하다.

1. **임원 스폰서**executive sponsor : 리소스와 예산을 확보하고 마이그레이션의 성공에 책임이 있다.
2. **수석 아키텍트**chief architect : 기술적인 주요 결정을 내리고 마이그레이션의 기술 목표를 설정한다.
3. **프로그램 관리자**program manager : 실행 단계에서 업무가 지속될 수 있도록 커뮤니케이션 및 일정을 확인한다.

이 세 가지 역할이 반드시 세 명을 의미하는 것은 아니다. 소규모 마이그레이션의 경우 한 사람이 세 가지 역할을 모두 수행할 수 있는 반면, 대규모 마이그레이션에서는 하나의 역할을 해결하기 위해 여러 사람이 필요할 수 있다. 할당된 인원 수에 상관없이 모든 역할을 적절하게 배치하는 것은 마이그레이션 계획의 일부로 함께 작업하기 위해 중요하다. 한 역할이 부족하면 다른 역할도 잘 작동하지 않는다.

상호 의존성을 이해하기 위해 자동차 비유를 들 수 있다. 임원 스폰서는 상황이 올바른 속도로 진행되도록 필요한 리소스와 예산(연료 흐름)을 제공하는 가속기(및 브레이크)다. 수석 아키텍트는 운전대로, 마이그레이션 차량이 목표 궤도를 따라가고 있는지 확인한다. 프로그램 관리자는 다양한 부품의 움직임에 주의 깊게 일치시켜, 생산력을 실제 이동 속도로 변환하는 방식을 제어하는 변속기 어셈블리다.

실제 마이그레이션을 수행하는 팀은 '워킹 그룹'으로 구성되는데, 이는 다음 다이어그램에 표시된 것처럼 고무가 도로를 만날 때 실제 움직임을 만들어 내는 바퀴라고 할 수 있다.

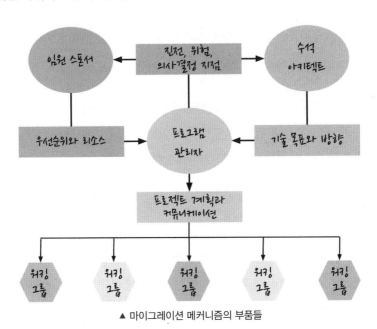

▲ 마이그레이션 메커니즘의 부품들

임원 스폰서

마이그레이션에 필요한 승인 또는 '청신호'를 받을 책임이 있는 사람으로서, 임원 스폰서는 아주 작은 마이그레이션의 경우 팀 리더에서부터, 전사적 이 니셔티브의 경우 이사회 및 주주에 이르기까지 다양한 이해관계자와 상호작 용한다. 승인받는 것과 함께 임원 스폰서도 필요한 예산과 인력 할당을 확보 해야 한다.

앞의 다이어그램에서 볼 수 있듯이 임원 스폰서는 프로그램 관리자에게 리 소스와 우선순위를 제공하고 마이그레이션 진행 상황, 확인된 새로운 위험 및 새로운 의사결정 지점을 기반으로 이를 지속적으로 조정한다.

수석 아키텍트

수석 아키텍트는 임원 스폰서의 기술 파트너이자, 팀에서 두 가지 중요한 역 할을 한다.

1. 기존의 시스템과 그 속성에 관한 궁극적인 지식의 원천이 된다.
2. 기술적인 의사결정의 최종 중재자로, 이행 기준을 설정한다.

수석 아키텍트는 기업의 조직 구조와 재직 기간을 적절히 조합해 명확하지 않은 것, 즉 어떤 상황이 왜 그렇게 되어 있는지에 대해 필요한 정보를 어디 에서 구할 수 있는지를 파악하고 있어야 한다.

> ℹ️ 수석 아키텍트를 조기에 깊이 관여하게 함으로써 팀은 무엇을 어떻게 해야 할지 에 대해 공통의 이해를 얻을 수 있다.

임원 스폰서와 마찬가지로 수석 아키텍트는 진행 상황에 따라 새로운 위험 과 새로운 결정 포인트를 확인하고 임원 스폰서에 따른 기술의 목표와 방향 성의 세부 사항을 계속 수정하고 제시한다.

프로그램 관리자

프로그램 관리자는 마이그레이션 리더십의 '제3의 기둥'이며, 다음과 같은 중요한 작업을 처리한다.

- 마이그레이션 일정 및 산출물을 추적
- 다양한 팀 사이에서 실행하는 데 필요한 장소에 영향력을 적용
- 다양한 관계자 간의 정보 흐름을 조정
- 마이그레이션 진행 상황에 대한 정기적인 업데이트 공개
- 임원 스폰서와 수석 아키텍트에 대한 위험과 중요한 결정 포인트의 강조

이러한 작업은 일견 불필요하게 보일지도 모른다. 그러나 마이그레이션은 일반적으로 비즈니스 활동이 아니기 때문에 일반 프로젝트 스프린트를 통해 마이그레이션을 수행하는 비슷한 습관과 리듬은 없다. 또한 팀은 최종 마이그레이션 결과보다 훨씬 앞서서 노력해야 하기 때문에 의욕이 높은 팀조차 돌발적인 지연, 우선순위의 저하에 직면해서 갑자기 초조해질 수 있다.

 의욕이 넘치는 팀에서 프로그램 관리자 없이 몇 가지 작은 마이그레이션을 시도했다. 그들은 목적을 달성했지만, 팀원들은 지쳤고 막대한 비용과 시간 초과를 초래했다.

마이그레이션은 일상적인 비즈니스가 아니기 때문에, 어느 정도의 노력이 들어갈지에 대한 추정이 매우 부정확하다. 이러한 예측을 충족하고자 고군분투하면 마이그레이션 속도를 유지하지 못할 것이다. 오히려 의존하는 작업을 조정하고 작업 일정을 업데이트하는 것이 중요한 업무가 된다.

우수한 프로그램 관리자 찾기

프로그램 관리자는 임원 스폰서로부터의 동력과 수석 아키텍트의 핸들 움직임을 바퀴(워킹 그룹)에 전달하는 차량의 트랜스미션 같은 매우 중요한 역할을 한다. 잠재적인 프로그램 관리 후보자의 자질은 다음과 같다.

- 회사에 잘 알려져 있으며 높이 평가되고 있는, 다른 사람들이 쉽게 무시하지 않는 사람
- 설득력 있는 커뮤니케이션 스타일을 갖추고 있고, 너무 감정적이거나 거리를 두지 않는 사람
- 조직에 대해 깊은 지식을 갖고 있으며, 작업을 이루기 위해 연락해야 하는 적절한 사람을 모두 알고 있는 사람
- 정보를 투명하게 다뤄본 경험이 있으며, 때로는 나쁜 소식도 전할 수 있는 담당자
- 엔지니어 또는 비즈니스 부서와 편하게 이야기할 수 있어서, 기술이나 돈 이야기도 다 나눌 수 있는 사람

파트너십

세 가지 '기둥' 역할에 대한 내부 인력 충원 외에도, 마이그레이션 후 워크로드를 수용할 클라우드 업체^{CSP, Cloud Service Provider}의 파트너도 참여하게 된다. 그들의 역할은 작게 보면 그들의 플랫폼에서 선택한 인프라를 확인하는 것이다. 그러나 계획 및 실행 단계를 지원하는 경우도 있다. 하지만 대부분의 경우 실질적인 실행은 클라우드 업체^{CSP}가 권장하는 신뢰할 수 있는 파트너사를 통해 이뤄진다.

외부 파트너와 협력하면 팀이 일회용 작업에 소요되는 시간을 최소화하고 장기적인 설계 및 운영 문제에 집중할 수 있게 된다. 또한 파트너는 '알 수

없는 미지수'를 줄이고 '알려진 미지수'를 '알고 있는 것'으로 변환해 마이그레이션의 위험을 줄일 수 있다.

2단계: 실행

모두 실행에 관한 것이지만 우선 뛰어들고 보는 것은 위험하다.

발견

기존 환경에 대한 정보를 수집하면 기존의 구성요소에서 새로운 환경으로 매핑하는 데 도움이 된다. 아무도 몰랐던 구성요소가 존재해 대상 환경에 프로비저닝되지 않으면 마이그레이션의 주요 위험요소가 된다. 따라서 팀은 주요 리소스 제한 및 사용률(CPU, 네트워크 등)과 함께 팀에서 실행되는 시스템 및 애플리케이션의 전체 인벤토리를 캡처할 수 있는 마이그레이션 도구를 활용한다. 팀은 가동 시간과 성능 기대치를 추가해 대상 환경에 대한 매핑을 결정한다.

발견의 결과는 목표 환경이 어떻게 되는지를 설명하는 기술 계획과 거기에 도달하기 위한 일련의 높은 수준의 작업이다.

자동화와 페더레이션

새로운 클라우드 환경을 프로비저닝하고 검증하는 데는 시간이 걸릴 수 있다. 그러나 이 프로세스는 두 가지 측면을 따라 가속할 수 있는데, 이는 수동 배포 대신 자동화를 사용하고, 중앙 집중식으로 실행하는 대신 페더레이션 federation을 사용하는 것이다.

자동 배포 대 수동 배포

자동화는 새로운 환경에서 구성요소를 프로비저닝, 배포, 검증하기 위한 소프트웨어 구축을 포함한다. 이 접근 방식은 애플리케이션이나 구성요소가 아키텍처 규칙이나 표준을 준수하는 경우에 잘 작동한다.

자동화는 플라이휠과 같이 작동하는데, 처음에는 마이그레이션 툴킷이 구축돼야 하기 때문에 진행 속도가 느리다. 그 후의 마이그레이션은 자동화 수준이 높아짐에 따라 점점 더 빠르고 신뢰성이 높아진다. 그럼에도 불구하고 큰 전면 디자인BDUF, Big Design Up Front에 휘말리지 않도록 주의해야 한다. 플라이휠을 처음부터 오른쪽으로 돌려야 한다.

수동 접근 방식은 소규모 마이그레이션이나 기술 스택이 일정하지 않은 마이그레이션 작업의 경우에 적합하다.

페더레이션 대 중앙 집중식 실행

팀이 인프라를 별도로 관리하고 실행할 수 있는 환경의 경우 페더레이션을 통해 각 팀은 마이그레이션 결과를 제공하는 방법을 자유롭게 선택할 수 있다. 페더레이션은 설정 및 구성 작업을 병렬화함으로써 속도를 높일 수 있다. 그러나 마이그레이션을 전반적으로 다루기 쉽게 유지하려면 먼저 통합 표준과 목표를 정의하는 것이 중요하다.

페더레이션 마이그레이션 프로그램을 실행하는 가장 좋은 방법은 명확한 전달 단계와 마감일을 정의하는 것이다. 프로그램 관리자는 이러한 단계를 통해 각 팀의 진행 상황을 주의 깊게 추적하고 지연될 수 있는 팀을 호출해야 한다. 페더레이션은 각 팀에 더 큰 책임을 부과한다. 자체 인프라를 관리하지 않는 팀은 중앙 집중식 실행이 더 나을 수 있다.

자동화, 중앙 집중화

표준화된 기술 스택

중앙 집중화된 운영

표준화된 기술 스택

탈중앙화된 운영

자동화, 페더레이션

매뉴얼 중앙 집중화

작은 마이그레이션

이질적인 기술 스택

탈중앙화된 운영

매뉴얼 페더레이션

▲ 자동화와 페더레이션을 통한 마이그레이션 가속화

기술 스택이 표준화되고 운영이 분산된 조직은 자동화와 페더레이션을 결합해 훨씬 더 빠른 마이그레이션 속도를 달성할 수 있다.

훈련

온프레미스 환경에서 클라우드로 마이그레이션하는 경우이거나 클라우드 간에 마이그레이션하는 경우에도 새로운 환경에 대한 충분한 훈련을 받지 못한 경우, 운영 방법 및 도구의 변경은 팀을 약화시킬 수 있다.

마이그레이션 후 인수인계 '보증 기간'은 마이그레이션을 수행한 담당자와 마이그레이션된 구성요소를 소유한 팀을 쌍으로 해서 이 문제를 완화하는 데 도움이 된다. 그들은 일상적인 비즈니스 시나리오에서 1~2주 동안 구성요소를 공동으로 관리하고 인위적으로 유발된 사고 또는 장애 시나리오 운영 런북runbook의 일부를 수행한다.

이 '보증 기간' 동안 팀은 쉽고 빠르게 도움을 받을 수 있어야 한다. 클라우드 업체 전문가나 대기 중인 담당자에게 연락할 수 있다는 것은 매우 중요하며, 처음부터 바로 준비해야 한다.

3단계: 검증

대규모 마이그레이션 프로젝트가 예상 결과를 정확하게 가져올 가능성은 낮다. 잘 계획된 검증 구조는 과정을 지속적으로 수정하고 기대에 부합하는 결과에 도달하는 데 도움이 된다.

 내가 관여했던 두 가지 대규모 마이그레이션은 목표를 달성하지 못했다. 이런 불편한 상황은 마이그레이션이 완료된 후 상당한 시간이 지나서야 발견됐다.

검증을 다양한 세그먼트로 분류하면 도움이 된다.

환경 검증

환경 검증은 이전 절에서 설명했던 보증 기간 중에 수행된 예상대로 작동하는지를 확인한다. 또한 마이그레이션된 구성요소가 예상대로 비즈니스 기능을 수행할 수 있도록 보장한다. 마지막으로, 환경에 대한 포괄적인 스트레스 테스트를 통해 성능과 스케일의 기대를 충족하는지 여부를 확인해야 한다.

비용 검증

거의 모든 클라우드 마이그레이션에는 비용 구조 또는 총 소유 비용[TCO, Total Cost of Ownership] 목표가 있다. 클라우드 인프라 청구는 세분화되고 사용량에 따라 달라진다. 게다가, 클라우드 업체[CSP]가 제공하는 여러 비용 절감 도구가 있으며 이러한 도구는 서로 교차하고 있다. 이는 특히 고정 서버 환경에서 비즈니스 볼륨에 따라 변화하는 온디맨드 모델로 전환할 때 클라우드 예산을 예측(32장)하는 것을 훨씬 복잡하게 만든다.

예측된 비용에 대해 실제 운영 비용을 벤치마킹하면 편차를 조기에 감지해 프로젝트 예산과 자금을 조정하는 데 도움이 된다. 또한 마이그레이션 작업의 가치 제안을 재평가할 수 있도록 초기 비용 예측에서의 잘못된 가정을 찾아낸다.

비즈니스 목표 검증

마지막으로, 팀은 민첩성 향상, 보안 체제 강화, 더 나은 시스템 가용성 제공과 같은 마이그레이션의 비즈니스 목표를 검증해야 한다. 비즈니스 목표의 확인은 마이그레이션의 초기 단계에서 시작하고 측정 가능한 목표(민첩성을 측정하기 위한 일일 배포 수 등) 또는 인증 프로그램(보안 인증 획득 등)에 따라 자주 수행해야 한다.

당신이 필요한 곳에 도착하기

> ℹ️ 내가 가고자 하는 곳으로 가는 경우는 거의 없지만 거의 항상 내가 있어야 할 곳으로 간다. – 더글러스 애덤스(Douglas Adams)

클라우드 마이그레이션은 불안하게 만드는 비즈니스에 중요한 작업이 될 수 있다. 주요 과제는 비즈니스 중단, 지연 또는 비용 초과 없이 마이그레이션을 원활하게 제공하는 데 있다. 중요한 것은 마이그레이션이 진행되면서 조기에 그리고 수시로 코스를 수정하는 것이다.

16장

피타고라스에 따른
클라우드 마이그레이션

교과서를 파고들어야 할 때가 왔다

▲ 이것은 모두 단순한 기하학의 문제다.

올바른 클라우드 경로를 선택하는 일이 항상 쉽지만은 않다. 오래된 데이터와 애플리케이션을 모두 클라우드로 이동하는 것은 클라우드 변환이 아니라 또 다른 데이터 센터(12장)를 얻을 가능성이 더 높지만, 모든 최종적인 애플리케이션을 다시 아키텍처링하려면 시간이 오래 걸리고 그다지 비용 효율적이라고 할 수 없다. 따라서 애플리케이션 포트폴리오를 어떻게 할 것인가를 좀 더 신중하게 생각해야 한다. 의사결정 모델은 의식적인 결정을 내릴 수 있게 도와주며, 또한 중고등학교 기하학 수업도 절충점을 이해하는 데 도움이 될 수 있다.

수직 상승 또는 수평 확장

워크로드를 클라우드로 옮기려는 조직은 더 나은 의사결정 모델의 혜택을 누릴 수 있다고 오랫동안 느껴왔다. 사람들이 모델에 대해 읽을 때는 종종 매우 추상적이고 학술적인 것을 상상한다. 그러나 좋은 모델은 오히려 그 반대다. 심플하면서도 연상 작용을 일으키는 것이어야 한다. 그럼으로써 더 나은 의사결정을 내리는 데 도움이 되고, 직관적인 방법으로 그 결정을 전달할 수 있어야 한다.

브라이언 스티케스Bryan Stiekes와 공동 저술한 'Moving Up or Out'[1]이라는 제목의 인기 있는 블로그 게시물 중 하나는 그러한 모델을 제시했다. 다음 다이어그램과 같이 모델은 애플리케이션 마이그레이션 옵션을 단순한 2차원 평면에 표시한다.

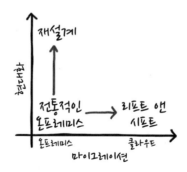

▲ 애플리케이션을 수직 상승 또는 수평 확장함

---

1 https://cloud.google.com/blog/topics/perspectives/enterprise-it-can-move-up-or-out-or-both

평면의 가로축은 온프레미스에서 클라우드로 '아웃(수평 확장)'의 이동을 나타내고, 오른쪽 방향으로 표시된다. 또는 예를 들어 PaaS, 서버리스 또는 SaaS 서비스를 활용해 서버 및 하드웨어 세부 정보에서 멀리 떨어진 스택의 '상위'에서 작동하도록 애플리케이션을 현대화할 수 있다.

따라서 완전히 수평인 화살표는 리프트 앤 시프트 방식을 의미하고, 애플리케이션을 현대화하지 않고 그대로 이동한다. 수직 화살표는 온프레미스 데이터 센터에 그대로 머물면서 애플리케이션의 완전한 재설계(예를 들어, 서버리스 프레임워크에서 실행)를 의미한다.

조합은 허용되고 있을 뿐만 아니라 실제로 권장하고 있기 때문에 블로그 글에서는 설계자가 각 애플리케이션 또는 애플리케이션의 클래스마다 제안하는 방향을 이러한 매트릭스(수평 확장, 수직 상승, 또는 그 조합)에 시각적으로 표시하도록 조언하고 있다. 이는 설계자가 의식적인 결정을 내리고 조직 내에서 광범위하게 의사소통할 수 있게 하는 간단한 의사결정 모델의 좋은 예다.

모든 IT가 바이너리인 것은 아니다

모델은 '수직 세로축'/'현대화'와 '수평 가로축'/'마이그레이션'에 대한 간단한 축으로 표시하지만, 각 방향은 여러 면으로 분포되어 구성된다.

수직 세로축

애플리케이션을 '스택의 위쪽'으로 이동하는 작업은 여러 차원에서 발생할 수 있다.

플랫폼: IaaS ⇒ PaaS ⇒ FaaS

'위로 이동'이라는 은유는 하드웨어(서버, 스토리지, 네트워크 등)에 기인한 **IT 스택**의 개념에서 시작해 처음에는 가상 머신^{VM} 수준의 가상화를 거쳐 컨테이너(OS 레벨의 가상화) 및 마지막으로 서버리스 플랫폼(26장)까지 점차 높은 수준으로 추상화된다.

때때로 이 진행은 IaaS^{Infrastructure as a Service}(즉, VM), PaaS^{Platform as a Service}(즉, 컨테이너 오케스트레이션[2]), FaaS^{Functions as a Service}(즉, 서버리스(26장))로 분류될 수 있다. 일반적으로 추상화 수준이 높을수록 이식성이 향상되고 운영 부담이 경감된다. 이 명명법은 런타임 플랫폼 자체에 초점을 맞추고 있지만, 각각의 추상화를 활용하는 애플리케이션도 다르게 보일 수 있다.

구조: 모놀리식 ⇒ 마이크로서비스

애플리케이션이 수직 세로축을 따라 얼마나 위로 있는지를 나타내는 또 다른 방법은 애플리케이션 배포 및 런타임 아키텍처로 표현할 수 있다. 기존의 애플리케이션은 종종 모놀리식 단일 소프트웨어다. 이 모델은 관리가 용이하고 모든 요소가 하나의 구조에 포함되어 있기 때문에, 수십 년 동안 우리에게 도움이 됐지만 모놀리식은 독립적인 배포와 스케일링을 어렵게 한다. 전송 속도의 향상을 추진하면서 개별 애플리케이션을 독립적으로 배치할 수 있고 확장 가능한 서비스, 즉 마이크로서비스로 분할하는 아이디어로 넘어가는 단계에 이르렀다.

배포: 수동 ⇒ 자동

수직 이동하는 세 번째 방법은 수동으로 진행되는 프로비저닝, 배포, 구성을 자동화된 방법(31장)으로 대체해 빠르고 반복 가능한 배포를 가능하게 하는 것이다.

스택을 위로 올라가면서 본 것 중 편견 없이 쓰인 가장 멋진 요약은 옛 동료인 톰 그레이^{Tom Gray}가 블로그 게시물에서 작성한 클라우드 네이티브 아키텍

2　PaaS 및 컨테이너의 오케스트레이션 플랫폼이 얼마나 유사하거나 다른가에 대한 논의는 주로 제품 마케팅 고려사항을 바탕으로 하고 있다. 이 진흙 싸움을 피하고, 완전히 동의어는 아니지만 거의 같은 수준의 추상화에서 그들을 살펴보자.

처의 다섯 가지 원칙[3]이다(제목은 '네이티브'라는 용어를 보충하는 '아키텍처' 덕분에 합격점수를 줄 수 있다).

수평 가로축

애플리케이션을 온프레미스에서 실행하는 것에서 클라우드에서의 실행으로 전환하는 것을 나타내기 때문에 마이그레이션하는 것이 조금 더 간단하다. 어떤 구성요소(프론트엔드)는 클라우드에서 실행되고 어떤 구성요소(레거시 백엔드 등)는 여전히 온프레이스에서 실행되는 하이브리드 모델에서 단일 애플리케이션이 실행될 수 있기 때문에 이 가로축에서도 단계가 존재한다. 따라서 '수평 확장'도 단순한 접근으로 이뤄지지는 않는다. 가로축의 중앙에 '하이브리드'를 추가해 사용할 모델을 조정할 수 있다. 이후의 장(19장)에서는 이 축을 따라 이동하는 많은 방법을 자세히 설명할 것이다.

마이그레이션 삼각형

제목은 일부 컨설팅 회사에서 사용되는 엄격한 경력 관리의 원칙('승진을 계속할 수 없는 경우에는 외부로 나가야 한다.')과 비슷하지만, 우리의 경우 위아래 또는 밖으로 가는 것을 허용하고 적극 권장한다. 이때 우리의 단순한 2차원 모델의 강점이 드러난다.

마이그레이션 경로를 수직 세로축 또는 수평 가로축 쪽의 평면에 표시하면 일반적으로 마이그레이션은 일회성 작업이 아니라는 사실을 알 수 있다. 따라서 애플리케이션을 '리호스팅'과 '재설계' 등으로 단순화할 것이 아니라 시각적 모델을 사용해 애플리케이션의 다단계 경로를 계획하고 클라우드 여정이 그 자체로 여정이지, 단일 결정 포인트가 아님을 강조하게 된다.

---

3 https://cloud.google.com/blog/products/application-development/5-principles-for-cloud-native-architecture-what-it-is-and-how-to-master-it

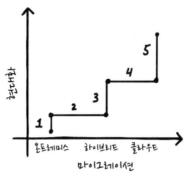

▲ 마이그레이션 경로의 플롯

그림의 예에서 애플리케이션은 생각해볼 만한 다섯 단계의 과정을 거칠 수 있다.

1. 애플리케이션의 일부(프론트엔드 등)를 클라우드로 이동할 수 있게 하려면 어느 정도의 현대화가 필요하다. 여기에는 새로운 API의 개발과 기존의 API 보호, API 게이트웨이의 설정 등이 포함될 수 있다.

2. 그런 다음 애플리케이션의 일부를 마이그레이션할 수 있지만 레거시 백엔드는 온프레미스에 유지되어 하이브리드 상태가 된다.

3. 새로운 현대화(예를 들어, 클라우드 라이선스와 호환되지 않는 상용 애플리케이션 서버에서 톰캣Tomcat과 같은 오픈소스 대안으로 백엔드 이식)는 애플리케이션의 나머지 부분을 마이그레이션할 수 있다.

4. 나머지 애플리케이션을 마이그레이션한다.

5. 이제 완전히 클라우드로 마이그레이션했기 때문에 애플리케이션을 더욱 현대화하고 완전 관리형 데이터베이스 서비스 및 클라우드 모니터링 등을 사용해 안정성을 높이고 운영 비용을 줄일 수 있다.

한 번에 모든 것을 해보는 건 어떨까? 시간은 돈이다! 먼저 작은 부분을 이동하면 콘텐츠 전송 및 클라우드 WAF^Web Application Firewall(웹 애플리케이션 방화벽)에서의 보호 덕분에 확장성의 이점을 즉시 누릴 수 있다. 다음 장(17장) 전체는 가치를 향한 경로를 최적화하기 위해 전념하게 된다.

피타고라스를 기억하는가?

다양한 마이그레이션 옵션의 순서를 종이에 표시해보면 삼각형을 배우던 수업 시간으로 돌아간 것처럼 느껴질지도 모른다. 그리고 그 생각은 실제로 보이는 것만큼 그리 억지스럽지 않다. 오래전부터 기억해온 가장 기본적인 공식 중 하나는 **피타고라스의 정리**Pythagoras' Theorem다. 피타고라스는 수천 년 전에 직각삼각형(하나의 직각을 가진 삼각형)에 대해 변의 제곱의 합이 빗변의 제곱과 같다($c^2 = a^2 + b^2$)는 정리를 제시했다.

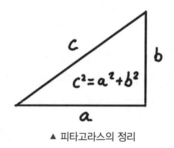

▲ 피타고라스의 정리

고등학교 수학에 너무 깊이 들어가지 않고도, 이 정의는 몇 가지 간단한 결과를 가져올 수 있다.[4]

1. 각 변은 빗변보다 짧다.
2. 빗변은 나머지 두 변의 합보다 짧다.

---

4 이러한 속성은 모든 삼각형에 적용되지만, 위쪽 또는 바깥쪽의 평면은 직각삼각형을 다루기 때문에 피타고라스에 의지할 수 있다는 것은 좋은 일이다.

이러한 속성이 클라우드 마이그레이션 계획에 어떻게 도움이 되는지 살펴보고자 한다.

클라우드 마이그레이션 삼각법

기하학에서와 마찬가지로, 삼각형의 빗변이 더 짧다. 즉, 애플리케이션을 마이그레이션할 때는 애플리케이션을 재설계하는 것(빗변 'c')보다는 단순히 수평으로 클라우드로 마이그레이션하는 것(아랫변 'a')이 더 빠를 것이다.

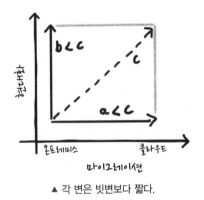

▲ 각 변은 빗변보다 짧다.

그러나 먼저 마이그레이션한 후 다시 설계하는 것은 빗변을 택하는 것보다 더 긴 경로를 만든다. 따라서 효율성도 희생될 가능성이 있기 때문에, 여기서는 일반적으로 이해하는 '효율성'이 낮은 것으로 간주될 수 있다. 먼저 재설계한 다음 마이그레이션하는 경우에도 마찬가지다. 두 경우 모두 두 변의 합이 빗변보다 커진다.

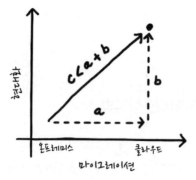

▲ 빗변은 나머지 두 변의 합보다 짧다.

그러나 가치 창출이 중요한 지표이고 지연 비용을 고려할 경우, 이 경로는 여전히 비즈니스에 가장 도움이 될 수 있다.

어떤 것이 모든 R인가?

애플리케이션 마이그레이션 경로를 선택하는 많은 모델은 리호스팅[rehost], 리플랫폼[replatform], 재설계[re-architect], 중단[retire] 등 'R'로 시작되는 일련의 단어를 기반으로 한다. 이는 흥미롭게도 여러 버전이 존재하며, 적어도 2개는 5개의 R로 된 모델(2010년 가트너[Gartner5], 2019년 마이크로소프트[6])이고, 또 다른 하나는 6개의 R로 시작하는 단어를 가진 모델(2016년 AWS[7])이다. 모든 모델이 동일한 어휘를 사용하는 것은 아니며, 가트너도 2018년에 용어를 업데이트 했는데('re-architect'가 'refactor'로 바뀌었다), 이로 인해 다소 혼동되는 부분이 생겼다.

---

5 https://www.gartner.com/en/documents/1485116/migrating-applications-to-the-cloud-rehost-refactor-revi

6 https://docs.microsoft.com/en-us/azure/cloud-adoption-framework/digital-estate/5-rs-of-rationalization

7 https://aws.amazon.com/ko/blogs/enterprise-strategy/6-strategies-for-migrating-applications-to-the-cloud/

다음은 쉽게 요약하기 위해 8개의 개념으로 그룹화된 10개의 용어를 보여주며, 용어가 표시되는 위치를 나타낸다(A = AWS, G = 카트너, M = 마이크로소프트).

리호스팅rehost[A/G/M]

전체 VM을 온프레미스에서 클라우드로 이동함으로써, 기본적으로 실제 '호스트'를 변경할 수 있지만 그 외에는 변경하지 않는다.

리플랫폼replatform[A]

애플리케이션을 그대로 옮기지만 운영체제 또는 미들웨어(애플리케이션이 존재하는 플랫폼)를 변경한다. 이것은 일반적으로 라이선스 제한 또는 클라우드에서 사용할 수 없는 이전 운영체제로 인해 발생한다.

재구매repurchase/교체replace[A/G/M]

애플리케이션을 또 다른 상용(또는 오픈소스) 애플리케이션으로 대처합니다. 이때 SaaS 모델로 교체하는 것을 선호합니다.

리팩토링refactor/재설계re-architect[A/G/M]

애플리케이션 배포 아키텍처를 완전히 다시 시작한다. 예를 들어 모놀리식을 마이크로서비스로 분할하거나, 일회성 구성요소를 클라우드 서비스로 대체, 또는 애플리케이션의 상태를 NOSQL 데이터 저장소에 추출한다.

개정revise[G]

레거시 애플리케이션을 업데이트해 이후 다시 호스트에 제공한다.

재구축rebuild[G/M]

더 과감한 버전의 리팩토링이며, 애플리케이션이 처음부터 다시 구축되는 것을 의미한다. 건물처럼 개조와 재건축 사이에 회색 영역이 있을 수 있다.

중단^{retire}[A]

애플리케이션 서비스를 중단한다. 이것은 일반적으로 애플리케이션 포트폴리오를 정리하면서 미사용 또는 고립된 애플리케이션이 드러날 때 발생한다.

유지^{retain}[A]

애플리케이션을 그대로 온프레미스에 유지한다.

또는 이 리스트를 다시 정리해보면, 각 온라인 리소스에서 추출할 수 있는 'R'의 목록을 확인할 수 있다.

- **가트너 2010**: 리호스팅^{rehost}, 개정^{revise}, 재설계^{re-architect}, 재구축^{rebuild}, 교체^{replace}

- **가트너 2018**: 리호스팅^{rehost}, 리팩토링^{refactor}, 개정^{revise}, 재구축^{rebuild}, 교체^{replace}

- **AWS 2016**: 리호스팅^{rehost}, 리플랫폼^{replatform}, 재구매^{repurchase}, 리팩토링^{refactor}/재설계^{re-architect}, 중단^{retire}, 유지^{retain}

- **마이크로소프트 2019**: 리호스팅^{rehost}, 리팩토링^{refactor}, 재설계^{re-architect}, 재구축^{rebuild}, 교체^{replace}

앞으로 몇 개의 'R'이 더 나올지 궁금하다면, 위키 용어 사전[8]에는 're'로 시작하는 단어가 200페이지에 걸쳐 나열되어 있다. 'R'은 틀림없이 매력적이지만 그 뒤에 있는 의미는 약간 모호하다. 어쨌든 의미를 고정하기는 어렵지만, 주요 위험은 사람들이 회의에 나와서 '리플랫폼'이라고 스스로에게 중얼거리지만 그것이 다른 것을 의미한다는 것이다. 이 경우 또 다른 'R', 즉 **조정**^{reconcile}이 필요하다.

---

8 https://en.wiktionary.org/wiki/Category:English_words_prefixed_with_re-

내부 의사결정 모델 관찰

간단한 그래프에서 경로를 그리는 것은 의미가 분명하지 않을 수 있다. '수직 세로축'은 재설계 또는 단순히 배포 자동화를 의미하는 경우가 있다. 그러나 추상적 모델은 이 사실을 겉보기에 정확하게 나타나는 단어의 세트보다 이 사실을 좀 더 명확하게 전달한다. 또한 시각적 모델을 사용하면 'R'로 시작하는 동사의 긴 변형을 암송하는 것보다 다양한 이해관계자 전략을 쉽게 알 수 있다. 수직 상승 또는 수평 확장 모델과 'R'은 또 하나의 큰 차이가 있다. 'R'은 선택한 옵션 전체에서 특정 공통성 또는 대칭을 만들려고 한다. 그러나 의사결정 모델의 주요 목적은 선택을 지원할 수 있기 때문에 차이점을 강조해야 한다. 'R'의 순서는 단계적 차이(대략 상하 평면을 가로질러 이동하는 '각도')를 의미하지만, 모든 옵션을 하나의 차원으로 축소하면 기본 결정 공간에 완벽하게 적합하기는 어려울 것이다.

바구니에 나누어 담기

의사결정 모델은 사용 가능한 의사결정 공간을 좁히지만, 사용자를 위해 결정을 내리지는 않는다. 적절한 경로로 보내려면 애플리케이션을 적절한 바구니에 배치해야 한다. 어떤 애플리케이션이 어떤 경로를 취해야 할까? 종종 애플리케이션에 대한 제어 수준은 애플리케이션의 기술 아키텍처보다 더 중요한 결정 요인이다. 따라서 애플리케이션 포트폴리오를 다음의 세 가지 주요 범주로 분할하는 것이 좋다.

- **개발하지 않은 애플리케이션**(대부분의 상용 애플리케이션을 포함)
- **누군가가 당신을 위해 만든 애플리케이션**(예: 시스템 통합 업체가 개발한 것)
- **사내에서 만든 애플리케이션**

이 분류는 애플리케이션 전체 인벤토리에서 첫 번째 내용을 정리하는 데 도움이 된다. 예를 들어, 상용 애플리케이션을 재설계 방식으로 스택의 상단으로 이동하는 것은 어렵다. 또한 자신이 구축하지 않은 애플리케이션을 실행하면 안 된다는 사실을 기억한다면, 이는 다른 사람의 문제가 될 수 있다.

결정할 사람은 당신이다

이러한 위의 모델은 더 나은 의사결정을 더 쉽고 광범위하게 전달하는 데 도움이 된다. 이들은 단순한 '왼쪽 또는 오른쪽'으로 표현할 수 있는 답변이 없는 경우에 특히 유용하다. 모델은 무엇을 해야 하는가를 가르쳐주지 않지만 더 나은 해답을 얻을 수 있도록 도와준다. 예를 들어, 계약이 성립될 때까지 기존의 데이터 센터를 비워야 하는 경우와 같이 애플리케이션을 신속하게 이동해야 할 때 궁극적으로는 더 긴 경로를 택하더라도 우선은 삼각형의 짧은 쪽을 선택하는 것이 좋다. 시간과 리소스가 있는 경우 빗변을 따라 가는 것이 실제로 두 번 도약하는 것보다 노력을 줄일 수 있다. 그러나 비용을 절감하기 위해서라면 최적화하는 과정(29장)을 여러 번 할 수 있다는 점에 유의해야 한다.

그러면 연필, 모눈종이, 자를 가지고 와서 몇 가지 클라우드 마이그레이션을 그려보자!

17장

가치가 유일한 진짜 발전이다

'가치'라는 단어 찾기(Ctrl+F)

▲ 우리는 길 한가운데 있다!

이사회 프레젠테이션의 초안을 확인할 때 가장 먼저 했던 일은 '가치'라는 단어를 검색하는 것이었다(키보드 단축키 Ctrl+F를 사용). 그 단어가 없으면 슬라이드를 다시 돌려보냈다. 명확한(또는 최소한 비슷하게 표현된) 가치가 없는 것을 두고 이사회의 논의가 무슨 소용이 있겠는가? '가치'라는 단어에는 동의어가 그다지 많지 않기 때문에 단어 선택이 잘못됐을 가능성은 거의 없었을 것이다. 이러한 같은 규칙이 클라우드 마이그레이션에도 적용돼야 한다.

진행을 측정하기

정교한 도구에도 불구하고 클라우드 마이그레이션은 즉각적으로 이뤄지지 않는다. 따라서 진행 상황을 추적하는 것은 자연스러운 일이다. 대부분의 클라우드 마이그레이션 전략은 마이그레이션된 가상 서버 또는 워크로드의 수에 따라 이뤄진다. 목표는 일반적으로 특정 날짜까지 작업 부하의 특정 비율을 마이그레이션하는 것이기 때문에 언뜻 보기에는 말이 된다고 생각할 수 있다.

마찬가지로, 앞으로 500km의 자동차 여행을 앞두고 있다면 지금까지 주행한 킬로미터를 계산하는 것이 현명하다. 물론 도로 상황이 크게 달라지는 경우를 제외하고 말이다. 여행의 전반이 바람이 많이 부는 산악도로인 경우 후반에는 독일 아우토반에 도달하기 전에 200km는 실제 가야 할 길의 절반 이상이 될 수 있다. 따라서 이동한 킬로미터 수 또는 마이그레이션된 워크로드의 수는 쉽게 측정할 수 있지만 실제 진행 상황에 가장 적합한 지표가 아닐 수 있다.

대리 지표

마이그레이션된 워크로드의 계산 등 IT 지표는 내가 **대리 지표**proxy metrics라고 부르는 것이다. 대리 지표는 실제 목적의 대용이다. 대리 지표는 측정과 추적이 간단하기 때문에 매력적이다. 그러나 이 지표는 또한 비즈니스에 가치를 제공하는 등 전반적인 목적에 실제로 측정할 수 없을 때 진전을 이루고 있다고 믿게 만들 수 있기 때문에 위험한 측면이 있다.

ℹ️ 마이그레이션된 애플리케이션 수는 최종 사용자가 신경 쓰지 않기 때문에 실제 클라우드 성공을 위해서는 위험한 대리 지표다.

클라우드 전략의 목표는 비즈니스 또는 고객에게 가시적이고 의미 있는 지표를 개선하는 것이어야 한다. 눈에 보이는 지표는 본질적으로 '기술적'일 수 있다. 예를 들어 사용자는 시스템의 가용성, 성능 또는 보안 개선을 높이 평가한다. 또한 기능 전달이 빨라지는 경우도 높게 평가하게 될 것이다. 그러나 '네트워크 라우팅의 70%가 구성되어 있다'거나 또는 '서버의 30%가 마이그레이션된 것'을 의미 있게 받아들이기는 훨씬 어렵다. 이러한 서버는 최종 사용자가 절대 건드릴 일이 없는 테스트 환경을 위한 것일 수 있기 때문이다.

마이그레이션된 서버의 수가 대리 지표가 아닌 실제 수치인 경우가 있다. 예를 들어, 계약 만료 전에 기존 데이터 센터를 비울 것을 고려하는 경우다. 그러나 이러한 마이그레이션은 종종 더 큰 목표에 의해 주도되고 측정되는 큰 이니셔티브의 퍼즐 조각이다.

가치 격차

IT 내부의 대리 지표를 따르는 것으로 인해 클라우드 마이그레이션 중에 일반적이고 위험한 현상, 즉 **가치의 격차**value gap가 발생할 수 있다. 내 기업 전략 블로그 게시물[1]에 자세히 설명되어 있는 바와 같이, IT 리더는 기술적인 마이그레이션이 확실하게 진행되고 있음에도 불구하고, 비즈니스 및 기타 이해관계자로부터의 지원이 약해지면 가치 격차에 직면할 수 있다. 이것은 예를 들어, 비용이나 가동 시간 등과 같이 이해관계자가 초기 기술 발전을 환영하면서 눈에 띄는 개선이 보였을 때 발생할 수 있다. 그러나 얼마 지나

---

1 https://aws.amazon.com/ko/blogs/enterprise-strategy/is-your-cloud-journey-stuck-in-the-value-gap/

지 않아 기업은 기술 발전과 투자에 상응하는 가치를 인정하는 것 같다.

일부 기업이 워크로드를 온프레미스 데이터 센터로 다시 이동하는 것을 고려하게 된 이러한 위험한 격차의 이유는 조직의 변화(7장 '클라우드는 당신 조직의 방향을 바꾼다' 참조)가 종종 기술 발전 속도를 따라가지 못하기 때문이다. 새로운 생각과 일하는 방식을 채용하지 않고서는 클라우드의 모든 놀라운 기술은 우리가 기대하는 가치를 제공할 수 없다. 이렇게 변화하지 않는 조직은 클라우드 마이그레이션에 따른 라이프 스타일의 변화(1장)를 인식하지 않거나 구현할 수 없다.

기술 마이그레이션을 추진하는 것만으로 가치의 격차를 극복할 가능성은 낮다. IT 대리 지표로 측정하는 대로 발전하겠지만, 가치의 격차를 좁히지는 못할 것이다. 대리 지표를 피한다고 해서 마법처럼 가치의 격차(즉, 함정)를 피할 수는 없으며, 그저 기술 발전에 만족하는 것이다.

전함놀이

그런데 클라우드 여정의 시작 단계에서는 비즈니스 가치를 생성하고 측정하기가 쉽지 않다. 먼저 많은 기술적인 작업을 진행하고 처리해야 한다. 따라서 마이그레이션된 서버의 수나 스토리지 볼륨의 용량 같은 기술적인 지표에서 시작하는 것은 전혀 문제가 되지 않는다. 그러나 생성된(그리고 가시화된) 비즈니스 가치가 기술 지표를 추적하고 있는지 여부를 즉시 확인해야 한다. 따라서 가장 좋은 방법은 비즈니스 지표의 사용을 점차적으로 시작하는 것이다. 따라서 지표는 마이그레이션과 함께 시간이 지남에 따라 발전해 기술적인 IT 지표에서 비즈니스 관련 가치 지향적인 지표로 전환된다.

ℹ️ 마이그레이션 지표는 마이그레이션이 진행되면서 IT 내부 지표에서 비즈니스 관련 지표로 전환돼야 한다.

이 접근 방법은 그리드에 배치된 작은 점 형태로 어뢰를 발사해 적의 전함을 발견해야 하는 전함놀이와 비슷하다. 처음에 경기장이 꽤 비어 있을 때는 비교적 간단한 방법을 따르지만 신속한 결과를 기대할 수는 없다. 몇 번의 득점이 이뤄진 후 바로 인접한 필드를 탐색하는 정교한 전략으로 바뀐다. 따라서 클라우드 여정에서는 환경을 더 잘 이해하고 상황이 진행됨에 따라 더 전략적이 되도록 적절히 배치된 몇 개의 탐지 지점에서 시작하는 것이 좋다. 전함놀이의 예는 이 진전을 이해관계자에게 그럴듯하게 만드는 좋은 방법이 될 수 있다.

IT 부서에서 일하는 것을 게임으로 묘사하는 것이 정당한가? 상대 선박의 위치는 완전히 숨겨져 있는가? 전형적인 IT 환경의 투명성이 낮은 수준(11장)임을 감안하면, 비유는 슬프게도 우리가 원하는 것보다 현실에 더 가깝다.

가치 그래프

싱가포르 정부의 IT('GovTech')에서 일하던 때, 우리는 단순하면서도 인상적인 모델을 사용해 아키텍처 분야를 개선하고자 했다. 특히 유용한 모델은 이른바 **가치 그래프**value graph였다. 간단한 그래프는 투자한 노력에 대해 제공된 프로젝트의 가치를 보여준다. 양적인 것보다 질적인 것을 의도했지만, 그럼에도 비즈니스 가치를 얼마나 빨리 제공할 수 있는지에 대한 유용한 논의로 이어진다. 다음 도표는 (이렇게 그려지는 경우는 거의 없지만) 일상적으로 사람들의 마음에 스며들어 있는 3개의 인기 있는 버전을 보여준다.

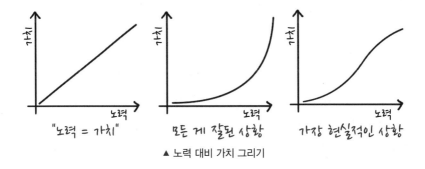
▲ 노력 대비 가치 그리기

처음의 오류는 노력 대비 제공되는 가치를 동일시하는 것이다(왼쪽). "우리는 마이그레이션 도중이기 때문에 절반의 가치를 제공했다." 아니, 제공하지 않았고 다만 절반의 돈을 사용했을 뿐이다. 마찬가지로 인기 있는 것은 악명 높은 '하키 스틱'이다(중앙). "시작은 늦었지만 나중에 만회할 거야." 그래, 꼭 그랬으면 좋겠다…

가장 일반적으로는 S 곡선(오른쪽)을 예상할 것이다. 처음에는 약간의 준비가 필요하고, 그 후에는 낮게 매달려 있는 과일을 수확해 빠르게 발전할 수 있다. 어느 시점에서 더 어려운 애플리케이션을 처리해야 곡선이 평평해진다. 그러나 그 시점에서 이미 상당한 가치를 제공했을 것이다. 자세한 내용은 관련 링크드인^{LinkedIn} 기사[2]를 참조하자.

곡선에 미치는 영향

선형 버전 또는 하키 스틱 버전을 사용하고 싶은 유혹을 극복했다고 가정하고 가치 곡선을 어떻게 변경할 수 있을까? 주요 관심사는 곡선의 기울기를 크게 하는 것, 즉 더 빨리 가치를 제공하는 것이다. 세 가지 주요 요소가 이를

---

2 '더 스마트한 국가의 구축: 더 나은 의사결정으로 이끌어낼 간단한 모델', 링크드인, https://www.linkedin. com/pulse/building-smarter-nation-simple-models-lead-better-decisions-hohpe/

달성하는 데 도움이 된다.

1. 가치를 측정하는 방법을 명확하게 정의한다. 명확하게 정의하거나 이해되지 않는 것을 최적화할 수는 없다. 당연히 의미 있는 지표를 선택하면 클라우드를 사용하려는 이유를 처음부터 명확하게 파악(11장)하는 데 도움이 된다.

2. 선택한 지표에 기여하는 애플리케이션을 투명하게 식별할 수 있다. 이 것을 달성하는 가장 쉬운 방법은 설문조사 또는 매뉴얼하게 검토하는 것이다. 엔터프라이즈 아키텍처 팀(10장)은 이러한 매핑을 지원할 수 있어야 한다.

3. 마이그레이션하는 애플리케이션을 그룹화해 원하는 가치 지표와 잘 일치하게 한다.

구체적인 예로는, 애플리케이션의 성능을 개선하는 것이 클라우드로 전환하기 위한 핵심 가치 제안이라면 전체 애플리케이션을 프론트엔드에서 백엔드로 마이그레이션해야 한다. 그렇지 않으면 클라우드의 프론트엔드와 온프레미스 백엔드 사이에 추가 지연 시간이 발생한다. 애플리케이션 포트폴리오를 이차원에 따라 그리면 그림의 왼쪽과 같이 수직 슬라이스 전체가 마이그레이션된다.

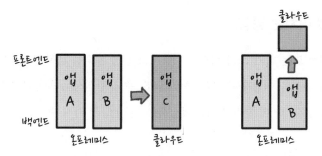

▲ 마이그레이션의 선택에 따라 제공되는 가치가 결정된다.

그러나 가용성이 주요 목적인 경우에는 오른쪽과 같이 오류가 발생하기 쉬운 구성요소만 이동해 자동 재시작을 구현할 수 있다. 확실히 '반창고' 접근 방식은 가치를 신속하게 제공하고 나머지 구성요소를 마이그레이션할 시간을 준다.

이 간단한 예제에서는 애플리케이션의 수가 가치 중심의 마이그레이션 접근 방식을 제대로 대체하지 못한다는 것을 보여준다. 19장 '하이브리드 클라우드: 코끼리를 자르는 것'에서는 마이그레이션을 위해 애플리케이션을 그룹화(및 잘라내기)하는 여러 가지 방법을 설명한다.

피타고라스에 가치 부여하기

16장에서는 마이그레이션을 시각화하기 위한 연상 모델을 소개했다. 가치 차트를 해당 장의 수직 상승 또는 수평 확장의 마이그레이션 경로와 결합할 수 있는가? 이 차원을 추가함으로써, 에드 터프트[Ed Tufte][3]가 역대 최고의 통계 그래픽 중 하나로 칭송하는 샤를 조제프 미나르[Charles Joseph Minard][4]의 나폴레옹 행진지도에 해당하는 비전을 얻을 수 있다.

아마도 자세한 내용을 담을 수는 없겠지만, 간단한 버전에서는 경로 위의 점 크기로 제공되는 값을 표시할 수 있다.

---

3 https://www.edwardtufte.com/tufte/posters
4 https://en.wikipedia.org/wiki/Charles_Joseph_Minard

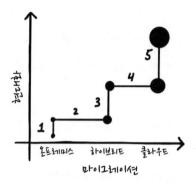

▲ 마이그레이션 경로에 값을 표시하기

이 지도는 첫 번째 단계가 가치를 제공하기 위한 것이 아니라 두 번째 단계에서 하이브리드 환경으로의 후속 마이그레이션을 위한 준비 작업임을 보여준다. 그러나 실제 결과는 4단계와 5단계에서 나온다. 에드 터프트가 승인할까? 판단은 당신의 몫이다!

4부

클라우드 설계하기

아키텍처를 이해하지 않고 클라우드에서 성공하는 것은 상상할 수 없다. 클라우드 플랫폼은 단일 제품이 아니라 방대한 서비스 모음으로, 빈번히 작업 방식에 엄청난 영향을 준다.

유행어 부수기

IT에 대한 논의는 일반적으로 제품 이름들과 유행어Buzzwords[1]에 의해서 지배되는 특징이 있다. '〈유행어〉를 만들기 위해 〈제품 A〉와 〈제품 B〉를 평가하는 것'은 IT 논의에서 일반적인 현상이며, '〈유행어〉가 되기 위해 〈제품 C〉와 〈제품 D〉를 평가하는 것'은 단지 두 번째 버전의 유행어를 만드는 것에 그치고 만다. 나는 '애자일Agile', '린Lean', '디지털Digital', '반취약성Anti-Fragile', '비경계Zero trust', '데브옵스Devops', 'IaC Infrastructure as Code' 및 '클라우드 네이티

---

1 'buzzword'는 명확한 합의나 정의가 없는 용어로, 처음에 명확하게 정의된 용어도 본래의 의미에서 벗어나 사용하게 되면 buzzword로 간주되며, 주로 IT 분야에서 많이 사용된다. 여기서는 '유행어'라는 단어로 대처한다. – 옮긴이

브^{Cloud native}'라는 단어는 각 문장에 사용하도록 두겠다.

유행어를 의미 있는 고려사항으로 변환하는 것은 엔터프라이즈 아키텍트의 가장 중요하지만 더 섬세한 작업 중 하나다. 유행어는 종종 내용이 부족하기 때문에 희망적인 생각을 촉진시키지만, 공통의 어휘를 제공함으로써 의사소통에는 도움을 줄 수 있다. 이런 섬세한 작업을 성취하기 위한 중요한 열쇠는 여러분의 청중들이 유행어를 혼란스러워하지 않고 사고 과정에 참여할 수 있도록 충분히 깊은 공통의 이해를 만드는 것이다.

> ℹ️ 여러분의 청중에게 유행어를 말하는 것은 그들을 생각의 과정에서 배제시키는 것이다. 아키텍트들은 이보다 더 잘할 필요가 있다.

클라우드 설계는 재료를 고르는 것 이상의 것이다.

안타깝게도 많은 제조사의 인증은 클라우드 아키텍처가 주로 서비스를 선택하고 각 기능을 기억해야 한다는 생각을 불러일으킨다. 레고 블록의 모든 색깔과 모양을 암기함으로써 인증된 레고 아티스트가 되는 것과 같은 느낌을 들게 한다(파란색 블록 1x7을 만들까요?). 올바른 공급자와 서비스를 선택하는 것도 중요하지만, 이러한 부분을 비즈니스 목표를 지원하는 의미 있는 방식으로 통합하는 것이 클라우드 전략과 클라우드 아키텍처의 핵심이다.

> ℹ️ 나는 종종 아키텍트를 레스토랑의 스타 요리사에 비유한다. 좋은 재료를 고르는 것은 유용하지만, 그것을 어떻게 조합하는지에 레스토랑의 명성이 달려 있기 때문이다. 그리고 가장 좋아하는 레스토랑의 요리를 재현하려고 노력해본 사람이라면, 최종 요리의 외형에서 보이는 것보다 훨씬 더 많은 것이 관련되어 있음을 증명할 수 있다.

진정한 아키텍처의 관점을 취하는 것은 멀티-하이브리드 및 하이브리드-

멀티-클라우드와 같은 대중적인 개념이 포함되지만 마케팅 소개 책자에 설명된 방식은 아닐 수 있다. '최고의' 아키텍처는 없으며 여러분의 상황과 목표에 '가장 적합한' 아키텍처만 있을 뿐이다. 따라서 여러분의 클라우드 아키텍처를 정의하려면 상당한 생각이 필요하며, 절대 아웃소싱을 해서는 안 된다.[2]

아키텍트 엘리베이터는 층을 연결한다.

아키텍트 엘리베이터Architect Elevator[3]는 기업 펜트하우스, 즉 최상위 비즈니스 전략을 엔진 룸의 기술적 현실과 연결할 수 있는 아키텍트의 모델을 정의한다. 이런 아키텍트는 단순한 이점이 아니라 제조사 제품군을 살펴볼 때 해당 제품의 핵심 가정이나 제약 조건 및 의사결정을 역설계한다. 그런 다음 이런 통찰력을 기업의 상황에 맞게 연결 짓고 제품을 구체적인 솔루션에 통합하는 절충안의 균형을 맞출 것이다.

전형적인 IT에서는 기술 구현의 결정이 비즈니스 요구사항에 대한 명확한 정의에서 도출된다는 가정하에 구축되어 아키텍처를 단방향 방식으로 만들었다. 클라우드에서는 이러한 가정을 뒤집고 엔진 룸에서 이뤄진 기술적 선택의 결과를 이해하는 의사결정권자에게 유리하다. 결국 이러한 기술적 선택에 따른 의사결정은 기업이 시장에서 혁신하고 경쟁할 수 있도록 지원하는 중요한 요소가 된다. 따라서 더 나은 의사결정을 내릴 뿐만 아니라 경영진에게 투명한 의사소통을 하는 것이 엘리베이터 아키텍트의 역할이다. 이러한 맥락에서 의사결정 모델과 시각화는 매우 유용한 도구임이 입증된다.

---

2 https://architectelevator.com/strategy/dont-outsource-thinking/

3 https://architectelevator.com/

의사결정 모델

혼자 클라우드 아키텍처에 관한 책 한 권을 다 채우는 사람도 있고, 이미 몇몇 사람은 그렇게 해왔다(나도 운이 좋게 『Cloud Computing Patterns』[4]의 서문을 썼다). 클라우드 서비스 제공업체들도 마이크로소프트 애저의 클라우드 아키텍처 패턴과 같은 아키텍처 지침을 제공하는 사례가 늘고 있다.

이 자료를 바탕으로 이 부분은 의미 있는 결정과 절충안으로 관심을 갖게 한다. 의사 결정 모델과 정신 모델은 클라우드 여정의 주요 의사 결정 지점을 안내하고 더 정확한 정보를 제공해 보다 체계적인 의사 결정을 내릴 수 있도록 지원한다.

- 멀티 클라우드(18장)에는 다양한 종류가 있으며 자신에게 가장 적합한 것을 신중하게 선택해야 한다.
- 하이브리드 클라우드(19장)를 도입하려면 워크로드를 클라우드와 온프레미스로 분리해야 한다. 옵션을 알면 최적의 경로를 결정하는 데 도움이 된다.
- 아키텍트들은 내부를 살펴보고 싶어 하므로 여러 제조사가 하이브리드 클라우드 솔루션을 설계하는 방법(20장)을 알려준다.
- 많은 아키텍트가 자신의 주요 업무를 종속[lock-in]과 싸우는 것으로 간주하고 있다. 하지만 삶은 그렇게 단순하지 않다. 종속을 피하는 일에 너무 갇혀 있지 마라!(21장)
- 클라우드는 널리 사용돼온 아키텍처 스타일을 주도한 많은 과거의 가정을 바꾼다. 따라서 우리는 멀티테넌시[multitenancy]의 마지막(22장)을 볼 수 있다.

---

4 Fehling, Leymann, Retter, Schupeck, Arbiter, *Cloud Computing Patterns*, Springer 2014

- 아키텍트는 '-성-ility'[5]이라고 하는 비기능적인 요구사항에 스스로 신경을 쓴다. 클라우드는 환경 친화적인 방식으로 새로운 '-성', 즉 일회성 (23장)을 제공한다.

---

5 '-ility'는 다양한 특성(품질)의 공통 접미사로 사용된다. – 옮긴이

18장

멀티 클라우드: 당신에게는 선택권이 있다

하지만 선택권은 무료로 제공되지는 않는다

대부분의 기업은 기본 애플리케이션을 클라우드로 마이그레이션하거나 새로운 클라우드 전용 애플리케이션을 구축하는 데 분주한 반면, 분석가와 마케팅 팀은 '멀티-하이브리드-클라우드 컴퓨팅' 같은 슬로건을 구상하면서 가만히 앉아 있지만은 않는다. 아니면 '하이브리드-멀티'였을 수도 있다. 나도 확실하지 않다.

마이그레이션이 끝나기도 전에 기업은 이미 뒤처져 있는가? 곧바로 멀티 클라우드 환경으로 전환해 '도약'해야 하는가? 실제로 사람들이 '멀티 클라우드'라고 할 때 모두 동일한 의미를 담고 있는가? 이제는 또 다른 유행어를 퍼뜨리고 상황을 현실화하고 비즈니스 가치로 되돌릴 때다. 다시 한번 의미 있는 결정이 내려져야 한다는 사실을 알게 될 것이다.

멀티-하이브리드 분할

멀티-하이브리드 클라우드 방식의 초반 접근법으로 워크로드를 필요할 때마다 온프레미스에서 클라우드로, 또는 다른 클라우드 간에 이동할 수 있다는 건 충분히 매력적으로 들린다. 그리고 이런 모든 동작은 버튼 하나 정도만 누르면 된다. 아키텍트는 선천적으로 회의론자이므로 이러한 솔루션의 제약, 비용 및 이점을 더 잘 이해하기 위해 내부를 살펴보려는 경향이 있다.

유행어를 분석하기 위한 첫 번째 단계는 '멀티-하이브리드'로 합쳐진 유행어를 '하이브리드'와 '멀티' 2개로 분리하는 것이다. 각 단어는 각기 다른 추진력을 갖고 있으므로 두 단어를 간결하게 정의해보자.

- **하이브리드**: 클라우드와 온프레미스로 워크로드를 분할하며, 일반적으로 이러한 워크로드는 유용한 작업을 위해 상호작용한다.
- **멀티**: 둘 이상의 클라우드 업체에서 워크로드를 실행한다.

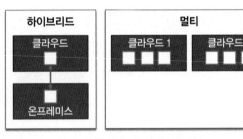

▲ 하이브리드와 멀티 클라우드

이러한 용어가 단순해 보이지만, 불균형적 수준의 혼란은 여전히 남아 있다. 예를 들어, 어떤 사람들은 멀티와 하이브리드가 매우 유사하다('온프레미스는 단지 또 다른 클라우드다.')고 생각하는 반면, (나를 포함한) 또 어떤 사람들은 온프레미스 운영과 퍼블릭 클라우드 운영의 각기 다른 제약 조건(20장)을 강조하고 싶어 한다.

의사결정에 중점을 두는 아키텍트의 관점에서는 한 가지 중요한 차이점이 있다. 하이브리드 클라우드는 (퍼블릭) 클라우드로 전환되는 단계 동안 대부분의 기업에 최소한 제공(19장)되는 반면, 멀티 클라우드 전략은 명시적인 선택이 된다. 많은 기업이 단일 클라우드에서 매우 성공적으로 운영되고 있으며, 그 예로 필요로 하는 기술 세트를 최소화하고 대폭 할인을 받는 등 비용을 최적화하고 있다.

따라서 아키텍트로서 여러분은 갖고 있는 멀티 클라우드 선택군과 관련된 의사결정에 대한 절충안을 이해하고 싶어 한다. 유행어로 정의된 의사결정 프레임워크가 이를 달성하는 데 도움을 줄 것이다.

멀티 클라우드 옵션

멀티 클라우드 전략의 가장 좋은 시작점은 기술적인 플랫폼에서 한 발 물러나서 일반적인 사용 시나리오를 검토하는 것이다. 그런 다음 각각이 보여주는 가치와 그것이 내포하는 상충 관계를 조사하는 것이다. '멀티 클라우드'라는 용어 내에 포함되는 여러 이니셔티브에 참여한 이후, 나는 다음과 같이 다섯 가지 시나리오로 나눌 수 있다고 생각한다.

1. **임의**arbitrary : 워크로드 둘 이상이 클라우드에 있지만 특별한 이유는 없다.

2. **세분화**segmented : 각기 다른 용도로 각기 다른 클라우드가 사용된다.

3. **선택**choice : 프로젝트(또는 사업부)는 클라우드 업체를 선택할 수 있다.

4. **병렬**parallel : 단일 애플리케이션이 여러 클라우드에 배포된다.

5. **이식**portable : 워크로드는 클라우드 간에 마음대로 이동할 수 있다.

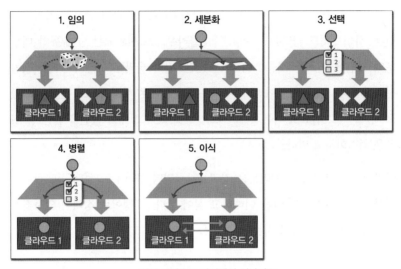

▲ 멀티 클라우드 아키텍처 시나리오

이 다섯 가지 시나리오에서 각 옵션에는 장점과 제한사항이 있으므로 특정 시나리오가 반드시 좋은 것은 아니다. 오히려 여러분의 요구에 가장 적합한 방식을 찾고 의식적으로 선택해야 한다. 가장 큰 실수는 불필요한 기능을 제공하는 옵션을 선택하는 것일 수 있다. 곧 알게 되겠지만, 각 옵션에는 비용이 들어가기 때문이다.

 멀티 클라우드 아키텍처는 한 가지 시나리오로 모든 것을 해결할 수 있는 단순한 결정은 아니다. 가장 흔한 실수는 비즈니스가 성공하는 데 필요한 것보다 더 복잡한 옵션들을 선택하는 것이다.

멀티 클라우드를 특징별로 분류하고 각각의 이유와 장점을 식별하는 것은 엘리베이터 아키텍트가 다른 많은 사람들이 단지 오른쪽 또는 왼쪽만 보는 상황을 어떻게 인식하는지 보여주는 좋은 예다. 간단한 어휘를 결합하면 기술적 전문 용어 없이 모든 사람이 같은 관점으로 바라보게 하는 심도 있는 대화를 가능하게 한다. 이것이 바로 『The Architect Elevator』[1]의 내용이다.

---

1   Hohpe, *The Software Architect Elevator*, 2020, O'Reilly

멀티 클라우드 시나리오

멀티 클라우드를 수행하는 다섯 가지 방법을 개별적으로 살펴보면서 주요 기능과 주의해야 할 측면을 주의 깊게 살펴보자. 그리고 배운 내용을 의사결정표에 요약해볼 것이다.

임의

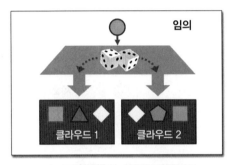

▲ 모든 클라우드 내 어떤 워크로드

기업이 우리에게 한 가지를 가르쳐준다면, 그것은 바로 현실은 프레젠테이션 슬라이드 자료에 미치지 못한다는 것이다. 이러한 추론(그리고 일반적인 냉소주의)을 멀티 클라우드에 적용하면, 기업 멀티 클라우드의 상당한 비율은 신성한 아키텍처적 예측(선견지명)의 결과가 아니라 단순히 형편없는 거버넌스와 과도한 제조사 영향력의 결과라는 사실을 알게 된다.

이처럼 임의적인 멀티 클라우드는 둘 이상의 클라우드 업체에서 워크로드를 실행하지만, 한 클라우드 또는 다른 클라우드에서 워크로드를 실행해야 하는 이유를 잘 알지 못한다는 것을 의미한다. 과거부터 존재한 이유는 있다. 하나의 클라우드로 시작한 후 상당한 서비스 크레딧 덕분에 또 다른 제조사를 추가했지만, 일부 개발자는 기업 표준을 무시할 정도로 제3의 클라우드를 매우 좋아했기 때문이다.

이 단계에는 '전략'이라는 표현은 적절하지 않다. 그렇다고 모든 것이 나쁘다는 건 아니다. 적어도 클라우드에 무언가를 배포하고 있기 때문이다! 조종하기 전에 먼저 움직여야 하므로[2] 이는 좋은 일이다. 그렇다, 적어도 여러분은 움직이고 있다. 여러분은 여러 기술 플랫폼을 통해 경험을 수집하고 기술을 축적하고 있으며, 이를 통해 여러분의 요구사항을 가장 잘 충족시키는 클라우드 업체에 정착할 수 있게 된다. 따라서 '임의적인 것'이 실현 가능한 목표의 모습은 아니지만, 일반적인 시작점은 된다.

세분화

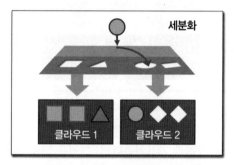

▲ 다양한 요구사항에 맞는 다양한 클라우드

여러 클라우드에 걸쳐 워크로드를 세분화하는 것도 일반적이며 앞으로 좋은 단계를 수행할 수 있다. 특정 유형의 워크로드에 대해 각기 다른 클라우드를 선택하는 것도 좋은 단계. 기업은 특정 분야에 강점이 있는 제조사의 장점을 활용하고자 하는 경우 이 시나리오를 선택한다. 또한 워크로드에 대한 다른 라이선싱 모델(29장)로 인해 다른 제조사를 선호하는 경우도 있다. 세분화 시나리오의 일반적인 형태는 대규모 워크로드를 주요 업체에서 실행하고 분석 서비스는 다른 업체를 사용하는 것이 대부분이다.

---

2 https://www.linkedin.com/pulse/before-you-can-steer-first-have-move-gregor-hohpe/

여러분은 여러 요소에 따라 클라우드 업체를 선택하게 된다.

- 워크로드 타입(오래된 방식 대 최신 방식)
- 데이터 타입(기밀 데이터 대 공개 가능한 데이터)
- 서비스 타입(컴퓨팅 대 분석 대 협업 소프트웨어)

여러분의 애플리케이션 절반이 왼쪽(클라우드 1)에 있고 나머지 절반이 오른쪽(클라우드 2)에 위치하는 환경에서 애플리케이션 간의 **연결성**을 이해하면 이로 인한 과도한 네트워크 비용이 발생하지 않는다. 특히 머신러닝 같은 분야에서 제조사의 역량이 빠르게 변화하고 있는 것도 유념해야 한다. 따라서 현재 시점의 비교(1장)는 특별한 의미가 없으며, 몇 개월 후 선호하는 제조사가 비슷한 기능을 제공한다는 사실을 알게 되면 여러분도 모르게 이 시나리오로 이어질 수 있다.

또한 나는 영업 팀이 발품을 팔아 영향력을 늘릴 때 기업이 '세분화'에서 '임의'로 바뀌는 것을 관찰했다. 여러분이 다른 제조사의 매우 특정한 서비스를 사용할 경우, (기술) 영업 담당자는 또 다른 서비스도 제공하려고 노력할 것이고, 이는 당연히 그들의 일이기 때문이다.

의사결정의 원칙은 합리적 전략의 근간이므로 이러한 상황에서는 우호적이면서도 단호한 태도를 유지해야 한다. '임의' 모델로 돌아가는 또 다른 미끄러운 경사는 이력서 중심 아키텍처(25장)이므로, 선글라스를 착용하고 너무 빛나는 물체는 멀리해야 한다. 그렇지 않으면 애플리케이션의 95%는 한 국가에서 실행되고, 나머지 5%는 수천 마일이 떨어진 다른 클라우드에서 실행되는 상황이 벌어질 수 있다. 실제 사례에서 이 경우 응답 시간 지연과 송신 비용이 발생하고 요구되는 기술 세트의 불필요한 중복이 발생한다.

클라우드를 비교할 때는 개별 서비스별로 최적화하는 함정을 피해야 한다. 서비스의 상호 운영 방식과 접근 관리 또는 모니터링과 같이 교차 문제를 포함해 클라우드 플랫폼을 전체적으로 평가해야 한다. 이는 엔터프라이즈 아키텍처에서 가장 중요한 교훈 중 하나로 귀결된다.

 부분적인 최적화의 합이 전체 최적화가 되는 경우는 거의 없다. 부분이 아닌 전체를 최적화해야 한다!

선택

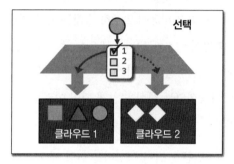

▲ 선택의 자유

대부분의 경우 처음 두 가지 예를 '진정한' 멀티 클라우드로 간주하지 않을 수 있다. 이들이 찾고 있는 것은 추상화 계층 또는 거버넌스 프레임워크를 구축함으로써 클라우드 업체 간에 워크로드를 자유롭게 배치하는 능력, 즉 종속을 최소화하는(21장) 능력이다. 다시 말하면, 클라우드 결정의 최종적인 상태에 따라 구분되는 여러 가지 특징이 있다. 예를 들어, 초기 선택 후 여러분의 마음을 바꿀 수 있는가? 만약 그렇다면, 이런 변심은 얼마나 쉬울 것으로 예상하는가?

가장 덜 복잡하고 일반적인 상황에서는 개발자에게 클라우드 업체를 선택할 수 있는 초기 선택권을 주지만, 여러분은 개발자의 마음이 계속 바뀌기를 기대하지는 않을 것이다. 이런 '선택' 시나리오는 공유 IT 서비스 부서가 있는 대기업에서 일반적으로 나타난다. 중앙 IT 팀은 일반적으로 각 비즈니스 사업부의 IT 선호도를 지원할 것으로 예상된다. 선택의 자유는 공공 부문과 같이 중립을 지켜야 하거나 금융 서비스나 이와 유사한 중요 서비스에서 흔히 볼 수 있는 '모든 달걀을 한 바구니에 담는 것'을 피하려는 규제 지침에서 비롯될 수도 있다.

'선택' 설정은 전형적으로 중앙 IT 부서에서 클라우드 업체와의 상업적인 관계를 관리한다. 또한 일부 IT 부서는 중앙 집중식 지출 추적 및 기업 거버넌스를 보장하기 위해 클라우드 업체 계정 인스턴스를 생성해 공통된 도구 세트를 개발한다.

이런 설정의 장점은 프로젝트가 종속(성)의 최소화와 운영 오버헤드 간에 선호하는 절충안을 기반으로 관리형 데이터베이스와 같은 독자적인 클라우드 서비스를 자유롭게 사용할 수 있다는 것이다. 그 결과, 비즈니스 부서들은 방해받지 않는 (네이티브^{native}라고 말하고 싶은) 클라우드 경험을 얻을 수 있다. 따라서 이 설정은 멀티 클라우드를 위한 좋은 초기 단계를 만든다.

병렬

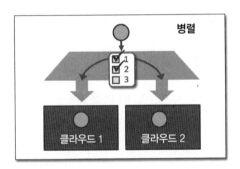

▲ 다중 클라우드에 단일 애플리케이션

이전 옵션을 사용하면 클라우드 서비스 업체 중에서 선택할 수 있지만 여전히 단일 업체의 서비스 수준 범위 내에 갇히게 된다. 많은 기업이 단일 업체로 달성할 수 있는 것보다 더 높은 수준의 가용성을 추구하기 위해 여러 클라우드에 중요한 애플리케이션을 배포하려고 한다.

동일한 애플리케이션을 여러 클라우드에 병렬로 배포하려면 클라우드 업체의 독자적인 기능에서 특정 세트를 분리해야 한다. 이것은 예를 들면 다음과 같은 여러 가지 방법으로 달성할 수 있다.

- ID 관리나 배포 자동화 또는 모니터링과 같은 클라우드 관련 기능을 각 클라우드에 대해 별도로 관리하고 인터페이스 또는 플러그형 모듈을 통해 핵심 애플리케이션 코드에서 격리한다.

- 클라우드 업체별 애플리케이션 구성요소에 대해 2개의 분기^{branch}를 유지하고 공통 인터페이스를 둔다. 예를 들어, 블록 데이터 저장을 위한 공통 인터페이스를 사용할 수 있을 것이다.

- 일반적으로 모든 클라우드에서 실행되는 오픈소스 구성요소를 사용한다. 이런 경우 순수 컴퓨팅(호스팅된 쿠버네티스는 대부분의 클라우드에서 사용이 가능하다)에는 비교적 잘 작동하지만, 데이터 저장소나 모니터링 같은 완전 관리형 서비스를 활용하는 능력은 저하될 수 있다. 관리형 서비스는 처음부터 클라우드로 전환할 때 얻을 수 있는 주요 이점 중 하나이기 때문에 신중하게 고려해야 할 옵션이다.

- 멀티 클라우드 추상화 프레임워크를 활용해 특정 클라우드와 관련된 세부 사항을 처리하지 않고도 한 번의 개발로 모든 클라우드에 배포할 수 있다. 그러나 이러한 추상화 계층은 특정 클라우드의 고유한 제품을 활용하지 못하게 해서 잠재적으로는 솔루션을 약화시키거나 비용을 증가시킬 수 있다.

코드 기반 내부의 차이점을 흡수한다는 것이 어색하게 들릴 수 있지만, 이는 객체 관계 매핑ORM, Object-Relational Mapping 프레임워크가 10년 이상 관계형 데이터베이스에 대해 성공적으로 수행해온 것이다.

주의해야 할 중요한 측면은 애플리케이션의 예상 가동 시간을 쉽게 저해할 수 있는 복잡성이다. 추가되는 추상화 계층과 더 많은 도구로 인해 계획되지 않은 가동 시간 중단이 발생하는 잘못된 구성이 될 가능성도 높아진다. 나는 3개 제조사의 세 곳의 가용 영역과 각각의 재해 복구 환경까지 배포하는 설계를 제안하는 제조사를 봤다. 각 구성요소가 $3 \times 2 \times 3 = 18$개의 노드를 차지하는 경우, 이 정도의 용량이 9개의 노드(클라우드 업체당 한 곳의 가용 영역으로 구성)로 구성되는 것보다 더 높은 가용성을 제공하는지에 대해서는 회의적이다.

두 번째로, 양쪽으로 배포된 애플리케이션 모두에서 공통성을 추구하는 것이 실제로 원하는 것이 아닐 수 있다. 클라우드 간의 공통성 수준이 높을수록 손상된 애플리케이션을 배포하거나 두 클라우드 모두에서 문제가 발생할 가능성이 높아지므로 복원력의 이점이 낮아진다. 극단적인 예로는 극도의 안정성을 요구하는 우주 탐사선 또는 이와 유사한 시스템이다. 그들은 모든 형태의 공통점을 피하기 위해 2개의 개별 팀을 사용한다.

 클라우드 업체 간의 일치성 수준이 높으면 일반적인 오류가 발생할 가능성이 높아져 시스템 가동 시간의 잠재적인 증가를 저해한다.

따라서 여러분이 가용성에 대해 설계할 때는 클라우드 업체의 플랫폼이 유일한 중단 시나리오가 아니라는 점을 명심해야 한다. 인적 장애 및 애플리케이션 소프트웨어 이슈(버그 또는 메모리 누수 및 오버플로우 대기열 같은 런타임 문제)는 중단의 더 큰 원인이 될 수 있다.

이식

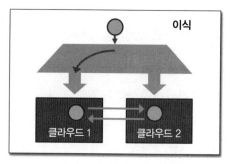

▲ 자유롭게 이동

멀티 클라우드의 장점은 클라우드 간 자유로운 이식으로 워크로드를 어디에나 배치하고 원하는 대로 이동하는 데 있다. 이점은 쉽게 파악할 수 있다. 예를 들어, 여러분에게 협상력을 펼치려는 제조사의 종속을 피할 수 있다. 리소스 요구에 따라 애플리케이션을 이동할 수도 있다. 예를 들어, 한 클라우드에서 정상적인 작업을 실행하고 추가 트래픽은 다른 클라우드에서 확장하게 할 수 있다.

이 기능을 가능하게 하는 핵심 메커니즘은 클라우드 서비스에서 벗어난 높은 수준의 자동화 및 추상화다. 병렬 배포의 경우 반수동 설정 또는 배포 프로세스로 벗어날 수 있는 반면, 완전한 이식은 언제든지 워크로드를 이동할 수 있어야 하므로 모든 것에 완전한 자동화가 필요하다.

멀티 클라우드 추상화 프레임워크는 이러한 기능을 보장한다. 그러나 공짜는 없기 때문에 복잡성, 특정 프레임워크에 종속, 특정 애플리케이션 아키텍처(예: 컨테이너)에 대한 제한 및 플랫폼 활용률 저하 등의 형태로 비용이 발생한다(21장 '종속을 피하는 일에 갇혀 있지 마라' 참조).

또한 이러한 대부분의 추상화는 일반적으로 데이터를 처리하지 않는다. 업체 간에 컴퓨팅 노드를 어쩔 수 없이 이동하는 경우 여러분은 데이터 동기화 상태를 유지하려면 어떻게 해야 하는가? 그리고 이런 장애물을 극복하더라도, 송신되는 데이터 비용이 여러분을 괴롭힐 수 있다. 따라서 이 옵션이 종이(또는 파워포인트)에서는 멋지게 보일지 몰라도 상당한 절충안이 수반된다.

반짝이는 물건을 쫓으면 실명하게 된다

5장 '만약 어떻게 실행할지 모르겠다면...'에서 강조한 것처럼 반짝이는 물건을 쫓다 보면 더 반짝거릴수록 좋다는 믿음의 함정에 빠지기 쉽다. 기업 전투의 흉터가 있는 사람들은 더 반짝이기 위해 광택을 내는 물체가 비용이 든다는 사실을 너무 잘 알고 있다. 금액은 물론이고, 추가적인 복잡성, 여러 제조사 관리, 기술력 개발, 장기적인 생존 가능성 보장(그냥 서버리스를 사용할까요?) 등을 고려해야 한다. 그런 요소들은 돈으로 해결할 수 없다. 더 강하게 표현하자면 다음과 같다.

 과도한 복잡성은 결정을 내리지 못하는 조직에 대한 자연적인 징벌이다.

항상 모든 옵션을 원한다면 복잡성에 빠져 아무것도 얻지 못할 가능성이 있다. 따라서 주요 목표를 이해하고 명확하게 전달하는 것이 가장 중요하다. 여러분은 제조사와 더 좋은 협상을 하거나, 가용성을 높이거나, 오직 한 업체 또는 다른 업체만이 데이터 센터를 운영하는 지역의 로컬 구축을 기대하고 있는 것인가?

또한 클라우드 업체는 지속적으로 가격을 낮추고 가용성을 높이며 새로운 지역을 구축한다는 점을 기억해야 한다. 따라서 예상하지 못한 것일 수 있지만, 오히려 아무것도 하지 않는 것(29장)이 이러한 문제를 해결하는 데 매우 효과적일 수 있다. 마지막으로 종속을 피하는 것(21장)은 추상적인 메타 목표이며, 이는 구조적으로는 바람직하지만 실질적인 이익으로 전환돼야 한다. 하나의 유행어를 다른 유행어로 정당화하지 마라!

멀티 클라우드 ≠ 일관된 클라우드

기업에 멀티 클라우드 전략을 조언할 때, 나는 모든 클라우드 업체에 일관된 클라우드 환경을 구축하지 말라고 반복적으로 상기시킨다. 각 클라우드 업체는 제공되는 제품뿐만 아니라 제품 전략과 기업 문화에서도 특별한 강점을 갖고 있다. 모든 클라우드가 동일하게 보이도록 하는 것은 여러분의 내부 고객에게 실제로 도움이 되지 않는다. 대신에 예를 들어 클라우드 공급자 X의 낮은 비용의 관리 서비스를 사용할 수 없는 것은 비용 부담이 클 수 있다. 또는 기존 클라우드에 익숙한 외부 제조사와 협력하고 있지만 추상화 계층에 대해서는 협력하지 않을 수도 있다. 나는 이것을 **에스페란토 효과**Esperanto effect(20장)라고 부른다. 자, 우리 모두가 하나의 보편적인 언어를 사용한다면 좋을 것이다. 그러나 그것은 우리 모두가 아직 한 가지 언어를 더 배워야 한다는 것을 의미하고, 이미 우리 중 많은 사람이 영어를 사용하고 있다.

현명하게 선택

다음 표에 멀티 클라우드 선택사항, 주요 드라이버 및 주의해야 할 부작용을 요약했다.

방식	주요 기능	주요 메커니즘	고려사항
임의	클라우드에 배포	클라우드 기술	거버넌스 부족; 트래픽 비용
세분화	클라우드 사용에 대한 명확한 지침	거버넌스	'임의'로 되돌림
선택	프로젝트 요구사항/ 선호도 지원	프로비저닝, 청구, 거버넌스를 위한 공통 프레임워크	추가 계층(layer); 지침 부족; 트래픽 비용
병렬	고가용성(잠재적)	자동화, 추상화, 로드 밸런싱/ 장애 조치	복잡성; 활용률 저조
이식	워크로드의 자유로운 이동	완전 자동화, 추상화, 데이터 이식성	복잡성; 프레임워크 종속, 활용률 저조

예상대로, 공짜 점심 같은 것은 없다. 아키텍처는 절충을 유지하는 비즈니스다. 그러므로 옵션들을 세분화하고, 의미 있는 이름을 지정하고, 그 의미를 이해하고, 폭넓게 소통하는 것이 중요하다.

19장

하이브리드 클라우드: 코끼리를 자르는 것

기업은 하이브리드 클라우드를 피할 수는 없지만 자신의 길을 선택할 수는 있다

하이브리드 클라우드 설정은 기업의 현실이다. 건전한 클라우드 전략은 유행어를 벗어나 온프레미스에 유지해야 할 것과 클라우드로 전환해야 할 것을 의식적으로 선택하는 것이다. 다시 말하지만, 단순하지만 환기시키는 의사결정 모델은 엘리베이터 아키텍트가 클라우드 여정에서 더 나은 의식적인 결정을 내리는 데 도움을 준다.

하이브리드는 현실이고 멀티는 선택사항이다

멀티 클라우드(18장)와 달리 하이브리드 클라우드 아키텍처는 모든 기업의 클라우드 여정에서 최소한 과도기적인 상태로 제공된다. 이유는 간단하다. AWS Snowmobile[1] 같은 마술적인 기능에도 불구하고 하루 만에 데이터 센

---

1 https://aws.amazon.com/snowmobile/

터 내의 모든 워크로드가 마법처럼 제거되지는 않기 때문이다. 어떤 애플리케이션은 이미 클라우드에 있고 어떤 애플리케이션은 여전히 데이터 센터에 남아 있을 것이다.

> ℹ️ 어떤 CIO도 클라우드에서 모든 워크로드를 찾기 위해 하루아침에 눈을 뜨지 않을 것이다.

그리고 클라우드와 온프레미스에 걸쳐 워크로드를 분할한 후에는 18장의 정의에서 설명한 대로 두 부분이 상호작용해야 한다.

> ℹ️ 하이브리드 클라우드 아키텍처는 클라우드와 온프레미스 환경 간에 워크로드를 분할한다. 일반적으로 이러한 워크로드는 상호작용해 유용한 작업을 수행한다.

따라서 하이브리드 클라우드 전략의 핵심은 클라우드로 이동해야 하는 워크로드와 온프레미스에 남아 있을 워크로드를 '언제' 분할하느냐가 아니라 구체적으로 '어떻게' 분할하느냐에 있다. 그 결정은 아키텍트 엘리베이터를 타고 몇 층은 내려가야 하는 아키텍처적인 사고가 요구된다.

2개의 격리된 환경이 하이브리드를 만들지는 않는다

우선, 무엇이 '하이브리드'를 만드는지에 대한 우리의 관점을 분명하게 하고 싶다. 클라우드에 일부 워크로드가 있는 반면 다른 워크로드는 온프레미스에 남아 있다는 것은, 안타깝지만 기존 포트폴리오에 또 다른 컴퓨팅 환경을 추가했다는 뜻일 뿐 위대한 결과는 아니다.

> 나는 더 복잡한 환경을 찾고 있는 CIO를 만나본 적이 없다. 그러므로 여러분의 클라우드를 또 하나의 데이터 센터로 만들지 마라.

따라서 환경 전반에 걸친 통합 관리는 하이브리드라고 부르는 데 있어 필수적인 요소다. 하이브리드 자동차와의 유사성을 생각해보자.

> 하이브리드 자동차를 만들 때 어려웠던 부분은 가솔린 자동차에 배터리와 전기 모터를 장착하는 것이 아니었다. 두 엔진이 원활하고 조화롭게 작동하도록 하는 것이 중요한 혁신이었다. 이것이 토요타 프리우스를 진정한 하이브리드로 만들어 성공한 이유다.

하이브리드 클라우드의 경우에도 마찬가지이므로, 우리는 다음과 같이 정의를 강화할 것이다.

ⓘ 하이브리드 클라우드 아키텍처는 통합된 방식으로 관리되는 클라우드 및 온프레미스 환경에 워크로드를 분할하는 것이다. 일반적으로 이러한 워크로드는 상호작용해 유용한 작업을 수행한다.

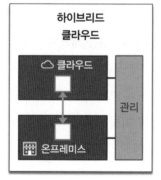

▲ 하이브리드 클라우드 통합 관리

이제 클라우드 전략으로 돌아가서 워크로드를 분할하기 위해 어떤 옵션을 사용할 수 있는지 살펴보겠다.

하이브리드 분할: 31가지 맛?

온프레미스와 클라우드 간에 워크로드를 분할하기 위한 주요 아키텍처적인 결정은 마이크 페더스[Mike Feathers]의 고전 저서인 『레거시 코드 활용 전략』(에이콘, 2018)[2]에서 처음 설명한 IT 시스템에서의 '이음새'를 찾는 개념과 관련이 있다. 이음새는 분할이 상호 의존성을 너무 많이 넘지 않는 위치를 말한다. 이음새가 잘 이뤄지면 새로운 API 도입과 같은 재작업이 최소화되고 성능 저하 같은 런타임 문제가 발생하지 않는다.

나는 워크로드를 분할하는 방법이 31가지는 아니라고 생각한다. 그러나 이를 분류하면 여러 면에서 유용하다.

- **향상된 투명성**: 공통된 어휘는 선택한 옵션과 그 이유를 쉽게 전달할 수 있기 때문에 의사결정에 투명성을 제공한다.
- **더 많은 선택**: 목록을 통해 일부 옵션을 간과했는지 여부를 확인할 수 있다. 특히 규제 문제와 데이터 상주 요구사항이 여전히 일부 클라우드 마이그레이션을 제한하는 환경인 경우 옵션 목록을 통해 사용 가능한 모든 옵션을 소진했는지 여부를 확인할 수 있다.
- **위험 감소**: 마지막으로, 이 목록을 통해 각 옵션의 적용 가능성과 장단점을 일관되게 고려할 수 있다. 또한 특정 옵션을 선택할 때 주의해야 할 사항에 대해서도 알려준다.

따라서 우리의 의사결정 모델은 우리가 더 나은 결정을 내리고 의사소통을 할 수 있도록 도와주기 때문에 모든 사람이 우리가 어떤 경로를 택하고 왜 선택했는지 이유를 이해할 수 있게 도와준다.

---

2 Feathers, *Working Effectively With Legacy Code*, 2004, Pearson

클라우드 코끼리를 자르는 방식

나는 기업이 다음과 같이 애플리케이션, 데이터, 운영 고려사항의 세 가지 범주로 나누어 최소 8가지 일반적인 방식으로 애플리케이션 포트폴리오를 분할하는 것을 봐왔다.

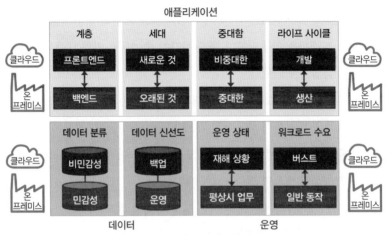

▲ 하이브리드 클라우드를 나누는 8가지 방식

이 목록의 주요 목적은 아무도 생각하지 못했던 새로운 옵션을 찾는 것이 아니다(더 많은 옵션을 봤을 수도 있다). 오히려 유용하고 올바른 점검을 가능하게 하는 잘 알려진 옵션들의 모음이다. 각 접근 방식을 더 자세히 살펴보자.

계층: 프론트엔드 대 백엔드

▲ 계층별 분리

고객 또는 생태계를 대상으로 하는 구성요소, 즉 '프론트엔드 시스템'/'계약 시스템'을 클라우드로 이전하는 것은 일반적인 전략이다. 여러분은 나를 2배속 아키텍처(『The Software Architect Elevator』[3]의 '아키텍트는 첫 번째 파생 모델에 살고 있다Architects Live in the First Derivative' 참조)를 찬양하는 것으로 간주하지는 않겠지만, 여러 요인은 이 접근 방식을 자연스럽게 적용할 수 있도록 한다.

- 프론트엔드 구성요소는 인터넷에 노출되므로 인터넷에서 클라우드로 직접 트래픽을 라우팅하면 대기 시간이 줄어들고 기업 네트워크의 트래픽 혼잡이 완화된다.
- 프론트엔드 구성요소에서 일반적으로 경험하는 급격한 트래픽 변동은 탄력적 확장을 특히 중요하게 만든다.
- 프론트엔드 시스템은 현대적인 도구 체인과 아키텍처를 사용해 개발될 가능성이 높으며 클라우드에 적합하다.
- 프론트엔드 시스템은 개인 식별 정보나 기밀 정보를 저장할 가능성이 적다. 왜냐하면 이런 데이터는 일반적으로 백엔드로 전달되기 때문이다. 기업의 정책이 이러한 데이터를 클라우드에 저장하는 것을 제한하는 환경의 경우 프론트엔드 시스템은 클라우드로 이동하기에 좋은 후보가 된다.

이러한 자연적인 이점 외에도 주의해야 할 사항이 없다면 아키텍처는 흥미롭지 않을 것이다.

- 프론트엔드가 탄력적 확장을 활용하더라도 대부분의 백엔드는 해당 부하를 흡수하지는 못한다. 따라서 캐싱 또는 대기열을 사용하거나 컴퓨팅 리소스가 많이 드는 작업을 클라우드로 이동할 수 없다면 애플리케이션의 종단 간 확장성을 개선할 수 없다.

---

[3] Hohpe, *The Software Architect Elevator*, 2020, O'Reilly

- 마찬가지로, 애플리케이션에 안정성 문제가 있는 경우 절반만 클라우드로 이동해서는 문제가 해결되지 않을 것이다.

- 많은 프론트엔드는 백엔드 시스템, 특히 데이터베이스와 통신할 때 '수다스러운' 상태가 된다. 두 시스템이 서로 매우 가까이 있는 환경에 적합하도록 제작됐기 때문이다. 하나의 프론트엔드 요청이 백엔드로 수십 또는 수백 개의 요청으로 보내질 수 있다. 클라우드와 온프레미스 간에 이러한 수다스러운 채널을 분할하게 되면 최종 사용자의 응답 속도는 증가할 수 있다.

비록 '2배속 IT'의 흥분은 사라졌지만, 이러한 접근 방식은 여전히 합리적인 중간 단계일 수 있다. 단지 장기적인 전략으로 착각하지는 말자.

세대: 새로운 것 대 오래된 것

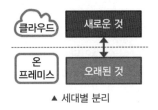

▲ 세대별 분리

새로운 것과 오래된 것에 의한 분할은 밀접한 관련이 있다. 방금 설명했듯이, 새로운 시스템은 일반적으로 확장 가능하고 독립적으로 구현 가능하도록 설계됐기 때문에 클라우드에 최적화될 가능성이 더 높다. 또한 일반적으로 크기가 작기 때문에 서버리스(26장)와 같은 린lean 클라우드 플랫폼에서 더 많은 이점을 얻을 수 있다.

다시 말하지만, 몇 가지 이유로 인해 이러한 유형의 분할이 설득력 있어진다.

- 현대적인 구성요소는 마이크로서비스, 지속적 통합CI, Continuous Integration, 자동화된 테스트와 배포 같은 현대적인 도구 체인 및 아키텍처를 사용

할 가능성이 더 크다. 따라서 클라우드 플랫폼을 더 잘 활용할 수 있다.

- 현대적인 구성요소는 종종 컨테이너에서 실행되므로 관리형 컨테이너 오케스트레이션 같은 고급 클라우드 서비스를 활용할 수 있다.

- 현대적인 구성요소는 일반적으로 더 잘 알려져 있고 테스트됐으므로 마이그레이션 위험이 줄어든다.

다시 한번 고려해야 할 몇 가지 사항이 있다.

- '새로운 것'과 '오래된 것'으로 나누는 것은 기존 시스템 아키텍처와 잘 맞지 않을 수 있다. 예를 들어, 응집력이 높은 구성요소를 데이터 센터의 경계에서 분할하면 성능이 저하되거나 트래픽 비용이 증가할 수 있다.

- 시간이 지남에 따라 모든 구성요소를 교체하는 과정에 있지 않는 한 이 전략은 '클라우드로 100%' 결과로 이어지지 않는다.

- '새로운 것'은 다소 모호한 용어이므로 여러분은 워크로드에 대한 분할을 정확하게 정의하고 싶을 것이다.

이 접근 방식을 따르면 여러분의 클라우드가 애플리케이션 중심(24장)이 되기를 원할 것이다. 여러분이 새로운 시스템을 구축하는 경우에는 전반적으로 좋은 접근 방식이 된다. 궁극적으로 '새로운' 시스템이 '오래된' 시스템을 대체할 것이기 때문이다.

중대함: 비중대한 대 중대한

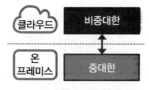

▲ 중대함에 의한 분리

많은 기업은 모든 워크로드를 클라우드로 전환하기(또는 클라우드 업체 입장에서 보면 '올인all in') 전에 클라우드라는 물에 발을 살짝 담그는 것을 선호한다. 이들은 초기 학습 곡선과 불가피한 실수를 수용할 수 있는 몇 가지 간단한 애플리케이션으로 클라우드를 시도할 가능성이 높다. '빠른 실패'와 그 과정에서 배우는 것들은 의미가 있다.

- 기술 집합에 대한 가용성은 클라우드로 전환할 때의 주요 걸림돌 중 하나이며, 제조사의 데모에서 볼 수 있는 것처럼 결코 쉬운 일이 아니다. 따라서 작은 규모로 시작하고 신속하게 피드백을 받으면 위험성이 낮은 환경에서 필요한 기술을 많이 쌓을 수 있다.
- 소규모의 애플리케이션은 온프레미스 IT에서 일반적으로 발생하는 고정 오버헤드를 줄이거나 제거하므로 클라우드의 셀프서비스 접근의 이점을 누릴 수 있다.
- 소규모의 애플리케이션도 적시에 피드백을 제공하고 기대치를 조정할 수 있다.

중요하지 않은 애플리케이션을 클라우드로 전환하는 것은 좋은 시작이지만 다음과 같은 한계도 있다.

- 클라우드 업체는 일반적으로 온프레미스 환경보다 더 나은 가동 시간과 보안을 제공하므로 중요한 워크로드를 이동하며 더 많은 이점을 얻을 수 있다.
- 일반적으로 단순한 애플리케이션에는 후속 워크로드와 동일한 보안, 가동 시간 및 확장성 요구사항을 갖고 있지 않다. 따라서 전체 마이그레이션의 노력이 과소평가될 수 있다.
- 간단한 애플리케이션을 전환해 많은 것을 배울 수 있지만 마이그레이션 초기의 직접적인 ROI는 낮을 수 있다. 이에 맞게 기대치를 설정하는 것이 좋다.

전반적으로 '모든 것이 해결될 때까지 기다리자'는 접근 방식보다는 '발끝을 물에 담그자'는 방식이 확실히 더 좋은 전술이다.

라이프 사이클: 개발 대 생산

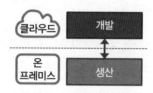

▲ 라이프 사이클에 의한 분리

코끼리(나와 같은 채식주의자인 경우에는 가지(채소))를 나누는 방법에는 여러 가지가 있다. 런타임 구성요소 간의 분할을 고려하는 것 대비 완전히 다른 접근 방식은 애플리케이션 라이프 사이클별로 분할하는 것이다. 예를 들어 온프레미스에서 프로덕션을 유지하면서 클라우드에서 여러분의 도구 체인, 테스트 및 스테이징 환경을 운영할 수 있다. 예를 들어, 규제 제약으로 인해 이렇게 해야 하는 경우가 있을 수 있다.

빌드 및 테스트 환경을 클라우드로 전환하는 것은 다음과 같은 여러 이유로 좋은 생각이다.

- 빌드 및 테스트 환경에는 실제 고객 데이터가 거의 포함되어 있지 않으므로 개인 데이터 정보 보호 및 지역성에 대한 대부분의 우려를 적용받지 않는다.
- 개발, 테스트, 구축 환경은 본질적으로 일시적이므로 필요할 때 구성하고 다시 해체할 수 있으면 클라우드의 탄력성을 활용해 인프라 비용을 3배 이상 절감할 수 있다. 이러한 워크로드를 수행하는 시간은 한 주인 168시간의 1/3도 채 되지 않는다. 기능 테스트 환경은 심지어 회전 속도에 따라 듀티 사이클^{duty cycle}이 더 짧아질 수 있다.

- 많은 빌드 시스템은 내결함성이 있으므로 선점형[4]/스팟형[5] 컴퓨팅 인스턴스를 사용하면 더 많은 비용을 절감할 수 있다.
- 빌드 도구 체인은 일반적으로 사소한 문제를 신속하게 수정할 수 있는 숙련된 개발 팀에 의해 면밀히 모니터링된다.

여러분은 아키텍처가 절충의 비즈니스라고 짐작했을 수 있으므로, 다시 한 번 주의해야 할 몇 가지 사항이 있다.

- 클라우드와 온프레미스 간에 소프트웨어 라이프 사이클을 분할하면 프로덕션과 별도의 테스트 환경이 생성된다. 성능 병목 현상이나 버그가 프로덕션에서만 나타날 수 있는 미묘한 차이를 감지하지 못할 수 있기 때문에 이는 위험할 수 있다.
- 빌드 체인에서 대규모 아티팩트를 생성하는 경우 이를 온프레미스에 배포할 때 지연 또는 송신 비용이 발생할 수 있다.
- 도구 체인은 다른 사용자가 악성 소프트웨어, 멀웨어나 트로이 목마를 주입하는 공격 벡터를 생성할 수도 있다. 따라서 클라우드 도구 체인을 잘 보호해야 한다.

이 옵션은 클라우드에서 프로덕션 워크로드를 실행하는 것이 제한되지만 여전히 클라우드를 활용하는 개발 팀에게는 유용할 수 있다.

---

4 https://cloud.google.com/preemptible-vms/
5 https://docs.aws.amazon.com/AWSEC2/latest/UserGuide/using-spot-instances.html

데이터 분류: 비민감성 대 민감성

▲ 데이터 분류에 의한 분리

하이브리드 클라우드 아키텍처의 컴퓨팅 측면은 코드를 다른 환경에 쉽게 재배포할 수 있기 때문에 비교적 간단하다. 데이터는 이와는 다른 개념이다. 데이터는 일반적으로 한 곳에 상주하며 다른 곳으로 이동하려면 마이그레이션하거나 동기화가 필요하다. 컴퓨팅을 클라우드로 이동하고 데이터를 온프레미스에 유지하게 되면 성능이 크게 저하될 수 있다. 따라서 클라우드로의 이동을 방해하는 것은 데이터가 된다.

애플리케이션을 클라우드로 전환하는 데 데이터가 장애물이 될 수 있기 때문에 데이터 분류는 민감한 데이터는 온프레미스에 유지하면서 그렇지 않은 데이터는 클라우드로 이동하는 것이 자연스러운 분할이다. 이렇게 하면 다음과 같은 이점을 얻을 수 있다.

- 민감한 데이터는 온프레미스에 남아 있고 클라우드로 복제되지 않기 때문에 데이터 상주와 관련된 일반적인 내부 규정을 준수한다.
- 클라우드 데이터 침해 가능성이 있는 경우 데이터 노출이 제한된다. 온프레미스에 데이터를 보관한다고 해서 규정 위반이 발생하지 않는다는 보장은 없지만, 아이러니하게도 온프레미스 데이터에 대한 규정 위반으로 인한 평판(또는 명성)의 손상은 클라우드에서 발생하는 규정 위반보다 적을 수 있다. 전자의 경우 한 기업이 고객의 데이터를 다른 사람에게 넘겼다는 비난을 받을 수 있으며, 이는 부주의로 인식될 수

있기 때문이다. 이상하게도 온프레미스에서의 이런 부주의(또는 순전히 불운)는 '모두가 그렇게 하기 때문에' 더 쉽게 무시된다.

그러나 이 접근 방식은 오늘날의 컴퓨팅 환경에 반드시 적용되는 것은 아니라는 가정에 기반을 두고 있다.

- 정교한 공격과 낮은 단계에서의 악용으로부터 온프레미스 환경을 보호하는 일은 어려운 과제가 됐다. 예를 들어, Spectre와 Meltdown(11장) 같은 CPU 레벨에서의 악용 사례는 일부 클라우드 업체가 발표하기 전에 수정됐고, 이는 온프레미스에서 해결할 수 없는 작업 중의 하나다.

- 악의적인 데이터 접근 및 악용이 항상 데이터에 직접 접근하는 것은 아니지만 종종 많은 '홉hop'을 거치게 된다. 중요한 데이터가 온프레미스에 남아 있는 동안 클라우드에 일부 시스템이 있다고 해서 데이터가 자동으로 안전한 것은 아니다. 예를 들어, 최대 1억 4천 5백만 건의 고객 기록에 영향을 끼친 가장 큰 데이터 침해였던 이퀴팩스Equifax사의 데이터 침해 사건[6]의 경우에는 온프레미스에 데이터가 저장되어 있었다.

따라서 이 접근 방식이 규제 또는 정책 제약에 직면해 시작하는 데는 적합할 수 있지만, 장기적인 전략으로는 신중하게 활용해야 한다.

데이터 신선도: 백업 대 운영

▲ 데이터 신선도에 의한 분리

---

6 https://en.wikipedia.org/wiki/Equifax#May%E2%80%93July_2017_data_breach

애플리케이션에서 항상 모든 데이터에 접근하는 것은 아니다. 사실 대다수의 기업 데이터는 거의 액세스하지 않는 '콜드' 상태다. 클라우드 업체는 오래된 기록이나 백업과 같이 거의 접근하지 않는 데이터에 대한 매력적인 옵션을 제공한다. 아마존 Glacier[7]는 특별히 이러한 용도의 데이터를 대상으로 하는 최초의 제품 중 하나다. 다른 업체에는 스토리지 서비스를 위한 특별한 아카이브 계층이 있는데, 예를 들어 Azure Storage Archive Tier[8]와 GCP Coldline Cloud Storage[9]가 있다.

클라우드에 아카이빙 데이터를 보관하는 것은 합리적이다.

- 데이터 백업 및 복원은 일반적으로 정기적인 운영과는 별도로 진행되므로 애플리케이션을 마이그레이션하거나 재설계할 필요 없이 클라우드를 활용할 수 있다.
- 오래된 애플리케이션의 경우 데이터 스토리지 비용이 전체 운영 비용의 상당 부분을 차지할 수 있으므로 클라우드에 저장하면 즉각적인 비용 절감 효과를 얻을 수 있다.
- 보관 목적으로 데이터를 일반 데이터 센터와 별도의 위치에 두면 데이터 센터의 화재와 같은 재해 시나리오에 대한 복원력을 향상할 수 있다.

물론, 이 접근 방식에도 한계는 있다.

- 데이터 복구 비용이 높을 수 있으므로 거의 필요하지 않은 데이터만 이동하려고 한다.
- 백업하려는 데이터에는 고객 또는 기타 독자적인 데이터가 포함될 수

---

7 https://aws.amazon.com/glacier/
8 https://azure.microsoft.com/en-us/services/storage/archive/
9 https://cloud.google.com/storage/docs/storage-classes

있으므로 해당 데이터를 암호화하거나 보호할 필요가 있고 이는 데이터 중복 제거와 같은 최적화를 방해할 수 있다.

그러나 클라우드 백업을 사용하는 것은 기업이 빠르게 클라우드의 혜택을 누릴 수 있는 좋은 방법이다.

운영 상태: 재해 상황 대 평상시 업무

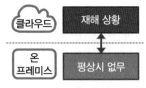

▲ 운영 상태에 의한 분리

마지막으로, 시스템 운영 상태의 특성에 따라 워크로드를 분할할 수 있다. 운영 상태의 가장 명확한 구분은 워크로드가 정상적으로 동작되고 있는지(평소와 같이 일상적인 상황) 또는 주요 컴퓨팅 리소스를 사용할 수 없는지(재해 상황) 여부로 분할하는 것이다.

사용자 또는 규제 기관은 온프레미스에서 시스템을 실행하는 것을 선호할 수 있지만 데이터 센터 중단 상황에서 전혀 실행되지 않는 것보다 클라우드에서 실행되는 시스템을 더 선호할 수 있다. 예를 들어, 결제 시스템 인프라와 같은 중요한 시스템에 해당될 수 있다.

워크로드 분할에 대한 이 접근 방식은 동일한 워크로드가 두 환경 모두에서 실행될 수 있지만 상황이 다르기 때문에 다른 접근 방식과는 약간 차이가 있다.

- 평소와 같은 정상적인 운영 상황에서는 클라우드에서 실행되는 워크로드가 없으므로 잠재적인 규제 요구사항을 충족한다.

- 클라우드 사용량은 일시적이므로 클라우드의 탄력적 청구 방식을 잘 활용할 수 있다. 클라우드 비용은 평소와 같은 정상적인 운영 상황에서는 저렴하다.

그러나 인생이 그렇게 간단하지 않듯이 다음과 같은 단점도 있다.

- 클라우드에서 긴급 작업을 실행하려면 데이터를 클라우드에서 액세스할 수 있어야 하고 계획된 운영 중단 시나리오에 영향을 주지 않는 위치로 동기화해야 한다. 그 위치는 클라우드일 가능성이 높으며, 이 시점에서 여러분은 어떤 경우라도 클라우드에서 시스템을 실행하는 것을 고려해야 한다.
- 비상 상황에만 클라우드를 사용하면 대부분의 경우 클라우드에서 운영하는 이점을 누릴 수 없다.
- 클라우드 환경을 순식간에 스풀 업spool up하지 못할 수도 있다. 이 경우 클라우드 환경을 대기 상태로 유지해야 하므로 이점이 적고 요금이 부과될 수 있다.

따라서 이 접근 방식은 데이터가 많이 필요하지 않은 컴퓨팅 작업에 주로 적합할 수 있다. 예를 들어, 운영이 중단된 온프레미스 전자상거래 사이트의 경우 여러분은 고객이 (공용) 카탈로그에서 주문을 선택하고 기본 시스템이 다시 나타날 때까지 주문을 저장하게 할 수 있다. 이것은 고객이 아무 반응 없는 HTTP 500 페이지를 보는 것보다 훨씬 빠를 것이다.

워크로드 수요: 버스트 대 일반 동작

▲ 워크로드 수요에 의한 분리

마지막으로 중요한 것은 우리는 정상적인 상황에서 온프레미스를 유지하면서 때로는 일부 워크로드를 클라우드로 전환하기 위해 완전한 비상 사태를 굳이 불러일으킬 필요는 없다는 것이다. 자주 인용되는 접근 방식은 클라우드로 '버스팅'하는 것이다. 즉, 고정 용량을 온프레미스에 유지하고 추가 용량이 필요할 때 일시적으로 클라우드로 확장하는 방식이다.

다시 말하지만, 다음과 같은 이점을 얻을 수 있다.

- 클라우드의 탄력적 청구 모델은 단기 버스트가 상대적으로 저렴할 것이라는 점을 감안하는 경우 이상적이다.
- 대부분의 시간 동안 온프레미스에서 편리하게 운영할 수 있으며 이미 지불한 하드웨어를 그대로 활용할 수 있다.

그러나 사람들이 이 옵션에 대해 더 이상 많은 이야기를 하지 않는 이유가 있다.

- 다시 말하지만, 클라우드 인스턴스에서 데이터를 액세스해야 한다. 이는 데이터를 클라우드에 복제한다는 뜻이며, 이는 처음에 여러분이 피하려고 했던 것이 될 수 있다. 또는 클라우드 인스턴스가 온프레미스에 보관된 데이터에 접근해야 하는 경우, 이는 상당한 응답 지연 시간이라는 페널티를 의미하고 상당한 데이터 접근 비용이 발생할 수 있다.
- 많은 부하에도 온프레미스와 클라우드에서 동시에 실행될 수 있는 애플리케이션 아키텍처가 필요하다. 이는 적지 않은 성과이며, 보기 드문 사례 대비 상당한 엔지니어링 노력을 의미한다.

이 옵션은 정기적인 워크로드를 클라우드로 확장하는 대신, 금융 기관에서 정기적으로 실행되는 시뮬레이션과 같은 컴퓨팅 집약적인 전용 작업에 가장 적합하다. 또한 클라우드의 시스템을 한 번만 조작하는 일회성 컴퓨팅 작업에도 적합하다. 예를 들어, 이것은 NYT^{New York Times}가 600만 장의 사진을 디지털화[10]하거나 31조 자리의 파이[pi]를 계산[11]하는 데 효과적이다. 그러나 공정하게 말하면, 이러한 사례는 온프레미스 환경에 해당되지 않으므로 하이브리드 설정에 부합되지 않을 가능성이 높다.

실행에 옮기기

대부분의 기업에서 하이브리드 클라우드 시나리오는 불가피하므로 이를 최대한 활용하는 방법으로 적합한 계획을 세우는 것이 좋다. 클라우드와 온프레미스 컴퓨팅 환경 전반에 걸쳐 워크로드를 분할할 수 있는 옵션이 상당히 많기 때문에 이러한 옵션을 분류하면 신중하고 명확하게 의사결정을 내리는 데 도움이 된다. 또한 여러분을 '한 사이즈로 모든 것을 맞출 수 있다'고 선언하는 것을 방지하고 좀 더 미묘한 차이가 있는 전략으로 이끌 것이다.

즐겁게 작은 블록으로 자르고 분할하라!

---

10 https://www.nytimes.com/2018/11/10/reader-center/past-tense-photos-history-morgue.html
11 https://www.theverge.com/2019/3/14/18265358/pi-calculation-record-31-trillion-google

20장

클라우드:
이제 여러분의 온프레미스로

똑같으면서도 다르다

19장에서는 클라우드 및 온프레미스 환경에서 워크로드를 분할하는 여러 방법을 봤다. 마찬가지로 흥미로운 점은 클라우드 업체가 하이브리드 모델을 어떻게 가능하게 하는지, 즉 온프레미스에서 클라우드 운영 모델을 어떻게 지원하는지에 달려 있다. 제조사마다 각기 다른 철학을 따르고 각기 다른 접근 방식을 선택하기 때문에 슬로건 이면을 살펴보고 각 접근 방식에 내재된 가정, 결정, 결과를 이해하는 것이 아키텍트의 일이다. "문이 닫힙니다. 엘리베이터가 내려갑니다…"

클라우드를 여러분의 온프레미스에 도입하기

클라우드 운영 모델은 많은 이점을 제공한다. 대부분의 애플리케이션이 상용 클라우드 환경에서 사용될 수 있으나, 규제 제약이나 기업 정책 또는 특정 하드웨어 종속으로 인해 온프레미스에 남아 있어야 하는 애플리케이션은 어떻게 해야 할까? 온프레미스에 남아 있는 모든 것을 유산으로 선언하는 것은 어리석은 일이다. 사실, 확장할 수 있는 속도(물리적 하드웨어는 생성되지 않는다) 및 도달할 수 있는 전체 규모(당신은 구글사와 같지 않다)와 같이 온프레미스 환경에는 고유한 한계가 있다. 그래도 온프레미스 애플리케이션은 최신 아키텍처와 자동화된 배포를 즐길 가치가 있다. '클라우드를 여러분에게 가져다주기'는 이제 새롭게 개편된 하이브리드 클라우드 플랫폼의 슬로건이기도 했다.

하이브리드 대 온프레미스 클라우드

멀티 클라우드(18장)와 마찬가지로 기업은 클라우드 및 온프레미스 환경 전반에 걸쳐 달성하고자 하는 일관성의 정도에 대한 다양한 옵션을 갖고 있다. 처음에는 세 가지 기본적인 선택사항이 있다.

- 옵션 1: 대부분의 기업에서 VM웨어^{VMware} 또는 마이크로소프트 Hyper-V를 기반으로 하는 가상화된 IaaS 환경을 의미하는 온프레미스를 크게 유지하도록 한다.
- 옵션 2: 온프레미스에서 클라우드와 유사한 기능을 제공하지만 클라우드와는 별개로 운영된다.
- 옵션 3: 온프레미스에서 클라우드의 확장을 고려하고 두 환경을 일관되게 관리한다. 이 관리 단위를 네트워크 아키텍처에서 차용한 용어인 '제어 영역'이라고 부르기도 한다.

▲ 하이브리드 클라우드의 포부

(예리한 독자라면 다이어그램이 19장의 다이어그램에서 90도 회전되어 이제는 클라우드와 온프레미스 환경이 나란히 표시됐다는 사실을 알아차렸을 것이다. 이것은 계층을 더 쉽게 보여주기 위해 내가 취득한 예술 자격증이다.)

첫 번째 옵션은 들리는 것처럼 끔찍하지 않다. 여러분은 CI/CD나 자동화된 테스트 및 빈번한 릴리스와 같은 최신 소프트웨어 접근 방식을 계속 사용할 수 있다. 많은 경우 두 번째 옵션은 여러분이 클라우드로 전환해 얻을 수 있는 이점(11장)이 명확하다고 가정할 때 진전하게 되는 중요한 단계다. 마지막으로, 여러분이 진정한 하이브리드 클라우드 설정을 달성하려면 온프레미스에서 클라우드 기능을 활성화할 뿐만 아니라 환경 전반에 걸쳐 일관된 관리 및 배치를 수행해야 한다.

어느 것이 여러분의 기업에 적합한 목표인지는 주로 애플리케이션을 분할하는 방법(19장)에 달려 있다. 예를 들어, 절반은 아니지만 애플리케이션이 클라우드나 온프레미스에서 실행되는 경우 획일적인 관리가 적절하지 않을 수 있다. 여러분은 사용 가능한 모든 기능이 조직에 실질적인 이점으로 이어지는 것은 아니라는 점을 다시 한번 명심해야 한다.

온프레미스가 다른 이유

아키텍처는 맥락에 따라 살아간다. 따라서 하이브리드 클라우드 프레임워크의 구현에 대해 고려하기 전에 온프레미스가 상용 클라우드와 어떻게 다른지를 고려해야 한다. 랙과 서버, 케이블, 네트워크 스위치, 전원공급장치, 에어컨으로 모두 구성되더라도 상당한 차이점을 발견할 수 있다.

규모

대부분의 온프레미스 데이터 센터는 소위 하이퍼스케일러 데이터 센터보다 2배 이상은 작다. 규모가 작을수록 경제성뿐만 아니라 용량 관리에도 영향을 미치며, 즉 즉각적인 애플리케이션 확장을 위해 대기할 수 있는 하드웨어의 규모가 작을 수밖에 없다. 예를 들어 수백 또는 수천 개의 가상 머신에서 일회성 연산 처리 작업을 실행하는 것은 온프레미스에서 작동하지 않을 가능성이 높으며, 만약 온프레미스에서 작동을 한다면 이는 매우 비경제적일 것이다.

맞춤형 하드웨어

사실상 모든 클라우드 업체는 맞춤형 네트워크 스위치 및 맞춤형 보안 모듈에서 맞춤형 데이터 센터 설계에 이르기까지 데이터 센터에 맞춤형 하드웨어를 사용한다. 그들은 규모를 감안하면 맞춤형 하드웨어를 사용할 여유가 있다. 이에 비해 온프레미스 데이터 센터는 상용 하드웨어를 사용해야만 한다.

다양성

온프레미스 환경은 일반적으로 시간이 지남에 따라, 종종 수십 년에 걸쳐 확장됐기 때문에 흔히 말하는 부엌 싱크대를 포함한 모든 것을 포함하고 있는 것처럼 보인다. 클라우드 데이터 센터는 깔끔하게 구축되고 동질성이 매우 높기 때문에 관리가 훨씬 쉽다.

대역폭

대규모 클라우드 업체는 인터넷 백본에서 직접 엄청나게 넓은 대역폭과 매우 짧은 대기 시간을 제공한다. 기업 데이터 센터에는 얇은 파이프가 있는 경우가 많으며 네트워크 트래픽도 일반적으로 많은 홉을 거치게 된다. 기업 서버에 도달하는 데만 10, 20 또는 30밀리초가 소요되는 것은 드문 일이 아니다. 이 시간에 구글 검색 엔진은 이미 결과까지 반환할 것이다.

지리적 도달범위

클라우드 데이터 센터는 규모가 더 클 뿐만 아니라 전 세계에 퍼져 있으며 사용자에게 짧은 액세스 지연 시간을 제공하는 클라우드 엔드포인트도 지원한다. 기업 데이터 센터는 일반적으로 한두 곳에 국한되어 있다.

물리적 접근

자체 데이터 센터에서는 일반적으로 하드웨어를 '만질' 수 있고 수동 구성을 수행하거나 결함이 있는 하드웨어를 교체할 수 있다. 클라우드 데이터 센터는 매우 제한적이며 일반적으로 고객의 접근을 허용하지 않는다.

기술

온프레미스 운영 팀은 일반적으로 클라우드 서비스 업체에서 일하는 팀과 다른 기술 세트를 갖고 있다. 이는 온프레미스 팀이 전통적인 운영 방식에 더 익숙해져 있기 때문에 발생하는 빈번한 경우이며, 운영 업무를 전적으로 제3자에게 아웃소싱한 경우 온프레미스 운영 팀 내의 기술력은 거의 남아 있지 않을 수 있다.

요약하면, 표면적으로는 유사한 점이 많지만 온프레미스 환경은 상용 클라우드 환경과는 상당히 다른 맥락과 제약 조건으로 운영이 된다. 따라서 처음에는 매력적이지만 결국에는 환상이 되는 추상화를 두지 않도록 주의해야 한다. IT는, 심지어 클라우드 컴퓨팅도 마술 쇼가 아니다.

하이브리드 구현 전략

클라우드와 온프레미스의 다양한 제약 조건을 감안할 때, 업체가 때로는 클라우드를 조합하거나 다양한 방식으로 온프레미스 내로 가져오는 문제로 접근하는 것은 놀라운 일이 아니다. 전략에 가장 잘 맞는 접근 방식을 선택할 수 있기 때문에 좋은 접근이다.

내가 관찰한 주요 접근 방식은 다음과 같다.

1. 두 환경에 걸쳐 균일하게 런타임 및 관리 계층을 계층화함
2. 하드웨어 또는 소프트웨어 솔루션을 사용해 클라우드 환경을 온프레미스로 복제함
3. 기존 온프레미스 가상화 환경을 클라우드 내로 복제함
4. 클라우드 관리 계층(일명 제어 영역)과 호환되도록 기존 온프레미스 가상화 도구에 인터페이스 계층을 구축함

이러한 접근 방식은 각각 자세히 살펴볼 가치가 있다. 당연히 아키텍트는 각 특정 경로하에서 결정과 절충안에 가장 큰 관심을 가질 것이다.

1. 공유 추상화 계층 정의

아키텍트가 통일된 솔루션을 찾을 때 가장 먼저 떠오르는 생각은 추상화 계층을 추가하는 것이다. 데이비드 휠러[David Wheeler][1]가 말한 "컴퓨터 과학의 모든 문제는 다른 수준의 간접 참조로 해결할 수 있다."라는 옛말과 같이 이러한 계층은 기본적으로 구현된 차이점을 흡수한다(잠시 간접 참조와 추상화의 차이점을 살펴보고 있다). 좋은 예로 데이터베이스 내부를 추상화하는 SQL, 또는 프로세서 아키텍처를 추상화하는 JVM[Java Virtual Machine]은 아이러니하게도 1994년에 계층이 생성됐을 때보다 다양성이 떨어진다.

따라서 클라우드에 대해서도 다음 다이어그램과 같은 논리를 따르는 것이 당연하다.

---

1 https://en.wikipedia.org/wiki/David_Wheeler_(computer_scientist)

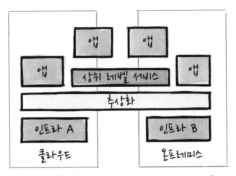

▲ 클라우드와 온프레미스에서 공통 추상화 계층

클라우드 및 온프레미스 데이터 센터에 각기 다른 하드웨어 인프라가 구성되어 있는 경우 추상화 계층은 이러한 차이를 흡수해 애플리케이션이 동일한 종류의 가상 인프라를 '볼' 수 있게 해준다. 이러한 추상화를 구축하면 상위 레벨의 서비스를 추가로 계층화할 수 있어 추상화를 '상속'할 수 있고 클라우드 및 온프레미스 환경 전반에서 작동해 이러한 접근 방식에 확실한 아키텍처적인 간결함을 제공할 수 있다.

이러한 접근 방식의 가장 잘 알려진 예는 쿠버네티스다. 쿠버네티스는 컨테이너 오케스트레이터에서 JVM과 유사한 컴퓨팅 인프라의 범용적인 배포/관리/운영 플랫폼처럼 성장했지만, 언어 실행 시간이 아닌 운영 측면에 초점을 맞춘 오픈소스 프로젝트다.

이점
당연히 이 접근 방식에는 다음과 같은 여러 이점이 있다.

- 추상화 계층은 애플리케이션과 동일하게 보이기 때문에 환경 전반에 걸쳐 애플리케이션 배포를 단순화한다.
- 온프레미스뿐만 아니라 여러 클라우드 업체에 걸쳐 추상화를 끌어올 수 있어 멀티-하이브리드 솔루션을 구축할 수 있다.

- 이 기본 추상화 위에 새로운 추상화를 구축할 수 있다. 예를 들어, 이것이 KNative가 쿠버네티스 생태계에서 따르는 접근 방식이다.
- 일반적으로 추상화는 애플리케이션에 (거의) 투명하게 보이는 환경에 걸쳐 장애 조치 또는 복원력과 같은 고유한 기능을 지원할 수 있다.
- 모든 환경에 대해 하나의 도구만 배우면 학습 곡선은 줄어들고 기술의 이식성은 향상된다.

고려사항

물론, 이론적으로 보기 좋은 것도 현실의 한계에 직면하게 될 것이다.

- 공유 추상화는 가장 낮은 공통 분모가 될 수 있다. 즉, 하나의 플랫폼에서 사용할 수 있는 기능이 추상화에 반영되지 않기 때문에 비용이 많이 든다(21장). 예를 들어, 추상화는 하드웨어 확장 요구사항으로 인해 온프레미스에서 구현되기 어려운 머신러닝 같은 클라우드 서비스를 지원할 가능성은 낮다. 추상화가 특정 기능을 제공하거나 제공하지 않을 수 있는 여러 클라우드 업체에게 걸쳐 적용될 경우 그 효과는 더욱 악화된다. 또한 클라우드 플랫폼에서 새로운 기능이 출시될 때 추상화 계층에 시간적인 적용 차이가 발생해 최신 기능에 액세스할 수 없게 될 수도 있다.
- 새로운 추상화 계층은 또 다른 이동 부품을 추가해 전반적인 시스템 복잡성을 증가시키고 잠재적으로 안정성을 감소시킨다. 또한 개발자는 일반적으로 알고 있는 클라우드 서비스 외에도 새로운 계층에 대해 학습해야 한다. 분명한 것은 일단 이러한 추상화 계층을 학습한 후에는 추상화가 유지되는 범위 내의 모든 클라우드에서 작업할 수 있다.
- 추상화는 내재된 현실과 일치하지 않는 모델을 전달해 위험한 착각을 야기할 가능성이 있다. 잘 알려진 예로는 네트워크를 통한 원격 호출이 마

치 로컬 메서드 호출로 가장되는 원격 프로시저 호출[2] Remote Procedure Call
이 있다. 안타깝게도 이런 환상적인 추상화는 응답 시간 및 새로운 장애 모드와 같은 원격 통신의 고유한 속성을 무시하기 때문에 유지되지 않는다.[3] 마찬가지로, 온프레미스에서의 클라우드 추상화는 제한된 확장성을 무시할 것이다.

- 추상화의 구현마다 미묘한 차이는 있을 수 있다. 여기에 의존하는 애플리케이션은 더 이상 이식할 수 없다. 예를 들어, SQL 추상화에도 불구하고 변경 없이 하나의 관계형 데이터베이스에서 다른 관계형 데이터베이스로 이식할 수 있는 애플리케이션은 거의 없다.

- 특히 공통 분모를 정의하기가 어려운 구현 세부사항은 추상화를 통해 발견되는 경우가 많다. 예를 들어, 많은 클라우드 간 자동화 도구는 공통 자동화 구문을 정의하지만 VM 구성에 사용할 수 있는 옵션과 같은 플랫폼별 세부 정보를 추상화할 수는 없다. 추상화 수준을 높이면(따라서 VM을 처리할 필요 없이) 이러한 차이를 극복할 수 있지만 그 결과 복잡성은 증가한다.

- 대부분의 장애 시나리오는 추상화를 깨뜨린다.[4] 온프레미스의 네트워크 환경이 부족하거나 다른 문제에 직면하는 식의 인프라스트럭처에서 문제가 발생한다면, 추상화는 여러분이 문제를 진단하고 해결하기 위해 해당 환경으로 뛰어드는 것을 막을 수는 없다.

- 추상화는 애플리케이션의 모든 요구사항을 충족하지는 못할 수 있다. 예를 들어 쿠버네티스는 주로 컴퓨팅 워크로드에 초점을 맞춘다. 만약 여러분이 애플리케이션에 매우 편리한 DynamoDB와 같은 관리형

---

2 https://en.wikipedia.org/wiki/Remote_procedure_call

3 https://www.enterpriseintegrationpatterns.com/patterns/messaging/EncapsulatedSynchronous
Integration.html

4 https://architectelevator.com/architecture/failure-doesnt-respect-abstraction/

데이터베이스 서비스를 사용하게 되면, 이 의존성은 공통된 추상화 계층의 외부에 존재하게 된다.

- 추상화는 자신을 존중하는 애플리케이션에서만 작동한다. 예를 들어, 쿠버네티스는 애플리케이션이 컨테이너 환경에서 작동하도록 설계됐다고 가정한다면 이는 전통적인 애플리케이션에서는 적합하지 않을 수 있다. 각기 다른 유형의 애플리케이션에 대해 여러 추상화를 적용하면 상황이 훨씬 더 복잡해진다.

- 이러한 추상화 계층을 사용하면 특정 제품에 갇힐 수 있다(21장). 따라서 클라우드 업체를 더 쉽게 변경할 수 있지만 다른 추상화로 변경하거나 완전히 제거하는 것은 매우 어려울 것이다. 대부분의 엔터프라이즈 사용자는 VM웨어를 떠올린다. 오픈소스 추상화는 이러한 우려를 다소 줄여주지만 확실히 제거하지는 못한다. 여러분은 여전히 추상화의 API에 얽매여 있으며, 이 API를 두 방향으로 발전시키고 직접 운영할 수 없을 것이다.

> ℹ️ 일반적인 추상화는 에스페란토와 유사하다. 지적으로 매력적이지만 이미 모국어를 사용하는 사람들에게 추가적인 부담이 되기 때문에 폭넓은 관심을 끌기 어렵다.

나는 이 접근 방식을 에스페란토Esperanto5 이상이라고 부르는데 확실히 지적으로 매력적이다. 우리 모두가 같은 언어를 사용한다면 좋지 않을까? 그러나 에스페란토처럼 광범위한 채택은 각자가 다른 언어를 배워야 하고 모국어만큼 자신을 잘 표현할 수 없기 때문에 가능성이 낮다. 그리고 어차피 많은 사람이 영어를 사용한다.

---

5 https://en.wikipedia.org/wiki/Esperanto

2. 클라우드를 여러분의 온프레미스로 복사하기

여러분이 클라우드가 있는 그대로 훌륭하다고 생각하고 그 위에 완전히 새로운 추상화 계층을 배치하고 싶지 않다면 제조사가 클라우드를 기업 데이터 센터로 가져오도록 하는 것이 자연스러운 생각이다.

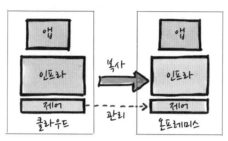

▲ 클라우드를 온프레미스로 복사

여러분이 온프레미스에 클라우드 복사본을 갖고 있으면, 애플리케이션을 앞뒤로 이동시키거나 추가 복잡성 없이 클라우드와 온프레미스로 분할할 수 있다. 그런 다음 온프레미스 클라우드를 원래 클라우드의 제어 영역에 연결하면 다른 클라우드 지역과 마찬가지로 관리할 수 있다. 꽤 편리한 방법이다.

이 옵션의 다른 특징은 클라우드가 온프레미스에 구성되는 방식에 따라 달라진다. 어떤 솔루션은 하드웨어/소프트웨어 솔루션으로 완전히 통합되는 방식인 반면, 어떤 솔루션은 타사 하드웨어에 배포되는 소프트웨어 스택 방식이다.

이 접근 방식을 따르는 가장 잘 알려진 제품은 맞춤형 하드웨어를 온프레미스에 제공하는 AWS Outposts[6]와, 인증된 제3의 제조사 하드웨어와 번들로 제공되는 소프트웨어 솔루션인 Azure Stack[7]이 있다. 두 경우 모두 기본적

---

6 https://aws.amazon.com/ko/outposts/

7 https://azure.microsoft.com/en-in/overview/azure-stack/

으로 데이터 센터에 설치되는 랙^{rack}으로 배송을 받는다. 일단 제어 영역을 연결하면 온프레미스에 클라우드가 생긴다! 적어도 브로슈어에서는 이렇게 주장하고 있다.

이점

다시 말하지만, 이 접근 방식에는 몇 가지 좋은 이점이 있다.

- 온프레미스에서 실제 클라우드와 같은 경험을 느낄 수 있다. 예를 들어, AWS나 애저를 잘 알고 있다면 여러분은 온프레미스에서 클라우드를 운영하기 위한 새로운 환경을 다시 배울 필요가 없다.
- 제조사의 하드웨어가 온프레미스에 구축되어 있으므로 하이퍼스케일러만 사용할 수 있는 맞춤형 하드웨어의 이점을 누릴 수 있다. 예를 들어, 서버에 맞춤형 보안 모듈이 포함되거나 랙 내 모든 서버에 전원을 공급하는 최적화된 전원공급장치가 있으므로 마치 랙 크기의 블레이드 서버^{blade server}[8]가 될 수 있다.
- 클라우드에서 실행되는 것이 온프레미스에서도 실행될 수 있도록 완벽하게 인증되고 최적화된 스택을 얻을 수 있다. 이와 반대로 추상화 계층 접근법은 추상화와 기반 인프라스트럭처 간의 단절이 발생할 위험이 있다.
- 많은 작업을 수행할 필요가 없다. 이런 방식의 클라우드는 기본적으로 전원과 네트워킹 연결만 필요한 완전히 통합된 패키지로 제공된다.

고려사항

물론 유의해야 할 사항도 있다.

- 상용 클라우드 데이터 센터의 모든 클라우드 서비스가 이보다 훨씬 작

---

8 https://en.wikipedia.org/wiki/Blade_server

은 규모의 온프레미스 구성으로 의미 있게 축소되는 것은 아니다. 온프레미스에는 BigTable이나 RedShift 같은 서비스가 동작하지 못하는 규모의 랙과 물리적 용량으로 구성이 된다. 따라서 제공되는 서비스는 각 환경에서 정확히 동일하지 않다.

- 맞춤형 하드웨어를 배송하면 특히 클라우드 서비스의 빠른 발전 속도를 고려할 때 온프레미스 시스템을 업데이트하기 어려울 수 있다. 또한 대부분의 기업은 데이터 센터에 하드웨어, 특히 새로운 종류의 하드웨어를 허용하기 전에 엄격한 검증 프로세스를 거치게 된다.

- 통합 관리를 달성하기 위해 온프레미스 어플라이언스는 클라우드 업체에 다시 연결된다. 따라서 이 솔루션은 클라우드 업체와 온프레미스 시스템 간에 엄격한 격리 기능을 제공하지는 않는다. 애초에 격리 조건이 애플리케이션 및 데이터를 온프레미스에 유지하는 핵심 쟁점이라는 점을 고려하면, 일부 기업에서는 이러한 측면이 쇼 스토퍼^{show stopper}[9]가 될 수 있다. 클라우드 어플라이언스의 제어 영역과 애플리케이션 및 데이터가 상주하는 사용자 영역 간에는 내부적으로 분리가 된다.

- 제조사의 클라우드를 온프레미스에 도입한다는 것은 곧 해당 제조사를 사용하겠다는 확약을 강화하고 이에 따라 잠재적으로 종속이 높아짐을 의미한다. 이미 어느 정도의 종속(21장)을 감안했다면 괜찮을 수도 있지만 여전히 고려해야 할 사항이다. 균형을 맞추기 위해 이러한 환경 위에 공통 추상화 계층을 배치할 수 있다. 온프레미스 클라우드 환경에서 관리형 쿠버네티스를 실행하는 것이 하나의 예가 될 수 있다. 그러나 이는 접근 방식 1번(공유 추상화 계층)의 일부 제한사항을 다시 불러올 것이다.

---

9 IT 분야에서 쇼 스토퍼(show stopper)는 어떤 소프트웨어나 솔루션 또는 서비스를 더 이상 사용할 수 없게 만드는 치명적인 결함이나 기능의 부재 등을 지칭할 때 사용되는 용어다.

- 여타 접근 방식과 마찬가지로 클라우드 어플라이언스를 온프레미스로 가져오는 것이 제한된 하드웨어 및 네트워크 용량과 같은 온프레미스 환경이 갖고 있는 고유한 한계를 극복할 수는 없다.

3. 온프레미스를 클라우드로 복사하기

만약 클라우드를 온프레미스로 가져올 수 있다면, 역으로 온프레미스 시스템을 클라우드로 가져가는 방안도 고려해볼 수 있다. 이러한 접근 방식은 처음에는 이상하게 보일 수 있지만, 많은 전통적인 애플리케이션이 '규칙적인' 클라우드 환경에서 쉽게 실행되지 않을 것이라는 점을 고려하면 의미가 있다. 따라서 온프레미스 환경을 클라우드로 복제하면 'as-is' 마이그레이션이 쉬워진다. 이는 계약 갱신 전에 기존 데이터 센터를 비워야 할 때 환영할 수 있는 옵션이 된다.

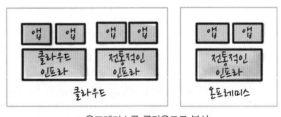

▲ 온프레미스를 클라우드로 복사

이러한 접근 방식의 대표적인 예로 AWS의 VMware Cloud를 들 수 있다. 이 방법을 사용하면 vCenter에서 VM을 바로 마이그레이션할 수 있고, 예를 들어 EC2에서 제공되지 않는 운영체제를 지원할 수도 있다.

일부에서는 클라우드에 최적화된 모델로 운영하지 않고 클라우드 데이터 센터에 기존 작업 방식 그대로 복제하기 때문에 이 접근 방식이 '하이브리드 클라우드'에 가까운지 또는 '하이브리드 가상화'에 가까운지에 대한 논쟁이 벌어질 수 있다. 그러나 온프레미스 데이터 센터 폐쇄가 임박했거나 중간 단계일 경우 실행 가능한 옵션이 된다.

4. 온프레미스를 클라우드처럼 만들기

마지막으로, 완전히 새로운 추상화나 맞춤형 하드웨어를 데이터 센터에 가져오는 것보다 기존에 클라우드 호환 API를 제공하는 것이 어떨가? 그러면 여러분은 온프레미스에 있는 모든 것을 버리지 않고도 클라우드와 동일한 방식으로 온프레미스 환경을 상호작용하게 할 수 있을 것이다.

당연히 이러한 접근 방식은 기존 온프레미스 인프라에 많은 투자를 하고 있고 아직 온프레미스를 포기할 준비가 되어 있지 않은 경우에 가장 적합하다. 이 접근 방식의 가장 일반적인 출발점은 기업에서 널리 사용되는 VM웨어의 ESX 가상화 플랫폼이다. VM웨어는 프로젝트 퍼시픽Project Pacific[10]을 통해 이 플랫폼에서 쿠버네티스를 지원할 계획을 갖고 있다. 프로젝트 퍼시픽은 쿠버네티스를 vSphere의 제어 영역에 포함시켜 VM과 컨테이너를 모두 관리할 수 있도록 지원한다.

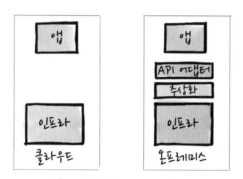

▲ 온프레미스를 클라우드처럼 만들기

---

10 https://www.vmware.com/products/vsphere/projectpacific.html

질문

좋은 소식은 여러 제조사가 제시된 솔루션을 제품 오퍼링으로 포함시켜왔다는 것이다. 각 접근 방식 및 내재된 절충안 이면의 연관된 결정을 이해하면 여러분의 요구사항에 맞는 적절한 솔루션을 선택할 수 있다. 앞서 논의한 내용을 바탕으로, 다음은 나열된 접근 방식을 기반으로 제품을 제공하는 제조사에게 묻고 싶은 질문 목록이다.

1. 공유 추상화 계층 정의

- 추상화는 데이터베이스나 머신러닝 같은 컴퓨팅 이외의 서비스를 어느 정도 다루고 있습니까?
- 여러 주요 클라우드 업체의 혁신 속도를 어떻게 따라갈 것으로 예상합니까?
- 추상화를 지원하기 위해 온프레미스에 필요한 기본 인프라는 무엇입니까?
- 공통 추상화가 각기 다른 두 환경에서 잘 작동한다고 생각하는 이유는 무엇입니까?
- 추상화 계층에 대한 종속을 최소화하는 방법은 무엇입니까? 오픈소스가 아닌 부분은 무엇입니까?

2. 클라우드를 여러분의 온프레미스로 복사하기

- 클라우드와 비교해 온프레미스 솔루션이 제공하는 서비스 범위는 무엇입니까?
- 전력 및 냉각과 같은 환경 요구사항은 무엇입니까?
- 데이터가 유출되지 않도록 제어 영역으로 향하는 트래픽을 모니터링하려면 어떻게 해야 합니까?

- 제어 영역과 연결이 분리되면 솔루션이 어느 정도까지 실행됩니까?
- 당사의 데이터 센터에 귀사의 솔루션을 도입할 경우 어떤 법적 책임이 발생합니까?

3. 온프레미스를 클라우드로 복사하기
- 이 솔루션이 클라우드에 얼마나 잘 통합되어 있습니까?
- 이 솔루션이 실행 가능한 최소 크기는 얼마입니까?
- 마이그레이션을 위한 최적의 방법은 무엇입니까? 즉, 온프레미스에서 마이그레이션하는 것보다 이 솔루션에서 마이그레이션하는 것이 얼마나 더 쉽습니까?

4. 온프레미스를 클라우드처럼 보이게 만들기
- 귀사의 솔루션은 접근 방식 1번에 언급된 솔루션과 비교해 어떻습니까?
- 다른 계층을 추가하면 복잡성이 더 커지지 않습니까?
- 내장하고 있는 오픈소스 프레임워크의 빠른 진화에 어떻게 대응하고 있습니까?

이러한 질문을 하는 것이 제조사 입장에서는 여러분과 좋은 관계로 발전되지 않을 수 있으나 정보에 입각한 결정을 내리는 데는 확실히 도움이 될 것이다.

추가 고려사항

하이브리드 클라우드의 요소는 워크로드 구현 및 운영뿐만이 아니다. 최소한 다음 범위도 적용된다.

ID 및 액세스 관리

클라우드의 핵심 요소는 컴퓨팅 리소스 및 해당 구성에 대한 액세스를 관리, 활성화, 제한하는 것이다. 만약 여러분이 온프레미스와 클라우드 환경 전반에 걸쳐 통합 관리를 하려는 경우 ID 및 액세스 관리의 통합도 원할 것이다. 즉, 개발자와 관리자가 기존과 동일한 사용자 이름과 인증 방법을 사용해 유사한 권한을 받는 것을 의미한다.

모니터링

온프레미스와 클라우드에 분산된 애플리케이션을 사용하는 경우 환경 전반에 걸쳐 일관된 모니터링이 필요할 수 있다. 그렇지 않으면 운영 문제가 발생할 경우 여러 모니터링 도구에서 문제의 원인을 찾아내야 하므로 전체 환경에 대한 이벤트를 상호 연관시키기 어려울 수 있다.

배포

이상적으로는 애플리케이션을 클라우드와 온프레미스에 통합된 방식으로 배포할 수 있다. 두 환경 모두에서 동일한 런타임 환경을 사용할 수 있는 경우 일관된 배포는 크게 단순화된다. 그렇지 않으면 여러 배포 옵션과 결합된 동일한 지속적인 빌드 및 통합^{CI} 파이프라인은 다양성을 최소화한다.

데이터 동기화

마지막으로, 워크로드를 통합적으로 관리하는 것만으로는 충분하지 않으며 이는 모든 애플리케이션이 데이터에 대한 액세스도 필요하기 때문이다. 새로운 애플리케이션의 경우 공통 API를 통해 데이터 액세스를 추상화할 수 있지만 대부분의 상용 또는 오래된 방식의 애플리케이션은 이러한 접근 방식을 쉽게 지원하지 않는다. 클라우드와 온프레미스에서 데이터 액세스를 단순화할 수 있는 다양한 도구가 존재한다. 예를 들어, AWS Storage

Gateway[11]를 사용하면 온프레미스에서 클라우드 스토리지에 액세스할 수 있고 NetApp SnapMirror 같은 솔루션은 데이터 복제를 제공한다.

경로 정리

다시 한번 말하지만, 단순한 유행어와 관련 제품 뒤에는 훨씬 더 많은 것이 존재한다. 각 제조사는 본인들의 관점에서 이야기를 하는 경향이 있기 때문에(예상한 바와 같이) 관련된 기술적인 결정이 생략되지 않도록 더 큰 그림을 보기 위해 '멀리 보이게 하는 것zoom out'은 우리 아키텍트에게 달려 있다. 다양한 접근 방식에 내재된 절충점을 조직 전체의 의사결정자가 볼 수 있게 하는 것은 아키텍트의 책임이다. 그렇지 않으면 나중에 놀라게 될 것이고, IT에서 배운 한 가지 사실은 좋은 놀라움은 없다는 것이다.

---

11 https://aws.amazon.com/ko/storagegateway/features/

21장

종속을 피하는 일에
갇혀 있지 마라

아키텍처는 이진법이 아니다.[1]

▲ 무엇이 종속인가?

---

[1] 이 장은 마틴 파울러(Martin Fowler)의 웹사이트(https://martinfowler.com/articles/oss-lockin.html)에
게시된 나의 원래 기사를 각색한 것이다.

아키텍트의 주요 업무는 종종 특정 기술이나 솔루션에 얽매이는 것을 피하는 것으로 여겨진다. 이것은 크게 놀랄 일이 아니다. 제품이 더 이상 사용자의 요구를 충족하지 못하거나 다른 제조사가 유리한 상업적인 조건을 제공하는 경우 데이터베이스 간에 또는 클라우드 업체 간에 쉽게 마이그레이션할 수 있다면 좋지 않을까? 그러나 종속은 옳다^{true} 또는 그르다^{false}를 결정하는 상황은 아니다. 또한 종속을 줄이는 것은 바람직하지만 이에 따르는 비용도 발생한다. 이제 클라우드 전략에서 종속을 피하기 위한 몇 가지 의사결정 모델을 개발해보자.

아키텍처가 옵션을 만든다

아키텍트의 주요 목표 중 하나는 옵션을 만드는 것[2]이다. 여러분은 옵션을 사용하면 알려진 매개변수에서 결정을 다음으로 연기할 수 있다. 예를 들어, 애플리케이션을 스케일 아웃으로 확장하는 옵션을 사용하면 여러분은 언제든지 컴퓨팅 용량을 추가할 수 있어야 하고 이 옵션을 사용하지 않고 구축된 애플리케이션에는 먼저 하드웨어 크기를 지정해야 한다. 옵션은 초기에 최고의 예측을 하는 것보다는 더 많은 정보(예: 애플리케이션 워크로드)가 제공될 때까지 결정을 연기할 수 있게 해주므로 매우 유용하다. 따라서 필요한 경우 시스템을 재구성할 필요 없이 여러분이 옵션을 행사할 수 있도록, 옵션이 시스템 변경을 허용하게 한다. 종속은 그 반대다. 한 번 결정되면 선택한 솔루션에서 다른 솔루션으로 전환하기가 어렵거나 비용이 많이 든다.

따라서 많은 아키텍트가 불확실성에 직면해 IT 선택의 자유를 보호하기 위한 고귀한 탐색 과정 동안 자신의 적을 종속으로 간주한다. 안타깝게도 아키

---

2 https://architectelevator.com/architecture/architecture-options/

텍처는 그리 간단하지는 않다. 즉, 아키텍처는 절충의 비즈니스다. 따라서 숙련된 아키텍트는 종속에 대해 더 미묘한 견해의 차이를 보인다.

- 첫째, 아키텍트는 종속이 이진법이 아니라는 사실을 깨닫는다. 여러분은 항상 어떤 것에 대해 어느 정도는 종속될 테고 이것은 괜찮은 것이다.
- 둘째, 옵션을 생성해 종속을 피할 수 있지만 이러한 옵션에는 단순한 금액뿐만이 아닌 복잡성이나 또는 오히려 더 좋지 않은 새로운 종속이라는 대가가 포함된다.
- 마지막으로, 아키텍트는 종속에서 해방시켜줄 오픈소스 소프트웨어와 같은 공통된 연관성을 살펴볼 필요가 있다.

동시에 솔루션을 마이그레이션하는 것이 어렵다는 사실을 알고 있는 제조사에 사로잡히지 않은 IT 부서는 거의 없다. 그러므로 종속을 최소화하려는 것은 충분히 이해가 된다. 두 번 속고 싶은 사람은 아무도 없다. 어떤 종류의 책임이든 피하려고 하는 사람들은 나의 **아키텍처 제1법칙**의 희생양이 될 수밖에 없다.

 과도한 복잡성은 결정을 내리지 못하는 조직에 대한 당연한 처벌이다.

따라서 클라우드 전략을 정의할 때 종속의 균형을 가장 잘 맞추는 방법을 살펴보자.

단일 클라우드로 구축하면, 종속이 항상 같이 있음!

요즘 클라우드 세계의 사람들은 종속에 관해 많은 이야기를 한다. 클라우드 플랫폼이 제공하는 모든 편의는 특정 플랫폼에 종속되는 대가를 치르고 있는 것처럼 보이기 때문이다. 치료제는 하이브리드-멀티-클라우드 추상화

(18장) 형태로 쉽게 구할 수 있다고 한다. 이러한 솔루션은 더 많은 옵션을 제공할 수 있지만 복잡성과 제약도 가중시킨다.

이전에는 애플리케이션 배포가 매우 간단했다. 요즘은 선택의 폭이 넓어지면서 상황이 더 복잡해졌다. 최신 애플리케이션의 경우 서버리스(26장)를 직접 목표로 하지 않는 한 컨테이너(25장)에 배포하는 것이 분명한 하나의 방향이다. 컨테이너는 좋아 보이지만, 여러분은 AWS의 ECS^{Elastic Container Service}를 사용해 컨테이너를 실행해야 하는가? ECS는 플랫폼과 잘 통합되지만 아마존 클라우드에서만 운영되는 독자적인 서비스다. 따라서 여러분은 쿠버네티스를 선호할 수 있다. 오픈소스이며 온프레미스를 포함한 대부분의 환경에서 실행이 되기 때문이다. 이제 문제가 해결됐는가? 확실하지는 않다. 이제 여러분은 쿠버네티스에 단단히 연결됐으며 작성하게 될 소중한 YAML 파일을 모두 생각해보자! 하나의 종속과 또 다른 종속을 교환했다. 그렇지 않은가? 그리고 아마존의 EKS^{Elastic Kubernetes Service}, 애저의 AKS^{Azure Kubernetes Service}, 구글의 GKE^{Google Kubernetes Engine} 같은 관리형 쿠버네티스 서비스를 사용하는 경우 여러분은 쿠버네티스의 특정 버전과 독자적인 확장에 단단히 묶일 수 있다.

소프트웨어를 온프레미스에서 실행해야 하는 경우 AWS Outposts[3]를 선택하고 ECS를 실행할 수 있는 옵션도 있다. 그러나 이것은 다시 독자적인 하드웨어를 기반으로 하므로 이점 또는 책임이 될 수 있다. 또는 쿠버네티스를 선택하는 과정에서 여러분은 온프레미스에 GKE를 배포할 수 있다. 그리고 차례로 VM웨어 위에 설치하는 이것 또한 독자적이므로 여러분은 종속이 된다. 당신은 이미 종속되어 있고 이를 전환할 동기부여가 거의 상황이라면 이게 정말로 차이를 만드는가? 그렇지 않을 가능성이 높다. 또한 여러분은

---

3 https://aws.amazon.com/ko/outposts/

GKE를 비롯한 오픈소스 구성요소로 주로 구성된 구글의 Anthos를 사용해 이러한 모든 문제를 해결하려고 할 수 있다. 그럼에도 불구하고 이것은 독자적인 오퍼링이다. Anthos를 계속 사용하는 한 애플리케이션을 다른 클라우드로 이동할 수 있게 된다. 이것이 바로 종속의 정의다. 그렇지 않은가?

완전히 다른 각도에서 배포 자동화를 애플리케이션 런타임과 완벽하게 분리하면 인프라스트럭처 전환이 훨씬 쉬워지고 모든 종속의 영향을 완화할 수 있지 않을까? 크로스 플랫폼 IaC^{Infrastructure as Code} 도구도 있다. 그런 것들이 이런 걱정거리들을 완전히 없애주는 데 도움이 되지 않을까?

클라우드에서 종속을 피하기란 그리 쉬운 일이 아니며 여러분은 탈출을 시도하는 데 갇힐 수도 있다. 따라서 우리는 제약에 대한 과도한 두려움으로 클라우드 전략이 좌절되지 않도록 아키텍처의 관점이 필요하다.

종속의 그늘

지금까지 살펴본 바와 같이 종속은 여러분을 가두거나 그렇지 않은 이진 속성이 아니다. 사실, 종속은 예상했던 것보다 더 다양한 특성을 갖고 있다.

제조사 종속

이것은 IT 담당자가 일반적으로 '종속'을 언급할 때 의미하는 것으로 한 제조사에서 경쟁업체로 변경할 때의 어려움을 설명한다. 예를 들어, 시벨^{Siebel} CRM에서 세일즈포스^{Salesforce} CRM으로 또는 IBM DB2 데이터베이스에서 오라클^{Oracle} 데이터베이스로 마이그레이션하는 데 비용이 많이 드는 경우 여러분은 '종속' 상태가 된다. 이러한 유형의 종속은 일반적으로 (어느 정도 눈에 띄게) 제조사가 혜택을 주기 때문에 흔한 경우가 된다. 또한 라이선스 요금을 할인받을 수 있는 장기 라이선스 계약 및 지원 계약 같은 상업적인 약정의 형태로 제공될 수 있다.

제품 종속

관련은 있지만 그럼에도 불구하고 제품에 대한 종속은 다른 형태다. 오픈소스 제품은 제조사 종속을 피할 수 있지만 제품 종속을 제거하지는 않는다. 여러분이 쿠버네티스나 카산드라^{Cassandra}를 사용하고 있다면 확실히 특정 제품의 API, 구성 및 기능에 종속되어 있는 셈이다. 만약 여러분이 전문적으로(특히 엔터프라이즈 기업 환경에서) 일하고 있다면 상업적 지원도 필요하며, 이로 인해 다시 제조사의 계약에 종속된다('제조사 종속' 참조). 과도한 사용자 정의, 통합 지점, 독점적 확장은 일종의 제품 종속의 한 형태다. 이는 오픈소스라고 할지라도 다른 제품으로의 전환을 어렵게 만든다.

버전 종속

여러분은 특정 제품 버전에 종속될 수도 있다. 버전 업그레이드로 인해 기존 사용자 지정 및 구축한 확장 기능이 손상될 경우 비용이 많이 들 수 있다. 일부 버전 업그레이드는 애플리케이션을 다시 작성해야 할 수도 있다(AngularJS 대 Angular 2가 떠오른다). 제조사가 귀하의 버전을 더 이상 지원하지 않기로 결정하거나 전체 제품 라인을 단종하기로 결정한 경우 여러분은 지원에서 벗어나거나 또는 대대적인 개편을 해야 하는 상황에 처하게 되므로 종속이 특히 심하게 느껴진다.

아키텍처 종속

또한 특정 유형의 아키텍처에 갇힐 수도 있다. 쿠버네티스 예제를 따르면 애플리케이션을 도메인 컨텍스트 경계를 따라 서비스로 구성하고 API를 통해 통신할 수 있다. 서버리스 플랫폼으로 마이그레이션하려면 서비스를 세분화하고 상태를 외부에서 관리하고 이벤트를 통해 연결할 수 있어야 한다. 이는 사소한 조정이 아니라 애플리케이션 아키텍처를 대대적으로 개편한 것이다. 이런 건 비용이 많이 들기 때문에 여러분은 다시 한번 종속이 된다.

플랫폼 종속

우리의 클라우드 플랫폼과 같은 플랫폼에는 특별한 제품 종속이 있다. 이러한 플랫폼은 애플리케이션을 실행할 뿐만 아니라 사용자 계정 및 관련 액세스 권한, 보안 정책, 네트워크 세분화 및 훈련된 머신러닝 모델도 포함하고 있다. 또한 이러한 플랫폼은 일반적으로 데이터를 보유하므로 데이터 중심으로 발생한다. 이 모든 것이 플랫폼 전환을 어렵게 만든다.

기술 종속

모든 종속이 기술적인 측면만 있는 것은 아니다. 개발자가 특정 제품 또는 아키텍처에 익숙해지면 다른 제품 또는 기술에 대해 개발자를 재교육(또는 새로 고용)하는 데 시간이 소요된다. 기술 가용성이 오늘날의 IT 환경에서 가장 큰 제약 조건 중 하나이기 때문에 이러한 유형의 종속은 매우 현실적이다.

법적 종속

여러분은 규정 준수와 같은 법적 이유로 특정 솔루션에 갇혀 있을 수 있다. 예를 들어, 귀하의 데이터가 해당 국가의 외부에 있는 다른 클라우드 업체의 데이터 센터로 마이그레이션하지 못할 수 있다. 또한 여러분의 소프트웨어 공급자의 라이선스는 시스템이 클라우드에서 완벽하게 실행되더라도 클라우드에서 사용되는 것을 허용하지 않을 수 있다. 말했듯이 종속에는 여러 가지 특성이 있다.

정신적 종속

가장 미묘하고 가장 위험한 유형의 종속은 생각에 영향을 미치는 것이다. 특정 제조사 및 아키텍처와 협력한 후에는 무의식적으로 가정을 받아들여서 의사결정을 하게 된다. 이러한 가정으로 인해 실행 가능한 대체 옵션을 거부하게 될 수 있다. 예를 들어, 수평 확장 아키텍처는 선형적으로 확장되지 않기 때문에 비효율적이라고 거부할 수 있다(하드웨어를 두 배로 늘릴 때 성능이 두 배가 되지는 않음). 기술적으로는 정확하지만 이러한 사고방식은 인터넷 시대에는 확장성이 로컬 효율성보다 우선한다는 사실을 무시한다.

따라서 다음에 누군가가 종속에 대해 말할 때 여러분은 이 8가지 범위 중 어느 것을 말하는지 물어볼 수 있다. 대부분의 컴퓨터가 이진 시스템에서 작동하지만 아키텍처는 그렇지 않다.

허용된 종속

일반적으로 우리는 더 많은 종속을 원하지는 않지만 어느 정도의 종속을 수용하는 것은 바람직하고 적절한 조언이 될 수 있다. AWS의 에이드리언 콕크로프트Adrian Cockcroft는 청중에게 종속을 걱정하는 사람이 있느냐고 질문하며 연설을 시작한 것으로 유명하다. 손을 든 많은 사람을 보면서 그는 다시 결혼한 사람이 있느냐고 묻는다. 갑자기 사람들의 표정이 사색적으로 변하면서 많은 손이 내려가지는 않는다.

명백하게도 (최소한 종속이 상호작용하는 경우에는) 종속되는 것에는 몇 가지 이점이 있을 것 같다. 기술 분야에 있는 많은 친구들은 서비스와 기기 간의 완벽한 통합을 높이 평가하기 때문에 애플 iOS 생태계에 상당히 만족해하며 종속되어 있다.

ℹ️ 여러분은 혜택을 받는 대가로 일부 종속을 허용할 가능성이 높다.

기업 IT로 돌아가 보면, 일부 구성요소가 특정 제품이나 제조사에 국한될 수 있지만 그 대가로 비즈니스에 실질적인 이점을 제공하는 고유한 기능을 제공한다. 우리는 일반적으로 종속되는 것을 선호하지는 않지만 이러한 절충안은 충분히 받아들일 수 있다. 예를 들어, 구글 Cloud Spanner나 AWS Bare Metal Instances 같은 제품을 행복해하며 생산적으로 사용할 수 있다. 많은 교차 클라우드cross-cloud 대안보다 더 잘 통합된 다른 네이티브 클라우드 서비스도 동일하게 사용할 수 있다. 마이그레이션이 불가능할 경우 여러분은 이러한 절충안을 기꺼이 수행할 수 있다.

상업적 측면에서 한 제조사의 제품을 많이 사용하는 사용자는 유리한 조건으로 협상할 수 있다. 또는 주요 고객은 제조사의 제품 로드맵에도 영향력을 행사할 수 있다. 어떤 의미에서는 아이러니하게도 사용 중인 제품을 제어할 수 있으면 전환할 이유가 줄어들게 된다. 우리는 종종 이러한 상호 구속을 '파트너십'이라고 표현하는데, 이는 일반적으로 좋은 것으로 여겨진다.

이 모든 상황에서 여러분은 자신이 종속되어 있다는 사실을 깨닫고 긍정적인 'ROLReturn On Lock-in'을 도출한 의식적인 결정에 따라 종속되기로 결심하게 된다. 실제로 '종속은 악이다'라고 선언하는 것보다 더 균형 잡힌 아키텍처 전략을 보여준다. 아키텍처는 선이 악과 싸우는 할리우드 영화가 아니다. 오히려 많은 우여곡절이 있는 매력적인 살인 미스터리 영화다.

종속성 감소 비용

종속이 모든 악의 근원은 아니지만 여전히 종속을 줄이는 것이 바람직한 방식이다. 그러나 이렇게 하는 데는 비용이 따른다. 아키텍처에는 공짜 점심이 없다('무료' 제조사의 점심도 가격을 지불해야 함). 비용을 금전적으로만 생각하는 경향이 많지만, 종속을 줄이는 데 소비되는 비용은 생각보다 훨씬 다양하다.

노력

이것은 인력과 관련해 수행해야 할 추가 작업이다. 클라우드 업체의 종속성을 줄이기 위해 쿠버네티스 위에 컨테이너를 배포하는 경우, 새로운 개념을 배우고 도커^{Docker} 파일을 작성하고 YAML 파일에서 공백을 정렬하는 노력이 포함된다.

지출

이것은 제품 또는 라이선스와 같이 외부 업체를 고용하거나 KubeCon에 참석하는 등의 추가적인 현금 지출이다. 또한 이식성을 높이기 위해 클라우드 업체가 관리하는 서비스를 활용하는 대신 자체 서비스를 운영해야 하는 경우 운영 비용도 포함될 수 있다. 나는 기밀 관리에 있어서는 수십 배의 비용 차이를 보았다.

활용도 저하

이 비용은 간접적이지만 상당할 수 있다. 종속성의 감소는 종종 여러 제품 또는 플랫폼에서 추상화 계층(20장)의 형태로 나타난다. 그러나 이러한 추상화 계층은 뒤처져 있거나 추상화에 맞지 않기 때문에 기본 플랫폼과 동일한 기능을 제공하지 못할 수 있다. 좋지 않은 경우에는 추상화 계층이 지원되는 모든 제품에서 걸쳐 가장 낮은 공통 분모가 될 수 있으며 제조사의 특별한 기능을 사용하지 못하게 될 수 있다. 이는 곧 소프트웨어를 사용하고 비용을 지불하면서 얻을 수 있는 효율성이 줄어든다는 것을 의미한다. 추상화 계층이 지원하지 않는 중요한 플랫폼 기능이라면 비용은 높을 수 있다.

복잡성

복잡성은 IT에서 과소평가되는 또 다른 비용이지만 가장 심각한 비용 중하나다. 추상화 계층을 추가하면 새로운 개념과 제약 조건을 가진 또 다른 구성요소가 존재하기 때문에 복잡성이 증가한다. IT는 일상적으로 과도한 복잡성으로 인해 비용이 증가하고 새로운 학습 곡선으로 인해 속도가 감소한다. 또한 복잡한 시스템은 진단하기 어렵고 시스템 장애에 노출되기 쉽기 때문에 시스템 가용성도 저하될 수 있다. 더 많은 예산으로 금전적 비용을 상쇄할 수 있지만 과도한 복잡성을 줄이는 것은 매우 어렵다. 이는 종종 더욱 복잡해지는 결과를 초래한다. 물건을 빼는 것보다 계속 추가하는 것이 훨씬 쉬운 법이다.

새로운 종속

마지막으로, 하나의 종속을 피하면 종종 다른 종속도 희생된다. 예를 들어 AWS CloudFormation[4]을 사용하지 않고 대신 하시코프^{Hashicorp}의 Terraform[5]이나 Pulumi[6]를 사용할 수 있다. 이 두 제품은 모두 우수한 제품이며 여러 클라우드 업체를 지원한다. 그러나 이제 여러분은 다른 제조사의 다른 제품에 연결되어 있으므로 여러분에게 적합한지 파악해야 한다. 마찬가지로, 대부분의 멀티 클라우드 프레임워크는 클라우드 업체 간에 워크로드를 이동할 수 있도록 지원하지만 사용자는 프레임워크에 갇히게 된다. 어떤 형태의 종속이 더 중요한지 결정해야 한다.

진짜 적: 복잡성 및 활용률 저조

따라서 종속성을 줄이는 데 드는 비용은 매우 현실적일 뿐만 아니라 다양한 형태로 나타난다. 이 중에서 활용률이 낮고 복잡하다는 점은 아키텍트에게 가장 큰 걱정거리인데, 이 두 가지 모두 심각하고 가장 자주 간과되기 때문

---

4 https://aws.amazon.com/ko/cloudformation/

5 https://www.terraform.io/

6 https://www.pulumi.com/

이다. 둘 다 기존 도구 및 플랫폼 위에 다른 계층을 추가해 종속성을 줄이는 경우가 많다는 사실에서 비롯된다.

⚠️ 복잡성과 활용도 저조는 종속성을 줄이기 위해 지불하는 가장 큰 대가이지만 가장 눈에 띄지 않는 대가가 될 수 있다.

예를 들어, 여러분이 클라우드 전반에 걸쳐 이동 가능한 솔루션을 원하기 때문에 DynamoDB나 Cloud Spanner를 활용할 수 없는 경우라면 기능 또는 전달되는 가치가 감소되어 실제적이고 구체적인 비용이 발생한다. 여러분은 기능이나 제품을 사용할 수 있지만 이를 사용하지 않는 등 활용도가 낮은 상태에서 비용을 지불하고 있다.

기능을 사용할 수 없는 비용은 현실적이고 당장 발생하는 반면, 전환 비용 감소로 인한 잠재적 수익은 연기되고 가설적이다. 전체 마이그레이션이 필요한 경우에만 현실화된다. 특정 서비스를 사용하지 않아 제품이 시장에서 실패하거나 출시 지연이 발생하는 경우 제품이 존재하지 않기 때문에 나중에 마이그레이션하는 옵션은 무용지물이 된다. 이것이 바로 2018년 말에 널리 인정받는 소트웍스^{ThoughtWorks}의 Technology Radar[7]가 '일반 클라우드 사용량^{Generic Cloud Usage}'을 '보류^{Hold}'로 지정한 이유다. 종속성을 줄이는 것은 확실히 이진법이 아닌 섬세한 결정이다.

ℹ️ 복잡성 증가나 낮은 활용률 같은 옵션 비용은 현재 여러분이 부담하고 있다. 유연성의 형태로 얻을 수 있는 보상은 미래에만 나타나며 특정 시나리오에만 국한된다.

복잡성 측면에서 비용은 JDBC^{Java Database Connectivity} 커넥터, 컨테이너 오케스트레이션 및 공통 API 같은 또 다른 추상화 계층의 추가로 인해 발생한다.

---

7 https://www.thoughtworks.com/radar/techniques/generic-cloud-usage

이 모든 것이 유용한 도구이지만, 이러한 계층은 더 많은 이동 부품을 추가해 전체 시스템의 복잡성을 증가시킨다. CNCF^{Cloud Native Computing Foundation}의 제품 환경[8]을 잠시 살펴보면 이러한 복잡성을 생생하게 알 수 있다. 복잡성은 새로운 팀 구성원의 학습 시간을 증가시키고 디버깅이 더 어려워지며 시스템 오류가 발생할 가능성이 높아진다.

그러나 모든 추상화가 번거로운 것은 아니다. 일부 추상화 계층은 작업을 크게 단순화할 수 있다(대부분의 개발자는 개별 디스크 블록 대신 바이트 스트림에서 읽는 것을 좋아한다). 이와 같은 추상화는 좁은 인터페이스에서는 작동할 수 있지만 광범위한 플랫폼, 특히 경쟁 제조사의 플랫폼에서는 거의 작동하지 않는다. 산업 표준이라는 묘지에는 이러한 시도들이 산재해 있다(SCA[9]를 기억하는가?). 그리고 추상화가 행복한 시기에 여러분을 약간의 복잡성으로부터 보호해줄 수는 있지만, 실패는 추상화를 존중하지 않는다[10]는 사실은 잘 알려져 있다.

최적의 종속

종속되어 있는 것과 비용을 부담하지 않는 것, 둘의 균형을 맞추고 최적의 지점을 찾는 것이 아키텍트의 일이다. 심지어 이것이 아키텍트 업무의 본질을 요약한다고 말할 수도 있다. 즉, 유행어를 해체하고, 실제 동작 방식을 파악하며, 경제적 위험 모델로 변환한 다음, 주어진 비즈니스 상황에 가장 적합한 지점을 찾는 것이다.

 유행어를 해체하고, 실제 동작 방식을 파악하고, 이를 경제적/위험 모델로 변환

---

8 https://landscape.cncf.io/

9 https://en.wikipedia.org/wiki/Service_Component_Architecture

10 https://architectelevator.com/architecture/failure-doesnt-respect-abstraction/

한 다음, 주어진 비즈니스 상황에 가장 적합한 지점을 찾는 것이 아키텍트의 일이다.

예를 들어, 여러분은 개발자 생산성을 높이는 동시에 데이터베이스 제조사 종속성을 줄이는 하이버네이트Hibernate11와 같은 ORMObject-Relational Mapping 프레임워크를 사용해 낮은 비용으로 종속성을 줄이는 방법을 찾을 수 있다. 이러한 기회는 많은 숙고를 필요로 하지 않으며 그냥 실행에 옮겨야 한다. 그러나 다른 결정은 두 번째, 혹은 세 번째의 검토가 필요할 수 있다.

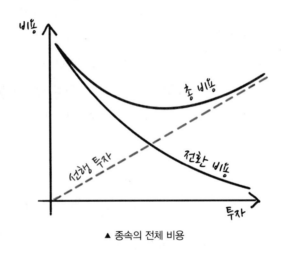

▲ 종속의 전체 비용

최적의 종속성 정도를 찾으려면 두 가지 비용 요소를 합산해야 한다(위의 그래프 참조).

1. 전환 가능성과 발생할 경우의 비용을 곱한 값(아래로 내려가는 곡선)인 예상 종속 비용

2. 종속성을 줄이기 위해 필요한 선행 투자(점선)

금융 옵션의 세계에서는 첫 번째 요소가 옵션의 행사가로 간주된다. 즉, 보

---

11 https://hibernate.org/orm/

유하고 있는 옵션을 행사할 때 지불해야 할 가격이다. 두 번째는 옵션 자체의 가격이다. 즉, 옵션을 구입하는 데 드는 비용이다. 옵션 가격 결정에 대해 블랙Black과 숄스Scholes가 노벨 경제학상을 받았다[12]는 사실은 이것이 간단히 해결할 수 있는 방정식이 아님을 말해준다. 그러나 행사 가격이 낮아짐에 따라 옵션의 가치가 높아진다고 볼 수 있다. 나중에 전환이 더 쉬워질수록 지금 더 많은 준비가 필요하다.

우리에게 관련된 곡선은 두 비용의 합계를 추적하는 선('총 비용'으로 표시됨)이 된다. 복잡한 공식이 없으면 전환 비용을 최소화하는 것이 가장 경제적인 선택이 아니라는 사실을 쉽게 알 수 있으며, 이는 수익 감소에 대한 여러분의 선행 투자를 늘릴 수 있기 때문이다.

간단한 예를 들어보자. 많은 아키텍트는 특정 클라우드 업체에 얽매이지 않는 것을 선호한다. 현재 업체에서 다른 업체로 애플리케이션을 마이그레이션하는 데 비용이 얼마나 들까? 자동화 스크립트를 다시 코딩하고 독자적인 서비스에 액세스하는 코드를 변경하는 등의 작업이 필요하다. $100,000? 이는 중소 규모의 애플리케이션을 위한 합리적인 금액이다. 다음으로, 애플리케이션의 수명 동안 클라우드를 전환해야 할 가능성을 고려해야 한다. 5% 정도? 아니면 더 낮은 수준? 이제 전환 비용을 0에 가깝게 낮추려면 비용이 얼마나 들까? 아마도 $5,000($100,000×5%)보다 훨씬 더 절약할 수 있을 것으로 예상되므로 경제적으로 좋지 않은 선택이 될 것이다. 여러 애플리케이션에 걸친 선행 투자를 생각할 수 있는가? 아마도 비용의 상당 부분이 증가할 것이다.

ⓘ 전환 비용을 최소화하는 것은 대부분의 기업에서 가장 경제적인 선택이 아닐 것이다. 이는 마치 과도하게 많은 보험에 가입한 것과 같다.

---

12 https://en.wikipedia.org/wiki/Black%E2%80%93Scholes_model

잘 만들어진 CI/CD 파이프라인과 자동화된 테스트를 통해 전환 비용을 절반으로 크게 줄일 수 있다. 현재 예상 전환 비용은 $2,500에 불과하다. CI/CD 파이프라인을 구축하는 것은 옵션을 구입하는 것과 동일하지 않다. CI/CD 파이프라인은 지금 당장이라도 고품질 소프트웨어를 저렴한 비용으로 출시할 수 있게 도와주는 메커니즘이다.

따라서 전환 비용을 최소화하는 것이 목표가 아니라 총 비용을 최소화하는 것이 목표다. 전환 비용에만 집중하는 아키텍트는 종속성을 줄이기 위해 과도하게 투자할 것이다. 이는 과도한 보험에 가입하는 것과 같다. 공제액을 0으로 낮추기 위해 막대한 보험료를 지불하면 마음의 평화는 얻을 수 있겠지만 가장 경제적이지 않고 따라서 합리적인 선택이 아니다.

오픈소스 및 종속

마지막으로, 오픈소스 소프트웨어를 사용하면 종속성이 제거된다는 일반적인 개념에 대한 몇 가지 생각이 있다. 지금까지 살펴본 여러 형태의 종속에서 오픈소스 소프트웨어가 주로 단일 유형인 제조사에 대한 종속을 해결한다는 사실을 알 수 있다. 하지만 대부분의 다른 형태의 종속은 그래도 남아있다. 예를 들면 여전히 아키텍처, 제품, 기술 및 정신적 종속에 직면하게 될 것이다. 그렇다고 해서 오픈소스가 고려할 가치가 없다는 의미는 아니지만, 때때로 이렇게 묘사되는 것처럼 종속에서 쉽게 벗어날 수 있는 방법은 아니라는 뜻이다.

클라우드의 맥락에서 대부분의 오픈소스 프레임워크는 온프레미스는 물론 모든 상용 클라우드에서 운영될 수 있기 때문에 오픈소스는 멀티 클라우드로의 자연스러운 경로로 자리 잡는 경우가 많다. 그러나 여기서는 오픈소스가 완전히 관리되지만 독자적인 서비스에 가입하는 것과는 대조적으로 소프트웨어를 직접 운영해야 함을 의미하므로 주의할 필요가 있다. 결국 클라우드의 혁신적 측면은 데이터베이스를 보유하는 것이 아니라 즉시 프로비저닝할 수 있고 운영을 처리할 필요가 없으며 사용량에 대해서만 비용을 지불할 수 있다는 데 있다. 클라우드 업체 전반에 걸쳐 완전 관리형 오픈소스 플랫폼을 제공하려는 노력이 있지만 이는 다시 독자적인 제품이 된다. 마법 같은 답변은 없다.

오픈소스가 종속을 피한다는 주장은 '여러분이 최악의 경우 소프트웨어를 포장하고 클라우드 업체를 떠날 수 있다'는 개념에 기반한다. 이 주장은 소프트웨어의 기능에 대해 유효할 수 있지만(대부분의 제조사에는 독자적인 '엔터프라이즈' 확장이 포함되어 있음) 운영 측면은 다루고 있지 않다. 아키텍트는 비기능적 측면 또는 가용성, 안정성, 확장성 등이 엔터프라이즈 IT의 중요한 요소라는 사실을 가장 잘 알고 있다. 따라서 관리형 플랫폼(예: 쿠버네티스용 GKE/EKS/AKS)에서 업스트림 오픈소스 버전을 직접 운영하는 것으로 되돌리면 독자적으로 제어 영역과 함께 제공되는 운영상의 모든 이점도 같이 제거가 된다. 대부분의 경우, 수반되는 이런 엄청난 노력을 고려하지도 않으므로 전체 이익의 상당 부분을 잃게 될 수 있다. 오픈소스와 관련된 또 다른 공통점은 원칙적으로 모든 사람이 제품에 기여하거나 영향을 미칠 수 있다는 점이다. 이는 제조사의 제품 로드맵에 따라야 하는 상용 제품과 매우 대조적이다(이를 통해 제조사의 제품 철학을 이해하는 것이 중요하다. 『37 Things』[13]에서 'IT 세상은 평등하다The IT World is Flat' 참조). 이는 커뮤니티 중심 프로젝트에서는 상당한 이점이 있지만, 많은 '클라우드 규모' 오픈소스 프로젝트에서는 프로젝트의 선동자 역할을 할 뿐만 아니라 관련된 제휴 협회의 강력한 후원자이기도 한 상업적 제조사의 기여를 약 절반 정도로 보고 있다. 해당 제조사의 전략에 의해 많은 영향을 받는 개발은 여러분의 전략과 일치하는 경우 도움이

---

[13] https://architectelevator.com/book/

될 수 있다. 따라서 여러분이 그 프로젝트에서 행복한 결혼 생활을 할지 아니면 갇혀 지낼지(종속되어 있을지) 결정하는 것은 여러분에게 달려 있다.

많은 오픈소스 제품이 여러 클라우드 플랫폼에서 작동하지만 대부분은 각 클라우드 플랫폼의 세부 사항으로부터 우리를 보호하지 못한다. 이러한 효과는 Terraform 같은 자동화 도구에서 가장 뚜렷하게 나타나며, 이는 공통 언어 구문을 제공하지만 많은 제조사별 세부 구조로부터 우리를 보호하지는 못한다. 따라서 세부적인 구현은 공통 오픈소스 프레임을 통해 '유출'된다. 결과적으로 이러한 도구는 새로운 언어 구문을 배울 필요가 없기 때문에 한 클라우드에서 다른 클라우드로의 전환 비용이 절감된다. 그러나 공통 오픈소스 프레임 방법이 전환 비용을 0으로 낮춰주는 확실한 방법은 아니다. 그 대가로 특정 플랫폼과 추상화 계층 간의 기능 지연에 대한 대가를 지불할 수 있다. 이 방정식을 푸는 것이 아키텍트의 일이다.

요약하자면, 오픈소스는 기업 IT에 매우 중요한 자산이다. 이것이 없었다면 리눅스 운영체제, MySQL 데이터베이스, 아파치 웹 서버, 하둡 분산 처리 프레임워크 등 그 밖의 많은 최신 소프트웨어 편의 시설을 갖추지 못했을 것이다. 오픈소스 소프트웨어를 사용하는 데는 여러 가지 좋은 이유가 있지만, 예를 들어 종속성과 관련된 포괄적인 설명과 단순화된 연관성을 살펴보는 것은 아키텍트의 일이다.

조치된 종속

의식적으로 종속성을 관리하는 것은 클라우드 아키텍트 역할의 핵심 부분이다. 잠재적인 전환 비용을 0으로 줄이려는 것은 주제를 완전히 무시하는 것만큼이나 어리석은 일이다. 몇 가지 간단한 기술은 적은 비용으로 종속성을 줄이는 데 도움이 되는 반면, 또 다른 기술은 우리를 그다음 제품 또는 아키텍처 계층에 종속되게 한다. 개방형 표준, 특히 개방형 API와 같은 인터페이스 표준은 변경 반경을 제한하기 때문에 종속을 줄여준다. 종속은 일반적으로 기업에서 나쁜 평판을 받고 있다. 과거에는 대부분의 기업이 제품이나 제조사에 인질로 잡혀 있었다. 클라우드 플랫폼은 몇 가지 측면에서 이와는 다르다.

- 대부분의 클라우드 플랫폼 제조사는 일반적인 엔터프라이즈 소프트웨어/하드웨어 제품 제조사와는 다르다(실제적으로 변모했을 수도 있음).

- 특정 클라우드 플랫폼에 대한 애플리케이션의 의존도가 낮지는 않지만 ERP나 CRM 소프트웨어 같은 완전한 엔터프라이즈 제품과 비교할 때 상대적으로 의존도가 낮다.

- 클라우드에 배포된 소프트웨어의 상당 부분은 모듈식 구조와 자동화된 빌드 및 테스트 주기를 가질 가능성이 있는 맞춤형 개발 애플리케이션이 될 것이다. 이렇게 하면 세일즈포스 APEX 코드 또는 SAP ABAP 스크립트를 재배치하는 것보다 잠재적인 플랫폼 전환을 훨씬 더 쉽게 소화할 수 있다.

- 과거에는 심각한 기능 차이나 비용 차이로 인해 업체 간의 전환이 종종 필요했다. 클라우드 컴퓨팅의 첫 10년 동안 업체들은 반복적으로 가격을 낮추고 매년 수십 개의 새로운 기능을 출시해 이로 인한 전환 가능성을 낮춰왔다.

따라서 종속에 대해 아키텍처적으로 살펴볼 필요가 있다. 아키텍트는 종속에 갇혀 있기보다는 자물쇠를 따는 기술을 개발해야 한다.

22장

멀티테넌트의 마지막?

클라우드는 과거의 아키텍처를 다시 생각하게 한다

▲ 트리-레벨 다중-단일-테넌시

대부분의 아키텍처 결정은 상반되는 힘과 제약 조건의 균형을 맞추는 것을 목표로 한다. 우리는 종종 이러한 아키텍처 결정을 되돌리기 어려운 '오래 지속되는' 결정이라고 간주하지만, 클라우드 컴퓨팅과 같은 새로운 기술이나 운영 모델의 변화는 원래의 결정을 형성하게 한 제약 조건에 영향을 미치거나 제거할 수 있다. 멀티테넌트 아키텍처는 우수한 사례 연구를 제공한다.

멀티테넌트

멀티테넌트 시스템은 수십 년 동안 엔터프라이즈 소프트웨어의 일반적인 패턴이었다. 위키피디아[1]에 따르면,

> 멀티테넌트 시스템은 모든 테넌트에게 단일 시스템 인스턴스에서 전용의 공유 리소스를 제공하도록 설계됐다.

이러한 멀티테넌트 시스템의 주요 이점은 새로운 공유 리소스 또는 (논리적인) 고객 인스턴스를 생성할 수 있는 속도다. 모든 테넌트는 단일 시스템 인스턴스를 공유하므로 새 사용자가 왔을 때 새 소프트웨어 인스턴스를 배포할 필요가 없다. 또한 테넌트 간에 공통 서비스를 공유할 수 있으므로 운영이 더 효율적이다.

바로 이러한 건축 스타일이 그 이름을 가져온 것이다(아파트는 여러 명의 세입자(테넌트)를 수용하기 때문에 각각의 새로운 세입자를 위해 새집을 지을 필요가 없다). 오히려, 하나의 건물에는 복도 및 공유 배관 같은 공동 인프라의 도움을 받아 많은 세입자를 효율적으로 수용할 수 있다.

소프트웨어가 없다!

최근 IT 역사에서 멀티테넌트 아키텍처를 기반으로 가장 직접적인 성공을 거둔 회사는 세일즈포스였다. 세일즈포스는 이 용어가 클라우드 컴퓨팅 플

---

1   https://en.wikipedia.org/wiki/Multitenancy

랫폼에서 인기를 얻기 훨씬 전부터 CRM(고객 관계 관리) 소프트웨어에 대해 SaaS^{Software as a Service} 모델을 사용해왔다. 세일즈포스는 업데이트, 확장 등을 포함한 소프트웨어를 운영해 고객이 온프레미스에 소프트웨어를 설치할 필요가 없게 했다.

이 모델은 효과적인 '소프트웨어가 없다' 마케팅 캠페인의 도움을 받아 매우 성공적이었다. 소프트웨어를 설치하는 데 오랜 시간이 걸리고 그 과정에서 여러 가지 문제가 발생한다(13장)는 기업의 경험을 활용했기 때문이다. 대신 세일즈포스는 거의 즉각적으로 신규 고객을 등록할 수 있게 했다. 종종 소프트웨어 설치는 IT 부서 없이도 가능하다는 (다소 정확한) 주장에 따라 비즈니스 부서에 직접 판매됐다. 기존 시스템과의 통합은 CRM 배포의 중요한 측면이기 때문이다.

▲ (설치할) 소프트웨어가 없다.

아키텍처 관점에서 세일즈포스는 고객별로 분리된 대규모 데이터베이스를 실행했다. 애플리케이션 로직을 사용해 현재 고객의 데이터 세트에서 모든 기능이 실행되게 할 수 있다. 신규 고객이 CRM 제품군을 구매했을 때 세일즈포스는 기본적으로 시스템에 새로운 논리적 '테넌트'만 설정했으며, 이는 데이터베이스에서 소위 `OrgID` 필드로 식별됐다. 종종 추가적인 데이터 및 컴퓨팅 요구를 수용하기 위해 더 많은 하드웨어를 추가해야 했지만, 이는 실제 고객 가입과는 별개였으며 사전에 수행할 수 있었다.

테넌트 도전과제

멀티테넌트 시스템은 고객에게 분명한 이점이 있지만 몇 가지 아키텍처 관점에서 도전과제를 갖고 있다. 단일 시스템을 논리적인 개별 시스템의 집합처럼 보이게 하려면 데이터, 구성, 성능과 같은 비기능적 특성에 대해 테넌트 간에 격리해야 한다(사람들은 아파트에 두꺼운 벽을 원한다). 이러한 격리는 애플리케이션과 데이터베이스 스키마에 복잡성을 발생시킨다. 예를 들어, 각 동작에 대해 코드 기반 및 데이터베이스 구조를 통한 테넌트의 ID가 전파돼야 한다. 이 아키텍처에서 오류가 발생하면 테넌트의 데이터가 다른 테넌트에 노출될 위험이 생긴다(이는 매우 바람직하지 않은 시나리오다). 여러분의 냉장고에서 이웃의 식료품을 찾는다고 상상해보라!

또한 다수의 테넌트에 대해 단일 시스템을 확장하면 한계에 빠르게 도달한다. 따라서 멀티테넌시는 뛰어난 특성에도 불구하고 대부분의 다른 아키텍처 결정과 마찬가지로 절충의 문제가 있다. 고객을 빠르고 쉽게 추가하려면 더 복잡한 시스템을 관리해야 한다. 과거 시스템 아키텍트들은 둘 사이에서 최적의 균형을 선택했고 시장에서 성공했다. 이제 클라우드 컴퓨팅 플랫폼은 몇 가지 기본적인 전제에 도전해 우리를 새로운 최적의 상태로 이어지게 할 수 있다.

덕 타이핑

객체 지향 세계에는 단일 글로벌 유형 계층으로 객체를 분류하는 대신 관찰 가능한 동작으로 분류된다는 **덕 타이핑**duck typing[2]이라는 개념이 있다. 따라서 오리를 물새, 즉 동물의 왕국에 속한 조류로 정의하는 대신에 행동으로 오리를 정의하게 된다. 오리처럼 꽥꽥거리고 오리처럼 걷는다면 이는 오리로 간주된다.

소프트웨어 설계에서 이는 클래스의 내부 구성 또는 형식 계층 구조가 객체의 관찰 가능한 동작에 대해 뒷전으로 밀려난다는 것을 의미한다. 만약 객체에 현재 시간을 가져오는 메서드가 있으면 상위 클래스와 상관없이 Clock 객체일 수 있다. 덕 타이핑은 객체가 특정 목적에 사용될 수 있는지 여부와 관련이 있으며, 중요한 존재론에는 관심이 적다. 따라서 시스템 구성에서 더 많은 자유로움을 허용한다.

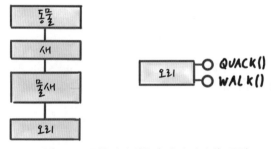

▲ 계층 구조를 통한 타이핑(왼쪽) 대 덕 타이핑(오른쪽)

덕 아키텍처

행동에 기반하는 동일한 개념을 대규모 시스템 아키텍처에 적용해 멀티테넌시와 같은 아키텍처 개념을 새롭게 적용할 수 있다. 전통적으로 멀티테넌시는 구조적 속성으로 간주된다. 예를 들어, 각 사용자/테넌트에 대해 단일 데이터베이스 및 구성을 분할하는 방식으로 어떻게 시스템이 구성되는지를 설

---

2 https://en.wikipedia.org/wiki/Duck_typing

명한다.

그러나 '덕duck' 논리에 따라 멀티테넌시는 관찰 가능한 속성이 된다. 오리처럼 꽥꽥거리는 것과 마찬가지로 멀티테넌트 시스템의 핵심 속성은 새로 격리된 사용자 인스턴스를 가상으로 즉시 생성할 수 있는 기능에 있다. 이러한 기능을 구현하는 방법은 구현자에게 달려 있다.

> ℹ️ 시스템 아키텍처의 유일한 목적은 바람직한 일련의 관찰 가능한 행동을 나타내는 것이다.

'덕 아키텍처duck architecture'는 시스템 구조의 유일한 목적이 바람직한 일련의 관찰 가능한 동작을 나타내는 것이라는 개념을 제공한다. 여러분의 애플리케이션이 느리거나 버그가 있거나 거의 사용할 수 없는 경우 고객은 애플리케이션 아키텍처를 높이 평가하지 않을 것이다.

제약 조건 재검토

시스템 구조의 목표는 바람직한 특성을 제공하는 것이다. 그러나 이러한 구조 역시 일련의 제약에 영향을 받는다. 모든 것을 구현할 수 있는 것은 아니기 때문이다. 그러므로 아키텍처의 본질은 주어진 제약 조건 내에서 바람직한 특성을 구현하는 것이다.

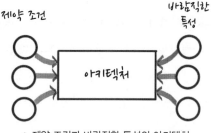

▲ 제약 조건과 바람직한 특성의 아키텍처

지금은 과거의 아키텍처 결정을 형성했던 특정 제약 조건이 변경되거나 사라졌을 수 있다. 그 결과 과거의 아키텍처 결정을 재검토할 수 있고, 재검토해야 한다.

멀티테넌트 시스템의 경우 새로운 시스템 인스턴스를 배포하는 것은 복잡하고 시간이 많이 소요되는 프로세스라는 것이 설계의 핵심 제약사항이 된다. 따라서 독립된 사용자에게 자신의 논리적 인스턴스에 거의 즉각적으로 액세스할 수 있게 하려면 격리된 인스턴스처럼 보이는 논리적으로 분할된 단일 인스턴스를 기반으로 하는 시스템을 구축해야 한다. 이러한 시스템은 각 신규 고객에 대해 새로운 인스턴스를 배포할 필요가 없으므로 신규 고객 환경을 쉽게 구성할 수 있다.

두 번째 제약사항은 각 사용자별로 자체 하드웨어 인프라를 갖춘 여러 개별 시스템 인스턴스를 다수 보유하는 것은 다소 비효율적이라는 것이다. 각 인스턴스는 운영체제, 스토리지, 모니터링 등의 오버헤드를 수반하며, 이러한 오버헤드가 여러 번 중복되면 컴퓨팅 및 스토리지 리소스가 낭비된다.

클라우드는 제약을 제거한다

우리는 이미 클라우드 컴퓨팅이 단순히 인프라스트럭처의 주제가 아니라는 것(12장)을 배웠다. 런타임 인프라스트럭처만큼 소프트웨어의 전달 및 자동화와 더 많이 관련되어 있다. 그리고 바로 이러한 자동화의 측면을 통해 우리는 멀티테넌시를 구조적 시스템 속성으로 이해할 수 있다.

클라우드 자동화 덕분에 새로운 시스템 인스턴스와 데이터베이스의 구축 및 구성이 과거보다 훨씬 쉽고 빨라졌다. 따라서 시스템을 멀티테넌트 시스템과 같이 설계하지 않고도 멀티테넌트 시스템의 속성을 나타낼 수 있다. 시스템은 단일 시스템에서 모든 테넌트를 호스팅하는 대신 각 테넌트에 대해 '실제' 새 인스턴스를 생성하기만 하면 된다. 그러므로 멀티테넌트 아키텍처의 복잡성을 피할 수 있으면서도 장점을 유지할 수 있다. 따라서 구조적 속성을 결합하지 않고 멀티테넌트 시스템처럼(덕을 기억하는가?) 작동한다.

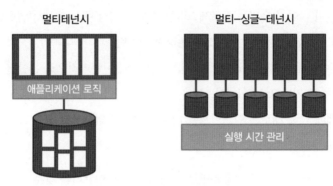

▲ 멀티테넌시 대 멀티-싱글-테넌시

또한 컨테이너 및 경량화된 VM 기술은 매번 전체 운영체제를 복제하지 않기 때문에 각 개별 인스턴스와 관련된 오버헤드를 크게 줄여준다.

그러나 이러한 모든 인스턴스를 관리하는 데 수반되는 운영상의 복잡성은 어떤가? 쿠버네티스 같은 컨테이너 오케스트레이션 도구는 자동화된 재기동, 워크로드 관리, 트래픽 라우팅 등을 포함해 많은 수의 컨테이너 인스턴스를 운영하고 관리하는 데 도움이 되도록 설계되어 있다. 대규모 쿠버네티스 클러스터에서 수천 개의 컨테이너 인스턴스를 실행하는 것은 드문 일이 아니다.

즉, 클라우드 자동화 및 컨테이너를 결합하면 멀티테넌트 아키텍처를 사용하는 전통적인 시스템을 소위 우리가 부르는 **멀티-단일-테넌트 시스템**multi-single-tenant system으로 대체할 수 있다. 이 시스템은 유사한 특성을 보이지만 좀 더 강력한 런타임 인프라스트럭처에 의존함으로써 훨씬 단순한 애플리케이션 아키텍처가 된다.

> ℹ️ 멀티-단일-테넌트 시스템은 복잡한 구축 없이 멀티테넌트 시스템의 동작을 보여준다. 좀 더 강력한 런타임 인프라스트럭처 덕분에 애플리케이션 아키텍처를 단순화한다.

클라우드 업체는 동일한 물리적 서버를 공유하는 클라이언트를 격리하는 등의 방법으로 일반적인 멀티테넌트 설계를 구현한다. 일단 클라우드 업체가 이러한 복잡성을 흡수한 후에는 각 애플리케이션에 대한 복잡성을 다시 만들 필요가 없어지므로 애플리케이션 로직은 크게 단순화됐다. 많은 경우에 우리는 책임을 스택 위(12장)에 전가하지만, 이 경우에는 운 좋게 많은 복잡성을 아래로 밀어낼 수 있다.

효율적인 단독 주택

이 장 초반부의 건물 비유를 좀 더 자세히 설명하자면, 클라우드 컴퓨팅을 사용하면 여러분은 아파트 건물에서 쉽게 복제되고 효율적인 단독 주택으로 벗어날 수 있다. 이러한 단독 주택은 건설하기 쉽고 각 테넌트가 건물을 소유할 수 있다. 다행히 클라우드에서는 실제 환경에 비해 매우 효율적으로 이 작업을 수행할 수 있으므로 도시의 무분별한 확산에 대한 걱정은 필요가 없다.

23장

새로운 '-성': 일회성

서버에 관한 한, 우리는 재활용을 하지 않는다

▲ 서버를 처리하는 데 비용이 발생할 수도 있고 그렇지 않을 수도 있다.

아키텍트는 시스템의 비기능적 요구사항인 소위 '-성'에 초점을 맞춘다고 한다. 고전적인 예로는 가용성, 확장성, 유지관리성, 이식성이 포함이 된다. 클라우드와 자동화는 새로운 '-성'인 **일회성**disposability을 추가한다.

속도를 높이는 것은 더 빨리 가는 것 이상이다

앞에서 설명한 것처럼 클라우드는 기존 인프라를 대체하는 데 그치지 않고 소프트웨어 전달 속도를 높여 속도의 경제(2장)에서 성공적으로 경쟁하는 데 더욱 중요한 역할을 한다. 속도를 내기 위한 핵심 메커니즘 중 하나는 바로 자동화다. 자동화된 작업은 수작업보다 더 빠르게 수행될 수 있다. 작업을 더 빨리 처리하는 것은 확실히 유용하다. 나는 IT가 너무 빨리 제공된다고 비즈니스 측면에서 불평하는 것을 들어본 적이 없다.

더욱이 작업을 훨씬 더 빠르게 수행할 수 있다면 여러분은 단순히 더 빠른 것 이상을 수행할 수 있게 된다. 여러분이 사물에 대해 생각하는 방식을 바꾸면 근본적으로 다른 모델에서 작업을 시작할 수 있다. 서버 처리가 좋은 예다.

소프트웨어 개발에는 유형 자산이 많지 않으므로 서버를 가장 눈에 띄는 IT 자산으로 만든다. 깜박이는 표시등이 많은 큰 금속 상자에 비용을 많이 소비하게 되므로 잘 유지보수하면서 최대한 오래 쓰고 싶어 하는 것이 당연하다.

 서버는 자산이 아니라 부채다.

클라우드가 라이프 스타일의 근본적인 변화(1장)라는 우리의 통찰력에 따르면, 이러한 가정을 재고하고 서버가 자산이 아니라 부채라는 사실을 깨달을 수 있다. 사실 비싸고, 에너지를 많이 소비하고, 감가상각이 빠르기 때문에 원하는 사람은 아무도 없다(12장). 서버가 문제라면 우리는 보유하고 있는 개수를 최소화해야 한다. 예를 들어, 서버가 더 이상 필요하지 않거나 다른 구성이 필요한 경우 해당 서버는 폐기돼야 한다.

유해하다고 간주되는 수명

일반적으로 재활용은 리소스를 보존하기 때문에 좋은 것으로 간주된다. 개인적으로는 오래된 것을 수리하는 것을 좋아한다. 특히 나의 오래된 Bang & Olufsen Beolab 4000 스피커(단락된 FET로 인해 스피커가 음소거됨)와 1992년 Thurlby 연구실 전원공급장치(가변 저항기가 고장 나서 전류 제한기를 0으로 설정함)를 수리할 수 있어서 좋았다.

따라서 우리가 서버에 동일한 생각을 적용하는 것은 놀라운 일은 아니다. 우리는 약간의 업그레이드와 새로운 소프트웨어 설치 덕분에 서버를 계속해서 사용하고 있다. 이런 행동은 애지중지하는 반려동물pet처럼 '펫 서버'라는 통념으로 이어지고, 심지어 귀여운 이름까지 가졌을지 모르며, 길고 행복한 삶을 살 것으로 기대하게 된다.

사실, 내 생각에는 '반려동물'이라는 은유법이 잘 들어맞지는 않는다. 나는 메일이나 DHCP 서버, 개발 머신, 실험장 또는 개발자의 마음에 떠오르는 모든 것으로 (잘못) 사용될 약간의 공간이 남아 있는 많은 서버를 봤다. 따라서 이러한 서버 중 일부는 수명이 길지만 귀여운 토끼라기보다 노새[1]와 비슷할 수 있다. 그리고 의심의 여지가 있는 경우를 대비해 어반 딕셔너리Urban Dictionary는 노새 가죽을 벗기는 사람과 소유자는 한결같이 노새를 잘 관리한다고 되어 있다.[2]

자동화를 통해 우리는 서버 수명을 연장하는 이러한 경향을 재고할 수 있다. 새 서버를 설치하는 것이 빠르고 고통이 없다면, 서버를 해체하는 데 더 이상 비용을 지불하지 않아도 된다면, 죽음이 우리를 갈라놓을 때까지 우리가 좋아하는 서버를 유지할 필요가 없을 것이다. 대신 우리는 필요에 따라 (가상)

---

1 노새: 수나귀와 암말의 잡종(동물) – 옮긴이

2 https://www.urbandictionary.com/define.php?term=pack%20mule

서버를 폐기하고 새로운 서버를 프로비저닝할 수 있게 되어 기쁠 것이다.

 서버를 폐기하는 것을 '소(cattle)' 모델이라고도 하는데, 이는 아픈 동물들이 반려동물처럼 사육되는 대신 총에 맞아 죽는 것을 암시한다. 독실한 채식주의자인 나는 살인과 관련된 비유는 별로 좋아하지 않기 때문에 서버와 연관 지어 일회성(disposability)이라는 용어를 제안한다.

자동화 및 소프트웨어-정의-인프라스트럭처와 같은 관련 기술을 통해 우리는 서버의 수명을 '일회성'으로 교환할 수 있다(이는 서버와 관련해 폐기 및 재생성이 얼마나 쉬운지를 나타내는 척도다).

좋은 방법으로 서버 폐기하기

일회성을 선호하는 태도로 바꾸면 몇 가지 이점을 얻을 수 있으며, 그중 가장 중요한 것은 일관성, 투명성, 스트레스 감소다.

일관성

만약 서버가 개별적이고 수동으로 유지 관리되어 오래 지속되는 요소라면 서버는 유일무이한 것이 된다. 보안과 신속한 문제 해결이 중요한 프로덕션 환경에서는 적합하지 않지만, 각 서버마다 조금씩 다른 소프트웨어 및 버전이 설치되어 있어 테스트 실험실을 구축하는 데는 매우 유용하다. 고유한 서버를 '눈송이snowflake'라고 부르는 경우가 있는데, 각 서버가 고유하다는 사실을 가장 잘 표현한 것이다.

서버를 폐기하거나 재생성하면 공통된 자동화 스크립트 또는 이른바 **골든 이미지**golden image를 기반으로 서버가 일관된 상태에 있을 가능성은 크게 증가한다. 개발자와 운영자가 긴급 상황을 제외하고 수동으로 서버 업데이트를 자제하는 경우 가장 잘 작동한다. IT 전문 용어로 서버를 업데이트하지 않으면 서버를 **불변**immutable으로 만들고 **구성 드리프트**configuration drift3를 방지할 수 있다.

스크립트로 시스템을 폐기하고 재생성하는 것은 또 다른 엄청난 이점이 있다. 즉, 항상 잘 정의되고 깨끗한 상태를 유지할 수 있다는 점이다. '작은 수정만 하면' 되는 개발자는 귀찮을 수 있지만, 반면에 악성 프로그램 감염은 훨씬 더 심각한 문제다. 따라서 처리 가능성은 환경을 더욱 일관되게 만들 뿐만 아니라 지속적으로 깨끗하고 안전하게 만든다.

투명성

전통적인 IT의 주요 장애물 중 하나는 놀라울 정도로 투명성이 부족하다는 것이다. 프로비저닝된 서버 수, 서버 소유주, 해당 서버에서 실행되는 애플리케이션 또는 패치 레벨과 같은 간단한 질문에 대답하려면 최소한 일반적으로 다소 불명확하거나 오래된 답변을 얻을 수 있는 미니 프로젝트가 필요하다.

물론 엔터프라이즈 소프트웨어 업체는 이런 이슈를 포함해 크고 작은 모든 IT 문제를 기꺼이 해결하기 위해 대기하고 있다. 따라서 대부분의 기업에서 구성 관리 데이터베이스CMDB, Configuration Management Database 또는 기타 시스템 관리 도구를 찾을 수 있다. 이러한 도구는 배포된 시스템의 자산을 스캔해 중요한 속성을 포함한 서버 인벤토리를 추적한다. 이러한 도구의 기본 전제는 서버 프로비저닝이 복잡하고 불투명한 프로세스를 통해 어떻게든 진행한다는 것이다. 따라서 고가의 추가 도구를 사용해 투명성을 확보해야 한다. 마치 여러분이 방금 그린 코너 밖으로 공중에 떠 있을 수 있게 해주는 마법

---

3 원래의 구성과 다른 구성으로 바뀌어버린 것을 의미하며, 다시 원래의 구성으로 만들 수 없는 상태의 서버를 의미한다. – 옮긴이

의 호버보드^{magic hoverboard}를 파는 것과 약간 비슷하다. 괜찮긴 하나, 미리 계획을 조금만 했다면 별로 필요하지 않았을 것이다.

> ℹ️ 많은 IT 도구는 서버가 어떻게든 프로비저닝되고 투명성이 있다는 전제하에 만들어진다.

일회성의 원칙을 통해 이러한 접근 방식을 뒤집을 수 있다. 소스 제어 시스템에 등록된 스크립트와 구성 파일에서 모든 서버를 쉽게 폐기하고 다시 생성하는 경우 수동으로 구성 드리프트를 최소화하면 기본적으로 각 서버가 어떻게 구성되는지 알 수가 있다. 이는 현실을 역설계하려는 것과는 달리 '선천적으로' 투명성을 확보하기 위한 훨씬 간단한 방법이다.

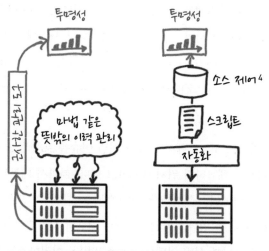

▲ 감지를 통한 투명성(왼쪽) 대 고유한 투명성(오른쪽)

이러한 스크립트를 만드는 것은 노동 집약적이지 않은가? 물론 첫 번째 스크립트에는 추가 학습 곡선이 있겠지만, 다양성을 최소화할수록 동일한 스크립트를 더 많이 재사용할 수 있으므로 두 번째는 더 많은 스크립트를 획득

---

4   코드 변경사항을 추적하고 관리하는 활동이다. – 옮긴이

할 수 있다. CMDB 또는 이와 유사한 도구의 구입, 설치 및 운영 비용을 고려하면, 도구 공급업체가 생각했던 것보다 훨씬 더 많은 스크립트를 개발할 수 있는 예산을 확보하게 된다.

스트레스 감소

마지막으로, 만약 어떤 팀이 일회성을 지침 중 하나로 받아들였는지 알고 싶다면 간단한 테스트가 있다. 팀 구성원에게 서버 중 하나가 죽으면 어떻게 되는지 물어보면 된다(데이터 손실을 가정하지 않고 서버에 설치된 모든 소프트웨어와 구성이 손실된다고 가정함). 이러한 시나리오에 대응해 필요한 티슈 팩 tissue pack이 적을수록(또는 비방하는 소리가 들릴수록) 팀은 일회성 같은 새로운 기능을 받아들이는 데 더 가까워진다.

그들의 시스템이 처분 가능하다면, 그중 하나가 정지되는 것은 예상치 못한 일이거나 극단적인 일은 아니다. 따라서 일회성은 팀의 스트레스 완화제 (= 감소제)이기도 하다. 소프트웨어 배포에 대한 모든 요구와 함께 스트레스를 줄이는 것은 매우 환영할 만한 일이다.

더 적은 재활용으로 더 나은 삶(IT에서만!)

결과적으로 처분 가능한 리소스가 있는 삶은 스트레스를 덜 받을 뿐만 아니라 더 나은 운영 모델을 만들 수 있게 한다. 만약 환경에 미치는 영향이 걱정된다면 IT 부서에서 서버를 폐기하는 것은 100% 친환경적으로 받아들일 수 있을 것이다(이는 아주 사소한 것이다[5])! 그렇기 때문에 계속해서 서버를 버려야 한다!

---

5 현실에서 각 IT 운영에는 에너지 소비 및 관련 냉각 비용으로 인한 환경 비용도 포함된다. IT 운영의 큰 범위에서 서버 프로비저닝은 무시할 수 있는 부분이다.

5부

클라우드 구축하기

클라우드는 애플리케이션을 배포하는 플랫폼이다. 애플리케이션과 인프라스트럭처가 별도의 팀들로 따로 분리되어 관리되는 전통적인 환경과 달리, 클라우드 애플리케이션과 관련 도구들은 그들의 환경 안에서 밀접하게 소통하며 동작한다. 예를 들어, 플랫폼이 복구 기능을 제공해야 하는 요구사항이 있을 때 애플리케이션 역시 자동 배포 기능을 지원해야만 한다. 마찬가지로, 서버리스 플랫폼은 애플리케이션이 스스로의 동작 상태 정보 제공과 더불어 짧은 생명 주기를 갖기를 바란다. 따라서 클라우드 플랫폼에 대해 이야기할 때 애플리케이션을 구축하는 방법에 대해서도 이야기해야 한다.

애플리케이션 복잡성 증가

클라우드는 애플리케이션에 탄력성과 자동 확장, 자동 복구 및 다운타임 없는 업데이트를 제공하지만, 애플리케이션 제공을 좀 더 복잡하게 만들기도 했다. 최신 애플리케이션 개발자들이 녹색/파란색 배포, NoOps, NewOps,

데브옵스 이후, FinOps, DevSecOps, YAML 들여쓰기, 쿠버네티스 오퍼레이터, 서비스 메시, HATEOAS, 마이크로서비스, 마이크로커널, 스플릿 브레인, 혹은 선언적 대 절차적 IaC[Infrastructure as Code] 등의 용어로 이야기를 하는 것을 들으면 애플리케이션 배포 기술이 새로운 은하계 언어로 말하는 외계인들에게 침략당했다고 느낄 것이다.

이러한 메커니즘 중 다수는 실행 가능한 목적을 가지고 있으며, 소프트웨어를 구축하고 제공하는 방식의 주요 진행 상황을 나타낸다. 그럼에도 우리에게 이러한 훌륭한 기능을 제공하는 도구는 데이터베이스 열 이름이 6자로 제한됐던 시절 이후로 볼 수 없었던 전문 용어의 확산을 야기했다. 이러한 많은 도구와 기술을 전문 용어 대신 직관적인 모델로 설명하면 애플리케이션 설계와 제공에 대한 클라우드의 의미를 이해하는 데 도움이 된다.

제약 조건 제거가 아키텍처에 미치는 영향

개발 및 운영 환경의 제약 조건(22장)은 애플리케이션의 구조에 영향을 미친다. 예를 들어, 소프트웨어를 배포하는 것이 힘들면 많은 소프트웨어를 한 번에 배포하는 쪽으로 기울게 될 것이다. 마찬가지로 통신이 느리고 불투명하면 원격 호출을 피하고자 모든 애플리케이션 구성요소를 함께 유지하는 것이 좋다.

클라우드 플랫폼은 최신 소프트웨어 스택과 함께 과거의 많은 제약 조건을 줄이거나 제거해 새로운 소프트웨어 애플리케이션 아키텍처가 등장할 수 있도록 했다. 예를 들어, 현재 매우 인기 있는 아키텍처 스타일인 마이크로서비스 아키텍처는 런타임 오버헤드 감소와 자동화된 소프트웨어 배포 덕분에 실행 가능하게 됐다. 이러한 의미를 이해하면 설계자가 클라우드로의 애플리케이션 진화 경로를 형성하는 데 도움이 된다.

플랫폼의 확장과 축소

애플리케이션 제공을 개선하기 위한 플랫폼은 꽤 오랫동안 존재해왔다. 예를 들어, Paas$^{Platform\ as\ a\ Service}$는 공통 종속성을 포함하는 조립식 빌드 팩으로 애플리케이션 배포를 단순화했다. 그러나 이러한 플랫폼의 대부분은 개별 구성 요소 교체를 쉽게 지원하지 않는 '블랙 박스'로 설계됐다. 잠깐의 정체기 후 다시 발전이 시작됐으며, 이번에는 쿠버네티스 에코시스템과 같은 느슨한 도구 모음이 선호됐다. 도구 세트로 이동하면 구성 요소가 독립적으로 발전할 수 있지만, 일반적으로 엔드 유저는 모든 비트와 조각을 작동하는 전체로 조립하는 복잡성을 갖게 된다.

 빌드 및 배포 시스템이 애플리케이션 자체보다 복잡해진 프로젝트를 본 적이 있다.

시간이 흘러 접근 방식이 안정화되면서 플랫폼이 다시 규격화되거나 통합 가능한 구조로 발전하도록 기대할 수 있다. 이러한 플랫폼 주기를 예측해보면 IT 투자를 위한 의사결정을 하는 데 도움을 줄 것이다.

클라우드를 위한 애플리케이션

기존의 많은 리소스는 클라우드를 위해 어떻게 애플리케이션이 빌드돼야 하는지 설명하고 있다. 이 책의 5부는 애플리케이션 개발 가이드라기보다 클라우드 플랫폼과 직접 관련된 애플리케이션 개발 및 제공 측면을 살펴본다.

- 애플리케이션 중심의 클라우드(24장)는 인프라 중심의 클라우드와 많이 다르다. 어떤 면에서 더 화려하다고 할 수 있다.
- 클라우드는 컨테이너를 좋아하는 것 같다. 하지만 컨테이너 은유 내부(25장)에는 과연 무엇이 담겨 있을까?

- 서버리스는 실제로 서버리스가 아니지만 걱정을 덜(26장) 만들 수 있을까?

- 애플리케이션이 클라우드에 적합한 이유는 무엇인가? 복잡한 프레임워크 대신 FROSST(27장)를 시도해보자.

- 자동화는 클라우드의 중요한 부분인데 실제 코드(28장)를 사용하지 않는 이유는 무엇인가?

- 클라우드에서도 문제는 발생한다. 침착하게 운영(29장)하는 것이 가장 좋다.

24장

애플리케이션 중심의 클라우드

최신 애플리케이션 생태계 설계하기

누구도 서버 운영의 부담을 원하지 않기 때문에(12장), 클라우드는 유용한 애플리케이션을 쉽게 만들 수 있도록 지원해야 한다. 애플리케이션은 고객과 가장 밀접한 접점을 갖는 IT의 일부로서, 디지털 혁신이라 불리는 혁신의 근간이 된다. 애플리케이션 배포는 조직이 혁신하고 차별화할 수 있게 해준다. 신속한 기능 릴리스, 애플리케이션 보안, 그리고 신뢰성은 클라우드 전환 여정에 있어 모두에게 중요한 요소가 된다. 그러나 애플리케이션 생태계 또한 점점 더 복잡해지고 있다. 이때 모델/모형은 클라우드를 설계하는 과정에서 좀 더 나은 의사결정을 하는 데 도움을 준다. 이제 애플리케이션 중심의 클라우드 모델을 살펴보자.

애플리케이션 차별화

본인이/팀이 직접 개발하지 않은 소프트웨어를 운영한다는 것이 나쁜 선택(13장)임을 깨달은 시점에 소프트웨어를 내재화하는 게 올바른 선택임을 알아야 한다. 커스텀 소프트웨어는 조직에 경쟁력과 고객 만족 및 혁신의 근간을 제공해준다. 이것은 IT를 단순히 서비스 제공의 기능에서 기업의 차별적 경쟁력으로 혁신하는 역할을 하므로, IT 조직의 모든 구성원은 소프트웨어 배포의 라이프 사이클과 그 의미를 이해해야 한다. 소프트웨어 애플리케이션을 논의할 때는 일반적으로 소프트웨어 배포(소프트웨어가 만들어질 때)에서 운영 (소프트웨어가 실행되고 고객이 사용 가능한 상태가 될 때)까지를 이야기한다.

네 잎 클로버

애플리케이션 중심의 클라우드 전략을 개발할 때는 단순히 소프트웨어를 개발하고 실행하는 것 이상의 무언가가 필요하다. 그리고 모듈 간의 연결 또한 모듈 그 자체만큼 매우 중요하다. 애플리케이션 중심의 클라우드 구축을 직관적이면서 의미 있도록 만들기 위해서는 '네 잎 클로버' 모델을 따를 수 있다.

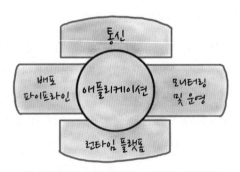

▲ 네 잎 클로버는 애플리케이션 생태계를 나타낸다.

클로버 잎은 애플리케이션을 중앙에 두고, 이를 지원하기 위한 메커니즘의 중요한 생태계를 4개의 잎으로 표현한다. 반시계 방향으로 모델은 다음과 같은 잎을 포함한다.

배포 파이프라인

빌드, 배포 및 설정 메커니즘은 코드를 컴파일하고 패키징해 배포 가능한 단위로 만들고 런타임 플랫폼에 배포한다. 잘 만들어지고 관리되는 배포 파이프라인은 소프트웨어 시스템의 첫 단추(2장)로서 소프트웨어의 배포 시간을 단축한다. 파이프라인의 윤활유에는 지속적 통합CI, Continuous Integration과 지속적 배포CD, Continuous Delivery 같은 접근 방법을 활용하는 자동화 기술이 해당된다.

런타임 플랫폼

소프트웨어를 실행한다는 것은 사용 가능한 컴퓨팅 리소스들을 이용해 워크로드를 배포 및 관리, 실패 시 재시작, 네트워크 트래픽을 라우팅하는 등의 기본 환경을 필요로 한다. 이것은 하이퍼바이저, 가상 머신, 컨테이너, 서버리스 같은 런타임 영역이다.

모니터링/운영

많은 개별 구성요소로 이뤄진 애플리케이션이 실행 중에 있다면, 애플리케이션이 무슨 일을 하고 있는지 알 수 있는 좋은 아이디어가 필요해진다. 예를 들어 기대한 대로 동작 중에 있는지, 혹은 예상치 못한 부하가 발생하진 않았는지, 마지막 릴리스 대비 인프라스트럭처에 메모리 부족 혹은 CPU 부하가 크게 증가하진 않았는지 등이 그것이다. 이상적으로 모니터링은 고객이 체감할 수 있는 서비스 중단이 나타나기 이전에 전조 증상을 탐지할 수 있다. 이 영역은 로그 분석, 시계열 데이터베이스 및 데이터 시각화에 해당된다.

통신

마지막으로 중요한 것은 애플리케이션과 서비스는 혼자 동작하지 않는다는 것이다. 이들이 동작하기 위해서는 관련 서비스, 애플리케이션 혹은 클라우드 외부의 공개 API를 이용한 통신이 필요하다. 이러한 통신은 안전(메시지 내용과 수신 발신자 정보 보호)하고, **동적**(서비스의 새로운 버전을 테스트하기 위한 목적)이며 투명(모듈들 간에 서로 어떤 의존 관계를 갖는지)해야 한다. 통신은 API 게이트웨이, 프록시, 서비스 메시를 통해 관리된다.

애플리케이션

물론, 클로버 잎의 가운데에는 애플리케이션(혹은 서비스)이 위치한다. 클라우드에 가장 적합한 애플리케이션의 구조와 동작을 설명할 수 있는 좋은 방법이 있다. 이것이 바로 이 책이 전체 장을 통해 클라우드를 위한 좋은 애플리케이션을 만드는 방법을 소개하는 이유다. '당신의 FROSST를 유지하라(27장).'

이 간단한 모델은 소프트웨어 생태계에 있어 빌드 파이프라인 및 런타임 인프라스트럭처 외에 더 많은 것을 포함하고 있다는 걸 보여준다. 애플리케이션 중심의 클라우드는 클로버 잎 모델의 4개 요소 모두를 포함하는 것을 목표로 한다.

좋은 모델은 그 자체로 설명 가능하다

클로버 잎은 일반적으로 좋은 모델들과 한 가지씩 속성을 공유한다. 첫인상은 직관적이지만 자세히 관찰할수록 그 자신을 드러낸다. 마치 로스코^{Rothko}의 그림처럼 말이다. 자세히 살펴본다면 잎들이 임의로 배치되지 않았다는 사실을 발견할 수 있을 것이다. 잎의 요소들은 2개의 축을 따라 실행된다. 수평축의 왼쪽에서 오른쪽 방향은 애플리케이션 라이프 사이클을 나타낸다. 따라서 우리는 왼쪽에서 어떻게 애플리케이션이 '탄생'했는지를 말해주는 빌드 파이프라인을 찾을 수 있다. 런타임은 가운데에 위치하고, 소프트웨어의 동작 이후에 발생하는 모니터링은 오른쪽에 위치한다.

ⓘ 좋은 모델들은 첫인상에 직관적이나, 자세히 관찰해보면 마치 로스코의 그림처럼 자신을 드러낸다.

수직축은 소프트웨어의 '스택'을 나타내는 것으로, 하부 레이어는 애플리케이션 '아래의' 실행 환경/라이브러리를 나타낸다. 통신 채널은 여러 애플리케이션들을 연결하는 역할로 가장 위에 위치하게 된다. 따라서 우리는 잎의 위치에 의미가 있다는 사실을 알 수 있다. 그러나 이 모델은 다음의 마지막 세부 사항에 주의를 기울여야 한다.

다양한 추상화 관점에서 볼 수 있는 이와 같은 모델은 추상화 전반에 걸쳐 광범위한 수준의 청중과 의사소통하는 용도로 활용하기 때문에 아키텍트가 상황에 맞게 활용해야 한다(『Architect Elevator』의 핵심 내용).

다양성 대 조화

인프라스트럭처의 아키텍처는 일반적으로 IT 관점에서의 표준화/일반화 목표에 따라 방향성이 설정된다. 여기에는 서버, 저장소, 미들웨어 등의 종류를 제한하는 것이 해당된다. 이러한 의사결정의 대체적인 이유는 규모의 경제를 따르기 위해서다. 전통적인 IT 환경에서 다양성을 적게 가져간다는 것은 한 가지 종류를 많이 구매한다는 뜻이고 이것은 큰 비용 절감으로 이어진다. 클라우드의 선형 과금 체계는 이러한 판매 방식을 구식으로 취급한다. 10대의 서버 비용은 정확히 1대의 서버 비용에 10배를 곱한 값과 같다(약간의 기업 할인 제외). 조화를 이룬다는 것은 모든 IT 및 클라우드(이전 및 이후) 환경에서 중요한 목표로 여기는 복잡성 감소를 의미한다.

따라서 애플리케이션을 관점의 중심에 두는 개발 및 운영 환경을 구축할 때 표준화라는 주제가 부각되는 것도 놀라운 일이 아니다. 무엇을 표준화하고 무엇을 개발자들의 선택사항으로 남겨둘 것인지는 뜨거운 논쟁이 될 수 있다. 결국 애플리케이션은 다양해질 것이며 실험과 발전이 이뤄질 것이다. 그런데 정말 각 서비스마다 다른 프로그래밍 언어와 데이터베이스를 사용해야 할까?

 개발자들에게 복장을 포함해 많은 측면에서 자유를 주는 것으로 알려진 일부 실리콘밸리 회사들도 서비스 소스 코드에 대해서만큼은 놀랍도록 엄격하다. 예를 들면, 코드 한 줄당 80자로 제한한다(수개월 간의 논쟁 끝에 자바 코드에는 120자까지 확장할 수 있는 예외가 허용됐다).

많은 회사는 개발 도구나 운영체제, 하드웨어의 종류를 제한하려고 한다. 그 이유는 회사 관리 측면에서 복잡성을 줄이고(어떠한 문제가 모두 동일하게 발생한 경우 진단하기 쉬움) 규모의 경제(예전 IT 시절부터 활용했던)를 활용하거나 보안상 이점(다양성으로 인해 보안 취약점이 늘어남)을 갖고자 하기 때문이다.

그러나 소프트웨어 개발자들이 선호하는 도구를 **빼앗는**(10장) 불필요한 제약 조건들만큼 그들의 불만도 비례해 늘어났다. 개발자들은 그들이 선호하는 온라인 편집 도구를 사용하기 위해, 보안상의 이유로 별도의 완벽히 분리된 네트워크를 구축한 경우도 있었다. 불행히도 문서 내에 온라인 도면이 들어 있었기 때문에 사내 네트워크를 쓰는 누구도 그 내용을 볼 순 없었다. 언제나 그렇듯이 올바른 접근 방식은 아마도 양 끝의 중간 어디쯤에 있을 것이다. 그렇다면 공평하거나 합리적인 중간 지점은 어디일까?

표준화의 장점과 비용

어떤 물건을 살 때 옵션에 따른 추가 기능과 이에 수반하는 비용이 드는 것과 같이 표준화도 마찬가지다. 표준화는 종종 배포 시간을 저해하는 복잡도를 줄이는 데 도움이 된다. 표준화는 또한 선택권을 제한할 수 있다. 즉, 일을 하는 데 있어 가장 적합한 도구를 사용하지 못할 수도 있다. 물론 선택권을 제한한다고 해서 반드시 창의력도 제한된다는 뜻은 아니다(『The Software Architect Elevator』의 'A4 용지도 창의력을 표현하기에 충분하다A4 Paper Doesn't Stifle Creativity' 참조).

아키텍트는 표준화 결정을 흑백논리가 아닌 비용과 이점의 균형을 잡는 과정으로 이해해야 한다. 균형을 잡기 위한 표준화에 필요한 요소를 선택할 때는 투입 비용과 측정 가능한 이점을 측정해 우선순위 목록을 만들어야 한다. 애플리케이션 배포의 관점에서 공통 소스 코드 저장소는 재사용성이 높기 때문에 개발 노력과 비용을 줄일 수 있다. 따라서 하나의 저장소를 이용하고 그 안에서 표준화하는 것은 측정 가능한 가치를 제공하며 소프트웨어 배포 시간을 단축할 수 있다. 비슷하게 공통 시스템의 모니터링은 이슈 발생 시 문제 해결에 필요한 노력이, 각각의 다른 시스템 모듈의 데이터를 취합해 연관관계를 분석하는 과정보다 덜 들기 때문에 효과적이다.

> ℹ️ 모듈 간 통신을 위한 연결 기능을 표준화하는 게 좋다. 이는 모듈의 재사용성과 상호 호환성을 향상하는 데 중요한 역할을 한다.

결과적으로 연결 기능 같은 것들을 표준화하는 게 좋다. 예를 들어, 개발자에게는 코드 편집 도구 혹은 IDE 같은 것을 자유롭게 선택할 수 있는 권한을 줘야 한다. 이러한 항목들에 다양성을 준다는 것은 어떻게 보면 표준화 위원회에게는 번거로울 수 있으나 실제 비용 측면에서 부담되는 것은 없다. 프로그래밍 언어 역시 약간 복합적이다. 일반적으로는 개발 팀에 선택 권한이 있으며 약간의 조정은 가능하다. 다양한 언어로 개발된 서비스들은 표준화된 API를 이용해 상호작용이 가능하며 이는 다양성에 따른 비용을 감소시킬 수 있다. 그러나 다양한 언어를 사용하면 팀 간 기술의 재사용성을 저해하기 때문에 전체 비용은 증가될 수 있다. 마지막으로, 모니터링이나 버전 제어와 같이 조직의 여러 모듈들이 사용하는 기능은 표준화를 하면 더 효과적이다.

표준에 대한 정의는 표준화가 여러 레벨의 추상화로 이뤄진다는 사실을 강조하지 않으면 완성될 수 없다. 전통적인 IT에서 표준화는 일반적으로 제품 자체와 관련이 있지만, 여러 레벨로 이뤄진 것의 표준화는 조직 관점으로 바라보기 때문에 더 크게 영향을 받는다. 예를 들어 관계형 데이터베이스는 제품, 데이터 모델 혹은 스키마 레벨, 일관된 필드 명명 규칙과 같은 것이 표준화 가능하다. 다음 그림은 다양한 종류의 스키마와 표준화된 데이터베이스(왼쪽), 다양한 종류의 데이터베이스와 표준화된 스키마(오른쪽)를 나타낸다.

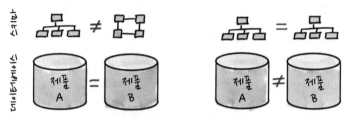

▲ 표준화된 제품(왼쪽) 혹은 스키마(오른쪽)

왼쪽은 전통적인 IT 관점에서의 운영 복잡성을 줄이기 위해 이용하는 방법이며, 오른쪽은 이기종 데이터 소스의 통합과 좀 더 관련이 있다. 왼쪽은 하단에 중점을 둔다면 오른쪽은 상단에 중점을 둔다. 시스템 통합은 비즈니스 가치 창출과 더 나은 사용자 경험을 제공하려는 목적하에 진행된다. 다시 한번 우리는 외적으로 보기에 단순한 의사결정이 첫인상 대비 더 많은 미묘한 차이를 갖고 있음을 발견하게 될 것이다. 이러한 미묘함을 찾아내는 것이 아키텍트의 핵심 역할 중 하나다.

성장하는 잎들

예를 들어, 개발 생산성을 중요한 지표로 관리하는 팀(7장)이 클라우드용 애플리케이션 플랫폼을 구축하고자 할 때 많은 시간을 확보하고자 한다. 이러한 상황에서 할 수 있는 질문은 클로버의 잎들이 어떤 순서로 성장하게 될 것인가다. 보편적인 대답은 없지만, 일반적인 가이드는 그것들을 균등하게 성장시켜야 한다는 것이다. 이는 매우 자연적인 현상이다. 첫째, 둘째, 셋째 잎이 순차적으로 자라나는 클로버를 찾을 수 없듯이 말이다. 각각의 잎들은 함께 조금씩 성장한다. 이는 애플리케이션 배포 플랫폼에서도 동일하다. 뛰어난 런타임 플랫폼을 갖고 있지만 모니터링이 없다면 이는 잘못된 구성이기 때문이다.

▲ 애플리케이션 생태계는 조금씩 함께 자란다.

좀 더 구체적인 조언이 필요하다면, 클로버 잎 주위에서 반시계 방향으로 원을 그리며 플랫폼을 만드는 것이 가장 자연스럽다고 말하고 싶다. 먼저 소프트웨어 배포(왼쪽)가 필요할 것이다. 소프트웨어 배포가 되지 않는다면 다른 모든 것이 중요하지 않다. 처음에 기본 가상 머신을 이용해 배포하는 경우 당장은 문제없이 이용 가능하지만 곧 자동화, 탄력성, 확장성(하단)을 위해 실행 시간을 개선하고자 할 것이다. 이를 위해 더 나은 모니터링(오른쪽)이 필요하다. 통신(상단)도 중요하지만 다른 모듈들의 견고한 운영 준비가 완료되기 전까지 유예할 수 있다(마틴 파울러**Martin Fowler**의 유명한 논문에 따르면, 마이크로서비스를 도입하기 위해서는 우리도 어느 수준 이상으로 준비되어 있어야 한다[1]). 거기서부터 시작해 반복해서 4개의 꽃잎을 계속 성장시키면 된다.

---

1 https://martinfowler.com/bliki/MicroservicePrerequisites.html

모델 적용하기

좋은 모델을 확보했다면 초기 모델의 단순함을 부정적으로 생각하지 말고 더 구체화하도록 확장할 수 있다. 이것이 늘 효과가 있는 것은 아니지만 시도해보지 않고는 알기 어렵기 때문에, 언제나 시도할 가치가 있다. 시간이 조금 흘러 클로버를 다시 봤을 때, 기존의 클로버를 확대해 최신 소프트웨어 배포 기술에 떠오르는 유행어 중 일부를 설명하고 표현 가능할지 궁금했다.

약간은 과장됐지만 유용한 IaC^{Infrastructure as Code}의 빌드 파이프라인을 이용해 소프트웨어의 배포뿐만 아니라 필요한 인프라스트럭처 모듈을 생성할 때 활용할 수 있다. 따라서 이 내용을 우리의 기존 클로버 모델에서는 '배포 파이프라인'과 '런타임 플랫폼' 사이의 왼쪽 하단에 새로운 꽃잎으로 표시할 수 있다.

또한 생각해보면 이곳에 자주 사용되는 유행어인 **깃옵스**^{GitOps}를 배치해볼 수도 있다(무언가를 검색 사이트의 상위 검색 결과에서 '패러다임'이라고 설명할 때는 주의 깊게 봐야 한다). 깃옵스는 인프라 배포 및 구성 스크립트(사양 정의를 포함해 광범위하게 사용됨)를 소스 코드 저장소에서 관리하는 유용한 방법을 대략적으로 설명한다. 인프라스트럭처의 변경사항은 깃^{Git} 로그를 통해 파악 가능하며 풀^{pull} 요청을 통해 새로운 업데이트 내역을 승인할 수 있다. 따라서 깃옵스는 배포 파이프라인과 런타임 플랫폼의 교차점에 위치하기에 동일한 꽃잎을 사용할 수 있다.

모델을 더 확장해보면 SRE^{Site Reliability Engineering}를 '모니터링'과 '런타임 플랫폼' 사이의 오른쪽 하단에 새로운 꽃잎으로 배치할 수 있다. SRE는 소프트웨어 엔지니어링 사고방식을 인프라 및 운영에 도입해 자동화와 같은 사례를 제안하고 소위 **장애 허용 시간**^{error budget}을 통해 릴리스 속도와 신뢰성의 균형을 맞춘다.

모델이 잘 만들어지고 있다고 보인다면 상단 절반에도 일치하는 요소들을 찾아야 한다. 통신과 관련해 많이 떠오르는 용어는 **서비스 메시**service mesh다. 다시 말하지만, 이 용어의 정확한 정의를 찾기란 쉽지 않다(위키피디아 페이지에는 현재 정의에 대해 이슈가 있다고 표시되어 있다). 사이트의 간편화와는 거리가 먼 서비스 메시는 서비스 간 통신에 있어 더 나은 제어(예를 들어, 동적 트래픽 라우팅) 및 더 나은 투명성(예를 들어, 대기 시간 및 종속성)을 제공하는 것을 목표로 한다. 이 논리에 따라 우리는 이것을 오른쪽 상단에 배치할 수 있다.

이제 왼쪽 상단에 하나의 꽃잎만 남았다. 지난 수십 년간 통합 관련 업무를 해온 내 경험에서 흔히 가장 먼저 떠오르는 기술은 IDLInterface Description Language[2]이다. 여러분 중 일부에게 이 용어는 CORBACommon Object Request Broker Architecture를 상기시키지만, 구글의 Protocol Buffer 그리고 Swagger 같은 도구는 IDL을 다시 멋지게 만들었다.

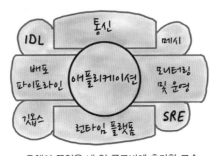

▲ 유행어 꽃잎을 네 잎 클로버에 추가한 모습

이 모델이 이전보다 좋아 보이는가? 판단은 여러분에게 맡긴다. 확실히 더 풍부하고 하나의 그림으로 더 많은 것을 전달한다. 그러나 많은 것을 보여준다고 해서 항상 더 나은 것은 아니다(우리의 모델은 좀 더 복잡해졌다). 아마도 두 가지 버전을 사용자에 맞추어 사용하게 될 것이다. 개발자들은 작은 꽃잎

---

2 https://en.wikipedia.org/wiki/Interface_description_language

들을 포함하는 그림을 좋아하겠지만, 임원들은 그렇지 않을 것이다.

유행어를 분리해 논리적 컨텍스트에 맞추어 다시 풀어서 설명하는 것은 항상 도움이 된다. 이를 위해 간단한 모델을 찾는 것이 아주 좋다. 이러한 과정을 통해 모델을 재정의해보면 말하고자 하는 내용이 좀 더 명확해졌을 것이다. 모델의 성공 요인이 바로 이것이다. 여러분도 본인의 아이디어를 미래에 곱씹어봤을 때 과거에 한 선택이 올바르기를 원할 것이다.

25장

컨테이너는 무엇을 담아야 하는가

비유는 복잡한 시스템을 이해하는 데 도움을 준다

컨테이너 기술은 클라우드 아키텍처의 필수 요소가 됐다. 운송 컨테이너 없이 배송과 물류를 상상하기 어려운 것처럼, 도커 컨테이너도 **클라우드 네이티브** 환경에서 반드시 필요한 내용이다. 이제 컨테이너가 멀티 클라우드(18장)를 위한 접근 방법론과 점점 더 연관되고 있기에, 그 성공의 이면을 자세히 살펴볼 가치가 있다. 그리고 우리는 그 과정에서 컨테이너의 비유를 풀어볼 것이다.

컨테이너 패키지와 실행

IT 담당자가 '컨테이너'라는 단어를 언급할 때는 도커 컨테이너 또는 최근에는 OCI^Open Container Initiative[1]를 준수하는 컨테이너 이미지를 말하고 있을 가능성이 높다. 컨테이너 및 관련 도구에 관한 많은 설명에도 불구하고, 소프트웨어 생명 주기에서 컨테이너의 정확한 역할에 대해 가끔 혼선이 있다. 이

---

1 https://opencontainers.org/

논쟁에서 기능적 관점이 아닌 도커 호스트 및 클라이언트 API와 같은 런타임 구성요소를 보여주는 대부분의 도커 '아키텍처 다이어그램'은 도움이 되지 않는다. 자세히 살펴보자.

내 생각에 컨테이너는 세 가지 중요한 메커니즘의 결합을 이용해 애플리케이션을 배포하고 운영하는 방법을 재정의하고 있다.

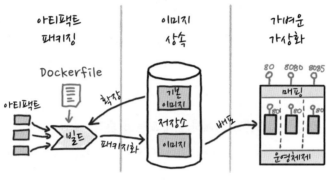

▲ 도커 컨테이너의 기능적 아키텍처

아티팩트 패키징

컨테이너는 Dockerfile이라 불리는 애플리케이션을 실행하는 데 필요한 설치 과정을 포함하는 스펙 문서를 이용해 애플리케이션 아티팩트 패키지를 만든다. 예를 들면, Dockerfile은 애플리케이션을 실행하는 데 필요한 라이브러리들을 설치하는 내용을 포함한다고 보면 된다. 이 스펙으로부터 도커는 필요한 모든 라이브러리를 포함한 이미지 파일을 만든다.

이미지 상속

도커가 컨테이너 이미지 파일 생성 과정에서 지원하는 특히 똑똑한 기능은 **기본 이미지**[base image]의 개념이다. 간단한 Node.js 애플리케이션을 도커 이미지로 만든다고 가정해보자. 아마도 애플리케이션 실행을 위해 런타임, 라이브러리, npm 그리고 추가로 필요한 리소스를 설치해야 할 것이다. 이 과정에서 실제로 동작에 필요한 파일들이 무엇인지 파악할 필요 없이, 간단하게 모든 필요한 파일을 이미 담고 있는 Node.js 기본 이미지를 참조하면 해결된다. 개발자가 할 일은 Dockerfile에 `FROM node:boron`과 같은 한 줄의 코드를 추가하는 것이다.

가벼운 가상화

컨테이너에 대해 이야기하는 사람들은 종종 두 가지 리눅스 커널 메커니즘인 cgroups[2]과 네임스페이스[namespace][3]를 언급한다. cgroups은 리눅스 서버의 디스크, 주 메모리, CPU 등의 리소스 사용을 제한할 수 있는 가벼운 가상화를 지원한다. 네임스페이스는 컨테이너가 파일 시스템 위치나 네트워크 포트 같은 본인들만의 사용 리소스를 볼 수 있게 지원한다. 예를 들어, 컨테이너로 만들어진 여러 대의 웹 서버를 하나의 가상 머신에서 실행한다고 가정했을 때 각각의 웹 서버는 '그들의' 가상 포트인 80을 이용하지만, 이것은 가상 머신에서 유니크하게 개별 포트로 매핑된다.

사람들이 '컨테이너'를 이야기하면서 그 기술의 범위가 어디까지인가를 논의할 때 많은 논쟁이 발생한다. 이는 컨테이너가 최신 애플리케이션을 배포하고 실행하는 데 혁신을 만들었기 때문이다. 최신 컨테이너의 개념은 소프트웨어의 빌드에서 배포, 실행하는 데까지 모든 단계를 포함한다.

컨테이너의 장점

내가 진행하는 **아키텍처 엘리베이터 워크숍**[4]에서는 참가자들에게 컨테이너 사용의 장점에 대해 고위 경영진을 대상으로 설명하는 스토리 문서 작성을 연

2　https://en.wikipedia.org/wiki/Cgroups
3　https://en.wikipedia.org/wiki/Linux_namespaces
4　https://architectelevator.com/workshops/

습하도록 가이드한다. 각 그룹들은 CIO, CFO, CMO^{Chief Marketing Officer}(최고 마케팅 의사결정권자), CEO를 포함하는 여러 이해관계자들에게 설명하는 것을 목표로 한다. 각 그룹에게 설명할 시간으로 2분을 준다.

이 훈련은 하고 싶은 의견을 말하는 데 있어 전문 용어를 피하고 청중을 위해 레벨을 맞추는 것[5]의 중요성을 강조한다. 또한 비유법을 통한 설명의 장점을 강조한다. 선박 컨테이너처럼 잘 알려진 것을 이용하면 도커 컨테이너의 장점을 청중에게 이해시키기가 훨씬 쉽기 때문이다.

이러한 훈련을 많이 해보니, 도커 컨테이너의 장점을 설명하기 위해 선박 컨테이너와 비유하는 괜찮은 방법들을 찾게 됐다. 한번 살펴보자.

컨테이너는 밀폐되어 있다

물건을 컨테이너에 싣고 문을 봉인하면 배송 과정에서 잃어버리는 게 없다(물론 가끔씩 있는 일이긴 하지만, 보통은 컨테이너가 배를 벗어나지만 않는다면 물건은 안전하다).

이는 도커 컨테이너도 동일하다. 라이브러리나 설정 파일이 누락될 가능성이 높은 일반적인 수동 배포 대신, 컨테이너 배포는 예측 가능하고 반복 가능한 일이다. Dockerfile만 잘 정의돼 있다면, 모든 것이 컨테이너에 들어 있는 것이며 이는 어떠한 것도 잃어버리지 않는다는 뜻이다.

컨테이너는 획일적이다

우리가 물건을 잃어버리지 않기 위해 커다란 종이박스나 나무상자에 물건을 담는다면, 선박 컨테이너는 연결 지점, 크기 및 외부 기능들이 고도로 표준화되어 있다는 점에서 독특하다. 컨테이너는 아마도 A4 용지를 제외하고 가

---

5 https://architectelevator.com/book/

장 성공적인 표준화 사례라고 볼 수 있을 것 같다.[6] 다음의 내용들로 이 중요한 속성들을 강조하자.

> ℹ️ 컨테이너들은 밖에서 봤을 때 안에 모래가 들었는지 다이아몬드가 들었는지 상관없이 모두 똑같이 생겼다.

이러한 획일성 덕분에 도구 및 '플랫폼'은 고도로 표준화될 수 있었다. 컨테이너를 위한 '플랫폼'으로 한 종류의 크레인과 한 종류의 트럭 그리고 한 종류의 선박만 있으면 된다. 이를 통해 확장성과 효율성을 모두 잡을 수 있다. 입고되는 컨테이너를 아무 트럭이나 다른 배에 실을 수 있다는 것은 전문적인 운송 업체를 기다리는 것보다 훨씬 효율적이다. 또한 획일성은 중요한 규모의 경제도 가능하게 했는데, 여기에는 고도로 최적화된 크레인 같은 전문적 도구를 위한 투자가 있다.

도커 컨테이너에서의 획일성도 동일한 장점이 있다. 한 가지 종류의 도구만 있으면 다양한 종류의 워크로드에 활용할 수 있다. 이를 통해 더 나은 '규모의 경제'를 활용해 컨테이너 오케스트레이션과 같은 매우 중요하고 정교한 도구를 개발할 수 있다.

컨테이너는 빽빽하게 쌓인다

선박 컨테이너는 깔끔하게 쌓이도록 해서 한 척의 배에 더 많은 화물을 실을 수 있도록 설계됐다. 대형 컨테이너 선박은 20,000 TEU$^{Twenty-foot\ Equivalent}$ ^{Units} 정도를 수용할 수 있으며, 이는 '작은' 20피트 컨테이너 20,000개 혹은 '큰' 40피트 컨테이너 중 비율적으로 작은 수만큼 실을 수 있다. 이러한 배들은 16개의 컨테이너를 위로 쌓을 수 있으며 이는 13층 건물과 동일한 높이에 해당한다. 균일한 직사각형 모양의 선박 컨테이너는 이 선박에서 낭비되

---

6 Hohpe, *The Software Architect Elevator*, 2020, O'Reilly

는 화물 공간이 거의 없음을 의미한다. 결론적으로 이러한 빽빽한 선적 밀도 덕분에 배를 이용한 컨테이너 운송 방법은 세계에서 가장 효율적인 운송 수단 중 하나가 됐다.

도커 컨테이너 또한 가상 머신을 이용하는 것보다 더 빽빽하게 쌓을 수 있다. 가상 머신을 이용하면 그 개수만큼 OS도 필요하지만, 컨테이너는 하나의 OS 인스턴스 위에 여러 개를 운영할 수 있기 때문이다. 이렇게 감소시킨 오버헤드는 마이크로서비스 아키텍처에서 자주 활용하는 것과 같은 소규모 서비스의 배포를 훨씬 효율적으로 만든다. 따라서 빽빽한 패키지 밀도는 물리적인 컨테이너와 논리적인 컨테이너 모두에게 이익이 된다.

컨테이너는 빠르게 실행된다

나는 싱가포르 출장 시 아시아 스퀘어 웨스틴 호텔을 이용할 때는 종종 싱가포르 컨테이너 항구 전망의 방을 이용하곤 한다. 대형 컨테이너선이 단 몇 시간 만에 짐을 내리고 다시 싣는 모습을 보고 있으면 정말 인상적이다.

표준화된 규격의 컨테이너 덕분에 고도로 특수화되고 전문화된 도구는 선박들의 비싼 항구 정박 비용을 줄일 수 있었다. 물건을 컨테이너에 싣는 과정은 컨테이너의 적재/배치 과정과 분리됐기 때문에 최종 선적 시간 또한 빨라졌다. 이를 통해 잠재적 병목 현상을 최소화했다. 최종적으로 여러 대의 크레인들만 동시에 작업한다.

또한 도커 컨테이너는 짧은 배포 시간만을 필요로 한다. 왜냐하면 전체 가상 머신의 배포와 OS의 부팅이 필요 없기 때문이다. 결과적으로 가상 머신이 대략 5~10분 정도의 준비 시간이 필요한 것에 비해 대부분의 IT 컨테이너는 1분 내로 끝난다. 이러한 속도 향상은 크기가 작아졌기 때문이며, 또한 물리적 컨테이너와 동일한 전략을 가져가기 때문이다. 애플리케이션의 모든 세부 정보와 필요 라이브러리들만이 컨테이너 이미지에 탑재되어 있기 때문에 배포가 더 효율적인 것이다.

신속한 배포 체계는 빠른 배포 속도의 달성뿐만 아니라 전통적인 스탠바이 서버와 비교해서 비용 효율적으로 탄력성을 높이고자(29장) 하는 측면도 있다.

지금까지 살펴본 바와 같이 선박 컨테이너 비유를 활용한 설명이 컨테이너가 왜 클라우드 컴퓨팅에서 중요한지를 이해하는 데 도움이 됐으면 좋겠다. 다음의 표는 이러한 선박 컨테이너와 클라우드 컨테이너의 유사점을 요약한다.

속성	장점	선박 컨테이너	도커 컨테이너
내용물 포함	자체 소유	잃어버릴 염려 없음	잃어버리는 파일 없음
균일성	일관성 있는 도구	크레인과 트럭	컨테이너 저장소, 오케스트레이션
쌓는 법	높은 밀도	25000 TEU 선박	가상 머신당 12개
포장 및 적재	빠른 적재	짧은 선박 정지 시간	신속한 배포, 탄력성

모든 것이 컨테이너에 담기지는 않는다

지금까지 IT 컨테이너의 장점을 선박 컨테이너와 연관 지어 설명해봤다. 이러한 비유법을 좀 더 확장해보자. 컨테이너 선박의 확실한 장점에도 불구하고 모든 상품이 컨테이너로 운송되는 것은 아니다. 액체, 가스, 석탄 같은 벌크 소재는 실제로 컨테이너 선박보다 더 많은 수의 유조선, LPG 선, 벌크선을 통해 운송되는 좋은 예다.[7] 다른 재료들, 특히 부패하기 쉬운 성분들은 흔히 특수 팔레트와 더불어 크기와 무게가 훨씬 더 작은 컨테이너를 사용해 항공기로 운송된다.

---

7 https://www.statista.com/statistics/264024/number-of-merchant-ships-worldwide-by-type/

우리의 비유가 옳다면, 아마도 모든 애플리케이션을 컨테이너에서 실행하는 것이 좋은 것은 아닐 것이다. 소위 모놀리식이라고 불리는 대규모 애플리케이션의 경우 이점이 적다. 왜냐하면 애플리케이션의 크기가 OS 이미지 오버헤드보다 크기 때문이다. 그리고 배포는 앤서블^{Ansible}, 셰프^{Chef}, 퍼펫^{Puppet} 같은 다양한 도구를 활용해 자동화할 수 있다. 물론, 우리는 그러한 애플리케이션이 '나쁘고' 수많은 마이크로서비스로 교체돼야 한다고 들었다. 그러나 아키텍트는 모든 상황에 적합한 만능은 없으며 굳이 모든 최신 애플리케이션이 컨테이너로 동작하지 않아도 IT가 중단되지 않는다는 사실을 알고 있다.

또한 컨테이너 및 k3s를 사용한 컨테이너 오케스트레이션이 라즈베리 파이^{Raspberry Pi}에서도 동작 가능하지만, 임베디드 시스템에서는 많은 애플리케이션을 패키징해 하나의 기기에서 운영할 필요가 없다.[8] 마찬가지로 성능이 중요한 애플리케이션, 특히 입력/출력이 많은 기능이라면, 컨테이너의 추가적인 네트워크 가상화에 따른 오버헤드를 원하지 않을 것이다. 그리고 그중 일부, 특히 데이터베이스에는 자체 멀티테넌트 메커니즘이 있어 OS 오버헤드와 신속한 배포의 필요성이 줄어든다. 또한 한 쌍의 대용량 가상 머신 또는 물리적 서버에서 동작하는 단일 데이터베이스 서버는 여러 개의 논리적 데이터베이스를 담을 수 있다.

얇은 벽

선박 컨테이너끼리는 서로 내용물을 격리한다. 또한 컨테이너로 무엇을 배송하는지 크게 신경 쓰지 않아도 된다. 그런데 이러한 격리 방법도 물건을

---

8   최신 라즈베리 파이(Raspberry Pi)는 불과 10년 전의 리눅스 컴퓨터와 유사한 고성능을 가지고 있어서, 전력 및 메모리 제약 조건에서 작동하는 임베디드 시스템을 표현하는 데 적절한 예시는 아닐 수 있다.

여러 배를 이용해 나눠서 운송하는 것만큼 안전한 것은 아니다. 예를 들어, 인터넷에 떠도는 사진을 통해 상단의 컨테이너 하나가 쓰러지면서 그 라인에 쌓여 있던 전체 컨테이너를 모두 배 밖으로 잡아당기는 모습을 볼 수 있었다. 컴퓨팅 컨테이너도 마찬가지다. 하이퍼바이저는 컨테이너보다 더 강력한 격리 방법을 제공한다.

일부 애플리케이션은 이러한 낮은 레벨의 격리 방법을 선호하지 않을 것이다. 가장 큰 컨테이너 사용 사례 중 하나와 가장 인기 있는 컨테이너 오케스트레이터 중 하나는, 모든 애플리케이션이 단일 소스 코드 저장소와 고도의 표준 라이브러리만 사용해 빌드했으며, 이를 통해 '나쁜' 그리고 확실히 증명되지 않은 코드들로부터 애플리케이션을 격리하는 데 필요한 노력들을 줄일 수 있었다. 이것은 여러분이 운영하는 환경과 다를 것이기에 다른 사람들의 접근 방법을 단순히 복사 및 붙여넣기 하지 말고 먼저 그 이면의 장단점을 이해해야 한다.

모든 것이 컨테이너로 동작하지는 않는다고 해도 괜찮다. 컨테이너로 동작하지 않는 모듈들이 의미 없다는 뜻이 아니다. 마찬가지로, 많은 것이 컨테이너로 동작하도록 만들 수 있지만 모든 상황에 적합하다는 뜻은 아니다.

선박 컨테이너는 재생성되지 않는다

유감스럽게도 물리적 비유법이 비트^{bit}와 바이트^{byte}로 이뤄진 임시 가상 세계에 모두 적용 가능하다는 의미는 아니다. 예를 들어, 누군가가 건물과 IT 아키텍처를 비유하겠다고 할 때는 적당히 걸러서 들어야 한다. 또한 23장에서 배웠듯이 일회성은 IT 세계에서 훌륭한 기능이지만 현실 세계에서는 아니다. 비트^{bit}가 플라스틱보다는 더욱 잘 재활용된다.

> ⓘ 도커 컨테이너는 선박 컨테이너가 할 수 없는 몇 가지 트릭이 있다.

워크숍에서 어떤 한 팀이 일회성(23장)의 개념을 설명하기 위해 비유법을 확장하는 과정에서 말이 안 되는 상황을 우연히 발견했다. 왜냐하면 도커 컨테이너는 쉽게 배포될 수 있기에 여러 인스턴스가 모두 동일한 컨테이너를 실행하도록 만드는 게 가능하기 때문이다. 또 다른 예시로 선박 컨테이너가 배 밖으로 넘겨졌을 때 새로운 인스턴스가 생성될 수 있다는 이야기를 하려고 시도한 팀은 본인들이 비유를 지나치게 확장했음을 인정해야 했다. 사실 이 과정은 재미있었고 교육적이었다. 왜냐하면 실제 테스트해보기 전까지는 비유할 수 있는 한계를 몰랐기 때문이다.

국경 통제

만약 컨테이너가 불투명해 내부를 쉽게 볼 수 없는 경우, 컨테이너가 국가 안팎으로 금지된 물건을 밀수하는 완벽한 방법으로 악용되는 게 아닌지 걱정이 될 것이다.[9] 관세청은 이 문제를 다각도로 처리한다.

- 각 컨테이너는 승인된 적하 목록을 갖고 있어야 한다. 아마도 화물의 원산지와 화주의 평판이 수입 통관 절차에서 고려될 것 같다.
- 세관은 적하 목록과 실제 내용물 간의 일치 여부를 확인하는 검사를 위해 무작위로 컨테이너를 선택할 수 있다.
- 대부분의 항구에는 컨테이너 내부를 잘 볼 수 있는 강력한 엑스레이 기계가 있다.

우리 역시도 IT 컨테이너, 특히 상속에 이용한 기본 컨테이너를 맹목적으로 신뢰해서는 안 된다. 만약 Dockerfile이 위험에 노출된 기본 이미지를 참조하는 경우, 개발자가 만든 이미지도 보안에 취약해질 수 있다. 그래서 최신 컨

---

9 최근 세계 뉴스에서는 악기 운송 가방이 해외로 밀입국하는 데 적합하다고 소개했다.

테이너 도구 체인은 배포 전에 컨테이너를 스캔하는 과정을 포함한다. **컨테이너 보안 스캐닝**Container Security Scanning은 소트웍스ThoughtWorks의 Technology Radar[10]에서 중요하게 다뤄지는 항목이다. 또한 회사들은 출처가 입증된 컨테이너만 보관할 수 있는 전용 컨테이너 저장소를 유지 및 관리해야 한다.

컨테이너는 개발자들을 위한 것이다

선박 컨테이너와 도커 컨테이너 간 비유를 통해 컨테이너 사용의 장점을 이해하는 데 도움이 됐기를 바란다. 그런데 지난 몇 년 동안 기본 런타임 기술을 사용해왔고, VM웨어가 모든 기업에 강력한 가상화 도구를 배포해왔음에도 컨테이너 규격으로 도커가 급상승한 이유에는 추가적인 항목 하나가 중요한 역할을 했다.

그리고 그 차이는 미묘하지만 중요하다. 도커는 운영을 위한 도구가 아니라 개발자를 위한 도구다. 도커는 개발자를 위해 설계되고 개발되고 소개돼왔다. 엔터프라이즈 운영 제조사가 계속 판매해오던, 화려하지만 귀찮은 GUI 도구 대신 버전 제어로 관리하기 쉬운 텍스트 기반 정의 파일을 제공한다.

ℹ️ 도커는 운영 조직이 아니라 개발자를 위해 설계되고 만들어졌다. 개발자들을 전통적인 IT 운영에서 분리해 데브옵스 방식으로 일할 수 있게 했다.

또한 도커는 개방형(실제로는 오픈소스)이었다. 이는 기존의 전통적인 많은 운영 도구로는 설명할 수 없는 부분이다. 마지막으로, 운영을 위해(혹은 분리를 위해) 잘 정리된 인터페이스를 제공해줬다. 개발자가 운영 팀에서 가상 머신만 얻을 수 있다면, 도커를 설치하고 마음대로 새 컨테이너를 생성할 수 있다. 다른 서비스 생성을 요청하고 기다릴 필요 없이 말이다.

---

10 https://www.thoughtworks.com/radar/techniques/container-security-scanning

이력서 기반의 아키텍처를 조심할 것!

도커가 최신 배포 기술의 필수 요소가 된 만큼, 인기 있는 도구가 항상 장점만 있는 것은 아니다. 오픈소스 도구도 고유한 상표, 인증, 콘퍼런스 및 유료 공급업체 멤버십을 만들지 않고도 수백억 원의 마케팅 예산을 활용해 효율적으로 경쟁자를 제거할 수 있다. 잘나가는 기업들이 특정 도구를 사용한다는 개념을 잘 결합하면 훌륭한 마케팅 스토리가 되지만 아키텍트에게 깊은 인상을 주진 않는다.

인기 있는 도구는 개발자들이 관련 경험을 쌓고 싶어 하는 수요를 만든다. 지금의 역동적인 시장에서 이러한 수요는 개발자들에게 더 높은 급여와 고용 안정성을 제공한다. 따라서 일부 개발자는 그들의 이력서와 연봉 등급을 위해 특정 도구를 선호할 수 있다. 이력서에 '쿠버네티스'를 추가하면 20%의 급여 인상을 받을 수 있다고 한다.

이러한 경향은 원하지 않는 비정상적인 유형의 아키텍처로 이어진다. **이력서 기반의 아키텍처**가 그것이다. 아마도 여러분이 추구하는 방향은 아닐 것이다! 기술이 유용해 보이고 널리 사용되더라도 '다들 이렇게 해요'가 기술 선택의 이유가 되어서는 안 된다. 아키텍트는 소문이 아닌 조직을 위한 구체적 가치를 목표로 해야 한다. 이렇게 할 수 있다는 것이야말로 이력서에 넣을 수 있는 가장 매력적인 항목이다.

26장

서버리스 = 걱정 없다?

누구도 서버를 원하지 않기 때문에 적을수록 좋다

▲ 여러분이 찾고 있는 서버는 없다

IT 산업에서는 기껏해야 기술명을 짓는 데 점수를 받는다. 아무도 '마이크로' 서비스가 '미니' 또는 '나노'가 될 수 있다는 것을 확신할 수 없으며, NOSQL 처럼 이름이 의미하는 바와 실제 구축했던 내용이 다른 기술명은 도움이 되지 않는다. 마지막으로 네이티브는 플랫폼에 직접 구축된 것을 의미하고, 추상화 계층과 연결되는 경우도 의미한다. 어색한 이름 만들기 우수상은 서버에 확실히 의존하는 런타임 환경을 설명하는 서버리스라는 용어가 받을 가능성이 높다.

서버-리스 = 서버가 적다는 것?

이 용어의 기원을 추적하면 2012년 켄 프롬Ken Fromm의 기사[1]로 연결된다. 여기서 우리는 다음의 내용을 배울 수 있다.

> 그들의 세계관은 점점 더 애플리케이션과 서버가 아닌 작업과 프로세스 흐름을 중심으로 하고 있으며, 컴퓨팅 주기에 대한 측정 단위는 몇 시간이 아니라 몇 초와 몇 분이다. 요컨대 그들의 생각이 서버리스가 돼 가고 있다.

흥미롭게도 켄은 서버 중심적인 관점에서의 이동뿐만 아니라 애플리케이션에서 작업 및 흐름으로의 이동도 예측한다. 이러한 통찰력은 애플리케이션 아키텍처의 중대한 변화를 강조한다.

Lambda 서비스로 '서버리스'라는 용어를 메인 주류로 떠올린 AWS는 서버 걱정 없는Server-worry-less이라는 단순한 견해[2]를 가지고 있다.

> 서버리스 컴퓨팅을 사용하면 서버에 대해 생각하지 않고도 애플리케이션과 서비스를 구축하고 실행할 수 있다.

이 참조는 서버리스 컴퓨팅에 대한 내용을 다루지만, AWS의 광범위한 서버리스 정의[3]에는 서버를 생각하지 않고 자연스럽게 '코드 실행, 데이터 관리

---

1 https://readwrite.com/why-the-future-of-software-and-apps-is-serverless/
2 https://aws.amazon.com/ko/lambda/faqs/
3 https://aws.amazon.com/ko/serverless/)

및 애플리케이션 통합'하는 것이 포함된다. Azure의 정의[4]는 컴퓨팅에 가깝지만 워크플로우와 API 게이트웨이를 포함한다.

다음의 세 가지가 모여 함께 서버리스를 만든다.

- 인프라를 명시적으로 관리하지 않고 코드로 구축 및 실행
- 애플리케이션 구축에서 작업 및 흐름 모델링으로 전환
- SaaS 모델에서 스토리지 또는 통합과 같은 지원 서비스 제공

이 목록은 서버리스가 실제로 큰 변화임을 암시하지만, 먼저 조금 더 구체적으로 설명해 보겠다.

품질 정의

제조사가 유행어를 사용하면 나는 이렇게 말할 때가 많다. "그 레이블에 대한 품질의 정의를 나열해 주시겠습니까?" 이는 단순히 똑똑해 보이려는 게 아니다. 이러한 품질에 관한 정의는 유행어에 대한 제조사의 관점을 드러내며, 보다 깊은 대화를 가능하게 한다. 이와 같은 질문에 항상 제조사는 "좋은 질문입니다."라고 대답하곤 한다. 2018년부터 서버리스 아키텍처에 대한 마이크 로버트Mike Robert의 권위 있는 기사[5]를 참조해 보겠다. 그는 타사의 서버리스 서비스Backend as a Sservice-BaaS와 서버리스 컴퓨팅Function as a Service-FaaS을 구별해 후자를 애플리케이션이라고 설명한다.

> …여기서 서버 측 로직은 이벤트 기반 트리거event-triggered, 임시성 ehpemeral 및 제3자에 의해 완벽히 관리managed by a third party되는 상태 비저장stateless 컴퓨팅 컨테이너compute containers에서 실행된다.

---

4 https://azure.microsoft.com/en-in/resources/cloud-computing-dictionary/what-is-serverless-computing/

5 https://martinfowler.com/articles/serverless.html

그럼 이 멋진 단어들을 하나씩 풀어보자.

상태 비저장

'서버가 없는 것'과 유사하게, 상태 비저장 상태도 관점의 문제다. 이 경우 로컬 파일 시스템이나 메모리 내에서 오래 지속되는 상태에 의존하는 대신 상태를 외부화하는 애플리케이션을 가리킨다.

 내가 15년 전쯤에 고민했을 때는[6] 아날로그 컴퓨터가 아닌 대부분의 최신 컴퓨터 아키텍처는 상태정보를 저장했다(아날로그 콘덴서 역시 상태정보를 저장했음). 따라서 상황을 가정해야 한다. 이 경우 상태 비저장은 운영 데이터 저장소와 같은 애플리케이션 레벨의 상태 관리방안으로 감안해야 한다.

컴퓨팅 컨테이너

이 맥락에서 '컨테이너'라는 용어는 도커 컨테이너(25장)가 아닌 자체 컨테이너화된(모든 코드 및 필요 라이브러리 포함) 배포 및 런타임 단위를 의미하는 것으로 판단된다. 임시 애플리케이션(잠깐 실행되고 중지되는)은 자동으로 다시 생성돼야 하기 때문에 자체 컨테이너화된 단위가 중요하다.

이벤트 기반 트리거

서버리스 기능은 세분화되고 분산되기 때문에 메세지로 소통한다. 이벤트 의미론은 느슨한 결합을 제공하고 서버 없이 애플리케이션을 재구성할 수 있게 만든다. 이벤트는 프론트엔드에서 명시적으로 트리거되거나 메시지 대기열, 데이터 저장소의 변경 또는 유사한 다른 곳으로부터 암묵적으로 트리거될 수 있다.

임시성

---

6 https://www.enterpriseintegrationpatterns.com/ramblings/20_statelessness.html

이 멋진 IT 용어는 사물이 짧은 시간 동안만 산다는 것을 의미한다. 간단히 말해 물건이 쉽게 처분될 수(23장) 있다는 것이다. 그래서 애플리케이션은 동작 후 바로 처분되기 때문에, 기능함수들은 호출당 한 가지 일을 하고 바로 종료된다.

제3자에 의한 관리

프로비저닝, 확장, 패치 적용 또는 페일오버와 같은 모든 인프라 관련 측면은 개발자가 아닌 플랫폼이 처리한다.

마이크가 신중하게 표현한 단어화된 문장에서 정의된 대로 서버리스 애플리케이션은 서버리스(또는 FaaS) 플랫폼에서 실행된다. 이들은 서로 다른 정의 특성을 가지고 있다.

서버리스 플랫폼

마이크는 서버리스 플랫폼 특성에 대한 후속 기사에서 서버리스 플랫폼 특성[7]을 다음과 같이 설명한다.

패키지된 배포

서비리스 플랫폼은 코드를 쉽게 배포할 수 있게 해주며, 플랫폼이 필요할 때마다(새로운 호출 또는 스케일아웃) 코드를 자동으로 배치할 수 있게 해준다. 모든 주요 클라우드는 명령줄당 또는 코드 편집기에서 직접 간단한 애플리케이션을 배포할 수 있다.

자동 확장

서버리스 플랫폼은 수요에 따라 서버 용량을 자동으로 추가하거나 제거

---

[7] https://blog.symphonia.io/posts/2017-06-22_defining-serverless-part-17

해 서버 걱정 없다는 용어에 실질적인 의미를 부여한다. 반면 대부분의 컨테이너 오케스트레이션 플랫폼에서는 운영팀이 노드(가상머신)를 프로비저닝해야 한다.

스케일 투 제로(scale-to-zero)

대부분의 사람들은 스케일 업을 이야기하지만, 스케일 다운 역시 동일하게 중요하며 달성하기 더욱 어려울 수 있다. 클라우드의 탄력적인 가격 정책이라는 약속에 따라, 여러분의 사이트에 트래픽이 발생하지 않기 때문에 어떠한 처리도 발생하지 않는다면, 여러분은 아무것도 지불하지 않아도 된다. 기존 애플리케이션에서는 메모리를 계속 점유하고 있으며 일반적으로 어떤 상황에서도 가상머신이 하나 이상 필요하므로 트래픽이 0이 되지는 않는다. 그러나 두 경우 모두 가장 사소한 서비스를 제외한 모든 서비스는 저장된 운영 데이터에 비용이 발생한다.

정확한 과금

AWS Lambda와 Google Cloud Run은 100ms 단위로 사용량을 증가시켜 불규칙하게 실행되는 애플리케이션을 매우 저렴하게 실행하고, 코드 최적화를 장려한다. 또한 가격 모델은 서버와 같은 물리적 컴퓨팅 리소스와 독립적이므로 서버없이 가격이 책정된다.

이 목록은 우리가 예상했던 것보다 더 길어지며, SCEEM-PASP도 훌륭한 두문자어backronym를 만들어내지 못한다. 우리는 아키텍트이지 홍보요원이 아니므로 한 단계 축소해서 점들을 연결해 보자.

컴퓨팅의 진화 그 이상

어떤 시스템이 '서버리스'라고 불릴 자격이 있는지를 보다 구체적으로 살펴보면, 우리는 그것이 왜 그렇게 큰 문제인지 알 수 있다. 표면적으로 서버리스가 클라우드 플랫폼 제공자에게 차별화되지 않는 작업의 대부분을 넘겨주는 자연스러운 진화다.

- 가상머신에서는 여러분은 이미지 강화, 패키지 설치 및 애플리케이션 배포를 처리해야 한다.
- 컨테이너 및 컨테이너 오케스트레이션으로 미리 패키징된 단위를 가상머신 풀에 배포할 수 있어 작업이 많이 간소화된다. 그러나 여전히 클러스터 크기, 스케일링 단위 및 기타 모든 종류의 장치를 관리해야 한다. 여러분이 YAML이 데브옵스 신봉자들에게 구원자 역할을 해 줄 것이라고 믿지 않는 한, 다소 번거로운 작업이 된다.
- 서버리스는 인스턴스, 노드 풀 크기 및 기타 모든 구성 요소를 구현(및 재활용)해서 이러한 모든 문제를 해결한다. 따라서 인프라스트럭처가 아닌 애플리케이션 기능에 집중할 수 있다.

그러나 가상머신에서 컨테이너, 서버리스로 이어지는 이러한 과정은 너무 좁은 관점이다.

통합, 다시 한 번

서버리스는 단순한 배포 모델뿐만 아니라 구성 모델도 다르다. 서버리스 애플리케이션은 이벤트에 의해 호출되는 세분화된 상태 비저장 구성요소이다. 함수를 상태 비저장 상태로 유지한다는 것은 애플리케이션 프로그래머가 더 높은 복잡성(또는 더 많은 책임)을 수용해 더 강력한 런타임을 가능하게 한다는 것을 의미한다. 마찬가지로 느슨한 결합과 독립적인 확장성을 제공하는 이벤트 기반 구성도 요소 개발에서 구성 및 통합으로 주의집중(또는 복잡성)을 이동시킨다. 느슨하게 결합된 분산 시스템에 대한 전체 책[8]을 쓴 후, 나는 이러한 시스템의 매우 역동적인 런타임 동작을 경험했다.

> ℹ️ 서버리스 애플리케이션의 경우, 통합은 나중에 하는 것이 아니다. 애플리케이션 개발에서 필수적인 부분이다.

따라서 서버리스 애플리케이션은 성공적인 운영을 위해 이벤트 버스, 조정 및 모니터링에 의존한다. 이제 여러분들은 인프라스트럭처를 관리하는 대신 동적 분산 애플리케이션을 운영하게 된다.

새로운 경제 모델

서버리스는 IT 경제성에 중대한 영향을 준다. 구글 클라우드의 전 동료이자 현재 그룹 제품 관리자인 벤 윌슨Ben Wilson과 나는 "서버리스로 상용 소프트웨어 제공을 다시 생각하다"[9]라는 블로그 게시물에서 서버리스에서는 단일 세분화된 애플리케이션 함수의 실행당 비용이 발생한다고 설명했다. 따라서 이 함수로 창출되는 가치(및 이익(31장)를 이전에는 생각할 수 없었던 세분화 수준에서 실행하는 비용(한계 비용)과 비교할 수 있다. 벤은 이 기능을 "투명하고 트랜젝션 수준의 경제학"이라고 표현했다. 이것이 바로 게임 체인저Game changer다.

---

8 『기업 통합 패턴』(에이콘, 2014)
9 https://cloud.google.com/blog/topics/perspectives/rethinking-commercial-software-delivery-with-cloud-spanner-and-serverless

서버리스 플랫폼 아키텍처 결정 사항

아키텍트들은 유년 시절 장난감들이 어떻게 작동하는지 보기 위해 자주 분해했던 경험이 있을 것이다. 그러다 자연스럽게 서버리스의 마법이 내부적으로 어떻게 구현되는지 궁금해진다. 전략은 사소하지 않은 일련의 결정 사항들(4장)로부터 시작된다. 그렇다면 클라우드 제공업체는 어떠한 중요한 결정을 내려야만 할까?

계층화 vs 블랙 박스

서버리스 플랫폼은 '블랙 박스'('불투명체' 용어가 더 적합함)로 구축되거나 기본 플랫폼 위에 추가 기능을 계층화해 구축될 수 있다.

서버리스라는 용어가 만들어지기 훨씬 이전부터 존재했던 서버리스 플랫폼인 Google App Engine과 AWS의 대표 서버리스 서비스인 AWS Lambda 모두 불투명한 모델을 따른다. 내부의 패키지 방법 및 배포 방법이 무엇인지 신경 쓸 필요 없이 명령어 혹은 Zip 파일(Lambda용)로 플랫폼에 코드를 배포한다.

Google Cloud Run은 컨테이너 플랫폼 위에 서버리스 기능을 계층화로 추가해 정반대의 접근 방식을 따른다. 추가된 중요한 기능 중 하나는 Knative[10]를 사용해 에뮬레이트되는 스케일 투 제로다. 이 기능은 트래픽이 특수 Activator[11]로 들어올 때 이를 라우팅해서 컨테이너 파드를 확장하는 개념이다.

아키텍처 관점에서 두 접근 방식 모두 장점이 있지만 다른 관점을 추구한다. 계층화는 서버리스 및 기존(serverful?, servermore?) 컨테이너 플랫폼 모두에

---

10 https://knative.dev/docs/serving/autoscaling/

11 https://github.com/knative/serving/tree/26b0e59b7c1238abf6284d17f8606b82f3cd25f1/pkg/activator

게 공통 기본 플랫폼으로 제품 라인 아키텍처를 지원한다. 그러나 사용자의 관점을 고려할 때 불투명한 플랫폼은 오히려 사용자를 복잡성으로부터 보호하면서 공급 업체에게는 내부 동작을 진화할 수 있는 더 많은 자유를 줌으로써 깨끗한 전체 추상화를 제공한다.

공정성 vs 자유

또 다른 중요한 절충안은 자원에 대한 공정한 접근과 같은 플랫폼의 능력을 보장하는 것이 개발자를 제약하는 것을 정당화하는지의 여부다. 예를 들어, 대부분의 FaaS 플랫폼은 네이티브 코드를 실행하거나 추가 스레드를 생성하는 기능을 제한한다. 초기 서버리스 플랫폼 중 하나인 Google App Engine은 자바만을 허용하고 라이브러리 사용을 제한하면서 애플리케이션에 많은 제한을 두었다. 관리형 SQL 데이터베이스와 같은 보조 서비스의 부족과 함께 이러한 제한은 빠르게 성장하기 못하는 원인이 됐을 수 있다.

 중요하지만 때로는 간과되는 서버리스 플랫폼인 Salesforce는 공정하고 효율적인 플랫폼 운영을 보장하기 위해 자체 Apex 프로그래밍 언어를 정의했다.

자체 프로그래밍 언어를 정의하는 비즈니스 애플리케이션은 언어 설계가 매우 어려울 뿐만 아니라 일반적인 도구와 커뮤니티 지원이 부족하기 때문에 위험하다. Salesforce의 언어는 많은 고급 비즈니스 서비스와 통합되며 일반 애플리케이션을 실행되도록 하는 목적이 아니었기 때문에 이러한 노력은 그럴듯한 수단이 됐을 수 있다.

AWS Lambda와 같은 현대의 서비스들은 대부분 최대 실행 시간과 같은 자원 제약을 가하지만, 점점 더 많은 범위의 프로그래밍 언어를 제공한다. 2020년 AWS Lambda는 자바, Golang, PowerShell, Node.js, C#, 파이썬과 루비^{Ruby}를 지원한다. 컨테이너 기반 서버리스 플랫폼은 컨테이너에 패키징될 수 있는 모든 언어를 지원한다.

플랫폼 통합 vs 독립

서버리스 플랫폼을 나머지 클라우드 플랫폼과 통합하면 개발자는 통합 모니터링, ID 및 접근 관리를 할 수 있다. 또한 서버리스 런타임의 이식성을 떨어지게 할 수도 있다. 현재 시장에서는 Cloudwatch, IAM 또는 Cloudformation과 같은 플랫폼 서비스에 통합된 AWS Lambda에서 주로 쿠버네티스 오픈 소스 생태계에 의존하는 Google Cloud Run에 이르기까지 다양한 스펙트럼이 존재한다.

서버리스가 뉴노멀일까?

종종 엔터프라이즈 클라우드 전략은 성숙도를 가상머신에서 컨테이너, 그리고 궁극적으로 서버리스로의 경로와 연관시킨다. 그러나 전략은 업계 추세를 따르는 것 이상이어야 한다. 전략은 중요한 의사 결정과 이에 따른 절충안을 정의해야 한다. 이는 컨테이너와 마찬가지로 모든 애플리케이션이 서버리스 모델에서 실행되는 것이 최선인 것은 아니라는 것을 의미한다. 따라서 보도 자료를 맹목적으로 따르기 보다 각 애플리케이션 종류에 가장 적합한 플랫폼을 선택하는 것이 훨씬 더 중요하다. 그렇지 않으면 아키텍트는 필요하지 않다.

27장

FROSST와 같은 클라우드 애플리케이션

클라우드가 모든 애플리케이션에 적합한 것은 아니다

▲ 파쿠르에서 현대적인 애플리케이션으로의 축복까지

클라우드 플랫폼은 훌륭하지만 모든 형태의 애플리케이션을 좋아하지는 않는다. 나는 평범한 비즈니스 작업을 200여 개의 데이터베이스 쿼리로 수행하는 모놀리식 방식의 애플리케이션을 봤다. 특수 스토리지 하드웨어를 장

착한 데이터베이스는 정기적으로 고객 데이터를 손상시켰기에, 배치 프로세스로 스냅샷을 생성하는 게 유지보수의 유일한 해결책이었다. 이러한 애플리케이션은 클라우드에서 실행되도록 만들 수 있지만, 솔직히 많은 이점은 없다. 클라우드 네이티브, 스테이트리스(상태 비저장), 임시성, 데브옵스 이후, 마이크로서비스 애플리케이션과 같은 12가지 요소가 클라우드로의 전환을 위해 고려사항으로 기다리고 있다. 시도하기도 전에 말이다.

누군가가 본인의 애플리케이션을, 최신 애플리케이션이 일반적으로 갖는 12가지 요소[1] 중 8가지를 충족했기 때문에 66% 클라우드 준비가 되어 있다고 주장하는 것을 봤다. 이후 나의 팀은 애플리케이션을 클라우드에 적합하게 만드는 요소에 대한 더 나은 정의를 만들기 시작했다. 동료 장 프랑수아 랑드로는 'FROSST'라는 이름을 붙인 다음과 같은 멋진 설명을 작성했다. 실용적이고 업체 중립적인 아키텍처라고 생각하며 이 책에 싣게 되어 기쁘다.

|||||||||||||||||||||||||||||| 장 프랑수아 랑드로 Jean-François Landreau 작성 ||||||||||||||||||||||||||||||

우리 아키텍처 팀은 아키텍트, CIO 및 IT 관리자로 구성된 광범위한 고객사의 직원들과 IT 전략의 본질을 공유하는 요약 문서를 정기적으로 작성했다. 각 문서, 즉 Tech Brief는 특정 기술 동향을 다루고, 특정 환경에 미치는 영향을 자세히 설명해 실행 가능한 가이드를 만들기로 결론을 냈다. 나는 개발팀과 관리자에게 애플리케이션을 새로운 클라우드 플랫폼으로 전환하기 위한 가이드를 제공하기 위해 기술 개요를 작성하도록 했는데, 이 문서는 유용한 가이드 문서이자 일종의 가드레일 역할을 하는 목적이었다. 이를 통해 우리의 플랫폼에 부서지기 쉽고 지연에 민감한 모놀리식을 배포한다고 해서 즉각적인 기적을 만들어내는 것이 아니라는 점을 강조하고자 했다.

---

1   https://12factor.net/

'클라우드를 지원하는 애플리케이션의 다섯 가지 특성'이라는 제목의 Tech Brief는 전 세계 동료들에게 널리 읽혔으며 여러 고위 경영진을 위한 발표 자료에도 추가됐다. 이러한 긍정적인 피드백에 힘입어, 쌀쌀했던 뮌헨의 겨울에서 막연히 영감을 받아 'FROSST'라는 이름으로 다섯 가지 특성을 발전시켰다.

클라우드 애플리케이션은 FROSST해야 한다

나는 기억하기 어려운 속성들(12가지 요소를 다시 떠올려보기는 어려울 것이다)이 아닌 의미 있고 직관적이며 기억하기 쉬운, 모든 내용을 포함하는 설명을 찾고 있었다. 그래서 단순한 단어를 선택하고 유행어나 전문 용어를 의도적으로 피했다. 마지막으로, '세탁 목록'과 같은 무의미한 나열이 아닌 하나의 통일된 전체를 구성하며 서로를 보강하는 의미도 있는 특성들을 찾고자 했다.

마침내 나는 클라우드와 좋은 친구가 될 수 있는 애플리케이션의 주요 특성을 기억하는 데 도움이 되는 약어인 FROSST를 선택했다. 이러한 애플리케이션은 다음과 같아야 한다.

- Frugal(절약)
- Relocatable(재배치 가능)
- Observable(관찰 가능)
- Seamlessly updatable(무중단 업데이트)
- internally Secured(내부 보안)
- failure Tolerant(결함에도 동작 가능)

하나씩 살펴보고 왜 관련이 있는지, 다른 특성들과 어떻게 연관되는지 논의해보자.

절약

절약이란 애플리케이션이 사용하는 CPU 및 메모리양에 있어 보수적이어야 함을 의미한다. 도커 이미지와 같은 작은 배포 공간도 절약의 방법이다. 절약한다는 것은 저렴하다는 뜻이 아니다. 메모리를 꽉 채워 사용하고 모든 CPU 주기를 사용하는 이해할 수 없는 소스 코드를 개선하는 익숙하지 않은 최적화를 의미하는 것도 아니다(마이크로컨트롤러가 해결하게 두자). 주로 불필요하게 낭비하지 말자는 것을 의미한다. 예를 들어, 빅 오$^{\text{big-O}}$ 계산 방법에서 n이나 $n \log(n)$의 복잡도를 갖는 알고리즘을 사용할 수 있지만 n^2 알고리즘을 사용하는 경우를 의미한다.

신중하게 메모리나 CPU를 사용한다면 애플리케이션이 상당한 성공을 이룬 후 수평적으로 확장해야 할 시점에 기존의 예산 내에서도 할 수 있게 된다. 애플리케이션이나 서비스가 128MB 또는 512MB RAM을 사용하는지 여부는 소수의 인스턴스 환경에서는 중요하지 않을 수 있지만, 수백 혹은 수천을 실행하는 경우에는 다르다. 애플리케이션 시작 시간의 절약은 빠른 배포 및 실행 시간 단축을 통해 이뤄낼 수 있으며 애플리케이션의 **재배치**와 **무중단 업데이트**를 지원하게 된다.

절약은 문제를 풀기 위한 즉흥적인 소스 코드 작성 대신 일반적인 문제에 대해 효율적인 라이브러리 구현을 하는 등의 다양한 방법으로 이뤄낼 수 있다. 또한 아주 작은 부분의 해결을 위해 거대한 라이브러리를 사용하지 않는 것도 의미할 수 있다. 마지막으로, 추가적인 CPU를 사용해 자주 디코딩을 하지 않아도 되는 경우에는 큰 데이터를 프로토콜 버퍼$^{\text{Protocol Buffers}}$ 같은 효율적인 인코딩 포맷을 이용해 인메모리에 저장하는 방법도 있다(비트 연산은 라이브러리가 해준다).

재배치 가능

재배치 가능한 애플리케이션이라는 것은 프로젝트 관리자가 수많은 절차를 통해 정상적으로 동작하는지 확인하는 전체 마이그레이션이 아닌, 하나의 데이터 센터에서 다른 데이터 센터로 혹은 하나의 서버에서 옆의 서버로 이동 가능한 애플리케이션을 의미한다.

클라우드 애플리케이션은 다양한 이유로 재배치돼야 한다. 먼저 애플리케이션을 수평적으로 확장하려면 신규 인스턴스를 배포해야 한다. 엄밀히 말해 재배치되는 것은 아니지만, 재배치 가능하다는 것은 추가 인스턴스가 다른 서버에서 실행될 수 있다는 뜻이다. 두 번째 경우는 애플리케이션이나 기저 인프라가 실패해 빠른 재배포가 필요한 경우다. AWS의 오토스케일링 autoscaling 그룹과 쿠버네티스의 복제 컨트롤러가 대표적인 예다. 이러한 재배치 메커니즘이 작동하려면 **관찰 기능**이 필요하다. 또한 재배치 가능성은 애플리케이션의 업데이트 중에 새 버전이 배포될 때(아마도 기존 버전과 동시 작업 시) 유용하다. 마지막으로 임의의 시점에 회수될 수 있는 할인된 클라우드 인스턴스인 **스팟**spot(혹은 선점형preemptible) 인스턴스에 애플리케이션을 배포할 때 재배치가 가능하다.

상태 정보를 외부로 노출하거나, 세부 환경 정보를 수집하기 위해 초기화 기능을 구현하거나, 단일 인스턴스(싱글톤singleton)에 의존하지 않는 것은 애플리케이션을 재배치 가능한 구조로 만드는 데 도움이 된다. 애플리케이션에는 여전히 싱글톤이 필요할 수 있다. 그러나 이제 싱글톤은 단일 물리 인스턴스가 아닌 선거/선출 기반의 프로토콜을 이용해 할당되는 역할이 되어야 한다.

관찰 가능

관찰 가능성은 문제를 분석하기 위해 디버거를 애플리케이션에 연결할 필요가 없음을 의미한다. 결코 좋은 솔루션은 아니지만, 클라우드 애플리케이션을 수평으로 확장하고 재배치하면 디버깅은 매우 비현실적이 된다.

관찰 가능성의 특성은 여러 시나리오를 지원한다. 프레임워크가 실패를 감지하거나 더 나아가 실패를 예측할 수 있도록 도와주며 **재배치**를 지원한다. 또한 서킷 브레이커circuit breaker[2]의 일부로 사용될 때 **내결함성**을 증가시킨다. 마지막으로, 애플리케이션 운영 또는 특정 서비스 레벨 계약SLA, Service-Level Agreement을 충족해야 하는 플랫폼의 필수 요건이다. 예를 들어, 관찰 가능성을 통해 이러한 SLA 준수를 측정하는 대시보드를 구축할 수 있다.

관찰 가능성의 가장 간단한 구현은 애플리케이션이 본인의 준비상태readiness와 활성상태liveness를 알려주는 인터페이스를 개발하는 것이다. 예를 들어 이 정보는 로드 밸런서와 오케스트레이터에서 사용한다. 시작 매개변수, 연결된 모듈들, 들어오는 요청의 오류 응답률 등은 분산 추적 및 문제 해결에 도움이 될 수 있다. 관찰 가능성의 고전적이고 매우 유용한 구현체는 구글의 varz[3]와 Borgmon이 결합된 것의 오픈소스 구현체인 프로메테우스Prometheus[4]다.

무중단 업데이트

인터넷에는 밤과 주말이 없고 예정된 다운타임을 위한 사용량이 적은 시간대도 없다. 솔직히 말해서 밤이나 주말에 업그레이드를 수행하는 것은 더 이상 재미가 없다. 설상가상으로 종종 개발 팀이 참석하지 않은 채로 운영 팀이 완전히 검증하지 못한 배포를 하는 경우도 있다. 애플리케이션의 무중단 업데이트 덕분에 이제는 관련자들이 모두 있는 업무 시간에 배포하는 게 가

---

2   https://en.wikipedia.org/wiki/Circuit_breaker_design_pattern
3   https://sre.google/sre-book/practical-alerting/
4   https://prometheus.io/

능해졌다.

이전 절에서 설명했던 절약성, 재배치 가능성, 관찰 가능성 덕분에 이 특성이 가능해졌다. 예를 들어, 그린/블루 배포를 수행하기 위한 자동화 및 도구가 이 구현을 완성한다. 따라서 이 특성은 애플리케이션에 완전히 종속적이지는 않으며 추가적인 외부 도구가 필요하다. 무중단 업데이트(예: 쿠버네티스 또는 오토스케일링 그룹)를 지원하는 환경에 접근할 수 있는 개발자는 업데이트 시 다운타임이 필요하거나 필요 모듈/라이브러리의 동시 업데이트가 필요하다는 변명을 할 수 없다.

애플리케이션 서비스 API를 이전 버전과 호환되도록 하면 업데이트가 수월해진다. 기능 릴리스에서 모듈 배포를 분리하려면 신규 기능은 기능 활성화 버튼을 통해 활성화해야 한다. 또한 애플리케이션은 카나리 배포를 지원하기 위해 다른 버전으로 동시 동작할 수 있어야 한다.

내부 보안

전통적으로 보안은 데이터 센터 주변에서 관리됐다. 경계 내에서 실행되는 모든 것은 신뢰할 수 있다는 믿음은 애플리케이션의 보안이 취약한 경우가 많았음을 의미한다. 기업은 충분하지 않다는 사실을 깨닫고 보안 고려사항을 애플리케이션까지 확장하는 **심층 보안** 구현을 시작했다. 이 접근 방식은 규제를 받는 회사가 클라우드를 이용한다면 필수로 해야 하는 것이었다.

지금까지 제시된 다른 모든 특성은 애플리케이션 보안과 관련이 있다. 예를 들어 검증된 소스에서 매일 애플리케이션을 재배포하면, 트로이 목마나 애플리케이션의 무결성을 손상시키는 다른 공격을 막을 수 있기 때문에 보안을 강화할 수 있다. 애플리케이션을 면밀히 관찰하면 침입이나 공격을 조기에 탐지할 수 있다. 그러나 이 외에도 애플리케이션은 '내부적으로도' 안전해야 한다. 온프레미스든 퍼블릭 클라우드든 런타임 플랫폼이 완전히 보안된 환경이라고 믿을 수 없다. 예를 들어, API 게이트웨이가 항상 웹 서비스를 보호할 것이라고 기대하면 안 된다. 작업의 주요 부분을 명확하게 수행할 수 있지만, 웹 서비스 애플리케이션은 무단 액세스를 방지하기 위해 최초 호출 자인 최종 사용자와 API 게이트웨이 모두를 인증해야 한다. '아무도 믿지 말라'는 다양한 환경에 배포할 수 있는 애플리케이션에 대한 좋은 가이드다.

개발자는 최소한 OWASP 상위 10개 웹 애플리케이션 보안 위험[5]에 대해 애플리케이션을 테스트해야 한다. 만약 테스트를 위한 권한 부여 혹은 인증 메커니즘이 없는 경우 누락되는 항목이 있을 수 있다. 매개변숫값이 어떠한 기능을 실행하는 데 있어 예상 범위 내에 있는지 테스트하는 것은 비행기나 로켓에서 미션 크리티컬 시스템을 실행하는 소프트웨어에만 국한돼서는 안 되는 좋은 방법이다.

결함에도 동작 가능

어떤 것이든 깨지고 멈추기 마련이다. 그러나 쇼는 계속돼야 한다. 가장 큰 전자상거래 제공 업체 중 일부는 '100% 동작 상태'에 있는 경우가 거의 없다고 하지만, 사이트가 다운되는 경우는 극히 드물다. 사용자는 제품에 대한 리뷰를 볼 수 없지만 주문은 계속할 수 있다(비밀: 조립 가능한 웹사이트로서 각 웹 구성요소들은 의존성을 갖는 서비스들로부터 장애를 받을 수 있지만 고객에게 전체 장애로 연결되지는 않음).

결함에도 동작 가능하다는 것은 애플리케이션의 절약성, 재배치 가능성, 관찰 가능성 특성들에 의해 지원되지만, 내부 동작에 대한 치밀한 설계 결정이어야 한다. 또한 이것은 시동 시 관련 모듈이 동작하지 않는다는 것으로, 결

---

5 https://owasp.org/www-project-top-ten/

함에도 동작 가능하다는 것은 무중단 업데이트를 지원한다는 것으로도 볼 수 있다. 애플리케이션이 이러한 상태에 대해 내성이 없고 시동을 안 한다면 명시적인 시동 시퀀스를 정의해야 한다. 이는 전체 시동을 취약하게 만들 뿐만 아니라 느려지게 한다.

클라우드에서 네트워크가 항상 작동하기를 기대하거나 관련 서비스들이 항상 응답할 거라고 믿는 것은 나쁜 습관이다. 애플리케이션에는 이러한 상황에 대처할 수 있는 안전 모드와 관련 서비스들을 다시 사용할 수 있을 때 자동으로 복구하는 메커니즘이 있어야 한다. 예를 들어, 전자상거래 사이트는 개인화된 추천을 일시적으로 사용할 수 없을 때 단순히 인기 있는 항목을 표시할 수 있다.

언제 FROSST를 사용해야 하는가

지금까지 FROSST가 중요한 특성 집합임을 암시하고 서로를 유지하는 방법을 강조했다. 나는 아직 그것들이 충분하고 완전하다고 증명할 수는 없다. 그러나 내 업무에서 여러 번 사용해봤다.

- 퍼블릭 클라우드에서 실행되는 플랫폼을 개발하기 위한 가이드를 만들기 위해 일련의 아키텍처 원칙을 수립해야 한다고 가정하자. 상황에 따라 그 원칙은 FROSST 카탈로그를 통해 참고할 수 있다.
- 다음으로 이 플랫폼에 대한 비기능 요구사항NFR, non-functional requirement 목록을 만들어야 한다. 이제 FROSST를 체크리스트로 사용해 NFR이 이러한 특성을 지원하는지 확인할 수 있다.
- 아마도 개발 팀에서 애플리케이션에 대한 가이드를 요청할 것이다. 따라야 할 NFR 및 아키텍처 원칙을 작성하는 대신 FROSST에 직접 지정할 수 있다.

- 마지막으로, 대기업에서 일하면 타사 솔루션을 평가할 가능성이 높을 것이다. FROSST를 본인 클라우드 전략의 호환성과 비교하며 그들의 솔루션을 평가하는 프리즘으로 사용할 수 있다. 일관된 프레임워크를 사용하면 평가가 일관되고 영업 프레젠테이션에 흔들리지 않는다.

FROSST는 가상 머신 또는 컨테이너, 온프레미스 또는 퍼블릭 클라우드와 같은 다양한 런타임 플랫폼에서 사용할 수 있다. 이러한 특성은 FROSST 구현의 상당 부분이 인프라스트럭처 프레임워크에 의해 수행되는 부분이지만, 서비스로서의 기능^{FaaS}(26장)과 같은 더 높은 레벨의 추상화에서 사용할 때도 여전히 유효하다. 가장 중요한 것은 여러분은 이미 여섯 가지 특성을 기억하고 있다는 점이다.

28장

IaaC — 실제 코드로서의 인프라스트럭처

클라우드는 천재성 외에도 선언할 것이 많다

자동화가 없는 클라우드는 상상하기 어렵다. 이것은 이전하려는 오래된 데이터 센터에 가깝다. 전통적으로 효율성 향상과 관련(32장)이 있지만, 클라우드 자동화는 속도의 경제(2장)에서 성공하는 데 필수적인 부분이다. 클라우드 공급자 또는 제3자 소프트웨어 공급자의 자동화 툴이 나오는 것은 분명 필요하고 환영할 일이지만, 동시에 상당히 혼란할 수 있다. 다시 말하지만, 아키텍처 의사 결정 모델은 이 상황을 해결하는 데 도움이 된다. 이 과정에서 우리는 클라우드 자동화가 API 호출당 프로비저닝되는 서버보다 훨씬 더 중요하다는 것을 깨닫게 된다.

모든 레벨에서의 자동화

자동화는 클라우드 운영 모델의 정의 요소 중 하나다. IT 자원을 수동으로 프로비저닝해 긴 리드 타임과 일관되지 않은 결과를 얻는 대신 가상 머신, 데이터베이스 또는 API 게이트웨이를 요청하면 버튼 한 번만 클릭하거나

API를 호출해 프로비저닝할 수 있다. 오늘날 IT 인프라스트럭처 자원을 프로비저닝하는 더 나은 방법은 보안 역할에서 비즈니스 규칙에 이르기까지 모든 것을 설정할 수 있는 수천 라인으로 구성된 많은 자동화 스크립트로 훨씬 광범위한 역할을 수행하는 것이다.

현대의 자동화는 다음과 같은 네 가지 작업을 수행한다.

- 네트워크, 컴퓨팅, 스토리지와 같은 자원 또는 관리형 데이터베이스, API 게이트웨이와 같은 상위 수준의 구성 요소 자원을 프로비전한다. 프로비저닝된 자원은 일반적으로 배포됐지만 아직 완전히 구성되지 않은 가상 머신처럼 대부분 트래픽이 처리되지 않더라도 비용이 발생한다.

- 프로비저닝된 컴퓨팅 자원에 배포할 패키지에 애플리케이션과 관련 종속성을 포함해 아티팩트를 배포한다. 배포에는 미리 정의된 데이터 집합을 데이터 저장소에 올리는 작업도 포함될 수 있다.

- 프로비저닝된 자원 간에 연결을 구성한다. 예를 들어 로드 밸런서는 트래픽을 지정된 가상 서버 집합에 분산시키는 반면, 서버리스 함수는 특정 데이터베이스 인스턴스에 액세스하거나 다른 함수를 호출할 수 있다.

- 비즈니스 논리에 영향을 줄 수 있는 애플리케이션 구성 요소나 실패한 함수 호출에 대해 수행할 재시도 횟수와 같이 애플리케이션 동작에 영향을 줄 수 있는 설정을 지정한다.

부하 분산되는 API 엔드포인트를 노출한 두 가상 머신에 배포된 애플리케이션의 간단한 예에서 볼 수 있듯이 대부분의 중요하지 않은 애플리케이션은 모든 또는 대부분의 요소를 결합한다.

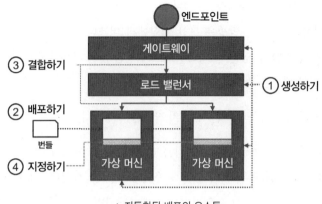

▲ 자동화된 배포의 요소들

4가지 작업은 메커니즘이 아닌 의도를 표현한다. 예를 들어, 설정과 연결은
모두 애플리케이션의 명령줄에서 전달할 수 있다. 마찬가지로 구성은 메시
지 대기열과 같은 자원을 프로비저닝해서 달성할 수 있다. 의도를 우선시하
는 것은 아키텍처적인 사고의 핵심 요소인 도구에 의존하지 않는 사고 방식
으로 목표에 관해 추론할 수 있게 한다.

실제 코드로서의 인프라스트럭처(뿐만 아니라)

자동화는 새로운 아이디어가 아니다. 1970년대 후반 유닉스 셸의 등장 이후
시스템 관리자는 자동화 스크립트를 작성해 왔다. 클라우드 자동화는 가상
머신과 애플리케이션을 구성하는 것만 변한 게 아니며, 새로운 가상 머신과
애플리케이션을 프로비저닝해서 완전한 애플리케이션 실행 시간으로 구성
한다.

이 기능은 '소프트웨어 정의 인프라스트럭처'라는 용어와 위키피디아[6]에서

---

6 https://en.wikipedia.org/wiki/Infrastructure_as_code

정의하는 코드로서의 인프라스트럭처^{IaC, Infrastructure as Code} 라는 용어를 만들었다.

"기계가 읽을 수 있는 정의 파일로 컴퓨터 데이터 센터를 관리하고 프로비저닝하는 프로세스다."

이 글은 광고처럼 읽히는 표시 외에도, 이 문맥에서 정확히 어떤 인프라스트럭처, 코드, 관리가 수반하는지에 대한 정확한 시각을 제공한다.

자, 유행어를 조금 짚어보자. 이전 모델에서 알 수 있듯이 최신 자동화 도구는 단순한 인프라스트럭처 이상의 것을 처리한다. 즉, 람다로 서버리스 기능을 구성하거나 애플리케이션 오케스트레이션 단계를 정의하는 것은 인프라스트럭처라고 하기는 어렵다. 또한 많은 데이터 형식이 '기계로 읽을 수 있는 정의 파일(나의 CSV유지)'로 전달되지만 많은 클라우드 자동화 스크립트는 본질적으로 빈약한 기능을 가진 데이터 구조다. 자동화 스크립트의 크기가 커지면서 자동 완성, 추상화 또는 단위 테스트와 같은 개발자 도구에 대한 제한된 지원이 이러한 접근 방식에 부담이 된다. 자바, 파이썬, 타입스크립트와 같은 일반 프로그래밍 언어와 함께 사용되는 코드 라이브러리인 최신 세대의 자동화 언어들은 코드를 다시 IaC에 넣었다.

> ℹ️ 클라우드 자동화는 인프라스트럭처만의 문제가 아니다. 또한 많은 자동화 스크립트가 실제 코드로 전달되지 않을 수도 있다.

따라서 실제 코드로서의 인프라스트럭처^{IaaS, Infrastructure as actual code}로 제안하거나, 매우 정확하게는 '실제 코드로서의 인프라스터럭처 뿐만 아니라^{Not Just Infrastructure as actual Code}' 일명 NJIaaC을 제안할 시점이다.

변화에 대처하기

키프 모리스^{Kief Morris}의 코드로서의 인프라스트럭처에 대해 정의한 책[7]은 클라우드 자동화의 진화에 관해 두 가지 중요한 힌트를 준다. 첫째, 부제는 '클라우드에서의 서버 관리'에서 '클라우드 시대를 위한 동적 시스템'으로 발전해 우리가 인프라스트럭처 이상의 것을 다루고 있음을 강조한다. 둘째, 클라우드 자동화의 가장 중요한 측면인 변화에 대처하는 방법을 빠르게 연구한다.

첫 번째 파생 모델의 아키텍트들[8]은 자연스럽게 변화에 대한 시스템 반응에 관심을 갖고 있다. 자동화 도구에는 적어도 세 가지 유형의 변화가 있다.

- 변화하는 애플리케이션 및 용량 요구사항. 예를 들어 새로운 기능, 사용량 증가 또는 가용성 요구 사항 증가
- 변화하는 환경. 예를 들어, 테스트 및 스테이징에서 용량 및 보안 요구 사항이 서로 다른 운영 설정으로 진행 중인 애플리케이션
- 변화하는 현실. 예를 들어 자동화 도구에 반영되지 않은 시스템에 수동 변경 사항이 적용돼 두 가지 문제가 발생

첫 번째 변화 벡터는 의도적인 반면, 두 번째 변화 벡터는 필요성이다. 즉, 운영 환경과 동일한 규모의 테스트 환경을 제공할 수 있는 사람은 거의 없을 것이다. 그러나 이것은 키프가 지칭한 Snowflakes as Code[9]로 이어질 수 있으므로 주의 깊게 관리해야 한다. 종종 '구성 드리프트'라는 표찰이 붙은 세 번째 변화 벡터는 가정한 상태가 더 이상 현실을 반영하지 않기 때문에 일반적으로 바람직하지 않다. 한 가지 해결책은 불변한 인프라와 빈번한 환경 재생성으로 일회성(23장)을 설계하는 것이다.

---

7 『코드로 인프라 관리하기』(한빛미디어, 2017)
8 https://www.youtube.com/watch?v=sRNyqJJk6Jg
9 https://infrastructure-as-code.com/book/2021/11/19/snowflakes-as-code.html

다행히도 소프트웨어의 세계는 변경에 낯설지 않으며 추상화, 버전 관리 및 자동화된 테스트와 같은 입증된 메커니즘으로 정상적으로 복구될 수 있다. 흥미롭게도, 이러한 메커니즘은 이제 막 클라우드 자동화에 대한 길을 모색하고 있으며, 이를 최고의 관심사로 끌어올리고 있다.

목표 선언

기존 자동화 스크립트는 변화에 잘 대처하지 못했다. 일단 가상 머신을 배포하고 구성하기 위한 스크립트를 개발했다면 두 번째 머신이 필요할 때는 증가된 시스템 부하로 곤경에 처하게 된다. 두 번째 머신을 추가하는 스크립트를 작성할 수는 있지만 이 스크립트는 한 시스템이 이미 배포된 환경에서만 동작한다. 만약 더 큰 머신이 필요하다면 더 복잡해진다. 기존 시스템의 경우 크기가 변하지만, 그렇지 않으면 새로운 배포가 필요하다.

서로 의존하는 스크립트의 웹으로 끝나거나 무수한 조건문으로 단일 스크립트를 적용하려고 할 것 있다. 전체 환경을 삭제하고 다시 생성하면 작업이 단순해질 수 있지만 원치 않는 다운타임이 발생하고 중요한 애플리케이션 데이터가 삭제될 수 있다. 따라서 최신 자동화 도구는 지침을 제공하는 대신 원하는 상태Desired State를 선언하고 현재 상태를 원하는 상태로 변환하는 방법을 파악할 수 있다.

예를 들어 메모리가 각각 2GB인 서버가 두 대 필요한 경우 스크립트에 해당 서버만 지정할 수 있다. 메모리가 1GB인 하나의 서버로 구성된 기존 설정의 경우 자동화 도구는 해당 서버를 업그레이드하고 두 번째 서버를 프로비저닝하는 지침을 도출한다.

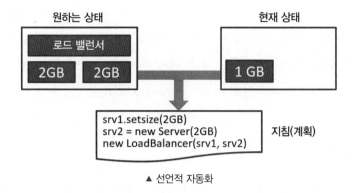

▲ 선언적 자동화

대부분의 최신 자동화 도구는 현재 배포 상태를 저장함으로써 이를 원하는 상태와 비교해 프로비저닝 지침(간혹 계획이라고도 함) 집합을 도출한다. 정교한 도구는 환경에 대한 수동 변경 사항(앞서 언급한 변화하는 현실)을 감지하고 경고를 유발하거나 저장된 시스템 상태를 업데이트할 수 있다.

이 배포 자동화 방법을 선언적declarative이라고 부른다. 이는 원하는 대상의 상태를 선언하고 도구가 필요한 배포 지침을 파악하도록 하기 때문이다. 위키피디아의 "[IaC]는 스크립트나 선언적 정의를 사용할 수 있다"는 개념은 이 접근 방식을 프로그래밍 언어 측면과 혼동하고 있을 수 있다.

자동화 (프로그래밍) 언어

데이터 구조는 본질적으로 선언적이다. 데이터 구조는 지침을 포함하는 코드와 반대되는 값을 포함한다(일부 프로그래밍 언어는 어떤 면에서 코드를 데이터로 간주하기도 하지만, 이 부분은 잠시 접어 두자). 예를 들어 할당 및 계산으로 대부분의 프로그래밍 언어는 절차적, 객체지향적, 기능적 등 데이터 구조를 정의할 수 있다. 즉, 이런 프로그래밍 언어는 선언적 자동화에 사용할 수 있다.

目標-定義(선언적) 배포 자동화는 선언적이든 아니든 모든 프로그래밍 언어로 달성될 수 있다.

선언적 언어와 선언적 자동화 사이의 혼동을 피하기 위해, "목표-정의"는 후자를 위한 더 나은 용어일 수 있다. 여러분의 목표를 선언적 언어로 정의하든 절차적 언어로 정의하든 그것은 정말로 여러분에게 달려 있다.

문서지향 언어(JSON/YAML)

많은 현대 자동화 언어는 실제로 데이터 구조의 텍스트 표현이며, 매크로가 포함돼 있을 가능성이 있다. 오늘날 이러한 선언형 언어들은 JSON이나 YAML 구문을 선호하기 때문에 중간 크기의 가상 머신 인스턴스를 지정하는 AWS CloudFormation 스크립트와 유사한 파일이 생성된다.

```
Resources:
  Ec2Instance:
  Type: 'AWS::EC2::Instance'
    Properties:
      InstanceType: 'a1.medium'
```

서버 수가 증가해 각 자원에 각 설정을 반복하면 지루하고 오류가 발생하기 쉽다. 따라서 보다 강력한 문서 지향적인 언어에는 다음과 같은 테라폼 예제와 같이 데이터 구조를 반복하는 기능이 포함돼 있는데, 이는 "meta-arguments" for_each와 each를 사용해 크기가 다양한 세 개의 서버 인스턴스를 프로비저닝한다.

```
servers  {
  types = [ "c5.large",  "c5.xlarge",  "c5.xlarge" ]
}
resource "my_servers" {
  for_each = servers.types
  instance_type = each.value
}
```

그 결과 데이터 구조와 매크로가 혼합된다. 역설적으로, XML 및 XSL(XML 문서 자체)과 이러한 언어의 유사성은 YAML 구문이 클라우드-네이티브 시스템의 핵심 측면으로 묘사되는 지점까지 강력하게 거부된다. 여러분은 아키텍트로서 아마 이런 일이 일어나는 것을 본 적이 있을 것이다.

객체지향/절차적 언어

자동화가 소프트웨어 전송에서 더 중요한 역할을 하고 스크립트가 수천 개의 라인으로 증가하면서 YAML과 JSON은 한계에 도달할 수 있다. 다른 언어를 사용하면 애플리케이션 개발과 자동화 개발 사이에 장애물을 만들 수 있으며, 개발자에게서 복잡한 프로그램을 관리하기 위해 필수적인 것으로 입증된 캡슐화, 가변 범위, 모듈, 주석과 같은 인기 있는 언어 기능을 빼앗기게 된다.

이것이 바로 새로운 세대의 자동화 라이브러리인 Pulumi[10], AWS CDK[11], CDK for Terraform[12]가 AWS CDK를 사용하는 (간단한) 파이썬 스니펫과 같이 자동화 코드를 애플리케이션 코드처럼 보이게 하는 이유다.

```
from aws_cdk import aws_ec2 as ec2

myVpc = ec2.Vpc(self, "VPC")
myInstance = ec2.Instance(self, "Instance",
  instance_type=ec2.InstanceType("t3.nano"),
  machine_image=ec2.MachineImage.latest_amazon_linux(),
  vpc = myVpc
)
```

객체지향 언어를 사용하는 덕분에 변수, 루프, 추상화 및 자동화된 테스트를 생성하는 것은 잘 알려진 도구를 적용하고 언어 구조를 프로그래밍하는 간

---

10 https://www.pulumi.com/

11 https://aws.amazon.com/ko/cdk/

12 https://www.hashicorp.com/blog/cdk-for-terraform-enabling-python-and-typescript-support

단한 문제가 된다. 예를 들어 매개 변수, 하위 클래스 또는 종속성 주입을 사용해 여러 환경에 대해 서로 다른 머신 크기를 지정할 수 있다.

함수형 언어

함수형 언어는 목록과 같은 데이터 구조를 조작하는 데 적합하기 때문에 자동화 언어에 대한 자연스러운 선택으로 간주될 수 있다. 흥미롭게도, 저자가 본 가장 좋은 예는 람다 함수를 포함하고 Borg Config Language[13]라는 BCL의 기본 역할을 한 GCL^{Google Configuration Language}이다. BCL은 워크로드(jobs와 tasks), 리소스 요구 사항 및 작업 인스턴스로 전달될 속성을 정의하고자 protocol buffers[14]로 구성 설정을 계산했다. 예를 들어, 논리적 BNS 이름을 통해 애플리케이션 수준 설정 또는 종속 서비스를 정의할 수 있다. 유감스럽게도 유일하게 공개된 정보는 수정된 박사 학위 논문[15]으로 보인다.

절충

아키텍처는 절충의 비즈니스이므로 자동화 모델 선택과 언어 선택에서도 몇 가지를 볼 수 있을 것으로 기대할 수 있다.

자동화 절충

목표–정의 자동화는 일반적으로 변경을 수용할 수 있는 능력 때문에 API 호출이 있는 스크립트보다 속도의 경제에 더 적합한 것으로 간주된다. 또한 다음과 같은 잠재적 과제를 안고 있다.

- 생성된 배포 계획으로 순서 문제가 유발할 수 있다. 예를 들어, 자동화

---

13 https://research.google/pubs/pub43438/

14 https://developers.google.com/protocol-buffers

15 https://pure.tue.nl/ws/portalfiles/portal/46927079/638953-1.pdf

도구가 플랫폼에서 허용하지 않는 순서로 애플리케이션을 배포하려고 한다면 데모 애플리케이션 중 하나는 완전히 배포되지 않는다.

- 자동화 도구는 수동으로 수행하는 것보다 자원-집약적 계획을 생성할 수 있다. 예를 들어, 서버리스 함수에 대한 구성 업데이트는 해당 함수를 삭제하고 다시 생성할 필요가 없지만 어떤 도구는 모든 업데이트를 균일하게 처리하고자 이 작업을 수행할 수도 있다.
- 새로운 자원 유형 및 변형에 대한 정기적인 실행으로 도구는 자원 유형 및 변형에 대한 계획을 생성할 수 없게 된다. 확장 가능한 도구와 언어로 사용자는 이러한 공백을 채울 수 있다.
- 오류가 발생할 경우, 무엇이 잘못됐는지 파악하는 것은 생성된 계획으로 인해 더 어려워질 수 있으며, 이는 목표 정의와 크게 다를 수 있다.

이러한 절충은 일반적으로 비절차적(아마도 우리가 얘기하는 선언적?) 추상화를 제공하는 다른 시스템과 관련이 있다. 개발을 훨씬 단순하게 만들지만 디버깅과 최적화를 어렵게 만들 수 있다. 일반적으로 이러한 접근 방식은 도구의 지원이 개선되면서 장기적으로는 우세하다.

> ℹ️ 목표-지향 자동화는 더 유용한 추상화를 제공하지만 스크립트와 계획 사이의 불일치는 디버깅을 어렵게 만든다.

따라서 자동화 도구를 비교할 때 언어와 프로그래밍 모델뿐만 아니라 표현 오류 메시지나 짧은 디버그 사이클과 같은 주변 도구도 고려해야 한다.

언어 절충

문서지향 자동화 언어는 더 장황한 경향이 있다. 또한 상당히 제한적인 문법을 따르며, 새로운 언어를 학습해야 한다. 긍정적인 면은 이런 언어는 주로 쉬운 출발점을 제공한다는 것이다. 예를 들어 사용 중인 서비스나 클라우드

리전을 제한하고자 구문 분석 및 검색으로 보다 쉽게 검증된다.

CDK와 같은 일부 도구는 설계서와 실제 프로비저닝 간의 불일치를 감수하는 추가 단계를 희생해 문서를 중간 아티팩트로 생성하면서 객체지향 프로그래밍의 이점과 검증 가능성을 결합하는 방법을 모색한다. 마찬가지로 일부 문서지향 도구들은 장황함을 극복하기 위해 모듈 및 조건과 같은 개념을 추가했다. 편리하긴 하지만, 역사를 통해 선언적 언어로 절차적 코드를 작성하는 것은 좋지 않다는 것을 배웠다. 프로그래밍 언어 설계 또한 절충의 비즈니스다.

오픈 소스

둘 이상의 클라우드에 애플리케이션을 배포하는 조직은 일반적으로 자동화를 포함한 통합 제어 영역을 찾는다. 이러한 조직은 여러 클라우드 플랫폼 또는 사내에서 사용할 수 있는 오픈 소스 또는 타사 도구를 선호하는 경향이 있다. 이러한 도구는 클라우드 공급자 간에 일관된 언어 구문을 달성해 기술 단편화를 줄여준다. 그러나 클라우드 공급자의 자원 유형과 옵션이 다르기 때문에 클라우드 이식성을 달성하지 못한다(21장).

서버리스 자동화 = 애플리케이션 자동화

알다시피 서버리스 환경에서는 인프라스트럭처 프로비저닝을 수행할 필요가 없다. 배포도 훨씬 단순하기 때문에 서버리스 자동화는 일반적으로 구성과 애플리케이션 설정에 중점을 두게 된다.

애플리케이션 구성은 구성 요소가 상호 작용하고 서로 의존하는 방식을 정의한다. 하나의 서버리스 함수는 소스 코드에 정의된 HTTP 요청을 통해 다른 함수를 호출할 수 있다. 또는 일부 서버리스 플랫폼은 AWS 람다 목적지와 같은 기능 연결고리를 제공하며, 완료 시 다른 함수를 호출하도록 구성할 수 있다. 좀 더 복잡한 연결고리를 위해 AWS Step Functions 또는 GCP 워크플로우와 같은 서버리스 오케스트레이터를 사용할 수 있다. 어느 경우든 소스 코드에 함수 호출을 구현할지, 플랫폼 기능으로 구현할지를 선택할 수 있다.

플랫폼 내부에서 연결고리를 구현하는 것은 더 명확하다. 함수 호출을 위해 소스 코드를 검색하는 것보다 애플리케이션 토폴로지를 더 쉽게 확인할 수 있다. 또한 소스 코드에 포함돼 있지 않은 경우 대기열 또는 게시-구독 채널을 메서드 호출에 삽입하는 것이 더 쉬워진다. 물론 플랫폼 기능은 자동화를 통해 구성할 수 있다. 이러한 개발 방식은 수동 작업 효율화와 거의 관련이 없는 자동화를 완전히 새로운 수준으로 끌어올린다.

 자동화는 사후 검토가 아니라 애플리케이션의 동작 방식과 토폴로지를 정의하는 일급 관심사이다.

처음에는 단순히 편리한 것처럼 보일 수 있는 것이 완전히 새로운 작업 방식을 가능하게 한다. 올바른 정신적 연결을 만든다면 말이다.

무슨 코드?

주로 애플리케이션 수준의 문제를 해결하는 서버리스 자동화를 파이썬이나 타입스크립트와 같은 주류 프로그래밍 언어로 구현하면 훨씬 더 흥미로운 옵션이 나온다. 하나의 함수를 다른 함수에서 호출하도록 플랫폼 서비스를 구성하는 것은 애플리케이션 로직을 작성하는 데 사용하는 것과 동일한 프로그래밍 언어로 수행된다. 즉, 애플리케이션 코드와 (보다 분명한) 플랫폼 자동화 코드 사이를 전환하기 위해 편리한 IDE나 선호하는 프로그래밍 언어를 떠날 필요가 없다. 자동화 및 애플리케이션 코드 모두를 단일 전달 파이프라인에 통합해 원활한 배포 및 테스트를 수행할 수 있다.

> ℹ️ 최신 자동화 도구를 사용하면 동일한 언어와 도구를 사용해 애플리케이션 로직과 플랫폼 설정을 나란히 코딩할 수 있다.

이러한 작업 방식은 기존의 인프라스트럭처 자동화와는 거리가 멀지만, 이를 완전히 대체하기 위한 것은 아니다. 보안 및 규정 준수 관련 설정(가상 프라이빗 클라우드 경계 또는 데이터 인접성 등)을 정의하는 인프라스트럭처 자동화와 구성요소 간의 상호 작용을 정의하는 애플리케이션 자동화와 함께 일상적으로 사용된다.

원자에서 분자로

주류 프로그래밍 언어에는 한 가지 끝장나는 기능이 있다. 바로 추상화다. 로직을 메소드, 함수, 클래스로 감싸게 되면 세부 정보가 숨겨지고 복잡성을 더 잘 관리할 수 있다. 도메인-기반 설계Domain-Driven Design[16] 설계 패턴Design Patterns[17]의 전체 분야는 우리의 프로그래밍 언어의 추상화 능력에 기초한다. 객체지향 언어를 사용해 클라우드를 자동화하면 유사한 추상화의 문이 열리고, 클라우드 자동화 및 애플리케이션 구성요소를 더 잘 설명하기 위한 새로운 도메인을 정의할 수도 있다.

CDK와 같은 자동화 라이브러리와 CDK 패턴[18]과 같은 커뮤니티 사이트는 예를 들어 (서버리스) 메시지 대기열을 통해 연결된 두개의 서버리스 함수를

---

16 『도메인 주도 설계』(위키북스, 2011)》 설계 패턴Design Patterns(주석: 『Design Patterns』(Addison-Wesley, 1994)

17 『Design Patterns』(Addison-Wesley, 1994)

18 https://cdkpatterns.com/

배포하기 위한 더 높은 수준의 구성 형태를 제안한다. 편리하긴 하지만, 이러한 구성 형태들은 아직 도메인 추상화를 많이 제공하지 않는다. 'aws-lambda-sqs-lambda' 또는 'aws-apigateway-lambda'와 같은 구성 형태 이름은 이 상위 도메인에 적합한 어휘가 없음을 알려준다. 비록 화학자들이 분자를 원자 부품으로 지칭하지만, '(H)aitch-Two-Oh'에서처럼, 우리는 그것을 '물'이라고 부르는 것을 선호한다.

> ℹ️ 객체지향 자동화 언어는 서버리스 애플리케이션 도메인에 대한 추상적인 어휘를 개발할 수 있게 한다.

따라서 실제 잠재력은 애플리케이션과 인프라스트럭처 사이의 추상화 계층을 객체-지향 구성 형태로 나타내는 DSL^{Domain-Specific Language}의 형태로 정의하는 데 있다. 아마도 오래된 엔터프라이즈 통합 패턴은 비동기 분산 시스템을 설명하도록 설계됐기 때문에 이러한 추상화의 출발점이 될 수 있다. 그래서 아키텍트들이 이전에 다 봤다고 말한다면, 그들이 맞을지도 모른다.

29장

조용하게 유지하고 운영하기

우리를 힘들게 만드는 건 우리를 강하게 만든다

▲ 재난 훈련을 성공적으로 완료했다. 이제 사무실로 돌아가는 중

가동되지 않는 시스템에 돈을 내고 싶은 사람은 없다. CIO의 목표 목록에 가동 시간이 있다는 건 놀랄 일이 아니지만, 그렇다고 IT 직원에게 가동 시간이 특별히 인기 있다는 의미는 아니다. 보통 IT 운영 팀에서 가동 시간(장

애 시 책임)을 보장하는 일을 맡고 있다. 알다시피 시스템을 안정적으로 유지하고 관리하는 팀은 운영 중단을 그다지 좋아하지 않는다. 다행스럽게도 클라우드는 우리가 장애를 회피하기보다 수용하는 방향으로 생각을 전환시켜 준다.

실패: 내부의 적?

조직이 실패 문화를 수용하는 것에 대해 이야기하면 보통 새로운 제품 아이디어나 실패를 실패했을 경우를 떠올린다. 이 말은 곧 실패로부터 교훈을 얻어 더 좋은 제품을 만들 수 있다는 것과 같다. 시스템을 중단하게 됐을 때 조직에서 축하하는 경우는 거의 없다. 많이 변경되는 복잡한 시스템을 안정적으로 운영하려면 시간을 고려해야 한다. 시스템이 실제 상황에서 문제를 해결하는 데 실패하는 시간 말이다. 모든 것이 언젠가 실패할 수 있다는 것을 알고 있기에 '만약 실패한다면?'이라고 묻기보다는 '언제 실패할 것인가?'를 묻는 것이 현명하다. 이 여정에는 세 가지 단계가 있다.

견고성: 장애 방지

가동 시간을 보장하는 확실한 방법은 중단되지 않는 시스템을 구축하는 것이다. 운영 팀은 예측하지 못한 중단을 처리하려고 한밤중에 일어나 고치거나 지속적으로 모니터링을 해야 하는 상황을 좋아하지 않는다. 애초에 고장나지 않는 시스템을 만드는 것이 좋다.

중단되지 않는 시스템을 견고robust하다고 한다. 이 시스템은 매우 두꺼운 성벽이 있는 성처럼 장애에 저항한다. 누군가가 여러분의 주거를 방해하겠다는 목적으로 돌을 던진다면, 그 돌은 그냥 튕겨져 나갈 것이다. 현 시대에서 이러한 시스템은 구성 요소의 고장을 최소화하고 메모리 사용량이 많은(또는 누수가 있는) 애플리케이션에 충분한 자원을 제공하고자 고사양의 고품질 하드웨어로 구축된다.

견고한 시스템의 신뢰성은 일반적으로 시스템의 MTBF^{Mean Time Between Failure}라고도 알려진 고장 없이 작동할 수 있는 평균 시간으로 측정된다. 네트워크 스위치와 같은 하이엔드의 중요 하드웨어는 일상적으로 50,000시간 이상의 MTBF를 자랑하며, 이는 무려 6년의 연속 작동으로 해석 가능하다. 물론 항상 미묘한 차이가 있다. 첫 번째는 이것이 (아마도 정규) 분포를 가정한 평균 수치라는 점이다. 따라서 1년 안에 스위치가 꺼지면 그 피해(비용)를 돌려받을 수 없다. 확률 분포의 거의 끝자락에 있었던 것이다. 다른 사람이 여러분 대신 10만 시간을 문제없이 운영했을 수도 있다. 두 번째로 높은 MTBF 시간, 특히 200,000시간과 같은 천문학적 시간은 MTBF 구성 요소 및 배치를 기반으로 계산된 이론적 값이다. 이러한 MTBF설계는 케이블에 걸려 넘어지는 사람, 벌레로 인한 회로 단락[1] 또는 구성 오류[2]와 같은 예상치 못한 실제 고장 시나리오를 설명하지 않는다.

견고한 시스템은 장애를 대부분 무시할 수 있기 때문에 운영 팀에게 편리하다. 안타깝게도 매우 두꺼운 성벽으로 만들어진 성에 사는 것은 가장 편안한 선택이 아닐 수 있고, 누군가가 투석기와 매우 큰 돌로 공격하기 전까지만 효과가 있다.

회복/탄력성: 장애 흡수

MTBF가 높은 시스템에서도 고장^{Failure}와 같이 궁극적으로 'F'의 시간이 도래할 것이다. 이때 또 다른 지표인 평균 복구 시간^{MTTR}이 사용된다. 즉, 시스템을 백업하고 실행하는 데 얼마나 소요될 것인가?

---

1 https://www.computerhistory.org/tdih/september/9/〉
2 https://engineering.fb.com/2021/10/04/networking-traffic/outage

ℹ️ 시스템의 작동 품질을 가장 잘 나타내는 척도인 시스템의 가용성은 MTTR과 MTBF에서 모두 파생된다. 실제로 50,000시간을 사용할 수 있지만 장애로 인해 24시간 내내 운영이 중단되는 경우 99.95%(1-24/50000)의 가용성을 얻을 수 있다. 나쁘지는 않다. 만약 99.99%를 달성하기를 원한다면, MTBF를 증가시키거나 MTTR을 5배 감소시켜야 한다.

MTBF를 증가시키는 데는 한계가 있다는 것은 쉽게 알 수 있다. MTBF가 250,000시간(28.5년)인 제품을 어떻게 구축(테스트)할 수 있는가? MTBF를 증가시키는 것에 관한 수익 감소는 MTTR를 최소화하는 것과 마찬가지로 중요하다는 의미다.

견고한 시스템은 자주 멈추지 않기 때문에 수리가 제대로 이뤄지지 않을 때가 많다. 시스템을 운영 중단한 상황에서 IT가 모두 무장하고 잘 다듬어진 당근처럼 뛰어다닌다면(채식주의자식 농담이다) 견고한 시스템이 실패했다는 신호다. 독일 고급 차를 운전하는 사람들은 아날로그의 경험을 알 것이다. 그 차는 거의 고장나지 않지만, 고장난다면 비용이 상당히 들 것이다!

💬 한때 나는 수많은 시간 동안 지속된 노력을 매번 정전이 끝내는 환경에서 일했다. 경영진은 아마도 MTTR의 절반이라도 더 원하는 정도로 조정되게끔 치열하게 노력하는 모습을 생생하게 지켜봐왔다. 이러한 팀은 누적된 중단 시간보다 운영 중단 횟수를 보고할 가능성이 더 높다. 이는 견고한 시스템을 만드는 사고방식의 징후일 것이다.

회복/탄력성이 뛰어난 시스템은 빠른 복구에 중점을 둔다. 장애 발생을 방지하기보다는 장애를 흡수한다. 이중화 및 자동화로 장애를 신속하게 감지하고 해결하거나 예측할 수 있다. 회복/탄력성이 있는 성벽을 갖춘 성은 방해의 에너지를 흡수해 공격자에게 되돌려 보낸다.

반취약성: 장애를 받아들임

회복/탄력성이 있는 시스템이 장애를 흡수하는 경우, 시뮬레이션을 하거나 실제 실패를 유발해 회복/탄력성을 확인하고 개선할 수 있어야 한다.

 한 주요 금융 서비스 제공업체가 통합 인프라스트럭처의 주요 부분을 손실한 적이 있으며, 약 10,000명의 사용자가 핵심 비즈니스 애플리케이션에 액세스할 수 없었다. 원인은 이중화 전원 공급 장치에도 불구하고 의도한 대로 동작하지 않은 전원 공급 장치 장애로 확인됐다. 계획된 가동 중지 시간 동안 이 시나리오를 테스트했다면 문제를 발견하고 비용이 많이 들고 당황스러운 운영 중단을 피할 수 있었을 것이다.

의도적으로 장애를 일으키면 회복/탄력성이 실제로 작동하는지 확인하거나 그렇지 않은 경우 개선해 회복/탄력성이 뛰어난 시스템을 더욱 강력하게 만들 수 있다. 나심 탈레브Nassim Taleb[3]는 장애 주입(예: 구성 요소 고장)으로 인해 발생하는 반취약성antifragile 시스템에 라벨을 붙였다. 이것은 취약하지 않은 (견고한) 시스템이 아니라, 실제로 장애로부터 혜택을 받은 시스템이다. 전형적인 예는 이것을 진압하려는 시도에서 얻는 소문이다.

처음에는 장애를 환영하는 시스템을 상상하기 어려울 수 있다고 생각했지만, 회복/탄력성이 매우 높은 많은 시스템이 이 범주에 속한다는 사실이 밝혀졌다.

 가장 회복/탄력성이 있는 시스템 중 하나인 우리 인체는 '항취약성'이다. 면역은 시스템을 더 강하게 만들고자 작은 장애를 주입해서 작동한다.

세분화는 오류가 사용자에게 보이지 않도록 허용하기 때문에 반취약성 시스템을 구축하는 데 있어 중요한 측면이다. 단일 애플리케이션의 단일 인스턴

---

3 『안티프래질(Antifragile)』(와이즈베리, 2013)

스만 가지고 있다면 실제 장애가 발생하지 않고는 회복/탄력성을 테스트하기가 어려울 것이다.

반취약성 시스템의 놀라운 특성은 항상 고장 난 상태에 있다는 것이다. "모든 것이 항상 실패한다"는 문구를 만든 아마존의 CTO인 워너 보겔Werner Vogels이 아니라면, 경영진 스폰서들에게 "항상 실패한다"[4]는 것을 핵심 성과로 보고하는 것은 신중해야 할 것이다. 그러나 한 가지 큰 이점은 있다.

ℹ️ 항상 장애가 발생하는 경우, 장애가 발생하더라도 시스템 상태는 변경되지 않는다.

따라서 예상치 못한 방식으로 항상 실패하는 것은 팀에게 시스템에 대한 훨씬 더 높은 신뢰감을 준다. 그리고 클라우드 제공업체들은 이미 피할 수 없는 하드웨어 장애의 대부분을 흡수하고 있으므로, 여러분은 그것에 대처할 필요가 없다. 그들 또한 반취약성이다.

내부 및 외부 루프

취약하지 않은 시스템의 힘을 이해하는 것은 애플리케이션을 복잡한 시스템으로 생각하는 것과 밀접한 관련이 있다(『The Software Architect Elevator』의 '모든 시스템은 완벽한가Every Systems Is Perfect'[5] 참조). 2차적 시스템 효과를 고려해야 실패 주입이 합리적인 아이디어가 된다.

ℹ️ 반취약성 조직은 운영 방법에 대해 시스템 관점의 사고 방식을 수용하는 조직이다.

---

4 https://cacm.acm.org/magazines/2020/2/242334-everything-fails-all-the-time/fulltext
5 Hopes, The Software Architect Elevator, 2020, O'Reilly Media

시스템 사고의 핵심 요소인 피드백 루프의 존재는 장애에 대한 세 가지 태도 사이의 차이를 쉽게 강조한다.

- 견고한 애플리케이션은 기본적으로 주된 시스템 상태를 가진다. 서버 장애와 같이 충분히 큰 방해동작에는 시스템을 사용할 수 없게 된다.

- 회복/탄력적인 애플리케이션은 자체 정정(때로는 목적 지향이라고도 함) 피드백 루프를 추가한다. 원하는 시스템 상태와 실제 시스템 상태(예, 장애가 있는 서버) 간의 불일치를 감지하면 시스템을 원하는 기능 상태로 되돌리기 위한 정정 작업이 호출된다(예, 다른 서버로 페일오버). 정정은 일반적으로 바로 일어나지도 완벽하지도 않지만, 사소한 장애들을 흡수하는 데 효과적이다.

- 반취약성 시스템은 이렇게 구축된 환경에서 두 번째 외부 피드백 루프를 추가한다. 외부 시스템은 실패를 주입하고 시스템 동작을 관찰하며 회복/탄력성을 제공하는 정정 작업 메커니즘을 개선한다.

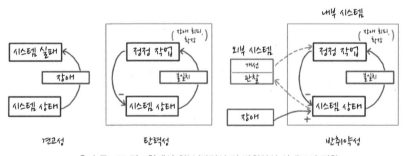

▲ 추가 루프로 견고함에서 회복/탄력성 및 반취약성 상태로의 전환

처음에는 복잡해 보일 수 있지만, 많은 실생활 제어 회로는 외부 루프를 포함한다.

대부분의 난방 시스템에는 제한적인 단열 또는 누군가가 문(방해요소)을 열 때 발생하는 열 손실을 보상하고자 난방 요소를 제어하는 서모스탯^{thermostat}이 있다. 이것이 내부의 루프다. 이른바 스마트 서모스탯이라고 불리는 이 시스템은 열 손실률과 시스템의 관성을 측정해 에너지를 과하게 소비하는 과열 없이 원하는 온도에 빠르게 도달할 수 있도록 시스템을 최적화한다. 이 것이 외부 루프다.

외부 루프를 자동화하는 것은 '스마트' 시스템과 반취약 조직의 핵심 측면이다.

취약부터 반취약성까지

모든 사람이 장애로 중단되지 않고 더 강력해지는 반취약성 시스템만 운영하는 것을 꿈꾼다고 해도 대부분의 조직에는 긴 여정이다. 라이프스타일(1장)의 전면적인 변화다.

견고성은 고품질의 인프라스트럭처에도 의존할 수 있는 반면, 회복/탄력성은 인프라스트럭처 및 애플리케이션 전반에 걸쳐 조정이 필요하다. 대부분의 인프라스트럭처에는 이중화 전원 공급 장치 및 네트워크 인터페이스와 같은 일부 이중화 기능이 내장돼 있다. 그러나 이러한 메커니즘은 예상되는 로컬 장애로부터만 보호할 수 있을 뿐 애플리케이션 또는 시스템 장애로부터는 보호할 수 없다. 따라서 진정한 회복/탄력성을 위해서는 애플리케이션 계층의 협업이 필요하다. 예를 들어 작은 단위로, 또는 컨테이너(25장)에 배치된 애플리케이션은 애플리케이션이나 기본 하드웨어 장애가 발생하면 자동으로 새로운 인스턴스를 생성하는 조정 미들웨어로 회복/탄력성을 나타낼 수 있다.

반취약성 시스템은 훨씬 더 넓은 범위를 필요로 한다. 인프라스트럭처, 미들웨어, 애플리케이션 계층, 관찰 가능성, 확립된 프로세스 및 사고방식의 긴밀한 조정을 통해 작동한다. 클라우드가 조직을 옆으로 돌려놓는 것(7장)처럼, 취약하지 않으려면 기존 계층과 조직의 장벽을 극복해야 모든 레벨에 걸쳐 제대로 작동하는 시스템을 구축할 수 있다.

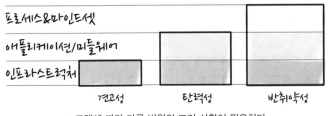

▲ 모델에 따라 다른 범위의 고려 사항이 필요하다.

모든 시스템이 높이 회복/탄력성을 확보하기 전에 반취약성을 원하지 않도록 주의해야 한다. 취약한 시스템에 실패를 주입하는 것은 시스템을 더 강하게 만드는 것이 아니라 혼란을 야기시킬 뿐이다. 반취약성은 한 팀이 엔드 투 엔드 애플리케이션 제공 및 관리를 담당하는 진보된 프로젝트에서 가장 잘 시도된다.

 시스템이 높은 회복/탄력성을 확보했다는 확신이 들기 전에 반취약성 테스트를 시도하지 말 것.

반취약성으로 가는 길은 고려 사항의 범위를 넓힐 뿐만 아니라, 시간표에도 영향을 미친다. 강력한 시스템은 애플리케이션에 대한 예측과 꼼꼼한 테스트를 활용하며, 때로는 공식적인 방법을 사용한다. 따라서 배포 전에 많은 노력이 투자돼야 한다. 회복/탄력성이 뛰어난 시스템은 신속한 감지 및 복구를 기반으로 해서 전체 애플리케이션 라이프사이클에 걸쳐 활동을 확장한다. 회복/탄력성은 주로 반응에 기반하지만, 반취약성은 표적 실패 주입으로 사전 활동 요소를 다시 삽입한다.

다음 표에는 다양한 접근 방식과 그 의미가 요약돼 있다.

	견고성	회복/탄력성	반취약성
모델	장애 방지	장애 흡수	장애 초대
모토	'최고를 지향한다'	'최악을 준비하자'	'덤벼봐'
관점	공포	대비	자신감
메커니즘	계획 및 검증	감지 및 복구	지속적인 향상
범위	인프라스트럭처	미들웨어/애플리케이션	전체 시스템

카오스 엔지니어링 ≠ 엔지니어링 카오스

흥미롭게도, 고가용성 시스템으로의 이동 경로에는 (제어된) 카오스chaos가 있다. 운영환경에서 격변의 상태를 견딜 수 있는 시스템의 능력에 대한 신뢰를 쌓기 위한 실험 분야로 설명되는 카오스 엔지니어링[6]은 실제로 복잡한 시스템을 최적화하는 방법에 대한 깊은 이해에서 비롯되는 꽤 훈련된 접근법이다.

불로 불과 싸우기

사고가 드물지만 비용이 많이 드는 대부분의 직업에서는 팀들이 시스템에 실패를 적극적으로 주입해 회복/탄력성을 테스트하고 대응력을 연마하는 '소방 훈련'에 의존한다. 그들은 반취약성이다.

> ℹ️ 화재가 일어나지 않고 모든 트럭이 완벽하게 윤이 나게 닦였을 때 소방관들은 무엇을 할까? 소방관들은 실제 상황처럼 화재를 발생시켜서 훈련한다.

---

6 https://principlesofchaos.org/

소방대가 훈련할 때 보통 우리는 '사전 프로덕션' 환경이라고 부르는 것, 즉 검게 그을린 버스와 항공기 동체 모형을 갖춘 특수 훈련장에서 훈련한다. 이들은 여단의 대비태세에 크게 좌우되는 전체적인 시스템을 보다 복원적으로 만들기 위해 불을 지른다. 소프트웨어에서 우리는 불을 지르지 않고 쉽게 버릴 수 있는(23장) 비트와 바이트를 다룬다. 그래서 카오스 엔지니어링은 회복/탄력성을 예측하는 대신, 가장 중요한 운영 환경에서 실제로 회복/탄력성을 증명한다.

카오스 몽키는 다른 것과는 달리 통치한다

실패 주입이 좋다면, 자동으로 주입하는 것이 훨씬 더 나을 것이다. 이것은 카오스 엔지니어링에 흔히 사용되는 도구인 카오스 몽키[7]에 있는 아이디어다. 이것은 가상머신 및 컨테이너 인스턴스를 임의로 종료해 시스템 가용성에 영향을 주지 않고 성공적으로 복구하도록 보장한다.

전통적인 조직은 이것을 데이터 센터에서 마지막으로 수행되기를 원하는 항목으로 생각하겠지만, 실제로는 효과적인 거버넌스 메커니즘으로서 많은 거버넌스 관리자들이 꿈꾸는 방법이다. 단일 인스턴스 중단에 대해 회복/탄력성이 없는 소프트웨어는 이 몽키 테스트에서 살아남지 못하고 종료된다. 이것이 거버넌스다!

고의적인 실패를 통한 좀 더 부드러운 버전의 거버넌스는 서버 입장에서 모든 것이 정상 동작하는 상황에서도 주기적으로 오류를 반환하고 있다. 이렇게 하면 클라이언트가 반드시 오류 검사를 수행하게 만든다. 그렇지 않은 경우 고가용성 시스템과 상호 작용할 때 생각하지 못한 문제를 맞이할 수 있다. 잘 알려진 예로서 99.99958%의 놀라운 가용성을 자랑하는 Google's

---

7 https://github.com/Netflix/chaosmonkey

Chubby Service[8]가 있다. 이러한 '초과' 가용성은 서비스 신뢰성 엔지니어가 주기적으로 장애 상황을 만들어야 하는 동기를 부여했다.

오류 예산은 지출돼야 한다

심지어 반취약성 시스템조차 항상 가용하지는 않을 것이다. 100% 가용성이 목표가 아니라는 것을 인정하는 것은 어렵지만 오류 예산[9]이라는 개념을 잘 수용하는 중요한 단계다. SRE^Site Reliability Engineering의 핵심 메커니즘인 이 오류 예산은 운영 중단 비용과 인력, 하드웨어 및 속도 저하에 대한 필요한 투자 사이의 합리적인 균형을 나타내는 운영중단의 양을 정의한다.

오류 예산의 힘은 개발 및 운영 팀을 공통 목표로 향하게 하는 데 있다. 오류 예산이 거의 소진된 경우 개발자가 시스템의 가용성을 개선하면서 기능 제공 속도는 느려져야 한다. 반대로 예산이 많이 남으면 개발자들이 속도를 내고 더 많은 위험을 감수할 수 있다. 또한 시스템 회복/탄력성을 향상하기 위해 실패를 주입하는 데 예산의 일부를 사용할 것이다. 이러한 장애는 오류 예산을 소모할 수 있지만 시스템 회복/탄력성이 향상된 형태로 반환된다.

올바르게 구현된 오류 예산은 개발 속도와 운영 강화 사이의 균형을 인정하는 사고방식의 심대한 변화를 의미한다. 이 예산이 비록 오류의 예산일지라도 쓰이도록 돼 있는 이유다.

장애 재고

장애를 받아들이면 높은 변화율을 흡수할 수 있는 가용성 높은 시스템을 운영할 수 있다. 하지만 다시 한 번 말하지만, 이곳에 도달하기 위해서는 기존

---

8 https://static.googleusercontent.com/media/research.google.com/en//pubs/archive/45855.pdf
9 https://sre.google/sre-book/embracing-risk/

의 가정들을 버려야 한다.

탄력성: 해야 할 것과 하지 말아야 할 것

하지 말아야 할 것

- 가용성을 인프라/운영 팀의 전적인 책임으로 간주
- 운영 중단을 '불행'으로 간주하지 않음 – 실패가 예상됨
- 테스트 및 검증되지 않는 경우 복원력 가정
- 복원력이 없는 시스템에 장애 주입

해야 할 것

- 견고성MTBF과 복원력MTTR을 결합
- 반취약성 달성을 위해 여러 조직 계측에서 작업
- 자신감을 쌓기 위해 정기적인 '소방 훈련' 실시
- 오류 예산을 사용해 시스템 강화

6부

클라우드 예산 책정하기

지금까지 기존 애플리케이션을 마이그레이션하고 클라우드 컴퓨팅 플랫폼의 이점을 활용해 새로운 환경을 구축했다. 민첩성 향상, 운영 비용 절감 및 투명성 향상으로 CEO와 이사회로부터 확실한 지지를 얻을 수 있을 것이다. 하지만 이것이 끝이 아니다. 클라우드는 IT 지출 및 창출되는 이점을 관리하고 계산하는 방식에 영향을 준다.

새로운 금융 모델을 제시하는 신기술

클라우드를 수용하면 IT, 비즈니스, 재무, 인사 등 조직의 모든 부분에 영향을 미치기 때문에 많은 부분을 고려해야 한다. 클라우드 사용량이 늘어남에 따라 재무 관리에서 절감 효과에 대해 주목하고 다른 견해를 가질 수 있다. 또한 초기 마이그레이션으로 상당한 이점을 얻을 수 있었지만, 최적화 작업이 남아 있는 것은 분명하다. 마지막으로, 새로운 권력과 함께 재정적 인식과 규율을 포함한 새로운 책임이 나타난다.

이 책의 마지막 부분에서는 클라우드를 새로운 라이프 스타일로 완전히 수용하는 과정에서 고려해야 할 측면을 설명한다.

- 클라우드 절감 효과는 마법처럼 자동으로 실현되는 것이 아니라 직접 실천해야 한다(29장).
- 클라우드로 마이그레이션하면 운영 예산이 증가할 수 있다(30장). 그건 좋은 일이다!
- 일반적으로 자동화는 효율성과 관련이 있다고 생각한다(31장). 소프트웨어나 클라우드에서는 그렇지 않다.
- 클라우드에서도 굉장히 작은 부분이 추가된다. 슈퍼마켓 효과를 조심하라(32장).

30장

클라우드 비용을 절감하자

세상에 공짜는 없다. 클라우드에서도 마찬가지다

▲ 클라우드 절약 과제, 1단계

많은 클라우드의 초기 과제 중 가장 주목받는 것은 비용 절감이다. 특히 IT 를 비용으로 생각하는 기존 조직에게 비용은 아무래도 가장 관심이 가는 부분이다. 비용 절감은 언제나 좋은 일이지만, 그리 간단하지 않다. 이제 인프라 비용 절감에 대해 좀 더 자세히 살펴보자.

클라우드는 얼마나 더 저렴한가?

유연성이 떨어지는 기존의 단일 애플리케이션을 클라우드로 마이그레이션 할 때 많은 조직에서 클라우드가 온프레미스에 비해 크게 저렴하지 않다는 사실에 놀라는 경우가 있다. 클라우드 업체 역시 온프레미스 환경과 마찬가지로 하드웨어와 전기 같은 인프라에 비용을 지불하고 투자한다.

물론 클라우드가 규모의 경제성은 더 우수하지만 하드웨어 라인업은 그리 풍부하지 않으며, 실행하는 운영체제에 따라 라이선스 비용도 지불해야 한다. 2020년 초 기준, 윈도우에서 vCPU 4개와 RAM 16GB를 갖춘 AWS EC2 m5.x 타입의 인스턴스를 실행하는 비용은 시간당 약 40센트(한 달에 $288)다. 여기에 스토리지, 네트워킹, 데이터 전송 비용 등을 추가해야 한다. 그리고 장애를 대비한 별도의 서버를 구비하고 데이터 백업 구축 등을 포함하면 어떤 업체를 선택하든 연간 $10,000는 결코 부담스럽지 않을 수 있다. 기존 IT 환경에서 흔히 볼 수 있듯이 클라우드에서 제공하는 대규모 인스턴스는 그중 여러 가지 문제를 쉽게 해결할 수 있지만 클라우드는 가격이 저렴하다고 하지 않았나?

서버 사이징

클라우드 마이그레이션에 대해 이야기할 때 IT 부서와 비용 절감을 주제로 이야기를 나눈다는 것은 기분 좋은 일이다. 그 이유는 대부분의 온프레미스 기반의 서버가 대규모로 확장될 때 막대한 비용이 낭비되기 때문이다. 비용 절감을 원한다면 먼저 서버 사이징server sizing을 살펴보자.

기존 IT 하드웨어는 일반적으로 실제 필요한 것보다 2~5배 더 큰 경우가 많다. 그 이유는 이해하기 쉽다. 서버를 프로비저닝하는 데 시간이 오래 걸리기 때문에, 각 팀은 서버를 안전하게 관리하고 만일의 경우를 대비해 사이즈가 큰 서버를 주문하는 것이 편리하기 때문이다. 또한 용량을 원하는 대로 주문할 수 없으므로 최대 부하가 발생하는 시점을 고려해 사이징을 해야 한다. 솔직히, 대부분의 조직에서 서버에 몇 가지 추가 비용을 지출하면 성능이 떨어지는 애플리케이션을 개선하는 것보다 손쉽게 문제를 줄일 수 있는 경우가 많다.

> ℹ️ 대부분의 IT 조직은 계획보다 많은 비용을 서버에 지출해 성능이 떨어지는 애플리케이션을 개선하는 것보다 손쉽게 문제를 줄이려 한다.

소프트웨어 제조사가 서버 사이징을 할 때 특히 관대한 편이다. 결국, 그들은 당신의 돈을 쓰고 있는 것이지 그들의 돈이 아니다. 제조사가 권장했기 때문에 비교적 단순한 시스템에서도 가상 머신 수십 대의 런타임 설치 공간을 마련하는 경우를 많이 봤다. 많은 제조사가 하드웨어 사이즈에 따라 라이선스 요금을 계산하므로 실제로 서버의 크기를 초과해 라이선스 비용을 벌 수 있기도 하다. 그리고 애플리케이션을 구동하기 위해 필요한 하드웨어가 얼마나 많은지가 IT 시장에서 이상한 자랑거리가 되기도 했다.

> 💬 "나는 IT 부서에서 자동차가 필요할 때 롤스로이스를 산다는 농담을 하곤 했다. 자동차의 특징을 비교했을 때 더 좋은 점수를 받았기 때문이다. 그들은 연료 넣는 것을 잊어버린 채 차가 고장 나면 그들의 해결책은 롤스로이스를 한 번 더 사는 것이라고 이야기한다. 당연히 중복 투자다!"

그래도 '하드웨어가 저렴해'라는 말이 현실과 다르다고 해서 사이징을 다시 검토할 가치는 없다. 대부분의 경우 연간 하드웨어 비용에서 $100,000 이상을 손쉽게 깎을 수 있기 때문이다. 만약 그렇게 하면, 나는 업무 평가 목록에 나의 성과로 그것을 추가할 것이다.

비용 절감

그동안 늘어난 서버들을 클라우드로 마이그레이션하면 규모의 경제성이 향상되고 운영 부담이 줄어들어 비용이 절감될 수 있지만 마이그레이션 자체도 무료는 아니다. 많은 조직에서는 클라우드로 마이그레이션하더라도 운영 예산의 30, 40 또는 50% 이상을 절감하지 못해 다소 실망하는 경우가 있는데 다음 다이어그램과 같이 비용 절감은 자동으로 되는 것이 아니라 많은 시간을 투자하고 노력해서 얻어야 하는 것이다.

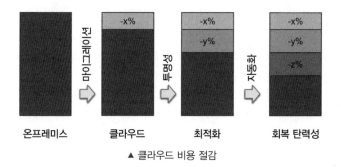

▲ 클라우드 비용 절감

비용 절감이 중요한 목표라면 실제 클라우드 마이그레이션 후 적어도 두 가지 중요한 단계를 더 완료해야 한다.

투명성을 통한 최적화

기존 시스템을 클라우드로 전환하는 것만으로도 절감 효과를 얻을 수 있지만, 클라우드 비용을 크게 절감하려면 인프라를 최적화해야 한다. 이후에는 추가적인 투자를 받기 어려울 수 있기 때문에 특정 시점에는 인프라가 반드시 최적화되어 있어야 한다. 많은 사람이 이야기하듯 클라우드 컴퓨팅은 섬세한 작업이 필요하고 그 작업은 **투명성**transparency을 유지하는 데 매우 중요하다.

투명성은 IT 환경을 최적화할 수 있는 핵심 요소이지만 클라우드로 전환할 때 가장 과소평가되는 경향이 있다. 일반적인 IT 조직에서는 어떤 애플리케이션이 어느 서버에서 실행되는지, 서버가 얼마나 많이 활용되는지, 각 애플리케이션에 어떤 비용이 발생하는지 등 인프라에서 일어나는 일을 상대적으로 거의 파악하지 못하고 있다. 그런 측면에서 클라우드는 워크로드와 비용 지출의 투명성을 제공한다. 예를 들어, 대부분의 클라우드는 하드웨어가 많이 활용되지 않는 경우 자동으로 비용 절감 추천 기능과 보고서를 제공한다.

> ⓘ 투명성은 클라우드로 전환할 때 가장 과소평가된 특징이다. 투명성은 비용 절감 측면에서 중요한 요소다.

클라우드의 장점 중 하나는 온프레미스 서버와 달리 크기가 크거나 불필요한 하드웨어를 수정할 수 있는 여러 가지 방법이 있다는 것이다. 클라우드의 비용을 계산하는 공식은 매우 간단하다. 하드웨어나 스토리지 사이즈에 단위 비용을 곱한 값과 사용 시간에 따라 요금이 부과된다. 다음과 같이 총 비용을 박스의 부피로 생각해볼 수 있다.

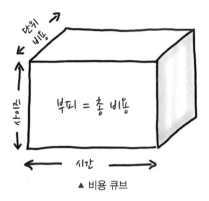

▲ 비용 큐브

좀 더 수학적으로 접근해본다면, 공식은 다음과 같다.

비용[$] = 사이즈[단위] × 시간 × 단위 비용[$/단위/시간]

단위 비용은 대부분 서비스마다 가격이 정해져 있다. 비용 절감을 위한 두 가지 주요 수단은 리소스 사이즈와 실행 시간이다. 이에 대해 더 자세히 살펴보자.

사이즈 최적화

비용 절감을 모색할 때 첫 번째로 컴퓨팅 사이즈를 최적화하는 것이 일반적이다. 대부분 유휴 상태인 서버를 먼저 살펴볼 수 있다. 또한 클라우드 업체는 CPU와 메모리의 다양한 조합을 제공하기 때문에 CPU와 메모리 사용량이 많은 애플리케이션에 맞는 가상 머신을 어렵지 않게 찾을 수 있다. 일부 업체는 사용자가 원하는 CPU와 메모리의 조합을 직접 선택할 수 있는 가상 머신을 제공하기도 한다.

실행 시간 최적화

비용 절감을 위해 서버 실행 시간을 조정하는 것을 고려해야 한다. 일반적으로 개발 및 테스트 환경은 주당 약 40~50시간을 활용하는데, 이는 주 168

시간의 약 1/4에 해당한다. 필요하지 않을 때 서버를 중지하거나 시간을 단축하면 비용을 크게 절감할 수 있다. 또한 필요 없는 서버의 경우 종료해 비용을 아낄 수 있다.

서버의 사이즈나 실행 시간을 줄이려면 애플리케이션의 사용 패턴을 파악해야 한다. 유휴 상태의 서버를 일주일에 한 번 또는 한 달에 한 번 활용한다면 어떨까? 물론 이런 경우 시스템의 사이즈를 조정하거나 중지된 서버를 다시 온라인으로 전환하는 데 필요한 시간과 복잡한 과정 때문에 비용을 절감할 수 있는 가능성이 낮아질 수 있다. 그렇기 때문에 또 다른 비용 절감 요소인 자동화가 필요하다.

자동화 구축으로 복원력 강화

조직에서 보통 지출을 최적화하려고 할 때 어떤 서버가 가장 비용이 많이 드는지 물어본다. 많은 고민 끝에 나는 고객들에게 한 가지 힌트를 주었다.

> ℹ️ 가장 비싼 서버는 30% 이상의 할인을 하더라도 결국 아무 일도 하지 않는 서버다.

안타까운 점은 공급업체로부터 30% 할인을 받더라도 유휴 서버가 여전히 가장 비싼 서버라는 점이다. 이제 경영진, 특히 CFO의 관심을 끌고 싶다면 데이터 센터의 서버 절반이 아무 일도 하지 않는다고 생각해보라고 이야기한다. 대부분의 데이터 센터에서는 이것이 엄청난 비용 낭비라고 생각한다.

데이터 센터의 서버 절반이 아무것도 하지 않는 이유는 무엇일까? 실제 운영 서버에 문제가 생길 경우를 대비해서 있는 것이기 때문이다. 주로 그러한 서버들을 '웜 스탠바이warm standby'라고 부른다. 웜 스탠바이 서버는 운영 서버에 장애가 발생하면 바로 그 업무를 이어받아 시스템 중지 시간을 최소화한다. 웜 스탠바이 서버의 경제성은 다음과 같이 쉽게 설명할 수 있다.

단일 서버로 약 98%의 실행 시간을 달성할 수 있다. 스탠바이 서버를 추가하면 실행 시간이 99 또는 99.5%로 증가할 수 있지만 하드웨어 비용은 두 배로! 즉, 실행 시간을 1% 올리기 위해 하드웨어 비용은 100%가 늘어난다.

이를 해결하는 방법은 바로 자동화다(31장). 소프트웨어 프로비저닝이 완전히 자동화되어 몇 시간이 아닌 단 몇 분 또는 몇 초 만에 새 인스턴스를 올릴 수 있다면 스탠바이 용도로 준비한 하드웨어가 필요하지 않을 수 있다. 기본 인스턴스에 장애가 발생할 때 새 인스턴스를 구축하기만 하면 된다. 한 달에 30일 × 24시간 × 0.5% = 3.6시간의 다운타임을 허용하는 SLO$^{Service-Level}$ ^{Objective}(서비스 수준 목표)가 99.5%라고 가정해보겠다. 기존 서버를 넘겨받기 위해 새 서버를 구축하고 시작하는 데 3분이 걸린다면 SLO를 지킨 상태에서 매달 72회 이 작업을 수행할 수 있다.

여기서의 큰 변화는 장애가 발생하지 않도록 설계된 강력한 아키텍처에서도 장애는 발생할 수 있다는 사실을 받아들이고 최대한 가용성을 유지할 수 있는 아키텍처로 전환해야 한다는 것이다. 자세한 내용은 안정성과 이중화에서 복원력 및 자동화로 전환하는 방법을 참조하기 바란다. 안정성 및 중복성에서 자동화로 전환하는 것은 클라우드가 더 낮은 비용으로 더 나은 가동 시간을 제공하는 등 기존의 모순을 극복할 수 있는 여러 방법 중 하나다.

클라우드 업체 변경

클라우드 업체를 변경하는 것이 비용 절감 방법 리스트에 없었다는 사실에 놀랄 수도 있다. 가끔 마이그레이션하면 비용을 대폭 절감할 수 있다는 보도 자료를 볼 수 있다. 이러한 보고서를 살펴보면 다음과 같은 두 가지 중요한 요소가 포함된 경우가 많다.

아키텍처 변경

다양한 사례를 살펴보면 클라우드 사용량을 최적화할 수 있도록 아키텍처를 급격하게 변경한 경우가 있다. 전형적인 예로는 컴퓨팅 성능이 많이 요구되는 데이터 웨어하우스 분석을 들 수 있다. 이러한 용도로 서버를 지속적으로 운영할 경우 실제로 관리되고 있는 사용량별 과금 데이터 분석 서비스보다 10배 또는 100배 더 많은 비용이 들 수 있다. 실제로 대부분의 온프레미스 하둡 환경은 이러한 방식으로 이관된 경우가 많았다. 흥미롭게도 어떤 클라우드 업체를 선택하든 큰 차이는 없었다.

가격 모델 차이

클라우드 업체마다 일부 서비스의 가격 모델이 다르다. 데이터 웨어하우스 같은 완전 관리형 서비스에서 특히 차이가 있다. 어떤 업체는 쿼리당(사용된 컴퓨팅 성능과 처리되는 데이터양에 따라) 비용을 청구하고, 어떤 업체는 컴퓨팅 인프라(크기 및 시간 기준)에 대한 비용을 청구한다. 대부분은 컴퓨팅 비용 외에 스토리지 비용도 청구한다. 경우에 따라 컴퓨팅 성능과 스토리지 크기가 상호 연결되어 데이터 세트가 증가할수록 더 많은 컴퓨팅 노드가 필요하다.

어떤 모델이 더 저렴할까? 대답은 '상황에 따라 다르다'는 것이다. 만약 짧은 시간 간격으로(예: 월말 데이터 분석) 많은 쿼리를 실행하면 제한된 시간 동안에만 컴퓨팅 노드 비용을 지불하기 때문에 컴퓨팅/스토리지에 대한 비용이 더 많이 부과될 수 있다(다음 다이어그램의 왼쪽 그림 참조). 그러나 시간이 지남에 따라 가끔 쿼리를 실행할 경우 인프라 전체를 유지해야 하므로 쿼리당 비용이 저렴해질 수 있다(다음 다이어그램의 오른쪽 그림 참조).

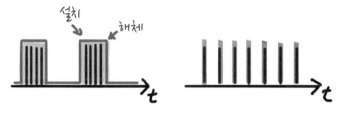

▲ 일괄 사용량(왼쪽)과 산발적 사용량(오른쪽)은 각기 다른 가격 모델을 선호한다.

또한 대부분의 데이터가 정적 데이터인 경우 집계된 결과를 보관하는 중간 결과 테이블을 생성해 쿼리당 과금 모델에서 비용을 절감할 수 있다. 이것은 결국 사용자의 정확한 요구를 파악하는 것이 비용을 절감하는 데 가장 중요한 요소임을 보여준다.

복잡하게 보일 수 있지만 이것이 바로 비용 관리 및 투명성의 특징이다. 비용 절감 효과를 실현하려면 많은 노력이 필요하다는 뜻이다. 항상 그렇듯이 가만히 있으면 아무것도 이룰 수가 없다. 그래도 좋은 소식은 이 두 가지 모델 모두 99%의 시간 동안 유휴 상태인 기존 데이터웨어 하우스보다 훨씬 저렴한 비용으로 운영할 수 있다는 것이다.

ℹ️ 비용 절감을 위해서는 사용자의 요구와 패턴을 아는 것이 가장 중요한 요소다.

가격을 비교할 때 클라우드 업체 간 가격 차이가 클 것으로 예상하지 않아도 된다. 특정 모델이 사용자의 상황과 사용 패턴에 적합할 경우에는 이득을 볼 수 있지만 '클라우드 업체 X에서 Y로 전환하면 비용이 90% 절감된다'고 주장하는 사례들을 비판적으로 살펴볼 필요가 있다. 대부분의 경우 아키텍처 변경이 있었거나 사용 사례들이 가격과는 크게 관련이 없었다. 마치 "고급 승용차 대신 자전거를 타고 출근하기로 했다. 이제 가스 사용량을 80% 줄일 수 있게 됐다."라고 이야기하는 것과 유사하다. 그래서 조직 내의 아키텍트들은 명확한 인과관계[1]를 살펴봐야 한다.

> ℹ️ 비용 절감 관련 사례를 검토 시 반드시 인과관계를 파악한다. 단순히 업체나 제품 변경으로 비용 절감이 이뤄진 것만은 아니다.

아마도 기획이나 운영을 하는 다양한 팀에서 컴퓨팅 노드와 같은 기본 서비스의 단가를 비교하면서 가격을 검토하기 시작할 것이다. 이렇게 단순 제품끼리 비교하는 것은 기존 데이터 센터를 운영할 때의 방식이다. 클라우드에서 가장 크게 얻을 수 있는 지렛대 효과는 리소스 사이징과 수명이다. 데이터의 수명이 가장 긴 경우가 많으므로 단위당 비용을 살펴보는 것이 가장 합리적이다.

> ℹ️ 단순히 컴퓨팅 노드의 단가를 비교하는 것은 기존 데이터 센터를 운영할 때의 방식과 다르지 않다.

다행히도 '클라우드 업체 빅 3' 간의 경쟁은 일반적으로 사용자에게 유리하다. 그렇기 때문에 대부분의 클라우드 업체는 여러 차례 가격을 인하했다.

아무것도 하지 않기

일부 클라우드 업체가 심각한 손실을 입고 있다는 소문이 돌고 있다는 것은 적어도 투자자들이 자금을 지원하는 한 실제로 지불하는 것보다 더 많은 것을 얻고 있음을 의미한다. 그리고 언급하기 쉽지 않지만 또 다른 비용 절감 전략이 있다. 즉, 클라우드로 마이그레이션한 후에 아무것도 하지 않는 것이다. 컴퓨팅 비용이 항상 저렴해질 뿐만 아니라 클라우드 업체는 지속적으로 감가상각 처리 및 하드웨어 업그레이드를 하면서 마치 비용이 내려가는 효

---

1   https://architectelevator.com/architecture/architects-causality/

과를 얻을 수도 있다. 따라서 아무것도 하지 않아도 비용을 절감할 수 있다.

조기 최적화

컴퓨터 과학에서 조기 최적화는 많은 악의 근원으로 좋지 않은 것으로 널리 알려져 있다. 그렇다면 비용을 최적화할 수 있는 시기는 언제일까? 결국 간단한 경제 방정식으로 설명이 된다. 엔지니어 1인당 투자 비용을 얼마나 절감할 수 있는가? 전체 클라우드 사용량이 월 $1,000인 경우 최적화에 많은 엔지니어 시간을 투자해 큰 수익을 얻을 가능성은 낮다. 한 달에 $100,000라면 상황은 달라질 것이다. 어쨌든, 비용을 항상 고려하는 문화를 정착시키는 것은 좋은 일이다.

글로벌 최적화

최신 프레임워크는 예상보다 컴퓨팅 성능을 많이 소비하고 비용을 높일 수 있다. 예를 들어, 리더 선출을 위한 5개의 노드와 몇 대의 제어 영역 노드, 2대의 로그 수집기, 인바운드 및 아웃바운드 목적의 프록시 등이 필요한 프레임워크다. 데모를 위해 제작한 애플리케이션이 생각지도 못하게 10대의 가상 머신을 이용하게 되고 매달 청구 금액이 수백 달러에 이를 수 있다.

그러나 이러한 프레임워크는 그 대가로 생산성을 높일 수도 있다. 또한 생산성이 높아지면 시장에서 우위를 점할 수 있으며, 이는 대부분의 잠재적인 절감 비용보다 더 큰 효과를 낼 수 있다. 이것은 글로벌 최적화로 이어지고 이러한 최적화 과정에서 투명성은 가장 중요한 요소다.

비용은 달러와 센트 이상이다

여전히 고려해야 할 요소가 많으며, 비용 역시 마찬가지다. 이는 클라우드 도입 시 CFO와 더 많은 시간을 보내야 한다는 뜻이다. 다음 장에서 자세히 설명한다.

||||||||||||||||||||||||||||||||||||||||||||||||||||||||||||||||||||||||||||||||||||||||||||

비용 절감: 해야 할 것과 하지 말아야 할 것

하지 말아야 할 것

- 비용만으로 클라우드 마이그레이션 정당화
- 클라우드로 전환하는 것만으로 획기적인 비용 절감 기대
- 단순 가상 머신과 가상 머신 간 비용 비교
- 제품 또는 클라우드 업체의 변경에 비용 절감 효과 부여
- 비용에 지나치게 집착해 수익이 가장 높은 곳에만 리소스 배치

해야 할 것

- 가격 모델과 사용 패턴에 적합한 방법 이해
- 자동화를 통한 비용 절감
- 투명성을 활용한 비용 파악 및 관리
- 사용 패턴을 이해하는 데 시간 투자
- 비용 절감 사례들을 주의 깊게 보고 그 방법을 확인

31장

이제 '실행' 예산을 늘려야할 때

어두운 모서리를 밝히면 불편한 놀라움이 생길 수 있다

▲ 우리는 모든 비용을 반복해서 확인한다.

기존 IT 조직은 일반적으로 운영(실행)과 프로젝트(변경)에 쓰이는 예산의 비율로 평가되는 경우가 있다. 대부분의 CIO는 비즈니스에 프로젝트(및 가치)를 제공하고자 자금을 확보하려고 지출을 최소화하는 방안을 모색한다. 그러나 예산을 측정하는 방법은 초기 투자를 반복적인 운영 비용과 다르게 처리하는 재무 모델과 밀접하게 관련돼 있다. 짐작했겠지만 클라우드의 종량제[pay-as-you-go] 과금 모델은 이러한 계산에 변화를 줄 수 있다.

IT는 숫자가 아니다

많은 내부 IT 부서가 비용 센터로 관리되고 있다. 따라서 CIO, 특히 최고 재무 책임자(CFO)에게 보고하는 CIO의 주요 성과 지표가 비용 지출이라는 사실은 놀라운 일이 아니다. 이 모델에서는 발생하는 가치보다 비용에 중점을 두므로 많은 문제가 있다. 오일 교환을 건너뛰어 $50를 '절약'하는 것과 비슷하다. 따라서 나는 이러한 조직은 혁신 과정에서 가장 성숙하지 못한 조직[1]이라고 생각한다. 이와는 대조적으로, 현대화된 IT 조직은 비용 절감을 반기지만 가치-지향적인 사고방식은 투자 수익률을 절대 비용 수치 이상으로 높여왔다.

IT 재무 관리를 위해 널리 사용되는 두 번째 메커니즘은 비용 복구이며, IT 부서는 IT 서비스를 사용하는 사업부에 비용을 청구해야 한다. 이 설정은 클라우드의 소비 기반 모델과 유사하지만, 훨씬 더 작은 규모와 다양하지 못한 포트폴리오와 비효율성이 결합되면 심각한 문제가 발생할 수 있다.

실행 변경

IT가 숫자로 축소되면 IT 재무 상태를 측정하는 보조 지표는 운영 또는 '실행'(비즈니스 운영 시)에 지출되는 비용과 프로젝트 구현에 지출되는 비용(일반적으로 '변경' 또는 '구축' 예산)을 비교하는 것이다. CIO가 '계속 가동'하는 것만으로 너무 많은 비용을 지출하는 경우(70%에 달함) 비즈니스의 프로젝트 수

---

1 https://www.linkedin.com/pulse/reverse-engineering-organization-gregor-hohpe/

요를 충족시키는 데 어려움을 겪을 것이다. 따라서 거의 모든 CIO의 목표에는 프로젝트 예산에 맞게 운영 예산을 줄이는 것이 포함된다.

이러한 변화에 대한 압박은 '디지털 파괴자'와 경쟁해야 하는 상황에서 IT가 더 많은 비즈니스 가치를 더 빨리 제공해야 한다는 추가 요구를 제기하는 경우에만 커진다. 이에 대해 일부 분석가들은 '실행 vs 변경'을 실행-성장-변환[2]으로 전환해도 비용이 발생한다는 점을 강조한다.

크기의 최적화, 자동화 증가, 데이터 센터 해체 및 공유 서비스 구축은 운영 비용을 절감한다. 모순적으로 이러한 움직임은 대규모 선행 투자를 중심으로 설계된 조직이 예상치 못하게 저항할 수 있다.

공유 플랫폼에 대한 과금

2014년 즈음, 내 팀과 나는 운영 환경에 소프트웨어를 배포하는 데 오래 걸리는 것이 IT의 가장 큰 문제라고 생각했다. 이를 해결하고자 프라이빗 클라우드 플랫폼을 구축하기 시작했다. 소프트웨어를 배포할 수 없는 게 대부분의 다른 문제를 부차적으로 만든다고 확신했으며, 우리는 이러한 상황을 바로잡기 시작했다. 완전히 자동화된 CI/CD 소프트웨어 전달 도구 체인과 애플리케이션 실행 시간은 조직 내부에서 강력한 수요를 얻었다. 사업부의 내부 고객으로부터 하드웨어, 라이센스 및 프로젝트 비용을 복구하고자 인프라스트럭처에서 제한 요소였던 사용된 메인 메모리를 기반으로 비용을 청구했다. 놀랍게도 일부 프로젝트에서는 분명히 더 나은 규모의 경제와 유리한 종량제 모델보다 전달 도구 체인의 일회성 구현을 계속해서 선호했다.

사용당 지불pay-per-use 모델의 이러한 예상치 못한 문제를 이해하려면, 내부 비용 회계 규칙과 관련 (잘못된) 인센티브를 살펴보는 것이 도움이 된다.

---

2 https://www.gartner.com/smarterwithgartner/align-it-functions-with-business-strategy-using-the-run-grow-transform-model

일반적인 비용 오류

『37 Things』에서 설명한 것처럼 조직은 거의 문서화되지 않은 기존의 경험과 가정을 기반으로 운영된다. 이러한 가정을 깨는 새로운 해결책은 위의 예에서 우리에게 일어났던 것처럼 예상하지 못한 저항을 발견하는 데 있다. 특히 다음과 같은 오해에 부딪혔다.

보이지 않는 비용 = 비용 없음

회계 처리는 일반적으로 항목별로 지출을 분류한다. 예를 들어 프로젝트 예산은 인건비, 소프트웨어 라이센스, 하드웨어, 팀 회식, 컨설팅 서비스 등 여러 품목으로 분류된다. 이 모델은 명시적으로 나타나지 않는 것은 비용이 들지 않는다는 위험한 결론을 이끌어 낼 수 있다.

그렇다면 프로젝트에서 일회성 CI/CD 파이프라인과 같은 운영 도구를 구축하는 데 들인 비용은 어느 항목에 포함될까? 일반적으로 소프트웨어 개발 비용과 동일한 항목, 즉 인건비, 하드웨어 등으로 분류된다. 그러나 해당 항목은 비즈니스에 가치를 주는 기능을 제공한다고 생각하기 때문에 프로젝트 도구를 설정하는 데 소비한 시간과 비용은 실제로 눈에 띄지 않는다. 일단 긍정적인 비즈니스 사례를 기반으로 프로젝트가 승인되면, 누구도 소프트웨어 전달 도구 인프라스트럭처 구축에 소요되는 개발자의 시간을 계산에 넣지 않는다. 그와 달리 소프트웨어 도구를 서비스로 제공하는 우리의 공유 플랫폼은 매달 이 비용을 프로젝트에 명시적으로 청구했다. 이렇게 하니 CI/CD 파이프라인과 소스 저장소 등을 사용하는 비용은 프로젝트 예산에서 '내부 IT 서비스' 항목으로 매우 눈에 띄게 됐다.

> 일부 프로젝트 관리자는 CI/CD 파이프라인을 구축 및 유지 보수하는 데 소요되는 일수는 일부임에도 소프트웨어 전달 도구에 매달 $500를 지출하는 것을 달가워하지 않았다. 이 비용은 어디에도 나타나지 않았기 때문이다.

어떤 사람들은 이 접근 방식을 타조가 위험을 피하고자 모래에 머리를 숨기는 것과 비교한다. 이것은 동물계에서는 신화지만, 대규모 IT 프로젝트에서는 너무 현실적이다.

사은품(구매 시)

우리는 사은품을 좋아한다. 이미 그것에 돈을 냈을 수도 있음에도 말이다. 쓸모 없는 스팸 메일, 공유 서비스를 대중화하려고 할 때도 이 오류가 발생한다.

> 일부 개발자들은 자신의 소스 코드 저장소를 운영하는 데 비용이 전혀 들지 않는다고 주장하면서 왜 우리가 만든 것에 돈을 지불했을까? 라이선스 비용이 들지 않았던 건 오픈 소스 버전을 사용했기 때문이었다. 다만 누가 유지보수를 하느냐는 질문에 그들은 "엔지니어가 남는 시간에 한다"고 했다. 우리는 의심스러워서 더 자세히 조사했고, 그 소프트웨어가 비용이 전혀 들지 않는 '여분의' 서버에서 운영된다는 것을 발견했다. 백업이 수행되지 않기 때문에 스토리지 비용도 '거의 0'이었다.

물론 이러한 모든 항목에는 지불해야 할 비용이 있다. 다만 사은품과 마찬가지로 다른 곳에서 비용을 지불하기 때문에 존재하지 않는다고 가정한다.

실제 비용 vs 기회 비용

소프트웨어 엔지니어가 하루 요금이 $1,000인 프로젝트의 CI/CD 파이프라인에서 반나절을 소비한다고 가정해 보겠다. $500이고 나쁘지 않다고 생각할 수도 있다. 그러나 모든 것이 잘 돌아가는 사업에서 기회 비용, 즉 다른 곳에서 창출할 수 있는 가치는 배수가 될 수밖에 없다. 따라서 프로젝트 팀이 일회성 도구를 구축하는 비용을 계산할 때는 청구 비율이 아닌 기회 비용을 계산해야 한다.

나의 실리콘 밸리 시절, 엔지니어의 기회 비용은 시간당 $2,000였다.

그 젠킨스^{Jenkins} 버전 업그레이드만 공유 서비스 이용료의 몇 년치 비용이 들었을 수도 있다.

반복적으로 발생하는 비용 = 운영

더욱이 기존 조직에서는 반복적으로 발생하는 비용을 운영('실행')과 연관시키는 경향이 있다. 따라서 공유 버전 제어 및 빌드 도구 체인 서비스에 대해 매월 비용을 지불한다면 운영 비용으로 일괄 처리된다. 만약 이들이 직접 이 것을 구축했다면 이 비용은 소프트웨어 개발(변경) 비용에 포함될 것이다.

따라서 CIO에게 프로젝트 운영 비용이 증가한 것처럼 보일 수 있으며, 이는 바람직하지 않다. 이 결과, 프로젝트 관리자는 공유 서비스를 사용하는 것보다 회사—전체의 경제성이 분명히 더 좋음에도 공유 서비스를 사용해 자체 도구를 구축하려 한다.

작게 회계 방식 둘러보기

대부분의 소프트웨어 개발자와 아키텍트는 프로젝트 예산과 재정에 대한 세부 사항을 검토하지 않는다. 그러나 재무 관리, 특히 자본금 및 감가상각에 대한 기본적인 이해가 있으면 비용을 프로젝트 예산에 포함시키는 것이 유리한 이유를 이해하는 데 도움이 될 수 있다.

감가상각은 자본 비용을 일정 기간 동안 분산한다. 예를 들어, 많은 비용이 들지만 10년 동안 지속되는 제조 장비와 도구들이 대표적이다. 이러한 투자는 사업 비용이기 때문에 세금 공제가 가능하지만, 세무 당국은 기업이 장비를 구입한 연도에 전액을 청구하는 것을 허용하지 않을 것이다. 오히려 기업은 초기 투자에서 발생하는 지속적인 이익과 비용을 더 효과적으로 연계하고자 장비나 도구의 전체 수명 기간 동안 매년 비용의 일부를 청구한다. 이 단순한 예는 기업의 이익이 현금 흐름과 구별되는 이유이기도 하다. 여러분은 그 장비들을 사려고 벌어들인 돈보다 더 많이 지출했을 수도 있다. 이것은 여러분의 현금 흐름이 마이너스라는 것을 의미하지만, 장비 원가가 수년에 걸쳐 분배되기 때문에 이익을 내고 있는 것이다.

IT 또한 장기간에 걸쳐 비즈니스 애플리케이션을 구축하는 제조 장비를 구입하는 것과 같은, 비즈니스에 가치 있는 투자를 한다. 이러한 애플리케이션 중 상당수는 초기 투자를 수반하지만, 수십 년 동안 운영될 수 있기 때문에 자산의 내용연수에 걸쳐 개발 원가를 비례적으로 배분하는 것이 논리적이다. 이러한 비용을 자본 지출[3]이라고 한다.

이러한 자본 구조는 프로젝트 관리자가 프로젝트 비용에 대한 관심을 설명하는 데 도움이 된다. 개발자가 일회성 솔루션을 구축하고자 현금을 지출했음에도 일부 비용만 당해 회계에 적용된다. 즉, 자본화된다. 나머지는 향후 몇 년에 걸쳐 감가상각돼 실제 지출보다 훨씬 적은 비용으로 보인다. 예를 들어 소프트웨어 개발자가 CI/CD 파이프라인을 변경하는 데 소요되는 반나절 시간이 전체 $500라고 해도 해당 연도에는 $100만 기록되며, 나머지 $400는 이후 연도에 표시된다. 공유 서비스는 이러한 회계 체계를 따르지 않기 때문에 기존 방식에 익숙한 사람들은 어려울 수 있다.

기민한 일부 독자는 미래에 비용을 지불하는 것이 지금은 더 나아 보일 수 있어도 결국 미래에 부담이 된다는 것을 알아차렸을 것이다. 이는 오랫동안 신용 카드로 살아온 것과 비슷한데, 프로젝트 관리자는 단기 계획에 따른 보상만 바라보기 때문에 이러한 사실에 불안해하지 않는다. 또한 모순적이지만 감가상각은 예측 가능성을 제공한다. 앞으로 몇 년 동안 재무관리에서 선

---

3 https://www.investopedia.com/terms/c/capitalization.asp

호되는 지출을 예측할 수 있기 때문이다.

혼란스러운 클라우드 비용

클라우드의 소비 기반 모델과 현대적인 작업 방식은 기업의 기존 재무 계획
의 반복적인 방식에 여러 가지 측면에서 문제를 일으킬 수 있다.

- 클라우드의 사용 기반 모델은 자본금 기반의 인프라스트럭처의 예측
  가능성을 제거한다. $60,000에 구입해 3년 동안 감가상각한 서버는
  정확히 연간 $20,000의 비용이 쓰인다. 클라우드 서비스의 비용은 특
  히 비용 최적화(30장) 시 사용량에 따라 달라질 것이다.
- 소프트웨어 전달을 위한 클라우드 서비스(예: AWS CodeBuild 및
  CodeDeploy, Google Cloud Build 및 Cloud Repository)는 자본화가 가
  능한 프로젝트 비용 대비 총 운영 비용을 증가시키는 것으로 나타날
  수 있다.
- 공유 서비스 및 클라우드 서비스는 이전에 숨겨져 있던 일부 비용을
  가시화한다. 모든 사람이 이 비용을 보는 것을 좋아하지는 않을 것이
  다.

 추가적인 비용 투명성은 '지하실의 불을 켜는' 효과로 이어질 수 있다. 즉, 보이
는 것이 마음에 들지 않을 수 있다.

소프트웨어 배포를 원활하게 하는 서버리스(26장) 모델은 배포 도구와 애플
리케이션 실행 시간 사이의 경계를 더욱 모호하게 해서 현대 IT 조직의 빌드
와 실행 간의 엄격한 분리가 더 이상 의미가 없다는 것을 보여준다. 예를 들
어 '구축하면 실행된다' 방식을 선호하는 데브옵스 사고방식은 프로젝트 팀
에게도 운영을 책임지게 한다. 자동화된 인프라스트럭처를 구축하는 소프트

웨어 엔지니어는 '구축' 또는 '실행' 중 어느 쪽일까? 팀이 오류 예산 접근 방식(24장)을 따른다면 변경 vs 실행으로 작업하는 사람의 수는 매일 또는 시간 단위로 바뀔 수 있다.

새로운 기술 = 새로운 회계 방식

클라우드 운영 모델로 전환할 때 조직은 비용 할당에서의 변화에 대비해야 한다.

> ℹ️ 클라우드 운영 모델로 전환할 때 기존 운영 비용에 IT 예산의 더 많은 부분을 지출하는 것은 충분히 예상할 수 있으며, 이는 바람직하다.

미국의 GAAP와 유사하게 국제 재무 보고 표준을 발행하는 IFRS 재단[4]과 같은 기관은 IT 자원을 활용하는 새로운 방식과 기존 회계 방법 간의 명백한 차이점에 주목했다. IFRS은 아직 클라우드 컴퓨팅에 특화된 규칙을 발표하지는 않았지만 고객이 제어하는 무형 자산을 담고 있다. 무형 자산 관련 구현 비용 자본화 지침은 클라우드 자원에 적용할 수 있다. 글로벌 컨설팅 업체 EY는 2021년 7월 이 주제에 대한 심층적인 논문[5]을 발표했다. 클라우드 아키텍트를 위해 회계 처리를 위한 재무 지침을 읽을지 고민하고 있다면, 모든 경영진이 쿠버네티스의 홍보물을 보는 것과 다를 바가 없다는 점을 기억하라.

---

4 https://www.ifrs.org/about-us/who-we-are/

5 https://www.ey.com/en_gl/ifrs-technical-resources/applying-ifrs-accounting-for-cloud-computing-costs-july-2021

한계 비용

클라우드가 기존 재무 관리 가설에 어떻게 도전할 수 있는지 설명한 후에는 클라우드가 재무 계획에 추가될 수 있는 마법을 잊지 말아야 한다. 원가 계산은 평균 비용과 한계 비용을 구분한다. 여러분은 소득세로 이를 알 수 있을 것이다. 총 소득에 대해 평균 25%의 소득세를 낼 수 있지만, 누진 세율은 추가로 버는 $1당 35센트를 지불하는 것을 의미한다. 이것이 한계 세율이다.

비즈니스 환경에서 한계 비용은 비즈니스의 일부가 축소돼야 할 경우 성장 비용 또는 절감액을 예측한다(2020년과 2021년의 슬픈 공통 주제). 기존의 IT 설정은 이러한 계산을 매우 비현실적으로 만든다.

> 핵심 운영 시스템이 100대의 항공기를 관리하는 항공 기업을 상상해 보라. 추가 항공기의 경우 IT비용이 안정적으로 유지돼 한계 비용이 0으로 보인다. 그러나 시스템이 용량 한계에 도달하면, 항공기를 한 대 더 추가하기 위한 한계 비용이 갑자기 수백만 달러가 된다.

기존 IT 회계에서는 한계 비용에 기반한 계획이 사실상 불가능하다는 것을 쉽게 알 수 있다. 그 이유는 주요 한계값에 도달할 때까지 비용이 크게 고정되기 때문이다. 부작용은 대규모 고정 비용 기반이 효율성 향상을 유도하지 못한다는 것이다. 즉, 자원 사용률을 10% 줄이는 것으로는 아무것도 절약할 수 없다.

클라우드 모델을 통해 기업은 한계 비용을 훨씬 더 잘 표현할 수 있으며, 따라서 불확실성에도 비용을 더 잘 관리할 수 있다.

성공 지표로 지출

현대 IT 조직은 한계 비용을 두 단계 더 나아가 다음과 같이 발전시킨다.

- 비즈니스 기능당 비용 계산. 예, 고객 등록 또는 결제 처리 비용
- 해당 비용을 생성된 한계 가치 또는 총 이익과 비교

기존 기업은 특정 소프트웨어 기능을 운영하는 데 얼마나 많은 비용이 지출되는지 알 수 없다. 이 모든 비용은 수행 비용 일시금에 원래 개발 비용의 감가상각까지 더해진다. 따라서 특정 기능이 수익성이 있는지 여부를 평가할 수 없다.

클라우드 서비스, 특히 세분화된 서버리스 런타임(26장)은 이 모든 것을 변화시킨다. 한계 비용을 가시화할 뿐만 아니라 이전보다 더 세분화된 수준으로 가시화할 수 있다. 서버리스 플랫폼을 사용하면 잠재적으로 폐기된 쇼핑 카트를 보관하거나 알림 이메일을 보내거나 결제 처리를 수행하는 비용과 같은 개별 기능까지 운영 비용을 추적할 수 있다. 이러한 단위 비용을 창출되는 비즈니스 가치와 연결하면 개별 기능의 수익성을 결정할 수 있다. 고객 가입이 단위당 수익성이 있다는 결론을 내렸다면, 가입에 대한 IT 지출이 증가하는 것을 기뻐해야 한다!

ℹ️ 세부적인 비용 투명성은 수익성 높은 기능에 대한 IT 지출 증가를 기대하게 한다.

이러한 트랜잭션 수준의 경제성(26장)은 운영 모델을 클라우드의 기능에 맞게 조정할 수 있는 많은 이점 중 하나다. 이 과정에서 IT 지출에 대한 견해를 뒤집을 수 있다.

모델 변경하기

새로운 운영 모델에 전통적인 사고를 적용하는 조직은 새로운 모델의 큰 이점을 인식하지 못하고 실제로 현재의 상태보다 더 나쁘다고 생각할 수 있다. 공유 플랫폼 예시는 구식 사고방식에 갇힌 IT 조직이 클라우드 플랫폼의 이점을 누릴 가능성이 얼마나 낮은지를 보여준다. 기존 구조, 신념 및 어휘가 클라우드로의 전환을 방해할 뿐만 아니라, 주요 이점을 놓치게도 한다.

'변경' vs '실행'처럼, IT는 처음부터 그들이 구축하지 않은 소프트웨어를 실행해서는 안 된다(13장)고 깨달았을 때 비용 절감에 대한 집착도 언젠가 사라질 수 있다.

예산: 해야 할 것과 하지 말아야 할 것

하지 말아야 할 것

- 품목에 명시적으로 표시되지 않는 비용을 0이라고 가정하기
- 클라우드 팀이 이러한 비용을 가시화하는 것을 비난
- 프로젝트 예산에서 다양한 도구와 설정 비용 숨기기
- 기존 비용 모델 하에서 새로운 운영 모델 측정

해야 할 것

- 공유 플랫폼을 활용해 도구 인프라스트럭처 중복 방지
- 사용량 기반 가격 모델에 대한 반발 예상
- 한계값과 한계 비용 비교

32장

자동화는 효율성과 관련이 없다

속도를 내는 것은 더 빨리 가는 것 그 이상이다

▲ 고도로 자동화된 IT 운영

대부분의 기업 IT는 비즈니스 자동화(2장)를 발전시켜왔다(IT는 펜과 종이로 이뤄진 작업을 자동화했다). 메인프레임과 스프레드시트에서 주로 시작된 다양한 도구들은(VisiCalc[1]은 2019년 기준으로 출시된 지 40년이 된다) 곧 현대 기업의 중추로 자리 잡았다. IT 자동화는 자동차 조립 라인의 자동화와 마찬가지로 수작업 인력을 절약함으로써 큰 효과를 얻었다. 오늘날 자동화에 대해 이야기할 때 효율성을 더욱 높이려고 하는 것은 당연하지만 이는 클라우드가 제공하는 이익의 대부분을 놓치게 된다.

소프트웨어 산업화

IT 조직 내에서 소프트웨어 개발은 상대적으로 비용이 많이 들고 수작업이 대부분이다. 그렇다면 IT 관리자들이 자동화를 통한 효율성을 추구해서 자체 소프트웨어 개발 프로세스를 간소화하는 아이디어를 떠올리는 것은 당연하다. 하지만 대부분은 아이디어를 코드로 변환하는 부분에 초점을 맞췄다. 그로 인해 소프트웨어 개발의 다양한 측면을 산업화하려는 많은 프레임워크와 방법론이 1990년대와 2000년대에 걸쳐 다시 등장했다가 사라졌다.

 나는 1990년대 중반에 단일 환경에서 UI 디자인과 코딩을 결합한 4세대 언어(4GL)로 간주되던 파워빌더(PowerBuilder)에서 중요한 비즈니스 시스템을 제공해서 아직도 가끔 파워빌더 개발자를 모집하는 스팸 메일을 받는다.

하지만 소프트웨어의 사양이나 코딩 단계 등을 자동화하려고 해도 도구를 개발한 사람들이 추구하는 결과를 얻을 수 없었다. 종합적으로, 우리가 잭 리브스[Jack Reeves]의 '소프트웨어 디자인이란 무엇인가'[2]를 미리 알고 있었다면 많은 노력을 절약할 수 있었을 것이다. 1992년에 잭은 코딩이 소프트웨어의 **디자인** 측면이고 컴파일 및 배포 작업은 **제조**의 측면이라고 이야기했다. 소

---

1 https://en.wikipedia.org/wiki/VisiCalc
2 https://wiki.c2.com/?WhatIsSoftwareDesign

프트웨어를 산업화하려면 코딩의 산업화가 아니라 테스트, 컴파일 및 구축을 자동화해야 한다는 것이다. 약 25년 후, 마침내 실제로 이뤄지고 있다.

데브옵스: 제화공의 아이들이 새 신발을 신다

역설적이게도 IT는 비즈니스를 자동화하면서 크게 성장했지만 약 50년 동안 자동화에는 크게 신경을 쓰지 않았다. 결과적으로 소프트웨어 빌드 및 배포는 과학보다는 예술이 됐다. 마지막 순간에 패치를 하고, 수많은 파일을 복사하고, 구성을 변경하는 것이었다.

결과는 예측 불가능했다. 모든 소프트웨어 배포는 높은 수준의 작업이 됐고, 소프트웨어 배포를 하는 사람들은 매번 작은 기도를 올렸다. 잊힌 파일, 누락된 구성, 잘못된 버전 등을 매번 해결하는 것은 '엔지니어링'의 오랜 일상이 됐다. 정말로 놓친 것은 이 일련의 작업에 대한 공학적인 접근이었다. 성공적인 소프트웨어 배포를 축하하는 이메일을 보내는 것이 좋을 수도 있지만, 이는 매우 낮은 성공률을 보여주는 증거일 뿐이었다.

 핵심 시스템의 각 주요 제품 출시를 축하하는 IT 부서 고위 경영진의 큰 갈채는 빌드 및 구현 자동화를 놓쳤다는 명백한 징후다.

이를 변경하기 위해 최근 수많은 소프트웨어 혁신이 시작됐다. CI(지속적 통합)는 소프트웨어 테스트 및 빌드를 자동화하고, CD(지속적 배포)는 배포를 자동화하고, 데브옵스DevOps는 인프라 구성, 확장 및 복원력과 같은 운영 측면을 포함한 모든 것을 자동화한다. 이러한 도구와 기술을 결합하면 효율을 높이는 완전히 새로운 작업 방식을 구축할 수 있다.

자동화의 새로운 가치

이러한 모든 자동화 기능이 갖춰져 있는 상황에서 일부 IT 구성원, 특히 운영 부서에서는 이제 기술들이 일자리를 없애는 게 아닐지 우려하고 있다. 이러한 우려는 'NoOps'와 같은 용어로 더욱 확장되고 있으며, 이는 완전히 자동화된 클라우드 운영 모델에서는 더 이상 운영 작업이 필요하지 않음을 시사하는 것으로 보인다.

일부 역할은 없어질 수도 있지만, 수작업을 줄이는 것이 이 자동화의 주된 목적은 아니다. 자동화에는 다음과 같은 다양한 목표가 있다.

속도

속도는 빠르고 비교적 저렴한 비용으로 혁신을 가능하게 하는 디지털 경제의 핵심 요소다. 자동화를 통해 업무 중단 시간을 줄일 수 있고 10% 빨라지는 것이 아니라 혁신적으로 10배 또는 100배 더 빠른 기능을 구현할 수 있다.

반복성

빨리 가는 것은 좋지만, 품질을 희생하는 것이라면 그렇지 않다. 자동화는 작업 속도를 높일 뿐만 아니라 소프트웨어 배포의 오류 원인 중 하나인 사람의 실수를 줄인다. 그렇기 때문에 자동화를 통해 프로세스에서 오류를 제거하는 작업을 반복적으로 할 수 있고 거기에는 사람이 적게 개입해도 된다.

자신감

반복 작업을 통해 일이 수월하게 진행되면 자신감이 생긴다. 개발 팀이 다음 소프트웨어 배포를 두려워한다면 그렇지 않을 수 있다. 두려움 때문에 주저하게 하고 망설임 때문에 속도가 느려진다. 지난 100회 동안 자동화된 프로세스를 성공적으로 수행했다면 다음 배포 시에는 확실히 자신감을 가지고 할 수 있을 것이다.

회복력

소프트웨어를 배포할 때 새로운 기능만 있는 것은 아니라는 사실은 쉽게 잊힌다. 하드웨어 장애가 발생할 경우 새로운 소프트웨어를 신속하게 배포해야 한다. 고도로 자동화된 소프트웨어 배포 시에는 몇 초 또는 몇 분만에 첫 번째 인시던트 호출을 설정할 수 있다. 이렇게 배포 자동화는 가동 시간과 탄력성(29장)을 높인다.

투명성

자동화된 프로세스(배포 또는 기타 작업)는 언제, 어떤 이유로 어떤 일이 발생했는지 좀 더 정확하게 파악할 수 있게 한다. 예를 들어, 병목 현상이나 일반적인 장애의 원인을 찾을 수 있다.

비용 절감

가상 머신에 소프트웨어를 구축하는 IaaS^Infrastructure as a Service 아키텍처의 경우 자동화를 통해 공급업체가 즉시 회수할 수 있지만 비용은 매우 저렴한 스팟 인스턴스와 같은 서비스를 이용할 수 있다. 이러한 인스턴스 회수가 발생할 경우 자동화 기능을 통해 새 인스턴스에 워크로드를 다시 배포하거나 현재 작업 상태를 스냅샷으로 생성한 후 나중에 재개할 수 있다. 이러한 인스턴스는 온디맨드 인스턴스의 가격보다 60~80% 낮은 할인 가격으로 구입할 수 있는 경우가 많다.

지속적인 개선

반복 가능하고 투명한 프로세스를 유지하는 것이 지속적인 개선을 위한 기본 조건이다. 무엇이 잘 작동하고 무엇이 그렇지 않은지 확인할 수 있다.

규정 준수

기존 거버넌스는 수동 프로세스와 정기 점검을 기반으로 한다. 사실 거버넌스가 규정하는 것과 실제 규정 준수 사이의 차이가 상당 부분 다른 경우가 많은데, 자동화를 통해 규정 준수를 보장할 수 있고 거버넌스에 따라 자동화 스크립트를 정의한 후에는 항상 규정 준수를 보장할 수 있다.

클라우드 운영

클라우드로 전환하면 특히 서비스형 소프트웨어 SaaS, Software as a Service 오퍼링의 경우 시스템 운영의 상당 부분을 클라우드 업체가 하기 때문에 운영의 필요성을 못 느낄 때가 있다. 클라우드 컴퓨팅이 더 높은 수준의 자동화 및 IT 운영 아웃소싱(6장)을 기반으로 하는 새로운 운영 모델을 제공하지만, 오늘날의 IT 인프라 자동화 추진은 작업을 제거하고 효율성을 높이려는 필요성에서 비롯된 것은 아니다. 따라서 운영 팀은 자동화를 두려워하지 말고 수용해야 한다.

> ℹ️ 클라우드 운영은 'NoOps'가 아니다. 클라우드 기반의 애플리케이션에는 분명히 운영에 대한 요구사항이 있다.

나는 'NoOps'라는 단어를 특별히 좋아하지는 않는다. 나는 사람들에게 클라우드 기반 애플리케이션이 기존 애플리케이션보다 더 높은 운영 요구사항을 갖고 있음을 정기적으로 상기시킨다. 예를 들어 최신 애플리케이션은 전 세계에서 작동하고, 즉시 확장되며, 가시적인 다운타임 없이 업데이트를 수신하고, 문제가 발생할 경우 자가 복구가 가능한데 이는 모두 운영에서 다룰 작업들이다. 클라우드는 또한 비용 관리(32장) 같은 새로운 유형의 운영 이슈도 야기한다. 따라서 운영자 입장에서 일이 없어질 걱정이 없고 오히려 높은 변화 요건과 즉각적인 확장이 요구되는 환경에서 모든 것이 제대로 실행돼야 하는 현재 상황에서 IT 운영의 가치는 더욱 빛날 것이다.

속도 = 회복탄력성 − 비용

자동화를 통해 소프트웨어 배포 및 운영 속도를 높이면 단순히 속도를 높이는 것 이상의 효과를 볼 수 있다. 이를 통해 비용과 시스템 가용성의 명백한 충돌을 극복하는 등 전혀 다른 방식으로 작업을 할 수 있다. 순간적으로 부하를 흡수하기 위해 더 많은 하드웨어를 배치하고 페일오버를 위해 즉시 사용할 수 있는 대기 시스템을 운영하는 기존의 접근 방식은 비용을 증가시킨다.

높은 수준의 자동화 기능을 갖추고 탄력적인 클라우드 인프라에서 몇 분 내에 새 애플리케이션을 구축할 수 있다면 추가 하드웨어가 필요하지 않은 경우가 많다. 결국 가장 비싼 서버는 아무것도 하지 않는 서버다(29장). 대신 필요에 따라 새 하드웨어를 신속하게 프로비저닝하고 소프트웨어를 배포할 수 있다. 이렇게 하면 자동화 덕분에 적은 비용으로 복원력과 시스템 가용성을 높일 수 있다!

||||||||||||||||||||||||||||||||||||||||||||||||||||||||||||||||||||||||||||||||||||||||||||||||||||

자동화: 해야 할 것과 하지 말아야 할 것

하지 말아야 할 것

- 모든 새로운 버전 배포를 축하하기
- 자동화와 효율성을 동일시
- 속도 향상만을 추구하는 것
- 클라우드에 운영이 필요하지 않다는 생각

해야 할 것

- 소프트웨어 디자인이 아닌 배포 문제를 해결하기 위해 소프트웨어 적용
- 가용성, 규정 준수 및 품질 개선을 위한 자동화
- 자동화를 통한 자신감 향상

33장

슈퍼마켓 효과를 조심하라!

작은 것들도 결국 다 가격에 포함된다

▲ 나는 그저 작은 과자를 하나 가져왔을 뿐인데...

당신은 정말로 우유만 필요해서 슈퍼마켓에 갔는데 막상 계산할 때 계산서
가 $50인 것을 보고 놀랐던 적이 있는가? 엎친 데 덮친 격으로 아무것도
$1.99를 넘지 않아 무엇을 장바구니에서 꺼내야 할지도 모르는 상황도 겪어

봤는가? 어차피 큰 차이는 없을 것이다. 이러한 경험을 해봤다면 클라우드로의 전환 과정에서 발생할 수 있는 상황에 대해 적어도 감정적으로 준비된 상태다.

단돈 1페니를 위한 컴퓨팅

기업이 제조사 제품과 서비스의 가격표를 보다 보면 0을 세는 데 익숙해진다. 기업용 소프트웨어와 하드웨어는 결코 저렴하지 않다. 동일한 기업이 클라우드 업체의 가격표를 봐도 마찬가지로 0이 몇 개인지 계산하게 된다. 하지만 이번에는 소수점 왼쪽이 아니라 오른쪽이다! API 요청 비용은 약 $0.00002 이고 소형 서버의 컴퓨팅 용량은 10센트 이하일 때도 있다. 그렇지만 이것은 상황에 따라 많이 달라진다. 한 달은 720시간이며 많은 시스템이 수백만 또는 수십억 개의 API 호출을 수행한다. 하이퍼스케일과 대규모 하드웨어가 자주 언급되는 것처럼 대기업은 여전히 많은 사람이 상상하는 것보다 훨씬 더 많은 컴퓨팅 용량을 사용한다. 수십억 달러에 달하는 IT 예산으로 인해 대기업의 클라우드 사용량이 수천만 달러에 달한다는 사실에 놀라지 않아야 한다.

슈퍼마켓 효과

엔터프라이즈 IT 부서는 큰 규모로 돈을 쓰는 데 익숙하다. 저렴하지 않더라도 명확한 가격 체계를 바탕으로 총 청구 금액을 비교적 쉽게 추측할 수 있다. 클라우드 컴퓨팅은 레스토랑보다는 식료품점에 가는 것과 비슷하다. 비교적 저렴한 가격에 더욱 다양한 품목들을 구입할 수 있다. 그래서 경험을 쌓고 훈련을 잘하면 비용을 줄일 수 있다.

따라서 기업이 클라우드 전환을 처음 시작할 때는 컴퓨팅, 스토리지, 예측 용량, 네트워크, API 호출과 같은 다양한 요소가 가격에 반영되는 모델에 익숙해져야 한다. 또한 겉보기에는 사소한 비용에 해당되는 부분도 익숙해져야 한다.

비용 통제

클라우드 운영 모델을 통해 개발자는 이전에는 경험할 수 없었던 IT 비용 지출을 제어할 수 있다. 개발자는 종종 애플리케이션뿐만 아니라 컴퓨터 사이즈 조정 및 프로비저닝을 통해 비용을 발생시킨다. 클라우드 업체는 일반적으로 운영 및 개발 인스턴스에 동일한 금액을 청구하므로 테스트나 개발용 인스턴스가 훨씬 더 작은 사이즈임에도 불구하고 비용은 빠르게 추가된다.

대부분의 기업이 과금 경고 및 한도를 설정하지만 지출에 대한 권한이 있으면 추가적인 책임도 따른다. 책임감 있는 개발자가 되려면 사용하지 않는 인스턴스를 종료하고, 보수적으로 인스턴스의 크기를 선택하고, 오래된 데이터를 제거하고, 좀 더 비용 효율적인 대안을 고려하는 등 많은 것을 검토해야 한다. 이러한 것들을 잘 수행하면 개발자가 비용을 통제할 수 있으므로 피드백 사이클이 개선된다. 그렇지만 제대로 수행되지 않으면 지출이 급등할 수 있다.

통제 불능 비용

적절한 계획과 신중한 실행에도 불구하고 클라우드로 진지하게 전환하는 대부분의 기업은 청구 명세서에서 좋지 않은 경험을 할 가능성이 높다. 사소한 짜증에서부터 수만 달러의 추가 비용까지 다양하며, 다음과 같은 다양한 이유로 인해 발생한다.

자체적인 로드 증가

대부분의 완전 관리형 서비스는 자동 확장 옵션을 제공한다. 일반적으로 이 기능은 온라인 시스템이 수동 개입 없이 갑작스럽게 로드가 급증하는 것을 해결할 수 있게 해주는 훌륭한 기능이다. 하지만 실수로 큰 비용을 초래하는 대규모 로드 스파이크를 일으키는 경우에는 그다지 좋진 않다. 그런 경우가 생길까 하는 의문이 들 수 있지만 실제로는 비교적 흔한 일이다. 로드 테스트는 대체로 계획적이고 확실한 시나리오가 있지만, 의도하지 않게 급증하는 또 다른 요소들이 있는데 바로 배치 데이터 로드batch data load다.

> ℹ️ 내가 함께 일했던 조직은 데이터 소스와 클라우드 관리 데이터 저장소 간에 데이터를 전달하고 변환하기 위한 훌륭한 메시지 지향 아키텍처를 사용했다. 하지만 어느 날 전체 데이터 세트를 서버리스 파이프라인과 스토리지에 저장 후 배치 작업을 수행해 전체 동기화를 수행했다. 둘 다 완벽하게 확장되어 작업이 오래 걸리지 않고 완료됐다. 트랜잭션당 서버리스 비용은 보통 수준이었지만 초당 레코드의 로드 급증으로 인해 관리형 데이터베이스 서비스에서 인스턴스가 추가됐었다. 이 사실을 알아챘을 때는 5자리 숫자가 적힌 비용이 청구된 후였다.

따라서 일반적인 로드 패턴과 다른 작업을 수행할 때는 다양한 각도에서 영향도를 미리 검토해야 한다. 로드가 큰 업무를 세분화하거나 작업이 완료된 후에는 확장된 인프라 요소들을 모니터링하고 만약 문제가 생기면 빠르게 실행을 취소하는 작업이 필요하다.

무한 루프

또 다른 기본적인 비용 방지 절감 방법은 서버리스 혹은 기타 오토스케일링이다. 즉, 한 요청이 다른 요청을 트리거하고 원래 요청을 다시 트리거한다. 이러한 루프가 발생하면 시스템이 빠르게 에스컬레이션된다. 역설적이게도 서버리스 컴퓨팅은 이러한 상황에 더 취약하다. 이는 스택 오버플로우에 해당되는 방식이다.

통제되지 않는 피드백 루프 자체 문제는 새로운 것이 아니다. 서버리스 애플리케이션과 같이 느슨하게 결합된 이벤트 기반의 시스템은 구성이 용이하지만 예상치 못한 시스템의 영향을 받기가 쉽다. 따라서 추가적인 모니터링 및 경고가 중요하다.

잊혀진 리소스

다음 카테고리는 덜 극적이지만 당신에게 몰래 다가간다. 개발자들은 많은 것을 시도하는 경향이 있다. 이 과정에서 새로운 인스턴스를 생성하거나 데이터 세트를 여러 데이터 저장소 중 하나에 로드한다. 때때로 이러한 인스턴스는 문제가 생겨서 알람이 뜨지 않는 한 잊히는 경우가 많다.

 많은 개발자가 휴가를 떠나기 직전에 상당한 규모의 테스트 인프라를 구축한다는 이야기를 들었다. 다시 복귀해 부재 중에 인프라가 계속 그렇게 열심히 작동하는 이유를 상사에게 설명해야 하는 일로 인해 불필요하게 시간을 낭비할 수 있다.

오늘날에는 인프라가 소프트웨어로 정의됨에 따라 CI에서 배운 몇 가지 교훈을 클라우드 인프라에도 적용할 수 있는 것으로 보인다. 예를 들어, '금요일에 주요 프로비저닝 금지' 규칙을 만들 수 있다. 이미지 검색창에서 '금요일에 배포하지 않음'을 검색하면 유머러스한 밈이 생성될 것이다. 또한 '임시' 인프라를 만들 때는 스크립트에 삭제를 고려한 내용도 포함해야 한다. 혹은 인프라 삭제를 스케줄링하는 편이 좋을 수도 있다.

종료할 때 비용이 발생할 수 있다

서비스가 하나 추가된다고 해도 월 청구서에 큰 타격을 줄 것 같지는 않지만 가끔 그 비용으로 인해 많은 사람이 한숨을 내쉬는 경우도 생긴다. 일부 클라우드 가격 체계에는 특정 유형의 서비스를 배포할 때 무료로 종속 서비스가 포함된다. 예를 들어, 일부 클라우드 업체는 가상 머신 인스턴스와 함께 탄력적인 IP 주소를 포함한다. 그러나 해당 인스턴스를 중지하는 경우 탄력적인 IP에 대한 비용을 지불해야 한다. 매우 작은 인스턴스를 많이 프로비저닝한 일부 사람들은 이를 중지한 후에도 탄력적인 IP 요금으로 인해 비용이 거의 동일하게 유지된다는 사실에 놀란다.

또 다른 예로, 두 서버가 동일한 지역에 있더라도 외부 IP 주소를 통해 한 서버에서 다른 서버로 연결하는 경우 송신 대역폭 비용을 청구한다. 따라서 실수로 내부 IP 주소 대신 서버의 공용 IP 주소를 검색하면 비용이 발생한다.

서비스의 가격에 관한 세부 사항을 자세히 살펴보는 것이 좋지만 모든 상황을 예측할 수 있다고 믿기에는 어려울 수 있다. 비용 최적화 도구를 실행하는 것은 상당한 규모로 구축하는 환경에 적합하다.

항상 준비하기

청구서에 있는 예상치 못했던 서비스 비용이 기분 좋은 것은 아니지만, 이 문제를 겪은 유일한 사람이 아니라는 사실을 알면 안심할 수 있다. 그동안 이러한 일반적인 문제를 해결하기 위해 수많은 도구와 기법이 개발됐다. 의도하지 않은 사용 때문에 인프라 비용이 발생했다는 이유로 클라우드 업체 탓만 하는 것은 타당하지 않다.

> ℹ️ 모니터링 비용은 트래픽 및 메모리 사용량 모니터링과 마찬가지로 모든 클라우드 작업에서 필수다.

아래에 나온 다양한 과제를 실제로 수행할 수 있는 역량을 갖추는 것이 가장 중요한 메시지일 수 있다.

비용 알람 세팅

모든 클라우드 업체는 다양한 수준의 지출 알림 및 한도를 제공한다. 그 한도를 너무 낮게 설정하고 싶지는 않을 것이다. 클라우드의 주요 목적은 필요할 때 확장할 수 있는 것이지만, 개발 팀이 배포 비용에 큰 영향을 미치기 때문에 비용은 모니터링의 표준 요소가 돼야 한다. 불행히도 많은 엔터프라이즈 클라우드 환경에서 개발자에게 비용과 관련된 정보를 제공하지 않거나 결제 시스템을 볼 수 있는 권한이 없어서 문제가 되기도 한다(14장).

정기 검사 실행

많은 클라우드 업체와 제3자가 인프라를 정기적으로 스캔해 활용률이 낮거나 버려진 리소스를 감지한다. 이것은 새로운 IT 라이프 스타일에 맞는 바람직한 방법이다. 클라우드는 훨씬 더 많은 투명성(1장)을 제공하므로 반드시 사용해야 한다.

상위 레벨의 시스템 구조 모니터링

오토스케일링과 같이 자동 피드백 루프를 모니터링하는 또 다른 제어 메커니즘이 필요하다. 이렇게 하면 자동화로 인한 무한 루프 및 기타 이상 징후를 감지할 수 있다.

새로운 형태의 오류 예산 관리

추가적인 접근 방식은 이러한 종류의 사고에 대해 미리 예산을 책정하는 것이다. 즉, 사이트 신뢰성 엔지니어링SRE, Site Reliability Engineering이 실행하고 있는 특별한 종류의 '오류 예산'이다. 아무래도 경영진은 개발자가 오토스케일링을 통한 동적 솔루션을 구축하도록 권장하고 싶기 때문에 비용을 미리 할당하는 것이 현명하다. 그렇게 하면 실제로 비용이 발생했을 때 스트레스를 덜 받게 될 것이다.

가장 큰 문제 파악하기

지출을 모니터링하는 것은 클라우드 운영에 필수적이긴 하지만 당분간은 가장 큰 문제가 되지 않을 것이다. 그러므로 지출에 대한 과잉 반응도 좋은 생각이 아니다. 결국 클라우드는 개발자에게 더 많은 자유와 제어권을 주기 위한 것이므로 지출을 줄이는 것이 가장 좋은 생각은 아니다.

또한 지출에 대한 압박은 리소스를 제한하게 된다. 처음부터 책임감 있는 소비 문화를 만드는 것은 현명하지만, 합심해서 노력하는 것이 가장 중요하다.

체크아웃

여러분은 슈퍼마켓에서 아이들이 부모님 모르게 본인이 먹고 싶은 것을 쇼핑 카트에 넣을 수 있도록 계산대 근처에 두는 것을 봤을 수 있다. 일부 IT 관리자는 비슷한 경험을 했다고 생각할 수 있다. 클라우드 업체는 항상 새로운 것을 시도하려고 하는 개발자들 앞에 반짝이는 물체를 전시하고 이야기한다. "자, 초기 평가판은 무료입니다!"

나는 예전에 개발자들을 "엄마, 엄마, 저는 쿠버네티스 운영자를 원해요. 내 친구들은 이미 다 있어요!"라고 외치는 아이들에 비유한 적이 있다. 결론적으로 나는 클라우드 업체가 투명하고 유연한 가격 모델을 고안해냈다는 점을 높이 평가했다. 만약 여러분이 현명하게 지출을 관리한다면, 여러분은 영수증에 가끔 나오는 초콜릿 바를 발견하더라도 상당한 절약 효과를 얻을 수 있다(29장).

비용 관리: 해야 할 것과 하지 말아야 할 것

하지 말아야 할 것

- 단가 $0.0001에 현혹되는 것
- 그 액수로 인해 비용 최적화에 너무 많은 시간을 투자하는 것
- 휴가를 떠나기 직전의 컴퓨팅 리소스 정리
- 무료 평가판에 말려들기

해야 할 것

- 비용 관리를 일상적인 운영 과제로 간주
- 학습을 위한 별도 비용 마련
- 비정상적인 부하 패턴 후 시스템 점검
- 비용 관리 및 최적화 시스템 구축 고려

찾아보기

ㄱ

가격 모델 차이 381

가벼운 가상화 329

가상 사설 클라우드 172

가용 영역 144

감가상각 393

개발자 생산성 엔지니어링 102

객체 관계 매핑 229

게임 체인저 344

견고성 359

결함에도 동작 가능 356

계층 239

고객 집착 69

골든 이미지 306

공유 추상화 계층 258

공유 플랫폼 389

공통성 229

관찰 가능 353

교체 200

구글 App Engine 346

구글 Cloud Run 346

구성 드리프트 307

규모 255

규모의 경제 46

규정 준수 402

글로벌 최적화 384

기본 이미지 328

기술 257

기술 종속 278

깃옵스 101, 324

ㄴ

내부 보안 355

네임스페이스 329

눈송이 306

ㄷ

다양성 256

다양성 대 조화 319

대역폭 256

덕 아키텍처 297

덕 타이핑 296

데브옵스 399

데이터 동기화 271

데이터 분류 246

데이터 신선도 247

데이터 타입 225

ㄹ

라이프 사이클 244

런타임 플랫폼 317

로버스트 361

리팩토링 200

리프트 앤 시프트 63, 193

리플랫폼 200

리호스팅 200

ㅁ

마이크로서비스 194, 312

마이크로서비스 아키텍처 99

맞춤형 하드웨어 256

멀티-단일-테넌트 시스템 300

멀티 클라우드 71, 221

멀티테넌트 293

멀티-하이브리드 분할 220

모놀리식 194

모니터링 270

모니터링/운영 317

무중단 업데이트 354

무한 루프 408

물리적 접근 257

미국 상무부 국립 표준 기술 연구소 173

ㅂ

반복성 400

반취약성 368

반취약성 시스템 363

배포 270

배포 파이프라인 317

버전 종속 278

법적 종속 279

변경 관리 108

병렬 227

보이지 않는 비용 390

복원력 강화 379

비용 절감 376, 401

ㅅ

사이즈 최적화 378

서버리스 156, 339

서버 사이징 374

서비스 메시 325

서비스 타입 225

선택 226

세분화 224

세일즈포스 294

소프트웨어 산업화 398

소프트웨어 아키텍트 엘리베이터 126

속도 400

속도의 경제 46

슈퍼마켓 효과 405

스테이트리스(상태 비저장) 341

스트레스 감소 309

실패로부터 복구 361

실행 시간 최적화 378

ㅇ

아웃소싱 87

아키텍처 종속 278

아키텍트 엘리베이터 216

아티팩트 패키징 328

애자일 선언문 69

애플리케이션 차별화 315

얇은 벽 334

에스페란토 262

에이펙스 347

엔지니어링 생산성 팀 102

엔터프라이즈 아키텍처 125, 126

오토스케일 343
오픈소스 및 종속 288
온프레미스를 클라우드로 복사 266
온프레미스를 클라우드처럼 만들기 267
운영 비용 388
운영 상태 249
워크로드 수요 250
워크로드 타입 225
웜 스탠바이 379
유행어 215
의사결정 모델 217
이력서 기반의 아키텍처 338
이미지 상속 328
이벤트 트리거 기반 341
이식 230
인소싱 89
인프라 156
인하우스 87
일관성 306
일회성 303
임시성 342
잊혀진 리소스 409

절약 351
정신적 종속 279
제3자를 통한 관리 342
제약 조건 재검토 298
제약 조건 제거 312
제조사 종속 277
제품 종속 277
조기 최적화 384
조치된 종속 290
종속 275
종속성 감소 비용 281
중대함 242
지리적 도달범위 257
지속적인 개선 401
지속적 통합 및 전달 146

ㅊ

총 소유 비용 189
최적의 종속 285

ㅈ

자동화 186
자본금 393
자본 지출 393
자신감 400
장애 간 평균 시간 360
재구매 200
재배치 가능 352
재설계 64, 193, 200
전용 인스턴스 172
전용 호스트 172

ㅋ

카오스 몽키 367
카오스 엔지니어링 366
컨테이너 327
컨테이너 보안 스캐닝 337
컴퓨팅 컨테이너 341
크로스 플랫폼 IaC 276
클라우드를 온프레미스로 복사 263
클라우드 아키텍처 216
클라우드 업체 189
클라우드 지식 센터 103
클라우드 혁신 센터 103
클라우드 회계 방식 394

ㅌ

탄력성 49, 362, 368
테넌트 도전과제 295
통신 317
통제 불능 비용 407
투명성 307, 401
투명성을 통한 최적화 377

ㅍ

패키지 배포 344
페더레이션 186
평균 수리 시간 361
표준화의 장점과 비용 320
플랫폼 종속 278

ㅎ

하이버네이트 285
하이브리드 구현 전략 257
하이브리드 대 온프레미스 클라우드 254
하이브리드 클라우드 235
허용된 종속 280
회복력 401

A

Agile Manifesto 69
AKS 276
Anthos 276
Apex 347
AWS 클라우드 도입 프레임워크 129
AWS Outposts 276
AZ(availability zone) 144

B

base image 328

C

capitalization 393
capitalized expense 393
CCoC(Cloud Center of Competence) 103
CCoE(Cloud Center of Excellence) 103
cgroups 329
change management 108
CI/CD(Continuous Integration/
    Continuous Delivery) 146
Cloud Adoption Framework 129
CMDB 307
configuration drift 307
Container Security Scanning 337
CSP 189
Customer Obsession 69

D

depreciation 393
DevSecOps 84
disposability 303
DPE(Developer Productivity Engineering)
    102

E

EC2(Elastic Compute Cloud) 152
Economies of Scale 46
Economies of Speed 46
ECS 275
EKS 276

elasticity   49
Engineering Productivity Teams   102
Enterprise Architecture   125
Esperanto   262

F

FaaS(Functions as a Service)   156, 194,
    340
federation   186
FROSST   130

G

GitOps   101, 324
GKE   276
golden image   306

H

Hibernate   285

I

IaaS(Infrastructure as a Service)   156,
    163, 194
IaC(Infrastructure as Code)   101
ID 및 액세스 관리   270
IDL   325
in house   87
insourcing   89

L

Lambda 서비스   340
lift-and-shift   63

M

MTBF   360
MTTR   361
multi-single-tenant system   300

N

namespace   329
NIST(National Institute of Standards and
    Technology)   173
Nitro System   147
NoOps   400

O

ORM(Object-Relational Mapping)   229,
    285

P

PaaS(Platform as a Service)   156, 194,
    313

R

re-architect   200
re-architecting   64
refactor   200
rehost   200
replace   200
replatform   200
repurchase   200
robust   361

S

S3(Simple Storage Service) 152
SaaS(Software as a Service) 64, 163
SLO(Service-Level Objective) 380
SRE(Site Reliability Engineering) 102,
    324

T

TCO(Total Cost of Ownership) 189
The Software Architect Elevator 126
TOGAF(The Open Group Architecture
    Framework) 69

번호

0으로 축소 343

속도의 경제를 위한 클라우드 전략

클라우드 마이그레이션으로 시작하는 기업 혁신

발 행 | 2022년 1월 3일

지은이 | 그레고르 호페
옮긴이 | 김상현 · 김상필 · 양희정 · 이우진 · 이일구 · 김지혁

펴낸이 | 권 성 준
편집장 | 황 영 주
편 집 | 김 다 예
디자인 | 윤 서 빈

에이콘출판주식회사
서울특별시 양천구 국회대로 287 (목동)
전화 02-2653-7600, 팩스 02-2653-0433
www.acornpub.co.kr / editor@acornpub.co.kr